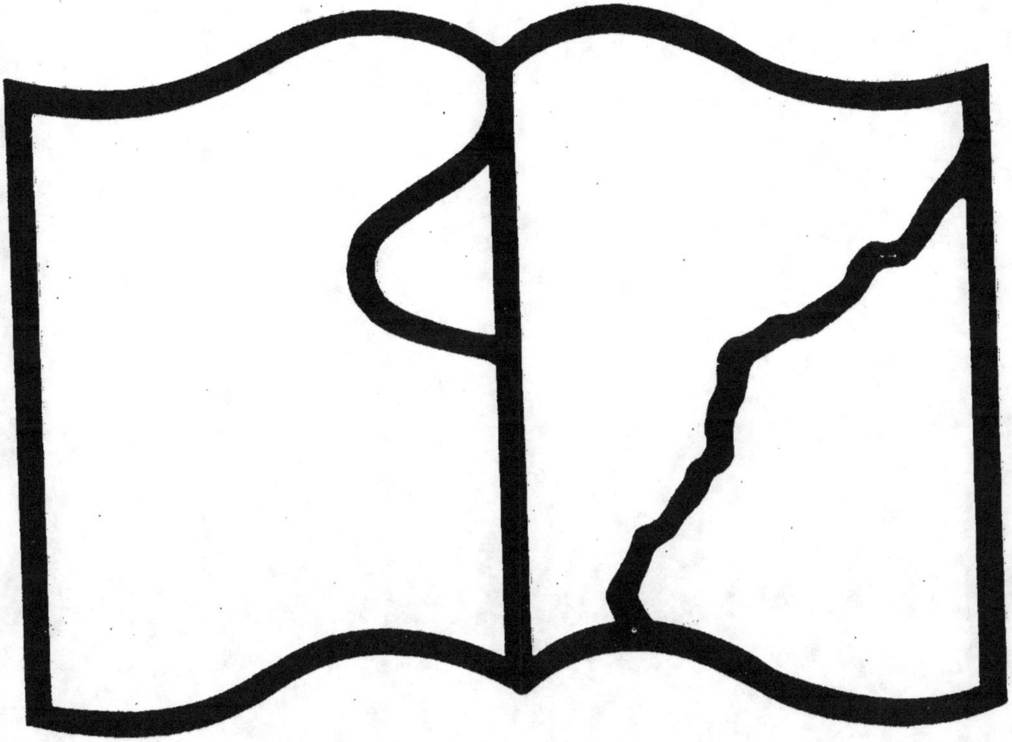

Texte détérioré — reliure défectueuse

NF Z 43-120-11

ŒUVRES COMPLÈTES

DE

ALFRED DE MUSSET

SCEAUX. — IMPRIMERIE CHARAIRE ET FILS

ŒUVRES COMPLÈTES

DE

ALFRED DE MUSSET

COMÉDIES ET PROVERBES

MÉLANGES

TOME I

PARIS
G. CHARPENTIER ET Cie, ÉDITEURS
11, RUE DE GRENELLE, 11

1890

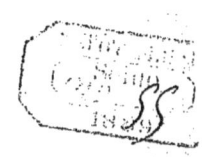

COMÉDIES
ET
PROVERBES

MÉLANGES

Bibl. Charpentier.   LIV. 133.

LA NUIT VÉNITIENNE

ou

LES NOCES DE LAURETTE

COMÉDIE EN UN ACTE

1830

Perfide comme l'onde.
SHAKESPEARE.

PERSONNAGES :

LE PRINCE D'EYSENACH.
LE MARQUIS DELLA RONDA.
RAZETTA.
LE SECRÉTAIRE INTIME GRIMM.
LAURETTE.

DEUX JEUNES VÉNITIENS.
DEUX JEUNES FEMMES.
Mme BALBI, suivante de Laurette, personnage muet.

La scène est à Venise.

SCÈNE PREMIÈRE

Une rue. — Au fond, un canal. — Il est nuit.

RAZETTA, descendant d'une gondole, LAURETTE paraissant à un balcon.

RAZETTA.

Partez-vous, Laurette? Est-il vrai que vous partiez?

LAURETTE.

Je n'ai pu faire autrement.

RAZETTA.

Vous quittez Venise?

LAURETTE.

Demain matin.

RAZETTA.

Ainsi cette funeste nouvelle qui courait la ville aujourd'hui n'est que trop vraie : on vous vend au prince d'Eysenach. Quelle fête! votre orgueilleux tuteur n'en mourra-t-il pas de joie? Lâche et vil courtisan!

LAURETTE.

Je vous en supplie, Razetta, n'élevez pas la voix, ma gouvernante est dans la salle voisine; on m'attend, je ne puis que vous dire adieu.

RAZETTA.

Adieu pour toujours ?

LAURETTE.

Pour toujours !

RAZETTA.

Je suis assez riche pour vous suivre en Allemagne.

LAURETTE.

Vous ne devez pas le faire. Ne nous opposons pas, mon ami, à la volonté du ciel.

RAZETTA

La volonté du ciel écoutera celle de l'homme. Bien que j'aie perdu au jeu la moitié de mon bien, je vous répète que j'en ai assez pour vous suivre, et que j'y suis déterminé.

LAURETTE.

Vous nous perdrez tous deux par cette action.

RAZETTA.

La générosité n'est plus de mode sur cette terre.

LAURETTE.

Je le vois; vous êtes au désespoir.

RAZETTA.

Oui; et l'on a agi prudemment en ne m'invitant pas à votre noce.

LAURETTE.

Écoutez, Razetta ; vous savez que je vous ai beaucoup aimé. Si mon tuteur y avait consenti, je serais à vous depuis longtemps. Une fille ne dépend pas d'elle ici-bas. Voyez dans quelles mains est ma destinée; vous-même, ne pouvez-vous pas me perdre par le moindre éclat ? Je me suis soumise à mon sort. Je sais qu'il peut vous paraître brillant, heureux... Adieu ! adieu ! je ne puis en dire davantage... Tenez ! Voici ma croix d'or que je vous prie de garder.

RAZETTA.

Jette-la dans la mer ; j'irai la rejoindre.

LAURETTE.

Mon Dieu ! revenez à vous !

RAZETTA.

Pour qui, depuis tant de jours et tant de nuits, ai-je rôdé comme un assassin autour de ces murailles? Pour qui ai-je tout quitté? Je ne parle pas de mes devoirs, je les méprise; je ne parle pas de mon pays, de ma famille, de mes amis; avec de l'or on en trouve partout. Mais l'héritage de mon père, où est-il? J'ai perdu mes épaulettes; il n'y a donc que vous au monde à qui je tienne. Non, non, celui qui a mis sa vie entière sur un coup de dé ne doit pas si vite abandonner la chance.

LAURETTE.

Mais que voulez-vous de moi?

RAZETTA.

Je veux que vous veniez avec moi à Gênes.

LAURETTE.

Comment le pourrais-je? Ignorez-vous que celle à qui vous parlez ne s'appartient plus? Hélas! Razetta, je suis princesse d'Eysenach.

RAZETTA.

Ah! rusée Vénitienne, ce mot n'a pu passer sur tes lèvres sans leur arracher un sourire.

LAURETTE.

Il faut que je me retire... Adieu, adieu, mon ami.

RAZETTA.

Tu me quittes? — Prends-y garde; je n'ai pas été jusqu'à présent de ceux que la colère rend faibles. J'irai te demander à ton second père l'épée à la main.

LAURETTE.

Je l'avais prévu que cette nuit nous serait fatale. Ah! pourquoi ai-je consenti à vous voir encore une fois?

RAZETTA.

Es-tu donc une Française? Le soleil du jour de ta naissance était-il donc si pâle que le sang soit glacé dans tes veines?... Ou ne m'aimes-tu pas? Quelques bénédictions d'un prêtre, quelques paroles d'un roi ont-elles changé en un instant ce que deux mois de supplice... ou mon rival peut-être...

LAURETTE.

Je ne l'ai pas vu.

RAZETTA.

Comment? tu es cependant princesse d'Eysenach.

LAURETTE.

Vous ne connaissez pas l'usage de ces cours. Un envoyé du prince, le baron Grimm, son secrétaire intime, est arrivé ce matin.

RAZETTA.

Je comprends. On a placé ta froide main dans la main du vassal insolent, décoré des pouvoirs du maître ; la royale procuration, sanctionnée par l'officieux chapelain de Son Excellence, a réuni aux yeux du monde deux êtres inconnus l'un à l'autre. Je suis au fait de ces cérémonies. Et toi, ton cœur, ta tête, ta vie, marchandés par entremetteurs, tout a été vendu au plus offrant ; une couronne de reine t'a faite esclave pour jamais ; et cependant ton fiancé, enseveli dans les délices d'une cour, attend nonchalamment que sa nouvelle épouse...

LAURETTE.

Il arrive ce soir à Venise.

RAZETTA.

Ce soir ? Ah vraiment ! voilà encore une imprudence de m'en avertir.

LAURETTE.

Non, Razetta ; je ne puis croire que tu veuilles ma perte ; je sais qui tu es et quelle réputation tu t'es faite par des actions qui auraient dû m'éloigner de toi. Comment j'en suis venue à t'aimer, à te permettre de m'aimer moi-même, c'est ce dont je ne suis pas capable de rendre compte. Que de fois j'ai redouté ton caractère violent, excité par une vie de désordres qui seule aurait dû m'avertir de mon danger ! — Mais ton cœur est bon.

RAZETTA.

Tu te trompes ; je ne suis pas un lâche, et voilà tout. Je ne fais pas le mal pour le bien ; mais, par le ciel ! je sais rendre le mal pour le mal. Quoique bien jeune, Laurette, j'ai trop connu ce qu'on est convenu d'appeler la vie pour n'avoir pas trouvé au fond de cette mer le mépris de ce qu'on aperçoit à sa surface. Sois bien convaincue que rien ne peut m'arrêter.

LAURETTE.

Que feras-tu ?

RAZETTA.

Ce n'est pas, du moins, mon talent de spadassin qui doit t'effrayer ici. J'ai affaire à un ennemi dont le sang n'est pas fait pour mon épée.

LAURETTE.

Eh bien donc ?...

RAZETTA.

Que t'importe? c'est à moi de m'occuper de moi. Je vois des flambeaux traverser la galerie; on t'attend.

LAURETTE.

Je ne quitterai pas ce balcon que tu ne m'aies promis de ne rien tenter contre toi, ni contre...

RAZETTA.

Ni contre lui?

LAURETTE.

Contre cette Laurette que tu dis avoir aimée, et dont tu veux la perte. Ah! Razetta, ne m'accablez pas; votre colère me fait frémir. Je vous supplie de me donner votre parole de ne rien tenter.

RAZETTA.

Je vous promets qu'il n'y aura pas de sang.

LAURETTE.

Que vous ne ferez rien; que vous attendrez... que vous tâcherez de m'oublier, de...

RAZETTA.

Je fais un échange; permettez-moi de vous suivre.

LAURETTE.

De me suivre, ô mon Dieu!

RAZETTA.

A ce prix, je consens à tout.

LAURETTE.

On vient... Il faut que je me retire... Au nom du ciel... Me jurez-vous...

RAZETTA.

Ai-je aussi votre parole? Alors vous avez la mienne.

LAURETTE.

Razetta, je m'en fie à votre cœur; l'amour d'une femme a pu y trouver place, le respect de cette femme l'y trouvera. Adieu, adieu! Ne voulez-vous donc point de cette croix?

RAZETTA.

Oh! ma vie!

Il reçoit la croix; elle se retire.

RAZETTA, seul.

Ainsi je l'ai perdue. — Razetta, il fut un temps où cette gondole, éclairée d'un falot de mille couleurs, ne portait sur cette mer indolente que le plus insouciant de ses fils. Les plaisirs des jeunes gens, la passion furieuse du jeu t'absorbaient ; tu étais gai, libre, heureux ; on le disait, du moins ; l'inconstance, cette sœur de la folie, était maîtresse de tes actions ; quitter une femme te coûtait quelques larmes, en être quitté te coûtait un sourire. Où en es-tu arrivé ?

Mer profonde, heureusement il t'est facile d'éteindre une étincelle. Pauvre petite croix, qui avais sans doute été placée dans une fête, ou pour un jour de naissance, sur le sein tranquille d'un enfant, qu'un vieux père avait accompagnée de sa bénédiction ; qui, au chevet d'un lit, avais veillé dans le silence des nuits sur l'innocence ; sur qui, peut-être, une bouche adorée se posa plus d'une fois pendant la prière du soir ; tu ne resteras pas longtemps entre mes mains.

La belle part de ta destinée est accomplie ; je t'emporte, et les pêcheurs de cette rive te trouveront rouillée sur mon cœur.

Laurette ! Laurette ! Ah ! je me sens plus lâche qu'une femme. Mon désespoir me tue, il faut que je pleure.

On entend le son d'une symphonie sur l'eau. Une gondole chargée de femmes et de musiciens passe

UNE VOIX DE FEMME.

Gageons que c'est Razetta.

UNE AUTRE.

C'est lui, sous les fenêtres de la belle Laurette.

UN JEUNE HOMME.

Toujours à la même place ! Hé ! holà ! Razetta ! le premier mauvais sujet de la ville refusera-t-il une partie de fous ? Je te somme de prendre un rôle dans notre mascarade, et de venir nous égayer.

RAZETTA.

Laissez-moi seul, je ne puis aller ce soir avec vous : je vous prie de m'excuser.

UNE DES FEMMES.

Razetta, vous viendrez ; nous serons de retour dans une heure. Qu'on ne dise pas que nous ne pouvons rien sur vous, et que Laurette vous a fait oublier vos amis.

RAZETTA.

C'est aujourd'hui la noce ; ne le savez-vous pas ? J'y suis prié, et ne puis manquer de m'y rendre. Adieu, je vous souhaite beaucoup de plaisir : prêtez-moi seulement un masque.

NUIT VÉNITIENNE.

Bibl. Charpentier.

Page 7.

LIV. 134.

LA VOIX DE FEMME.

Adieu, converti.

Elle lui jette son masque.

LE JEUNE HOMME.

Adieu, loup devenu berger. Si tu es encore là, nous te prendrons en revenant.

Musique. La gondole s'éloigne.

RAZETTA.

J'ai changé subitement de pensée. Ce masque va m'être utile. Comment l'homme est-il assez insensé pour quitter cette vie, tant qu'il n'a pas épuisé toutes ses chances de bonheur? Celui qui perd sa fortune au jeu quitte-t-il le tapis tant qu'il lui reste une pièce d'or? Une seule pièce peut lui rendre tout. Comme un minerai fertile, elle peut ouvrir une large veine. Il en est de même des espérances. Oui, je suis résolu d'aller jusqu'au bout.

D'ailleurs la mort est toujours là; n'est-elle pas partout sous les pieds de l'homme qui la rencontre à chaque pas dans cette vie? L'eau, le feu, la terre, tout la lui offre sans cesse; il la voit partout dès qu'il la cherche; il la porte à son côté.

Essayons donc. Qu'ai-je dans le cœur?

Une haine et un amour. — Une haine, c'est un meurtre. — Un amour, c'est un rapt. Voici ce que le commun des hommes doit voir dans ma position.

Mais il me faut trouver quelque chose de nouveau ici, car d'abord j'ai affaire à une couronne. Oui, tout moyen usé d'ailleurs me répugne. Voyons, puisque je suis déterminé à risquer ma tête, je veux la mettre au plus haut prix possible. Que ferai-je dire demain à Venise? Dira-t-on : « Razetta s'est noyé de désespoir pour Laurette, qui l'a quitté? » Ou : « Razetta a tué le prince d'Eysenach, et enlevé sa maîtresse? » Tout cela est commun. « Il a été quitté par Laurette, et il l'a oubliée un quart d'heure après? » Ceci vaudrait mieux; mais comment? En aurai-je le courage?

Si l'on disait : « Razetta, au moyen d'un déguisement, s'est d'abord introduit chez son infidèle; » ensuite : « Au moyen d'un billet qu'il lui a fait remettre, et par lequel il l'avertissait qu'à telle heure... » Il me faudrait ici... de l'opium... Non! point de ces poisons douteux ou timides, qui donnent au hasard le sommeil ou la mort. Le fer est plus sûr. Mais une main si faible?... Qu'importe? Le courage est tout. La fable qui courra la ville demain matin sera étrange et nouvelle.

Des lumières traversent une seconde fois la maison.

Réjouis-toi, famille détestée, j'arrive; et celui qui ne craint rien peut être à craindre.

Il met son masque et entre.

UNE VOIX dans la coulisse.

Où allez-vous ?

RAZETTA, de même.

Je suis engagé à souper chez le marquis.

SCÈNE II

Une salle donnant sur un jardin. — Plusieurs masques se promènent.

LE MARQUIS, LE SECRÉTAIRE

LE MARQUIS.

Combien je me trouve honoré, monsieur le secrétaire intime, en vous voyant prendre quelque plaisir à cette fête qui est la plus médiocre du monde !

LE SECRÉTAIRE.

Tout est pour le mieux, et votre jardin est charmant. Il n'y a qu'en Italie qu'on en trouve d'aussi délicieux.

LE MARQUIS.

Oui, c'est un jardin anglais. Vous ne désireriez pas de vous reposer ou de prendre quelques rafraîchissements ?

LE SECRÉTAIRE.

Nullement.

LE MARQUIS.

Que dites-vous de mes musiciens ?

LE SECRÉTAIRE.

Ils sont parfaits ; il faut avouer que là-dessus, monsieur le marquis, votre pays mérite bien sa réputation.

LE MARQUIS.

Oui, oui, ce sont des Allemands. Ils arrivèrent hier de Leipsick, et personne ne les a possédés dans cette ville. Combien je serais ravi si vous aviez trouvé quelque intérêt dans le divertissement du ballet !

LE SECRÉTAIRE.

A merveille, et l'on danse très bien à Venise.

LE MARQUIS.

Ce sont des Français. Chaque bayadère me coûte deux cents florins. Pousseriez-vous jusqu'à cette terrasse ?

LE SECRÉTAIRE.

Je serai enchanté de la voir.

LE MARQUIS.

Je ne puis vous exprimer ma reconnaissance. A quelle heure pensez-vous qu'arrive le prince notre maître ? Car la nouvelle dignité qu'il m'a...

LE SECRÉTAIRE.

Vers dix ou onze heures.

Ils s'éloignent en causant. — Laurette entre; Mme Balbi se lève et va à sa rencontre. Toutes deux demeurent appuyées sur une balustrade, dans le fond de la scène, et paraissent s'entretenir. En ce moment, Razetta, masqué, s'avance vers l'avant-scène.

RAZETTA.

Il me semble que j'aperçois Laurette. Oui, c'est elle qui vient d'entrer. Mais comment parviendrai-je à lui parler sans être remarqué ? — Depuis que j'ai mis le pied dans ces jardins, tous mes projets se sont évanouis pour faire place à ma colère. Un seul dessein m'est resté ; mais il faut qu'il s'exécute ou que je meure.

Il s'approche d'une table et écrit quelques mots au crayon.

LE SECRÉTAIRE, rentrant, au marquis.

Ah ! voilà un des galants de votre bal qui écrit un billet doux ! Est-ce l'usage à Venise ?

LE MARQUIS.

C'est un usage auquel vous devez comprendre, monsieur, que les jeunes filles restent étrangères. Voudriez-vous faire une partie de cartes ?

LE SECRÉTAIRE.

Volontiers ; c'est un moyen de passer le temps fort agréablement.

LE MARQUIS.

Asseyons-nous donc, s'il vous plaît. Monsieur le secrétaire intime, j'ai l'honneur de vous saluer. Le prince, m'avez-vous dit, doit arriver à dix ou onze heures. Ce sera donc dans un quart d'heure ou dans une heure un quart, car il est précisément neuf heures trois quarts. C'est à vous de jouer.

LE SECRÉTAIRE.

Jouons-nous cinquante florins ?

LE MARQUIS.

Avec plaisir. C'est un récit bien intéressant pour nous, monsieur, que celui que vous avez bien voulu déjà me laisser deviner et entrevoir, de la manière dont Son Excellence était devenue éprise de la chère princesse, ma nièce. J'ai l'honneur de vous demander du pique.

LE SECRÉTAIRE.

C'est, comme je vous disais, en voyant son portrait; cela ressemble un peu à un conte de fée.

LE MARQUIS.

Sans doute ! ah ! ah !... délicieux ! sur un portrait !... Je n'en ai plus, j'ai perdu... Vous disiez donc ?...

LE SECRÉTAIRE.

Ce portrait, qui était, il est vrai, d'une ressemblance frappante, et par conséquent d'une beauté parfaite...

LE MARQUIS.

Vous êtes mille fois trop bon.

LE SECRÉTAIRE.

Voulez-vous votre revanche ?

LE MARQUIS.

Avec plaisir. « D'une beauté parfaite... »

LE SECRÉTAIRE.

Resta longtemps sur la table où il a l'habitude d'écrire. Le prince, à vous dire vrai... (j'ai du rouge) est un véritable original.

LE MARQUIS.

Réellement ?... C'est unique ! je ne me sens pas de joie en pensant que d'ici à une heure... Voici encore du rouge.

LE SECRÉTAIRE.

Il abhorrait les femmes, du moins il le disait. C'est le caractère le plus fantasque ! Il n'aime ni le jeu, ni la chasse, ni les arts. Vous avez encore perdu.

LE MARQUIS.

Ah ! ah ! c'est du dernier plaisant !... Comment ! il n'aime rien de tout cela ? Ah ! ah ! vous avez parfaitement raison, j'ai perdu. C'est délicieux.

LE SECRÉTAIRE.

Il a beaucoup voyagé, en Europe surtout. Jamais nous n'avons été instruits de ses intentions que le matin même du jour où il partait pour une de ces excursions souvent fort longues. « Qu'on mette les chevaux, disait-il à son lever, nous irons à Paris. »

LE MARQUIS.

J'ai entendu dire la même chose de l'empereur Bonaparte. Singulier rapprochement !

LE SECRÉTAIRE.

Son mariage fut aussi extraordinaire que ses voyages : il m'en donna l'ordre comme s'il s'agissait de l'action la plus indifférente de sa vie; car c'est la paresse personnifiée, que le prince. « Quoi! Monseigneur, lui dis-je, sans l'avoir vue! — Raison de plus, » me dit-il; ce fut toute sa réponse. Je laissai, en partant, toute la cour bouleversée et dans une rumeur épouvantable.

LE MARQUIS.

Cela se conçoit... Eh! eh! — Du reste, Monseigneur n'aurait pu se fournir d'un procureur plus parfaitement convenable que vous-même, monsieur le secrétaire intime. J'espère que vous voudrez bien m'en croire persuadé. J'ai encore perdu.

LE SECRÉTAIRE.

Vous jouez d'un singulier malheur.

LE MARQUIS.

Oui, n'est-il pas vrai? Cela est fort remarquable. Un de mes amis, homme d'un esprit enjoué, me disait plaisamment avant-hier, à la table de jeu d'un des principaux sénateurs de cette ville, que je n'aurais qu'un moyen de gagner, ce serait de parier contre moi.

LE SECRÉTAIRE.

Ah! ah! c'est juste!

LE MARQUIS.

Ce serait, lui répondis-je, ce qu'on pourrait appeler un bonheur malheureux. Eh! eh!
Il rit.

LE SECRÉTAIRE.

Absolument.

LE MARQUIS.

Ce sont deux mots qui, je crois, ne se trouvent pas souvent rapprochés... Eh! eh! — Mais permettez-moi, de grâce, une seule question : Son Excellence aime-t-elle la musique?

LE SECRÉTAIRE.

Beaucoup. C'est son seul délassement.

LE MARQUIS

Combien je me trouve heureux d'avoir, depuis l'âge de onze ans, fait apprendre à ma nièce la harpo-lyre et le forte-piano! Seriez-vous, par hasard, bien aise de l'entendre chanter?

LE SECRÉTAIRE.

Certainement.

LE MARQUIS, à un valet.

Veuillez avertir la princesse que je désire lui parler.
A Laurette, qui entre.
Laure, je vous prie de nous faire entendre votre voix. Monsieur le secrétaire intime veut bien vous engager à nous donner ce plaisir.

LAURETTE.

Volontiers, mon cher oncle ; quel air préférez-vous ?

LE MARQUIS.

Di piacer, di piacer, di piacer. Ma nièce ne s'est jamais fait prier.

LAURETTE.

Aidez-moi à ouvrir le piano.

RAZETTA, toujours masqué, s'avance et ouvre le piano. A voix basse.

Lisez ceci quand vous serez seule.
Elle reçoit son billet.

LE SECRÉTAIRE

La princesse pâlit.

LE MARQUIS.

Ma chère fille, qu'avez-vous donc ?

LAURETTE.

Rien, rien, je suis remise.

LE MARQUIS, bas au secrétaire.

Vous concevez qu'une jeune fille...
Laurette frappe les premiers accords.

UN VALET, entrant, bas au marquis.

Son Excellence vient d'entrer dans le jardin.

LE MARQUIS.

Son Excell...! Allons à sa rencontre.
Il se lève.

LE SECRÉTAIRE.

Au contraire. — Permettez-moi de vous dire deux mots.
Pendant ce temps, Laurette joue la ritournelle pianissimo.
Vous voyez que le prince ne fait avertir que vous seul de son arrivée. Que le reste de vos conviés s'éloigne. Je connais les usages, et je sais que dans toutes cours il y a une présentation ; mais rien de ce qui est fait pour tout le monde ne saurait plaire à notre jeune souverain. Veuillez m'accom-

pagner seul auprès du prince. La jeune mariée restera, s'il vous plaît.

LE MARQUIS.

Eh quoi! seule ici?

LE SECRÉTAIRE.

J'agis d'après les ordres du prince.

LE MARQUIS.

Monsieur, je vais donner les miens en conséquence; me conformer en tout aux moindres volontés de Son Excellence est pour moi le premier, le plus sacré des devoirs. Ne dois-je pas pourtant avertir ma nièce?

LE SECRÉTAIRE.

Certainement.

LE MARQUIS.

Laurette!

Il lui parle à l'oreille. Un moment après, les masques se dispersent dans les jardins et laissent le théâtre libre. Le marquis et le secrétaire sortent ensemble.

LAURETTE, *restée seule, tire le billet de Razetta de son sein et lit.*

« Les serments que j'ai pu te faire ne peuvent me retenir loin de toi.
« Mon stylet est caché sous le pied de ton clavecin. Prends-le, et frappe
« mon rival, si tu ne peux réussir avant onze heures sonnantes à t'échapper
« et à venir me retrouver au pied de ton balcon, où je t'attends. Crois que,
« si tu me refuses, j'entendrai sonner l'heure, et que ma mort est certaine.

« Razetta. »

Elle regarde autour d'elle.
Seule ici!...
Elle va prendre le stylet.

Tout est perdu : car je le connais, il est capable de tout. O Dieu! il me semble que j'entends monter à la terrasse. Est-ce déjà le prince? — Non, tout est tranquille.

« A onze heures, si tu ne peux réussir à t'échapper. Crois que, si tu me
« refuses, ma mort est certaine!!... »

O Razetta, Razetta! insensé, il m'en coûte cher de t'avoir aimé! Fuirai-je?... La princesse d'Eysenach fuira-t-elle?... avec qui?... avec un joueur déjà presque ruiné? avec un homme plus redoutable seul que tous les malheurs?... Si j'avertissais le prince? — O ciel! on vient.

Mais Razetta! il se tuera sans doute sous mes fenêtres...

Le prince ne peut tarder; je vois des pages avec des flambeaux traverser l'orangerie. La nuit est obscure; le vent agite ces lumières; écoutons... Quelle singulière frayeur me saisit! Quel est l'homme qui va se présenter à moi?... Inconnus l'un de l'autre... que va-t-il me dire?... Oserai-je lever

NUIT VÉNITIENNE. Page 12.

Bibl. Charpentier. LIV. 135.

les yeux sur lui?... Oh! je sens battre mon cœur... L'heure va si vite! onze heures seront bientôt arrivées!...

UNE VOIX, en dehors.

Son Excellence veut-elle monter cet escalier?

LAURETTE.

C'est lui! il vient.
<small>Elle écoute.</small>
Je ne me sens pas la force de me lever; cachons ce stylet.
<small>Elle le met dans son sein.</small>
Eysenach, c'est donc à la mort que tu marches?... Ah! la mienne aussi est certaine...
<small>Elle se penche à la fenêtre.</small>
Razetta se promène lentement sur le rivage!... Il ne peut me manquer... Allons!... Prenons cependant assez de force pour cacher ce que j'éprouve... Il le faut... Voici l'instant.
<small>Se regardant.</small>
Dieu! que je suis pâle! mes cheveux en désordre...
<small>Le prince entre par le fond; il a à la main un portrait; il s'avance lentement, en considérant tantôt l'original, tantôt la copie.</small>

LE PRINCE.

Parfait.
<small>Laurette se retourne et demeure interdite.</small>
Et cependant comme en tout l'art est constamment au-dessous de la nature, surtout lorsqu'il cherche à l'embellir! La blancheur de cette peau pourrait s'appeler de la pâleur; ici je trouve que les roses étouffent les lis. — Ces yeux sont plus vifs, — ces cheveux plus noirs. — Le plus parfait des tableaux n'est qu'une ombre : tout y est à la surface; l'immobilité glace; l'âme y manque totalement; c'est une beauté qui ne passe pas l'épiderme. D'ailleurs ce trait même à gauche...
<small>Laurette fait quelques pas. Le prince ne cesse pas de la regarder.</small>
Il n'importe : je suis content de Grimm; je vois qu'il ne m'a pas trompé.
<small>Il s'assied.</small>
Ce petit palais est très gentil : on m'avait dit que cette pauvre fille n'avait rien. Comment donc! mais c'est un élégant que mon oncle, monsieur le... le...
<small>A Laurette.</small>
Votre oncle est marquis, je crois.

LAURETTE.

Oui... Monseigneur.

LE PRINCE.

Je me sens la tentation de quitter cette vieille prude d'Allemagne, et de venir m'établir ici. Ah! diable, je fais une réflexion, on est obligé d'aller à pied. — Est-ce que toutes les femmes sont aussi jolies que vous dans cette ville ?

LAURETTE.

Monseigneur...

LE PRINCE.

Vous rougissez... De qui donc avez-vous peur ? nous sommes seuls.

LAURETTE.

Oui... mais...

LE PRINCE, se levant.

Est-ce que par hasard mon grand guindé de secrétaire se serait mal acquitté de sa représentation ! Les compliments d'usage ont-ils été faits ? Aurait-il négligé quelque chose ? En ce cas, excusez-moi : je pensais que les quatre premiers actes de la comédie étaient joués, et que j'arrivais seulement pour le cinquième.

LAURETTE.

Mon tuteur...

LE PRINCE.

Vous tremblez ?
Il lui prend la main.
Reposez-vous sur ce sofa. Je vous supplie de répondre à ma question.

LAURETTE.

Votre Excellence me pardonnera : je ne chercherai pas à lui cacher que je souffre... un peu ;... elle voudra bien ne pas s'étonner...

LE PRINCE.

Voici du vinaigre excellent.
Il lui donne sa cassolette.
Vous êtes bien jeune, madame ; et moi aussi. Cependant, comme les romans ne me sont pas défendus, non plus que les comédies, les tragédies, les nouvelles, les histoires et les mémoires, je puis vous apprendre ce qu'ils m'ont appris. Dans tout morceau d'ensemble, il y a une introduction, un thème, deux ou trois variations, un andante et un presto. A l'introduction, vous voyez les musiciens encore mal se répondre, chercher à s'unir, se consulter, s'essayer, se mesurer ; le thème le met d'accord ; tous se taisent ou murmurent faiblement, tandis qu'une voix harmonieuse les domine ; je ne crois pas nécessaire de faire l'application de cette parabole. Les variations sont plus ou moins longues, selon ce que la pensée éprouve : mollesse ou fatigue. Ici, sans contredit, commence le chef-d'œuvre ; l'andante, les yeux humides de pleurs, s'avance lentement, les mains s'unissent ; c'est le romanesque, les grands serments, les petites promesses, les attendrisse-

ments, la mélancolie. — Peu à peu tout s'arrange; l'amant ne doute plus du cœur de sa maîtresse; la joie renaît, le bonheur par conséquent : la bénédiction apostolique et romaine doit trouver ici sa place; car, sans cela, le presto survenant... Vous souriez?

LAURETTE.

Je souris d'une pensée...

LE PRINCE.

Je la devine. Mon procureur a sauté l'adagio.

LAURETTE.

Faussé, je crois.

LE PRINCE.

Ce sera à moi de réparer ses maladresses. Cependant ce n'était pas mon plan. Ce que vous me dites me fait réfléchir.

LAURETTE.

Sur quoi?

LE PRINCE.

Sur une théorie du professeur Mayer, de Francfort-sur-l'Oder.

LAURETTE.

Ah!

LE PRINCE.

Oui, il s'est trompé, si vous êtes née à Venise.

LAURETTE.

Dans cette maison même.

LE PRINCE.

Diable! pourtant il prétendait que ce que vos compatriotes estimaient le moins... était précisément ce qui manque...

LAURETTE.

Au secrétaire intime?...

LE PRINCE.

Et, de plus, qu'on juge d'un caractère sur un portrait. Vous pourriez, je le vois, soutenir la controverse.

Il lui baise la main.

Vous tremblez encore.

LAURETTE.

Je ne sais... je.... non...

LE PRINCE.

Heureusement que je suis entre la fenêtre et la pendule.

LAURETTE, effrayée.

Que dit Votre Excellence?

LE PRINCE.

Que ces deux points partagent singulièrement votre attention. Je crois que vous avez peur de moi.

LAURETTE.

Pourquoi?... nullement... je... je ne puis vous dissimuler...

LE PRINCE.

Voici une main qui dit le contraire. Aimez-vous les bijoux?
Il lui met un bracelet.

LAURETTE.

Quels magnifiques diamants !

LE PRINCE.

Ce n'est plus la mode. Mais que vois-je? L'anneau a été oublié.

LAURETTE.

Le secrétaire...

LE PRINCE.

En voici un : j'ai toujours des joujoux de poupée dans mes poches. Décidément vous voulez savoir l'heure.

LAURETTE.

Non ;... je cherche...

LE PRINCE.

J'avais entendu dire qu'un Français était quelquefois embarrassé devant une Italienne. Vous vous levez !

LAURETTE.

Je suis souffrante.

LE PRINCE.

Vous voulez vous mettre à la fenêtre?

LAURETTE, à la fenêtre.

Ah !

LE PRINCE.

De grâce, qu'avez-vous? Serais-je réellement assez malheureux pour vous inspirer de l'effroi?
Il la ramène au sofa.

En ce cas, je serais le plus malheureux des hommes ; car je vous aime et ne pourrai vivre sans vous.

LAURETTE.

Encore une raillerie? Prince, celle-ci n'est pas charitable.

LE PRINCE.

De l'orgueil ? Veuillez m'écouter.

Je me suis figuré qu'une femme devait faire plus de cas de son âme que de son corps, contre l'usage général qui veut qu'elle permette qu'on l'aime avant d'avouer qu'elle aime, et qu'elle abandonne ainsi le trésor de son cœur avant de consentir à la plus légère prise sur celui de sa beauté. J'ai voulu, oui, voulu absolument tenter de renverser cette marche uniforme ; la nouveauté est ma rage. Ma fantaisie et ma paresse, les seuls dieux dont j'aie jamais encensé les autels, m'ont vainement laissé parcourir le monde, poursuivi par ce bizarre dessein ; rien ne s'offrait à moi. Peut-être je m'explique mal. J'ai eu la singulière idée d'être l'époux d'une femme avant d'être son amant. J'ai voulu voir si réellement il existait une âme assez orgueilleuse pour demeurer fermée lorsque les bras sont ouverts, et livrer la bouche à des baisers muets ; vous concevez que je ne craignais que de trouver cette force à la froideur. Dans toutes les contrées qu'aime le soleil, j'ai cherché les traits les plus capables de révéler qu'une âme ardente y était enfermée : j'ai cherché la beauté dans tout son éclat, cet amour qu'un regard fait naître ; j'ai désiré un visage asez beau pour me faire oublier qu'il était moins beau que l'être invisible qui l'anime ; insensible à tout, j'ai résisté à tout... excepté à une femme, — à vous, Laurette, qui m'apprenez que je me suis un peu mépris dans mes idées orgueilleuses ; à vous, devant qui je ne voulais soulever le masque qui couvre ici-bas les hommes qu'après être devenu votre époux. — Vous me l'avez arraché, je vous supplie de me pardonner, si j'ai pu vous offenser.

LAURETTE.

Prince, vos discours me confondent... Faut-il que je croie ?...

LE PRINCE.

Il faut que la princesse d'Eysenach me pardonne ; il faut qu'elle permette à son époux de redevenir l'amant le plus soumis ; il faut qu'elle oublie toutes ses folies...

LAURETTE.

Et toute sa finesse ?

LE PRINCE.

Elle pâlit devant la vôtre. La beauté et l'esprit...

LAURETTE.

Ne sont rien. Voyez comme nous nous ressemblons peu.

LE PRINCE.

Si vous en faites si peu de cas, je vais revenir à mon rêve.

LAURETTE.

Comment?

LE PRINCE.

En commençant par la première.

LAURETTE.

Et en oubliant le second?

LE PRINCE.

Prenez garde à un homme qui demande un pardon; il peut avoir si aisément la tentation d'en mériter deux!

LAURETTE.

Ceci est une théorie.

LE PRINCE.

Non pas.
Il l'embrasse.
Cependant, je vous vois encore agitée. Gageons que, toute jeune que vous êtes, vous avez déjà fait un calcul.

LAURETTE.

Lequel? il y en a tant à faire! et un jour comme celui-ci en voit tant!

LE PRINCE.

Je ne parle que de celui des qualités d'époux. Peut-être ne trouvez-vous rien en moi qui les annonce. Dites-moi, est-ce bien sérieusement que vous avez pu jamais réfléchir à cet important et grave sujet? De quelle pâte débonnaire, de quels faciles éléments aviez-vous pétri d'avance cet être dont l'apparition change tant de douces nuits en insomnie? Peut-être sortez-vous du couvent?

LAURETTE.

Non.

LE PRINCE.

Il faut songer, chère princesse, que si votre gouvernante vous gênait, si votre tuteur vous contrariait, si vous étiez surveillée, tancée quelquefois, vous allez entrer demain (n'est-ce pas demain?) dans une atmosphère de despotisme et de tyrannie; vous allez respirer l'air délicieux de la plus aristocratique bonbonnière; c'est de ma petite cour que je parle, ou plutôt de la vôtre, car je suis le premier de vos sujets. Une grave duègne vous suivra, c'est l'usage; mais je la payerai pour qu'elle ne dise rien à votre mari. Aimez-vous les chevaux, la chasse, les fêtes, les spectacles, les dragées, les amants, les petits vers, les diamants, les soupers, le galop, les masques, les petits chiens, les folies? — Tout pleuvra autour de vous. Enseveli au fond de la plus reculée des ailes de votre château, le prince ne saura et ne verra que ce que vous voudrez. Avez-vous envie de lui pour une partie de plaisir? Un ordre expédié de la part de la reine avertira le roi de prendre son habit de chasse, de bal ou d'enterrement. Voulez-vous être seule? Quand toutes les sérénades de la terre retentiraient sous les fenêtres, le prince, au fond de son donjon gothique, n'entendra rien au monde; une seule loi régnera dans votre cour : la volonté de la souveraine. Ressembleriez-vous par hasard à l'une de ces femmes pour qui l'ambition, les honneurs, le pouvoir, eurent tant de charmes? Cela m'étonnerait, et mon vieux docteur aussi ; mais n'importe. Les hochets que je mettrais alors entre vos mains, pour amuser vos loisirs, seraient d'autre nature : ils se composeraient d'abord de quelques-unes de ces marionnettes qu'on nomme des ministres, des conseillers, des secrétaires : pareil à des châteaux de cartes, tout l'édifice politique de leur sagesse dépendrait d'un souffle de votre bouche ; autour de vous s'agiterait en tous sens la foule de ces roseaux, que plie et relève le vent des cours ; vous serez un despote, si vous ne voulez être une reine. Ne faites pas surtout un rêve sans le réaliser; qu'un caprice, qu'un faible désir n'échappe pas à ceux qui vous entourent, et dont l'existence entière est consacrée à vous obéir. Vous choisirez entre vos fantaisies, ce sera tout votre travail, madame ; et si le pays que je vous décris...

LAURETTE.

C'est le paradis des femmes.

LE PRINCE.

Vous en serez la déesse.

LAURETTE.

Mais le rêve sera-t-il éternel? Ne casserez-vous jamais le pot au lait?

LE PRINCE.

Jamais.

LAURETTE.

Ah! qui m'en assure?

LE PRINCE.

Un seul garant, — mon indicible, ma délicieuse paresse. Voilà bientôt vingt-cinq ans que j'essaye de vivre, Laurette. J'en suis las; mon existence me fatigue; je rattache à la vôtre ce fil qui s'allait briser; vous vivrez pour moi, j'abdique; vous chargez-vous de cette tâche? Je vous remets le soin de mes jours, de mes pensées, de mes actions; et pour mon cœur...

LAURETTE.

Est-il compris dans le dépôt?

Nuit vénitienne.

Page 26.

LE PRINCE.

Il n'y sera que le jour où vous l'en aurez jugé digne; jusque-là, j'ai votre portrait. — Je l'aime, je lui dois tout; je lui ai tout promis, pour tout vous tenir. — Autrefois même, je m'en serais contenté; mais j'ai voulu le voir sourire... rien de plus.

LAURETTE.

Ceci est encore une théorie.

LE PRINCE.

Un rêve, comme tout au monde.
Il l'embrasse.
Qu'avez-vous donc là? c'est un bijou vénitien. Si nous sommes en paix, il est inutile; si nous sommes en guerre, je désarme l'ennemi.
Il lui ôte son stylet.
Quant à ce petit papier parfumé qui se cache sous cette gaze, le mari le respectera. Mais la princesse d'Eysenach rougit.

LAURETTE.

Prince !

LE PRINCE.

Êtes-vous étonnée de me voir sourire? — J'ai retenu un mot de Shakespeare sur les femmes de cette ville.

LAURETTE.

Un mot?

LE PRINCE.

Perfide comme l'onde. Est-il défendu d'aimer à avoir des rivaux?

LAURETTE.

Vous pensez?...

LE PRINCE.

A moins que ce ne soient des rivaux heureux, et celui-ci ne l'est pas.

LAURETTE.

Pourquoi?

LE PRINCE.

Parce qu'il écrit.

LAURETTE.

C'est à mon tour de sourire, quoiqu'il y ait ici un grain de mépris.

LE PRINCE.

Mépris pour les femmes? Il n'y a que les sots qui le croient possible.

LAURETTE.

Qu'en aimez-vous donc ?

LE PRINCE.

Tout, et surtout leurs défauts.

LAURETTE.

Ainsi, le mot de Shakespeare...

LE PRINCE.

Je le voudrais pour réponse au billet.

LAURETTE.

Et que dirait-on ?

LE PRINCE.

Ceci est une pensée française, et ce n'est pas de vous que j'en attendais...

LAURETTE.

Insultez-vous la France ? Vous parliez de beauté et d'esprit. Le premier des biens...

LE PRINCE.

C'est le cœur. L'esprit et la beauté n'en sont que les voiles.

LAURETTE.

Ah ! qui sait ce que voit celui qui les soulève ! C'est une audace !

LE PRINCE.

Il n'y en a plus après la noce... Vous tremblez encore ?

LAURETTE.

J'ai cru entendre du bruit.

LE PRINCE.

Au fait, nous sommes presque dans un jardin ; si vous ne teniez pas à ce sofa...

LAURETTE.

Non...

<small>Ils se lèvent ; le prince veut l'entraîner.</small>

LE PRINCE.

Est-ce de l'époux ou de l'amant que vous avez peur ?

LAURETTE.

C'est de la nuit.

LE PRINCE.

Elle est perfide aussi ; mais elle est discrète. Qu'oserez-vous lui confier ?... La réponse au billet ?

LAURETTE.

Qu'en dirait-elle?

LE PRINCE.

Elle n'en laissera rien voir à l'époux.
Elle lui donne le billet; il le déchire.

Ne la craignez pas, Laurette. Le secret d'une jeune fiancée est fait pour la nuit; elle seule renferme les deux grands secrets du bonheur : le plaisir et l'oubli.

LAURETTE.

Mais le chagrin?

LE PRINCE.

C'est la réflexion ; et il est si facile de la perdre.

LAURETTE.

Est-ce aussi un secret?
Ils s'éloignent; onze heures sonnent.

SCÈNE III

La même décoration qu'à la première scène. On entend l'heure sonner dans l'éloignement.

RAZETTA.

Je ne puis me défendre d'une certaine crainte. Serait-il possible que Laurette m'eût manqué de parole? Malheur à elle, s'il était vrai! Non pas que je doive porter la main sur elle... mais mon rival!... Il me semble que deux horloges ont déjà sonné onze heures... Est-ce le temps d'agir? Il faut que j'entre dans ces jardins. — J'aperçois une grille fermée. — O rage! me serait-il impossible de pénétrer? Au risque de ma vie, je suis déterminé à ne pas abandonner mon dessein.

L'heure est passée... Rien ne doit me retenir... Mais par où entrer? — Appellerai-je? Tenterai-je de gravir cette muraille élevée? — Suis-je trahi? réellement trahi? Laurette... Si j'apercevais un valet, peut-être avec de l'or... — Je ne vois aucune lumière... Le repos semble régner dans cette maison. — Désespoir! Ne pourrai-je même jouer ma vie? ne pourrai-je tenter même le plus désespéré de tous les partis?
On entend une symphonie; une gondole chargée de musiciens passe.

UNE VOIX DE FEMME.

Voilà encore Razetta.

UNE AUTRE.

Je l'avais parié!

UN JEUNE HOMME.

Eh bien! la noce était-elle jolie? As-tu fait valser la mariée? Quand ta garde sera-t-elle relevée ? Tu mets sûrement le mot d'ordre en musique ?

RAZETTA.

Allez-vous-en à vos plaisirs, et laissez-moi.

UNE VOIX DE FEMME.

Non ; cette fois j'ai gagé que je t'emmènerais ; allons, viens, mauvaise tête, et ne trouble le plaisir de personne. Chacun son tour ; c'était hier le tien, aujourd'hui tu es passé de mode ; celui qui ne sait pas se conformer à son sort est aussi fou qu'un vieillard qui fait le jeune homme.

UNE AUTRE.

Venez, Razetta, nous sommes vos véritables amis, et nous ne désespérons pas de vous faire oublier la belle Laurette. Nous n'aurons pour cela qu'à vous rappeler ce que vous disiez vous-même, il y a quelques jours, ce que vous nous avez appris. — Ne perdez pas ce nom glorieux que vous portiez du premier mauvais sujet de la ville.

LE JEUNE HOMME.

De l'Italie ! Viens, nous allons souper chez Camilla ; tu y retrouveras ta jeunesse tout entière, tes anciens amis, tes anciens défauts, ta gaieté. — Veux-tu tuer ton rival ou te noyer ? Laisse ces idées communes au vulgaire des amants ; souviens-toi de toi-même, et ne donne pas le mauvais exemple. Demain matin les femmes seront inabordables, si on apprend cette nuit que Razetta s'est noyé. Encore une fois, viens souper avec nous.

RAZETTA.

C'est dit. Puissent toutes les folies des amants finir aussi joyeusement que la mienne !

Il monte dans la barque, qui disparaît au bruit des instruments.

FIN DE LA NUIT VÉNITIENNE

ANDRÉ DEL SARTO

DRAME EN TROIS ACTES

PUBLIÉ EN 1833, REPRÉSENTÉ EN 1849

PERSONNAGES :

ANDRÉ, \
CORDIANI, } peintres, élèves d'André.
LIONEL, /
DAMIEN, /
GRÉMIO, concierge.
MONTJOIE, gentilhomme français.
MATHURIN, domestique.

JEAN, domestique.
PAOLO.
CÉSARIO, élève d'André.
LUCRETIA DEL FEDE, femme d'André.
SPINETTE, suivante.
PEINTRES, VALETS, etc.
UN MÉDECIN.

La scène est à Florence.

ACTE PREMIER

SCÈNE Ire

La maison d'André. — Une cour, un jardin au fond.

GRÉMIO, sortant de la maison du concierge.

Il me semble, en vérité, que j'entends marcher dans la cour : à quatre heures du matin, c'est singulier. Hum ! hum ! que veut dire cela ?

Il avance ; un homme enveloppé d'un manteau descend d'une fenêtre du rez-de-chauss

GRÉMIO.

De la fenêtre de Mme Lucrèce ? Arrête, qui que tu sois !

L'HOMME.

Laisse-moi passer, ou je te tue !

Il le frappe et s'enfuit dans le jardin.

GRÉMIO, seul.

Au meurtre ! au voleur ! Jean, au secours !

DAMIEN, sortant en robe de chambre.

Qu'est-ce ? qu'as-tu à crier, Grémio ?

GRÉMIO.

Il y a un voleur dans le jardin.

DAMIEN.

Vieux fou ! tu te seras grisé.

GRÉMIO.

De la fenêtre de Mme Lucrèce, de sa propre fenêtre, je l'ai vu descendre. Ah ! je suis blessé ! il m'a frappé au bras de son stylet.

DAMIEN.

Tu veux rire ! ton manteau est à peine déchiré. Quel conte viens-tu faire, Grémio ? Qui diable veux-tu avoir vu descendre de la fenêtre de Lucrèce, à cette heure-ci ? Sais-tu, sot que tu es, qu'il ne ferait pas bon l'aller redire à son mari ?

GRÉMIO.

Je l'ai vu comme je vous vois.

DAMIEN.

Tu as bu, Grémio ; tu vois double.

GRÉMIO.

Double ! je n'en ai vu qu'un.

DAMIEN.

Pourquoi réveilles-tu une maison entière avant le lever du soleil ? et une maison comme celle-ci, pleine de jeunes gens, de valets ! T'a-t-on payé pour imaginer ce mauvais roman sur le compte de la femme de mon meilleur ami ? Tu cries au voleur, et tu prétends qu'on a sauté par sa fenêtre ? Es-tu fou ou es-tu payé ? Dis, réponds : que je t'entende.

GRÉMIO.

Mon Dieu ! mon Seigneur Jésus ! je l'ai vu ; en vérité de Dieu, je l'ai vu. Que vous ai-je fait ? je l'ai vu.

DAMIEN.

Écoute, Grémio. Prends cette bourse, elle peut être moins lourde que celle qu'on t'a donnée pour inventer cette histoire-là. Va-t'en boire à ma santé. Tu sais que je suis l'ami de ton maître, n'est-ce pas ? Je ne suis pas un voleur, moi ; je ne suis pas de moitié dans le vol qu'on lui ferait ? Tu me connais depuis dix ans comme je connais André. Eh bien ! Grémio, pas un mot là-dessus. Bois à ma santé ; pas un mot, entends-tu ; ou je te fais chasser de la maison. Va, Grémio, rentre chez toi, mon vieux camarade. Que tout cela soit oublié.

GRÉMIO.

Je l'ai vu, mon Dieu ! sur ma tête, sur celle de mon père, je l'ai vu, vu, bien vu.

Il rentre.

DAMIEN, s'avançant seul vers le jardin et appelant.

Cordiani ! Cordiani !
Cordiani paraît.

DAMIEN.

Insensé ! en es-tu venu là ? André, ton ami, le mien, le bon, le pauvre André !

CORDIANI.

Elle m'aime, ô Damien, elle m'aime ! Que vas-tu me dire ? Je suis heureux. Regarde-moi, elle m'aime. Je cours dans ce jardin depuis hier ; je me suis jeté dans les herbes humides ; j'ai frappé les statues et les arbres, et j'ai couvert de baisers terribles les gazons qu'elle avait foulés.

DAMIEN.

Et cet homme qui te surprend ! A quoi penses-tu ? Et André ! André, Cordiani !

CORDIANI.

Que sais-je ? je puis être coupable, tu peux avoir raison ; nous en parlerons demain, un jour, plus tard ; laisse-moi être heureux. Je me trompe peut-être, elle ne m'aime peut-être pas ; un caprice, oui, un caprice seulement, et rien de plus ; mais laisse-moi être heureux.

DAMIEN.

Rien de plus ? et tu brises comme une paille un lien de vingt-cinq années ? et tu sors de cette chambre ? Tu peux être coupable ? et les rideaux qui se sont refermés sur toi sont encore agités autour d'elle ? et l'homme qui te voit sortir crie au meurtre ?

CORDIANI.

Ah ! mon ami, que cette femme est belle !

DAMIEN.

Insensé ! insensé !

CORDIANI.

Si tu savais quelle région j'habite ! comme le son de sa voix seulement fait bouillonner en moi une vie nouvelle ! comme les larmes lui viennent aux yeux au-devant de tout ce qui est beau, tendre et pur comme elle ! O mon Dieu ! c'est un autel sublime que le bonheur. Puisse la joie de mon âme monter à toi comme un doux encens ! Damien, les poètes se sont trompés : est-ce l'esprit du mal qui est l'ange déchu ? C'est celui de l'amour, qui, après le grand œuvre, ne voulut pas quitter la terre, et, tandis que ses frères remontaient au ciel, laissa tomber ses ailes d'or en poudre aux pieds de la beauté qu'il avait créée.

ANDRÉ DEL SARTO.   Page 31.

DAMIEN.

Je te parlerai dans un autre moment. Le soleil se lève; dans une heure, quelqu'un viendra s'asseoir aussi sur ce banc, il posera comme toi ses mains sur son visage, et ce ne sont pas des larmes de joie qu'il cachera. A quoi penses-tu?

CORDIANI.

Je pense au coin obscur d'une certaine taverne où je me suis assis tant de fois, regrettant ma journée. Je pense à Florence qui s'éveille, aux promenades, aux passants qui se croisent, au monde où j'ai erré vingt ans comme un spectre sans sépulture, à ces rues désertes où je me plongeais au sein des nuits, poussé par quelque dessein sinistre; je pense à mes travaux, à mes jours de découragement; j'ouvre les bras, et je vois passer les fantômes des femmes que j'ai possédées, mes plaisirs, mes peines, mes espérances! Ah! mon ami, comme tout est foudroyé, comme tout ce qui fermentait en moi s'est réuni en une seule pensée : l'aimer! C'est ainsi que mille insectes épars dans la poussière viennent se réunir dans un rayon de soleil.

DAMIEN.

Que veux-tu que je te dise, et de quoi servent les paroles après l'action? Un amour comme le tien n'a pas d'ami.

CORDIANI.

Qu'ai-je eu dans le cœur jusqu'à présent? Dieu merci, je n'ai pas cherché la science; je n'ai voulu d'aucun état, je n'ai jamais donné un centre aux cercles gigantesques de la pensée; je n'y ai laissé entrer que l'amour des arts, qui est l'encens de l'autel, mais qui n'en est pas le dieu. J'ai vécu de mon pinceau, de mon travail; mais mon travail n'a nourri que mon corps; mon âme a gardé sa faim céleste. J'ai posé sur le seuil de mon cœur le fouet dont Jésus-Christ flagella les vendeurs du temple. Dieu merci, je n'ai jamais aimé, mon cœur n'était à rien jusqu'à ce qu'il fût à elle.

DAMIEN.

Comment exprimer tout ce qui se passe dans mon âme? Je te vois heureux. Ne m'es-tu pas aussi cher que lui?

CORDIANI.

Et maintenant qu'elle est à moi, maintenant qu'assis à ma table, je laisse couler comme de douces larmes les vers insensés qui lui parlent de mon amour, et que je crois sentir derrière moi son fantôme charmant s'incliner sur mon épaule pour les lire; maintenant que j'ai un nom sur les lèvres, ô mon ami, quel est l'homme ici-bas qui n'a pas vu apparaître cent fois, mille fois, dans ses rêves, un être adoré, fait pour lui, devant vivre pour lui? Eh bien! quand un seul jour au monde on devrait rencontrer cet être, le serrer dans ses bras et mourir!

DAMIEN.

Tout ce que je puis te répondre, Cordiani, c'est que ton bonheur m'épouvante. Qu'André l'ignore, voilà l'important!

CORDIANI.

Que veut dire cela? Crois-tu que je l'aie séduite? qu'elle ait réfléchi et que j'aie réfléchi! Depuis un an que je la vois tous les jours, je lui parle, et elle me répond; je fais un geste, et elle me comprend. Elle se met au clavecin, elle chante, et moi, les lèvres entr'ouvertes, je regarde une longue larme tomber en silence sur ses bras nus. Et de quel droit ne serait-elle pas à moi?

DAMIEN.

De quel droit?

CORDIANI.

Silence! j'aime et je suis aimé. Je ne veux rien analyser, rien savoir; il n'y a d'heureux que les enfants qui cueillent un fruit et le portent à leurs lèvres sans penser à autre chose, sinon qu'ils l'aiment et qu'il est à portée de leurs mains.

DAMIEN.

Ah! si tu étais là, à cette place où je suis, et si tu te jugeais toi-même! Que dira demain l'homme à l'enfant?

CORDIANI.

Non! non! Est-ce d'une orgie que je sors, pour que l'air du matin me frappe au visage? L'ivresse de l'amour est-elle une débauche, pour s'évanouir avec la nuit? Toi, que voilà, Damien, depuis combien de temps m'as-tu vu l'aimer? Qu'as-tu à dire à présent, toi qui es resté muet, toi qui as vu pendant une année chaque battement de mon cœur, chaque minute de ma vie se détacher de moi pour s'unir à elle? Et je suis coupable aujourd'hui? Alors pourquoi suis-je heureux? Et que me diras-tu d'ailleurs que je ne me sois dit cent fois à moi-même? Suis-je un libertin sans cœur? suis-je un athée? Ai-je jamais parlé avec mépris de tous ces mots sacrés, qui, depuis que le monde existe, errent vainement sur les lèvres des hommes? Tous les reproches imaginables, je me les suis adressés, et cependant je suis heureux. Le remords, la vengeance hideuse, la triste et muette douleur, tous ces spectres terribles sont venus se présenter au seuil de ma porte; aucun n'a pu rester debout devant l'amour de Lucrèce. Silence! on ouvre les portes; viens avec moi dans mon atelier. Là, dans une chambre fermée à tous les yeux, j'ai taillé dans le marbre le plus pur l'image adorée de ma maîtresse. Je veux te répondre devant elle; viens, sortons; la cour s'emplit de monde, et l'académie va s'ouvrir.

<small>Ils sortent. — Les peintres traversent la cour en tous sens. — Lionel et Césario s'avancent.</small>

LIONEL.

Le maître est-il levé?

CÉSARIO, chantant.

Il se levait de bon matin,
Pour se mettre à l'ouvrage,
Tin taine, tin tin.
Le bon gros père Célestin,
Il se levait de bon matin,
Comme un coq de village.

LIONEL.

Que d'écoliers autrefois dans cette académie! comme on se disputait pour l'un, pour l'autre! quel événement que l'apparition d'un nouveau tableau! Sous Michel-Ange, les écoles étaient de vrais champs de bataille; aujourd'hui elles se remplissent à peine, lentement, de jeunes gens silencieux. On travaille pour vivre, et les arts deviennent des métiers.

CÉSARIO.

C'est ainsi que tout passe sous le soleil. Moi, Michel-Ange m'ennuyait; je suis bien aise qu'il soit mort.

LIONEL.

Quel génie que le sien!

CÉSARIO.

Eh bien! oui, c'est un homme de génie; qu'ils nous laisse tranquilles. As-tu vu le tableau de Pontormo?

LIONEL.

Et j'y ai vu le siècle tout entier; un homme incertain entre mille chemins divers, la caricature des grands maîtres; se noyant dans son propre enthousiasme, capable de se retenir, pour s'en tirer, au manteau gothique d'Albert Dürer.

CÉSARIO.

Vive le gothique! Si les arts se meurent, l'antiquité ne rajeunira rien, *Tra deri da!* Il nous faut du nouveau.

ANDRÉ DEL SARTO, entrant et parlant à un valet.

Dites à Grémio de seller deux chevaux, un pour lui et un pour moi. Nous allons à la ferme.

CÉSARIO, continuant.

Du nouveau à tout prix, du nouveau! Eh bien! maître, quoi de nouveau ce matin?

ANDRÉ.

Toujours gai, Césario? Tout est nouveau aujourd'hui, mon enfant; la verdure, le soleil et les fleurs, tout sera encore nouveau demain. Il n'y a que l'homme qui se fasse plus vieux, tout se fait plus jeune autour de lui chaque jour. Bonjour, Lionel; levé de si bonne heure, mon vieil ami?

CÉSARIO.

Alors les jeunes peintres ont donc raison de demander du neuf, puisque la nature elle-même en veut pour elle et en donne à tous.

LIONEL.

Songes-tu à qui tu parles ?

ANDRÉ.

Ah! ah! déjà en train de discuter? La discussion, mes bons amis, est une terre stérile, croyez-moi; c'est elle qui tue tout. Moins de préfaces et plus de livres. Vous êtes peintres, mes enfants; que votre bouche soit muette, et que votre main droite parle pour vous. Écoute-moi cependant, Césario. La nature veut toujours être nouvelle, c'est vrai; mais elle reste toujours la même. Es-tu de ceux qui souhaiteraient qu'elle changeât la couleur de sa robe, et que les bois se colorassent en bleu ou en rouge? Ce n'est pas ainsi qu'elle l'entend; à côté d'une fleur fanée naît une fleur toute semblable, et des milliers de familles se reconnaissent sous la rosée aux premiers rayons de soleil. Chaque matin, l'ange de la vie et de la mort apporte à la mère commune une nouvelle parure, mais toutes ses parures se ressemblent. Que les arts tâchent de faire comme elle, puisqu'ils ne sont rien qu'en l'imitant. Que chaque siècle voie de nouvelles mœurs, de nouveaux costumes, de nouvelles pensées; mais que le génie soit invariable comme la beauté. Que de jeunes mains, pleines de force et de vie, reçoivent avec respect le flambeau sacré des mains tremblantes des vieillards; qu'ils la protègent du souffle des vents, cette flamme divine qui traversera les siècles futurs, comme elle a fait des siècles passés. Retiendras-tu cela, Césario? Et maintenant, va travailler; à l'ouvrage! à l'ouvrage! la vie est si courte!

Il le pousse dans l'atelier. A Lionel.

Nous vieillissons, mon pauvre ami. La jeunesse ne veut plus guère de nous. Je ne sais si c'est que le siècle est un nouveau-né ou un vieillard tombé en enfance.

LIONEL.

Mort de Dieu! il ne faut pas que vos nouveaux venus m'échauffent par trop les oreilles! Je finirai par garder mon épée pour travailler.

ANDRÉ.

Te voilà bien avec tes coups de rapière, brave Lionel! On ne tue plus aujourd'hui que les moribonds; le temps des épées est passé en Italie. Allons, allons, mon vieux; laisse dire les bavards, et tâchons d'être de notre temps, jusqu'à ce qu'on nous enterre.

<small>Damien entre.</small>

Eh bien! mon cher Damien, Cordiani vient-il aujourd'hui?

DAMIEN.

Je ne crois pas qu'il vienne, il est malade.

ANDRÉ.

Malade, lui! Je l'ai vu hier soir, il ne l'était point. Sérieusement malade? Allons chez lui, Damien. Que peut-il avoir?

DAMIEN.

N'allez pas chez lui, il ne saurait vous recevoir. Il s'est enfermé pour la journée.

ANDRÉ.

Oh! non pas pour moi. Allons, Damien.

DAMIEN.

Sérieusement, il veut être seul.

ANDRÉ.

Seul! et malade! tu m'effrayes. Lui est-il arrivé quelque chose? une dispute? un duel? violent comme il est! Ah! mon Dieu! mais qu'est-ce donc? il ne m'a rien fait dire; il est blessé, n'est-ce pas? Pardonnez-moi, mes amis;...

<small>Aux peintres qui sont restés et qui l'attendent.</small>

mais vous le savez, c'est mon ami d'enfance, c'est mon meilleur, mon plus fidèle compagnon.

DAMIEN.

Rassurez-vous; il ne lui est rien arrivé. Une fièvre légère; demain vous le verrez bien portant.

ANDRÉ.

Dieu le veuille! Dieu le veuille! Ah! que de prières j'ai adressées au ciel pour la conservation d'une vie aussi chère! Vous le dirai-je, ô mes amis! dans ces temps de décadence où la mort de Michel-Ange nous a laissés, c'est en lui que j'ai mis mon espoir : c'est un cœur chaud, et un bon cœur. La Providence ne laisse pas s'égarer de telles facultés! Que de fois, assis derrière lui, tandis qu'il parcourait du haut en bas son échelle, une palette à la main, j'ai senti se gonfler ma poitrine, j'ai étendu les bras, prêt à le serrer sur mon cœur, à baiser ce front si jeune et si ouvert, d'où le génie rayonnait de toutes parts! Quelle facilité! quel enthousiasme! mais quel sévère et cordial amour de la vérité! Que de fois j'ai pensé avec délices qu'il était plus jeune que moi! Je regardais tristement mes pauvres ouvrages, et je m'adressais en moi-même aux siècles futurs : voilà tout ce que j'ai pu faire, leur disais-je, mais je vous lègue mon ami.

LIONEL.

Maître, un homme est là qui vous appelle.

ANDRÉ.

Qu'est-ce? qu'y a-t-il?

UN DOMESTIQUE.

Les chevaux sont sellés ; Grémio est prêt, monseigneur.

ANDRÉ.

Allons, je vous dis adieu ; je serai à l'atelier dans deux heures. Mais il n'a rien ?
A Damien.
Rien de grave, n'est-ce pas ? Et nous le verrons demain ? Viens donc souper avec nous; et si tu vois Lucrèce, dis-lui que je vais à la ferme et que je reviens.
Il sort.

SCÈNE II

Un petit bois. — André dans l'éloignement.

GRÉMIO, assis sur l'herbe.

Hum! hum! je l'ai bien vu pourtant. Quel intérêt pouvait-il avoir à me dire le contraire? Il faut cependant qu'il en ait un, puisqu'il m'a donné...
Il compte dans sa main.
quatre, cinq, six... diable! il y a quelque chose là-dessous. Non, certainement, pour un voleur, ce n'en était pas un. J'avais bien eu une autre idée : mais... oh! mais c'est là qu'il faut s'arrêter : Tais-toi, me suis-je dit, Grémio; holà! mon vieux, point de ceci. Cela serait drôle à penser! penser n'est rien ! qu'est-ce qu'on en voit? on pense ce qu'on veut.
Il chante.

Le berger dit au ruisseau :
Tu vas bien vite au moulin.
As-tu vu, as-tu vu la meunière
Se mirer dans tes eaux?

ANDRÉ, revenant.

Grémio, va remettre les brides à ces pauvres bêtes. Il faut reprendre notre voyage; le soleil commence à baisser, nous aurons moins chaud pour revenir.
Grémio sort.

ANDRÉ, seul, s'asseyant.

Point d'argent chez ce juif! des supplications sans fin, et point d'argent! Que dirai-je quand les envoyés du roi de France... Ah! André, pauvre André, comment peux-tu prononcer ce mot-là? Des monceaux d'or entre tes mains : la plus belle mission qu'un roi ait jamais confiée à un homme; cent chefs-d'œuvre à rapporter, cent artistes pauvres et souffrants à guérir, à enrichir! le rôle d'un bon ange à jouer! les bénédictions de la patrie à recevoir, et après tout cela, avoir peuplé un palais d'ouvrages magnifiques, et rallumé le feu sacré des arts, prêt à s'éteindre à Florence! André! comme tu te serais mis à genoux de bon cœur au chevet de ton lit le jour où tu aurais rendu fidèlement tes comptes! Et c'est François Ier qui te les demande! lui, le chevalier sans reproche, l'honnête homme, aussi bien que l'homme généreux! lui, le protecteur des arts! le père d'un siècle aussi beau que l'antiquité! Il s'est fié à toi, et tu l'as trompé! Tu l'as volé, André! car cela s'appelle ainsi, ne t'abuse pas là-dessus. Où est passé cet argent? Des bijoux pour ta femme, des fêtes, des plaisirs plus tristes que l'ennui!

Il se lève.

Songes-tu à cela, André? tu es déshonoré! Aujourd'hui te voilà respecté, chéri de tes élèves, aimé d'un ange. O Lucrèce! Lucrèce! Demain la fable de Florence, car enfin il faut bien que tôt ou tard ces comptes terribles... Enfer! et ma femme elle-même n'en sait rien! Ah! voilà ce que c'est de manquer de caractère! Que faisait-elle de mal en me demandant ce qui lui plaisait! Et moi je le lui donnais, parce qu'elle le demandait, rien de plus : faiblesse maudite! pas une réflexion. A quoi tient donc l'honneur? et Cordiani? pourquoi ne l'ai-je pas consulté? lui, mon meilleur, mon unique ami, que dira-t-il? L'honneur?... ne suis-je pas un honnête homme? j'ai fait un vol cependant. Ah! s'il s'agissait d'entrer la nuit chez un grand seigneur, de briser un coffre-fort et de s'enfuir : cela est horrible à penser, impossible. Mais quand l'argent est là, entre vos mains, qu'on n'a qu'à y puiser, que la pauvreté vous talonne, non pas pour vous, mais pour Lucrèce! mon seul bien ici-bas, ma seule joie, un amour de dix ans! et quand on se dit qu'après tout, avec un peu de travail, on pourra remplacer... Oui, remplacer! le portique de l'Annonciade m'a valu un sac de blé!

GRÉMIO, revenant.

Voilà qui est fait. Nous partirons quand vous voudrez.

ANDRÉ.

Qu'as-tu donc, Grémio? je te regardais arranger ces brides; tu te sers aujourd'hui de la main gauche.

GRÉMIO.

De ma main?... Ah! ah! je sais ce que c'est. Plaise à Votre Excellence,

André del Sarto.   Portrait

Bibl. Charpentier   LIV. 138.

j'ai le bras droit un peu blessé. Oh! pas grand'chose; mais je me fais vieux, et dame! dans mon temps,... j'aurais dit...

ANDRÉ.

Tu es blessé, dis-tu? Qui t'a blessé?

GRÉMIO.

Ah! voilà le difficile. Qui? personne; et cependant je suis blessé. Oh! ce n'est pas à dire qu'on puisse se plaindre, en conscience...

ANDRÉ.

Personne? toi-même apparemment?

GRÉMIO.

Non pas, non pas; où serait le fin sans cela? Personne, et moi moins que tout autre.

ANDRÉ.

Si tu veux rire, tu prends mal ton temps. Remontons à cheval, et partons.

GRÉMIO.

Ainsi soit-il. Ce que j'en disais n'était point pour vous fâcher, encore moins pour rire. Aussi bien riait-il fort peu ce matin, quand il me l'a donné en courant.

ANDRÉ.

Qui? que veut dire cela? qui te l'a donné? Tu as un air de mystère singulier, Grémio.

GRÉMIO.

Ma foi, au fait, écoutez. Vous êtes mon maître; on aura beau dire, cela doit se savoir; et qui le saurait, si ce n'est vous? Voilà l'histoire : j'avais entendu marcher ce matin dans la cour vers quatre heures; je me suis levé, et j'ai vu descendre tout doucement de la fenêtre un homme en manteau.

ANDRÉ.

De quelle fenêtre?

GRÉMIO.

Un homme en manteau, à qui j'ai crié d'arrêter; j'ai cru naturellement que c'était un voleur; et donc, au lieu de s'arrêter, vous voyez à mon bras, c'est son stylet qui m'a effleuré.

ANDRÉ.

De quelle fenêtre, Grémio?

GRÉMIO.

Ah! voilà encore : dame! écoutez, puisque j'ai commencé; c'était de la fenêtre de Mme Lucrèce.

ANDRÉ.

De Lucrèce?

GRÉMIO.

Oui, monsieur.

ANDRÉ.

Cela est singulier.

GRÉMIO.

Bref, il s'est enfui dans le parc. J'ai bien appelé et crié au voleur! mais là-dessus voilà le fin : M. Damien est arrivé, qui m'a dit que je me trompais, que lui le savait mieux que moi; enfin il m'a donné une bourse pour me taire.

ANDRÉ.

Damien!...

GRÉMIO.

Oui, monsieur, la voilà. A telle enseigne...

ANDRÉ.

De la fenêtre de Lucrèce? Damien l'avait donc vu, cet homme?

GRÉMIO.

Non, monsieur; il est sorti comme j'appelais.

ANDRÉ.

Comment était-il?

GRÉMIO.

Qui? M. Damien?

ANDRÉ.

Non, l'autre.

GRÉMIO.

Oh! ma foi, je ne l'ai guère vu.

ANDRÉ.

Grand, ou petit?

GRÉMIO.

Ni l'un ni l'autre. Et puis, le matin, ma foi!...

ANDRÉ.

Cela est étrange. Et Damien t'a défendu d'en parler?

GRÉMIO.

Sous peine d'être chassé par vous.

ANDRÉ.

Par moi? Écoute, Grémio : ce soir, à l'heure où je me retire, tu te mettras sous cette fenêtre ; mais caché, tu entends? Prends ton épée, et si par hasard quelqu'un essayait... tu me comprends? Appelle à haute voix, ne te laisse pas intimider, je serai là.

GRÉMIO.

Oui, monsieur.

ANDRÉ.

J'en chargerais bien un autre que toi; mais vois-tu, Grémio, je crois savoir ce que c'est; c'est de peu d'importance, vois-tu; une bagatelle, quelque plaisanterie de jeune homme. As-tu vu la couleur du manteau?

GRÉMIO.

Noir, noir; oui, je crois, du moins.

ANDRÉ.

J'en parlerai à Cordiani. Ainsi donc, c'est convenu: ce soir vers onze heures, minuit, n'aie aucune peur; je te le dis, c'est une pure plaisanterie. Tu as très bien fait de me le dire, et je ne voudrais pas qu'un autre que toi le sût; c'est pour cela que je te charge... — Et tu n'as pas vu son visage?

GRÉMIO.

Si; mais il s'est sauvé si vite! et puis le coup de stylet...

ANDRÉ.

Il n'a pas parlé?

GRÉMIO.

Quelques mots, quelques mots.

ANDRÉ.

Tu ne connais pas la voix?

GRÉMIO.

Peut-être... je ne sais pas. Tout cela a été l'affaire d'un instant.

ANDRÉ.

C'est incroyable! Allons, viens; partons vite. Vers onze heures. Il faudra que j'en parle à Cordiani. Tu es sûr de la fenêtre?

GRÉMIO.

Oh! très sûr.

ANDRÉ.

Partons! partons!

Ils sortent

SCÈNE III

LUCRÈCE, SPINETTE.

LUCRÈCE.

As-tu entr'ouvert la porte, Spinette? as-tu posé la lampe dans l'escalier?

SPINETTE.

J'ai fait tout ce que vous m'aviez ordonné.

LUCRÈCE.

Tu mettras sur cette chaise mes vêtements de nuit, et tu me laisseras seule, ma chère enfant.

SPINETTE.

Oui, madame.

LUCRÈCE à son prie-Dieu.

Pourquoi m'as-tu chargée du bonheur d'un autre, ô mon Dieu? S'il ne s'était agi que du mien, je ne l'aurais pas défendu, je ne t'aurais pas disputé ma vie. Pourquoi m'as-tu confié la sienne?

SPINETTE.

Ne cesserez-vous pas, ma chère maîtresse, de prier et de pleurer ainsi? Vos yeux sont gonflés de larmes, et depuis deux jours vous n'avez pas pris un moment de repos.

LUCRÈCE, priant.

L'ai-je accomplie, ta fatale mission? ai-je sauvé son âme en me perdant pour lui? Si tes bras sanglants n'étaient pas cloués sur ce crucifix, ô Christ! me les ouvrirais-tu?

SPINETTE.

Je ne puis me retirer. Comment vous laisser seule dans l'état où je vous vois?

LUCRÈCE.

Le puniras-tu de ma faute? Ce n'est pas lui qui est coupable; il n'a prononcé aucun serment sur la terre; il n'a pas trahi son épouse: il n'a point de devoirs; point de famille: il n'a rien fait qu'aimer et être aimé.

SPINETTE.

Onze heures vont sonner.

LUCRÈCE.

Ah! Spinette, ne m'abandonnes pas! mes larmes t'affligent, mon enfant? Il faut pourtant bien qu'elles coulent. Crois-tu qu'on perde sans souffrir tout son repos et son bonheur ? Toi qui lis dans mon cœur comme dans le tien, toi pour qui ma vie est un livre ouvert dont tu connais toutes les pages, crois-tu qu'on puisse voir s'envoler sans regret dix ans d'innocence et de tranquillité ?

SPINETTE.

Que je vous plains !

LUCRÈCE.

Détache ma robe, onze heures sonnent. De l'eau, que je m'essuie les yeux ; il va venir, Spinette ! Mes cheveux sont-ils en désordre ? Ne suis-je point pâle ? Insensée que je suis d'avoir pleuré ! Ma guitare ! place devant moi cette romance ; elle est de lui. Il vient, il vient, ma chère ! Suis-je belle, ce soir ? lui plairai-je ainsi ?

UNE SERVANTE, entrant.

Monseigneur André vient de passer dans l'appartement ; il demande si l'on peut entrer chez vous.

ANDRÉ, entrant.

Bonsoir, Lucrèce, vous ne m'attendiez pas à cette heure, n'est-il pas vrai ? Que je ne vous importune pas, c'est tout ce que je désire. De grâce, dites-moi, alliez-vous renvoyer vos femmes ? j'attendrai, pour vous voir, le moment du souper.

LUCRÈCE.

Non, pas encore, non, en vérité !

ANDRÉ.

Les moments que nous passons ensemble sont si rares ! et ils me sont si chers ! Vous seule au monde, Lucrèce, me consolez de tous les chagrins qui m'obsèdent. Ah ! si je vous perdais ! Tout mon courage, toute ma philosophie est dans vos yeux.

<small>Il s'approche de la fenêtre et soulève le rideau. — A part.</small>

Grémio est en bas, je l'aperçois.

LUCRÈCE.

Avez-vous quelque sujet de tristesse, mon ami ? Vous étiez gai à dîner, il m'a semblé.

ANDRÉ.

La gaieté est quelquefois triste, et la mélancolie a le sourire sur les lèvres.

LUCRÈCE.

Vous êtes allé à la ferme ? A propos, il y a une lettre pour vous ; les envoyés du roi de France doivent venir demain.

ANDRÉ.

Demain? Ils viennent demain?

LUCRÈCE.

L'apprenez-vous comme une fâcheuse nouvelle? Alors on pourrait vous dire éloigné de Florence, malade; en tout cas, ils ne vous verraient pas.

ANDRÉ.

Pourquoi? je les recevrai avec plaisir; ne suis-je pas prêt à rendre mes comptes? Dites-moi, Lucrèce, cette maison vous plaît-elle? Êtes-vous invitée? L'hiver vous paraît-il agréable cette année? Que ferons-nous? Vos nouvelles parures vont-elles bien?

On entend un cri étouffé dans le jardin, et des pas précipités.

Que veut dire ce bruit? qu'y a-t-il?

Cordiani, dans le plus grand désordre, entre dans la chambre.

Qu'as-tu, Cordiani? qui t'amène? Que signifie ce désordre? Que t'est-il arrivé? Tu es pâle comme la mort!

LUCRÈCE.

Ah! je suis morte!

ANDRÉ.

Réponds-moi, qui t'amène à cette heure? As-tu une querelle? faut-il te servir de second? As-tu perdu au jeu? veux-tu ma bourse?

Il lui prend la main.

Au nom du ciel, parle! tu es comme une statue.

CORDIANI.

Non... non... je venais te parler... te dire... en vérité, je venais... je ne sais...

ANDRÉ.

Qu'as-tu donc fait de ton épée? Par le ciel! il se passe en toi quelque chose d'étrange. Veux-tu que nous allions dans ce salon? ne peux-tu parler devant ces femmes? A quoi puis-je t'être bon? réponds, il n'y a rien que je ne fasse. Mon ami, mon pauvre ami, doutes-tu de moi?

CORDIANI.

Tu l'as deviné, j'ai une querelle. Je ne puis parler ici. Je te cherchais; je suis entré sans savoir pourquoi. On m'a dit que... que tu étais ici, et je venais... Je ne puis parler ici.

LIONEL, *entrant.*

Maître, Grémio est assassiné!

ANDRÉ.

Qui dit cela?

Plusieurs domestiques entrent dans la chambre.

UN DOMESTIQUE.

Maître, on vient de tuer Grémio; le meurtrier est dans la maison. On l'a vu entrer par la poterne.

Cordiani se retire dans la foule.

ANDRÉ.

Des armes! des armes! prenez ces flambeaux, parcourez toutes les chambres; qu'on ferme la porte en dedans.

LIONEL.

Il ne peut être loin; le coup vient d'être fait à l'instant même.

ANDRÉ.

Il est mort? mort? Où donc est mon épée? Ah! en voilà une à cette muraille.

Il va prendre une épée. Regardant sa main.

Tiens! c'est singulier; ma main est pleine de sang. D'où me vient ce sang?

LIONEL.

Viens avec nous, maître; je te réponds de le trouver.

ANDRÉ.

D'où me vient ce sang? ma main en est couverte. Qui donc ai-je touché? je n'ai pourtant touché que... tout à l'heure... Éloignez-vous! sortez d'ici!

LIONEL.

Qu'as-tu, maître? pourquoi nous éloigner?

ANDRÉ.

Sortez! sortez! laissez-moi seul. C'est bon! qu'on ne fasse aucune recherche, aucune, cela est inutile; je le défends. Sortez d'ici, tous! tous! obéissez quand je vous parle!

Tous se retirent en silence.

ANDRÉ, *regardant sa main.*

Pleine de sang! je n'ai touché que la main de Cordiani.

ACTE DEUXIÈME

SCÈNE Ire

Le jardin. — Il est nuit. — Clair de lune.
CORDIANI, UN VALET.

CORDIANI.

Il veut me parler?

LE VALET.

Oui, monsieur, sans témoins; cet endroit est celui qu'il m'a désigné.

ANDRÉ DEL SARTO. Page 51.

Bibl. Charpentier. LIV. 139.

CORDIANI.

Dis-lui donc que je l'attends.
<small>Le valet sort; Cordiani s'assied sur une pierre.</small>

DAMIEN, dans la coulisse

Cordiani ! où est Cordiani ?

CORDIANI.

Eh bien ! que me veux-tu ?

DAMIEN.

Je quitte André, il ne sait rien, ou du moins rien qui te regarde. Il connaît parfaitement, dit-il, le motif de la mort de Grémio, et n'en accuse personne, toi moins que tout autre.

CORDIANI.

Est-ce là ce que tu as à me dire ?

DAMIEN.

Oui ; c'est à toi de te régler là-dessus.

CORDIANI.

En ce cas, laisse-moi seul.
<small>Il va se rassooir. — Lionel et Césario passent.</small>

LIONEL.

Conçoit-on rien à cela ? Nous renvoyer, ne rien vouloir entendre, laisser sans vengeance un coup pareil ! Ce pauvre vieillard qui le sert depuis son enfance, que j'ai vu le bercer sur ses genoux ! Ah ! mort Dieu ! si c'était moi, il y aurait eu d'autre sang versé que celui-là !

DAMIEN.

Ce n'est pourtant pas un homme comme André qu'on peut accuser de lâcheté.

LIONEL.

Lâcheté ou faiblesse, qu'importe le nom ? Quand j'étais jeune, cela ne se passait pas ainsi. Il n'était, certes, pas bien difficile de trouver l'assassin ; et, si l'on ne veut pas se compromettre soi-même, par mon patron ! on a des amis.

CÉSARIO.

Quant à moi, je quitte la maison ; je suis venu ce matin à l'académie pour la dernière fois : y viendra qui voudra, je vais chez Pontormo.

LIONEL.

Mauvais cœur que tu es ! Pour tout l'or du monde, je ne voudrais pas changer de maître.

CÉSARIO.

Bah! je ne suis pas le seul; l'atelier est d'une tristesse! Julietta n'y veut plus poser. Et comme on rit chez Pontormo! Toute la journée on fait des armes, on boit, on danse. Adieu, Lionel, au revoir!

DAMIEN.

Dans quel temps vivons-nous! Ah! monsieur, notre pauvre ami est bien à plaindre. Soupez-vous avec nous?

Ils sortent.

CORDIANI, seul.

N'est-ce pas André que j'aperçois là-bas entre ces arbres? Il cherche; le voilà qui approche. Holà! André, par ici!

ANDRÉ, entrant.

Sommes-nous seuls?

CORDIANI.

Seuls.

ANDRÉ.

Vois-tu ce stylet, Cordiani? Si maintenant je t'étendais à terre d'un revers de ma main, et si je t'enterrais au pied de cet arbre, là, dans ce sable où voilà ton ombre, le monde n'aurait rien à me dire; j'en ai le droit, et ta vie m'appartient.

CORDIANI.

Tu peux le faire, ami, tu peux le faire.

ANDRÉ.

Crois-tu que ma main tremblerait? Pas plus que la tienne, il y a une heure, sur la poitrine de mon vieux Grémio. Tu le vois, je le sais, tu me l'as tué. A quoi t'attends-tu à présent? Penses-tu que je sois un lâche, et que je ne sache pas tenir une épée? Es-tu prêt à te battre? N'est-ce pas là ton devoir et le mien?

CORDIANI.

Je ferai ce que tu voudras.

ANDRÉ.

Assieds-toi et écoute. Je suis né pauvre. Le luxe qui m'environne vient de mauvaise source : c'est un dépôt dont j'ai abusé. Seul, parmi tant de peintres illustres, je survis jeune encore au siècle de Michel-Ange, et je vois de jour en jour tout s'écrouler autour de moi. Rome et Venise sont encore florissantes. Notre patrie n'est plus rien. Je lutte en vain contre les ténèbres, le flambeau sacré s'éteint dans ma main. Crois-tu que ce soit peu de chose pour un homme qui a vécu de son art vingt ans, que de le voir tomber? Mes ateliers sont déserts, ma réputation est perdue. Je n'ai point d'enfants, point d'espérance qui me rattache à la vie. Ma santé est faible, et le vent de la peste qui souffle de l'Orient me fait trembler comme une feuille. Dis-moi, que me reste-t-il au monde? Suppose qu'il m'arrive dans mes nuits d'insomnie de me poser un stylet sur le cœur. Dis-moi, qui a pu me retenir jusqu'à ce jour?

CORDIANI.

N'achève pas, André!

ANDRÉ.

Je l'aimais d'un amour indéfinissable. Pour elle, j'aurais lutté contre une armée; j'aurais bêché la terre et traîné la charrue pour ajouter une perle à ses cheveux. Ce vol que j'ai commis, ce dépôt du roi de France qu'on vient me redemander demain et que je n'ai plus, c'est pour elle, c'est pour lui donner une année de richesse et de bonheur, pour la voir, une fois dans ma vie, entourée de plaisirs et de fêtes, que j'ai tout dissipé. La vie m'était moins chère que l'honneur, et l'honneur que l'amour de Lucrèce; que dis-je? qu'un sourire de ses lèvres, qu'un rayon de joie dans ses yeux. Ce que tu vois là, Cordiani, cet être souffrant et misérable qui est devant toi, que tu as vu depuis dix ans errer dans ces sombres portiques, ce n'est pas là André del Sarto; c'est un être insensé, exposé au mépris, aux soucis dévorants. Aux pieds de ma belle Lucrèce était un autre André, jeune et heureux, insouciant comme le vent, libre et joyeux comme un oiseau du ciel, l'ange d'André, l'âme de ce corps sans vie qui s'agite au milieu des hommes. Sais-tu maintenant ce que tu as fait?

CORDIANI.

Oui, maintenant.

ANDRÉ.

Celui-là, Cordiani, tu l'as tué; celui-là ira demain au cimetière avec la dépouille du vieux Grémio; l'autre reste, et c'est lui qui te parle ici.

CORDIANI, pleurant.

André! André!

ANDRÉ.

Est-ce sur moi ou sur toi que tu pleures? J'ai une faveur à te demander. Grâce à Dieu, il n'y a point eu d'éclat cette nuit. Grâce à Dieu, j'ai vu la foudre tomber sur mon édifice de vingt ans, sans proférer une plainte et sans pousser un cri. Si le déshonneur était public, ou je t'aurais tué, ou nous irions nous battre demain. Pour prix du bonheur, le monde accorde la vengeance, et le droit de se servir de cela doit tout remplacer pour celui qui a tout perdu.

Jetant son stylet.

Voilà la justice des hommes; encore n'est-il pas sûr, si tu mourais de ma main, que ce ne fût pas toi que l'on plaindrait.

CORDIANI.

Que veux-tu de moi?

ANDRÉ.

Si tu as compris ma pensée, tu sens que je n'ai vu ici ni un crime odieux, ni une sainte amitié foulée aux pieds; je n'y ai vu qu'un coup de ciseau donné au seul lien qui m'unisse à la vie. Je ne veux pas songer à la main dont il est venu. L'homme à qui je parle n'a pas de nom pour moi. Je parle au meurtrier de mon honneur, de mon amour et de mon repos. La blessure qu'il m'a faite peut-elle être guérie? Une séparation éternelle, un silence de mort (car il doit songer que sa mort a dépendu de moi), de nouveaux efforts de ma part, une nouvelle tentative enfin de ressaisir la vie, peuvent-ils encore me réussir? En un mot, qu'il parte, qu'il soit rayé pour moi du livre de vie; qu'une liaison coupable, et qui n'a pu exister sans remords, soit rompue à jamais; que le souvenir s'en efface lentement, dans un an, dans deux peut-être, et qu'alors, moi, André, je revienne, comme un laboureur ruiné par le tonnerre, rebâtir ma cabane de chaume sur mon champ dévasté.

CORDIANI.

O mon Dieu!

ANDRÉ.

Je suis fait à la patience. Pour me faire aimer de cette femme, j'ai suivi durant deux années son ombre sur la terre. La poussière où elle marche est habituée à la sueur de mon front. Arrivé au terme de la carrière, je recommencerai mon ouvrage. Qui sait ce qui peut advenir de la fragilité des femmes? Qui sait jusqu'où peut aller l'inconstance de ce sable mouvant, et si vingt autres années d'amour et de dévouement sans bornes n'en pourront pas faire autant qu'une nuit de débauche? Car c'est d'aujourd'hui que Lucrèce est coupable, puisque c'est aujourd'hui, pour la première fois depuis que tu es à Florence, que j'ai trouvé ta porte fermée.

CORDIANI.

C'est vrai.

ANDRÉ.

Cela t'étonne, n'est-ce pas, que j'aie un tel courage? Cela étonnerait aussi le monde, si le monde l'apprenait un jour. Je suis de son avis. Un coup d'épée est plus tôt donné. Mais j'ai un grand malheur, moi : je ne crois pas à l'autre vie; et je te donne ma parole que si je ne réussis pas, le jour où j'aurai l'entière certitude que mon bonheur est à jamais détruit, je mourrai n'importe comment. Jusque-là, j'accomplirai ma tâche.

CORDIANI.

Quand dois-je partir ?

ANDRÉ.

Un cheval est à la grille. Je te donne une heure. Adieu !

CORDIANI.

Ta main, André, ta main !

ANDRÉ, revenant sur ses pas.

Ma main ? A qui ma main ? T'ai-je dit une injure ? T'ai-je appelé faux ami, traître aux serments les plus sacrés ? T'ai-je dit que toi qui me tues, je t'aurais choisi pour me défendre, si ce que tu as fait, tout autre l'avait fait ? T'ai-je dit que cette nuit j'eusse perdu autre chose que l'amour de Lucrèce ? T'ai-je parlé de quelque autre chagrin ? Tu le vois bien, ce n'est pas à Cordiani que j'ai parlé. A qui veux-tu donc que je donne ma main ?

CORDIANI.

Ta main, André ! Un éternel adieu, mais un adieu !

ANDRÉ.

Je ne le puis. Il y a du sang après la tienne.
Il sort.

CORDIANI, seul, frappe à la porte.

Holà ! Mathurin !

MATHURIN.

Plaît-il, Excellence ?

CORDIANI.

Prends mon manteau ; rassemble tout ce que tu trouveras sur ma table et dans mes armoires. Tu en feras un paquet à la hâte, et tu le porteras à la grille du jardin.
Il s'assied.

MATHURIN.

Vous partez, monsieur ?

CORDIANI.

Fais ce que je te dis.

DAMIEN, entrant.

André, que je rencontre, m'apprend que tu pars, Cordiani. Combien je m'applaudis d'une pareille détermination ! Est-ce pour quelque temps ?

CORDIANI.

Je ne sais. Tiens, Damien, rends-moi le service d'aider Mathurin à choisir ce que je dois emporter.

MATHURIN, sur le seuil de la porte.

Oh ! ce ne sera pas long.

DAMIEN.

Il suffit de prendre le plus pressant. On t'enverra le reste à l'endroit où tu comptes t'arrêter. A propos, où vas-tu?

CORDIANI.

Je ne sais. Dépêche-toi, Mathurin, dépêche-toi.

MATHURIN.

Cela est fait dans l'instant.

DAMIEN.

Maintenant, mon ami, adieu!

CORDIANI.

Adieu! adieu! Si tu vois ce soir, — je veux dire, — si demain, ou un autre jour...

DAMIEN.

Qui? que veux-tu?

CORDIANI.

Rien, rien. Adieu, Damien, au revoir!

DAMIEN.

Un bon voyage!

MATHURIN.

Monsieur, tout est prêt.

CORDIANI.

Merci, mon brave. Tiens, voilà pour tes bons services durant mon séjour dans cette maison.

MATHURIN.

Oh! Excellence!

CORDIANI, toujours assis.

Tout est prêt, n'est-ce pas?

MATHURIN.

Oui, monsieur. Vous accompagnerai-je?

CORDIANI.

Certainement. — Mathurin!

MATHURIN.

Excellence?

CORDIANI.

Je ne puis partir, Mathurin.

MATHURIN.

Vous ne partez pas?

CORDIANI.

Non. C'est impossible, vois-tu.

MATHURIN.

Avez-vous besoin d'autre chose?

CORDIANI.

Non, je n'ai besoin de rien.

CORDIANI, se levant.

Pâles statues, promenades chéries, sombres allées, comment voulez-vous que je parte? Ne sais-tu pas, toi, nuit profonde, que je ne puis partir? O murs que j'ai franchis! terre que j'ai ensanglantée!

MATHURIN.

Au nom du ciel, hélas! il se meurt. Au secours! au secours!

CORDIANI, se levant précipitamment.

N'appelle pas! viens avec moi.

MATHURIN.

Ce n'est pas là notre chemin.

CORDIANI.

Silence! viens avec moi, te dis-je! Tu es mort si tu n'obéis pas.

MATHURIN.

Où allez-vous, monsieur?

CORDIANI.

Ne t'effraye pas; je suis en délire. Cela n'est rien; écoute; je ne veux qu'une chose bien simple. N'est-ce pas à présent l'heure du souper? Maintenant ton maître est assis à sa table, entouré de ses amis, et en face de lui... En un mot, mon ami, je ne veux pas entrer; je veux seulement poser mon front sur la fenêtre, les voir un moment. Une seule minute, et nous partons.
Ils sortent.

SCÈNE II

Une chambre. — Une table dressée.
ANDRÉ, LUCRÈCE, assise.

ANDRÉ.

Nos amis viennent bien tard. Vous êtes pâle, Lucrèce. Cette scène vous a effrayée.

LUCRÈCE.

Lionel et Damien sont cependant ici. Je ne sais qui peut les retenir.

André del Sarto.

Page 64

ANDRÉ.

Vous ne portez plus de bagues? Les vôtres vous déplaisent? Ah! je me trompe, en voici une que je ne connaissais pas encore.

LUCRÈCE.

Cette scène, en vérité, m'a effrayée. Je ne puis vous cacher que je suis souffrante.

ANDRÉ.

Montrez-moi cette bague, Lucrèce. Est-ce un cadeau? est-il permis de l'admirer?

LUCRÈCE, donnant la bague.

C'est un cadeau de Marguerite, mon amie d'enfance.

ANDRÉ.

C'est singulier, ce n'est pas son chiffre! pourquoi donc? C'est un bijou charmant, mais bien fragile. Ah! mon Dieu, qu'allez-vous me dire? je l'ai brisé en le prenant.

LUCRÈCE.

Il est brisé? mon anneau brisé?

ANDRÉ.

Que je m'en veux de cette maladresse! Mais, en vérité, le mal est sans ressource.

LUCRÈCE.

N'importe! rendez-le-moi tel qu'il est.

ANDRÉ.

Qu'en voudriez-vous faire? l'orfèvre le plus habile n'y pourrait trouver remède.

Il le jette à terre et l'écrase....

LUCRÈCE.

Ne l'écrasez pas! J'y tenais beaucoup.

ANDRÉ.

Bon, Marguerite vient ici tous les jours. Vous lui direz que je l'ai brisé et elle vous en donnera un autre. Avons-nous beaucoup de monde ce soir? notre souper sera-t-il joyeux?

LUCRÈCE.

Je tenais beaucoup à cet anneau.

ANDRÉ.

Et moi aussi j'ai perdu cette nuit un joyau précieux; j'y tenais beaucoup aussi... Vous ne répondez pas à ma demande?

LUCRÈCE.

Mais nous aurons notre compagnie habituelle, je suppose : Lionel, Damien et Cordiani.

ANDRÉ.

Cordiani aussi !... Je suis désolé de la mort de Grémio.

LUCRÈCE.

C'était votre père nourricier.

ANDRÉ.

Qu'importe? qu'importe? Tous les jours on perd un ami. N'est-ce pas chose ordinaire que d'entendre dire : Celui-là est mort, celui-là est ruiné? On danse, on boit par là-dessus. Tout n'est qu'heur et malheur.

LUCRÈCE.

Voici nos convives, je pense.
<small>Lionel et Damien entrent.</small>

ANDRÉ.

Allons, mes bons amis, à table! Avez-vous quelque souci, quelque peine de cœur? il s'agit de tout oublier. Hélas! oui, vous en avez sans doute : tout homme en a sous le soleil.
<small>Ils s'assoyent.</small>

LUCRÈCE.

Pourquoi reste-t-il une place vide?

ANDRÉ.

Cordiani est parti pour l'Allemagne.

LUCRÈCE.

Parti! Cordiani?

ANDRÉ.

Oui, pour l'Allemagne. Que Dieu le conduise! Allons, mon vieux Lionel, notre jeunesse est là-dedans.
<small>Montrant les flacons.</small>

LIONEL.

Parlez pour moi seul, maître. Puisse la vôtre durer longtemps encore, pour vos amis et pour le pays!

ANDRÉ.

Jeune ou vieux, que veut dire ce mot? Les cheveux blancs ne font pas la vieillesse, et le cœur de l'homme n'a pas d'âge.

LUCRÈCE, à voix basse.

Est-ce vrai, Damien, qu'il est parti?

DAMIEN, de même.

Très vrai.

LIONEL.

Le ciel est à l'orage; il fait mauvais temps pour voyager.

ANDRÉ.

Décidément, mes bons amis, je quitte cette maison : la vie de Florence plaît moins de jour en jour à ma chère Lucrèce, et, quant à moi, je ne l'ai jamais aimée. Dès le mois prochain, je compte avoir sur les bords de l'Arno une maison de campagne, un pampre vert et quelques pieds de jardin. C'est là que je veux achever ma vie, comme je l'ai commencée. Mes élèves ne m'y suivront pas. Qu'ai-je à leur apprendre qu'ils ne puissent oublier ? Moi-même j'oublie chaque jour, et moins encore que je ne le voudrais. J'ai besoin cependant de vivre du passé; qu'en dites-vous, Lucrèce?

LIONEL.

Renoncez-vous à vos espérances ?

ANDRÉ.

Ce sont elles, je crois, qui renoncent à moi. O mon vieil ami, l'espérance est semblable à la fanfare guerrière : elle mène au combat et divinise le danger. Tout est si beau, si facile, tant qu'elle retentit au fond du cœur ! mais, le jour où sa voix expire, le soldat s'arrête et brise son épée.

DAMIEN.

Qu'avez-vous, madame ? vous paraissez souffrir.

LIONEL.

Mais, en effet, quelle pâleur ! nous devrions nous retirer.

LUCRÈCE.

Spinette ! entre dans ma chambre, ma chère, et prends mon flacon sur ma toilette. Tu me l'apporteras.

Spinette sort.

ANDRÉ.

Qu'avez-vous donc, Lucrèce ? O ciel ! seriez-vous réellement malade ?

DAMIEN.

Ouvrez cette fenêtre, le grand air vous fera du bien.

Spinette rentre épouvantée.

SPINETTE.

Monseigneur ! Monseigneur ! un homme est là caché.

ANDRÉ.

Où ?

SPINETTE.

Là, dans l'appartement de ma maîtresse.

LIONEL.

Mort et furie! voilà la suite de votre faiblesse, maître : c'est le meurtrier de Grémio. Laissez-moi lui parler.

SPINETTE.

J'étais entrée sans lumière. Il m'a saisi la main comme je passais entre les deux portes.

ANDRÉ.

Lionel, n'entre pas, c'est moi que cela regarde.

LIONEL.

Quand vous devriez me bannir de chez vous, pour cette fois je ne vous quitte pas. Entrons, Damien.
Il entre.

ANDRÉ, courant à sa femme.

Est-ce lui, malheureuse? est-ce lui?

LUCRÈCE.

O mon Dieu! prends pitié de moi!
Elle s'évanouit.

DAMIEN.

Suivez, Lionel, André, empêchez-le de voir Cordiani.

ANDRÉ.

Cordiani! Cordiani! Mon déshonneur est-il si public, si bien connu de tout ce qui m'entoure, que je n'aie qu'un mot à dire pour qu'on me réponde par celui-ci : Cordiani! Cordiani!
Criant.

Sors donc, misérable, puisque voilà Damien qui t'appelle!
Lionel rentre avec Cordiani.

ANDRÉ, à tout le monde.

Je vous ai fait sortir tantôt. A présent, je vous prie de rester. Emportez cette femme, messieurs. Cet homme est l'assassin de Grémio.
On emporte Lucrèce.

C'est pour entrer chez ma femme qu'il l'a tué. Un cheval!... Dans quelque état qu'elle se trouve, vous, Damien, vous la conduirez à sa mère... ce soir, à l'instant même. Maintenant, Lionel, tu vas me servir de témoin. Cordiani prendra celui qu'il voudra; car tu vois ce qui se passe, mon ami?

LIONEL.

Mes épées sont dans ma chambre. Nous allons les prendre en passant.

ANDRÉ, à Cordiani.

Ah! vous voulez que le déshonneur soit public! Il le sera, monsieur, il

le sera. Mais la réparation va l'être de même, et malheur à celui qui la rend nécessaire!
Ils sortent.

SCÈNE III

<small>Une plate-forme, à l'extrémité du jardin. — Un réverbère allumé.</small>

MATHURIN, seul, puis JEAN.

MATHURIN.

Où peut être allé ce jeune homme? Il me dit de l'attendre, et voilà bientôt une demi-heure qu'il m'a quitté. Comme il tremblait en approchant de la maison! Ah! s'il fallait croire ce qu'on en dit!

JEAN, passant.

Eh bien, Mathurin, que fais-tu là à cette heure?

MATHURIN.

J'attends le seigneur Cordiani.

JEAN.

Tu ne viens pas à l'enterrement de ce pauvre Grémio? On va partir tout à l'heure.

MATHURIN.

Vraiment! J'en suis fâché; mais je ne puis quitter la place.

JEAN.

J'y vais, moi, de ce pas.

MATHURIN.

Jean, ne vois-tu pas des hommes qui arrivent du côté de la maison? On dirait que c'est notre maître et ses amis.

JEAN.

Oui, ma foi, ce sont eux. Que diable cherchent-ils? Ils viennent droit à nous.

MATHURIN.

N'ont-ils pas leurs épées à la main?

JEAN.

Non pas, je crois. Si fait, tu as raison. Cela ressemble à une querelle.

MATHURIN.

Tenons-nous à l'écart, et si je ne m'entends pas appeler, j'irai avec toi.
Ils se retirent. — Lionel et Cordiani entrent.

LIONEL.

Cette lumière nous suffira. Placez-vous ici, monsieur ; n'aurez-vous pas de second ?

CORDIANI.

Non, monsieur.

LIONEL.

Ce n'est pas l'usage, et je vous avoue que pour moi j'en suis fâché. Du temps de ma jeunesse, il n'y avait guère d'affaires de cette sorte sans quatre épées tirées.

CORDIANI.

Ceci n'est pas un duel, monsieur ; André n'aura rien à parer, et le combat ne sera pas long.

LIONEL.

Qu'entends-je ? voulez-vous faire de lui un assassin ?

CORDIANI.

Je m'étonne qu'il n'arrive pas.

ANDRÉ, entrant.

Me voilà.

LIONEL.

Otez vos manteaux ; je vais marquer les lignes. Messieurs, c'est jusqu'ici que vous pouvez rompre.

ANDRÉ.

En garde !

DAMIEN, entrant.

Je n'ai pu remplir la mission dont tu m'avais chargé ! Lucrèce refuse mon escorte ; elle est partie seule, à pied, accompagnée de sa suivante.

ANDRÉ.

Dieu du ciel ! quel orage se prépare !
Il tonne.

DAMIEN.

Lionel, je me présente ici comme second de Cordiani. André ne verra dans cette démarche qu'un devoir qui m'est sacré ; je ne tirerai l'épée que si la nécessité m'y oblige.

CORDIANI.

Merci, Damien, merci !

LIONEL.

Êtes-vous prêts ?

ANDRÉ.

Je le suis.

CORDIANI.

Je le suis.
<small>Ils se battent. Cordiani est blessé.</small>

DAMIEN.

Cordiani est blessé !

ANDRÉ, se jetant sur lui.

Tu es blessé, mon ami ?

LIONEL, le retenant.

Retirez-vous, nous nous chargeons du reste.

CORDIANI.

Ma blessure est légère. Je puis encore tenir mon épée.

LIONEL.

Non, monsieur ; vous allez souffrir beaucoup plus dans un instant ; l'épée a pénétré. Si vous pouvez marcher, venez avec nous.

CORDIANI.

Vous avez raison. Viens-tu, Damien ? Donne-moi ton bras, je me sens bien faible. Vous me laisserez chez Manfredi.

ANDRÉ, bas à Lionel.

La crois-tu mortelle ?

LIONEL.

Je ne réponds de rien.
<small>Ils sortent.</small>

ANDRÉ, seul.

Pourquoi me laissent-ils ? Il faut que j'aille avec eux. Où veulent-ils que j'aille ?
<small>Il fait quelques pas vers la maison.</small>

Ah ! cette maison déserte ! Non, par le ciel, je n'y retournerai pas ce soir ! Si ces deux chambres-là doivent être vides cette nuit, la mienne le sera aussi. Il ne s'est pas défendu. Je n'ai pas senti son épée. Il a reçu le coup, cela est clair. Il va mourir chez Manfredi.

C'est singulier. Je me suis pourtant déjà battu. Lucrèce partie, seule, par cette horrible nuit ! Est-ce que je n'entends pas marcher là-dedans ?
<small>Il va du côté des arbres.</small>

Non, personne. Il va mourir. Lucrèce seule, avec une femme ! Eh bien ! quoi ? je suis trompé par cette femme. Je me bats avec son amant. Je le blesse. Me voilà vengé. Tout est dit. Qu'ai-je à faire à présent ?

Ah ! cette maison déserte ! cela est affreux. Quand je pense à ce qu'elle était hier au soir ! à ce que j'avais, à ce que j'ai perdu ! Qu'est-ce donc pour moi que la vengeance ? Quoi ! voilà tout ? Et rester seul ainsi ? A qui cela

ANDRÉ DEL SARTO.   Page 67.

Bibl. Charpentier.   LIV. 141.

rend-il la vie, de faire mourir un meurtrier? Quoi! répondez? Qu'avais-je affaire de chasser ma femme, d'égorger cet homme? Il n'y a point d'offensé, il n'y a qu'un malheureux. Je me soucie bien de vos lois d'honneur! Cela me console bien que vous ayez inventé cela pour ceux qui se trouvent dans ma position ; que vous l'ayez réglé comme une cérémonie. Où sont mes vingt années de bonheur, ma femme, mon ami, le soleil de mes jours, le repos de mes nuits? Voilà ce qui me reste.
Il regarde son épée.

Que me veux-tu, toi? On t'appelle l'amie des offensés. Il n'y a point ici d'homme offensé. Que la rosée essuie ton sang!
Il la jette.

Ah! cette affreuse maison! Mon Dieu! mon Dieu!
Il pleure à chaudes larmes. — L'enterrement passe.

ANDRÉ.

Qui enterrez-vous là?

LES PORTEURS.

Nicolas Grémio.

ANDRÉ.

Et toi aussi, mon pauvre vieux, et toi aussi tu m'abandonnes.

ACTE TROISIÈME

SCÈNE I
Une rue. — Il est toujours nuit.
LIONEL, DAMIEN ET CORDIANI, *entrant.*

CORDIANI.

Je ne puis marcher ; le sang m'étouffe. Arrêtez-moi sur ce banc.
Ils le posent sur un banc.

LIONEL.

Que sentez-vous?

CORDIANI.

Je me meurs, je me meurs! Au nom du ciel, un verre d'eau!

DAMIEN.

Restez ici, Lionel. Un médecin de ma connaissance demeure au bout de cette rue. Je cours le chercher.
Il sort.

CORDIANI.

Il est trop tard, Damien.

LIONEL.

Prenez patience. Je vais frapper à cette maison.
Il frappe.
Peut-être pourrons-nous y trouver quelques secours, en attendant l'arrivée du médecin. Personne !
Il frappe de nouveau.

UNE VOIX en dedans.

Qui est là ?

LIONEL.

Ouvrez ! ouvrez, qui que vous soyez vous-même. Au nom de l'hospitalité, ouvrez !

LE PORTIER, ouvrant.

Que voulez-vous ?

LIONEL.

Voilà un gentilhomme blessé à mort. Apportez-nous un verre d'eau et de quoi panser la plaie.
Le portier sort.

CORDIANI.

Laissez-moi, Lionel. Allez retrouver André. C'est lui qui est blessé et non pas moi. C'est lui que toute la science humaine ne guérira pas cette nuit. Pauvre André ! pauvre André !

LE PORTIER, rentrant.

Buvez cela, mon cher seigneur, et puisse le ciel venir à votre aide !

LIONEL.

A qui appartient cette maison ?

LE PORTIER.

A Monna Flora del Fede.

CORDIANI.

La mère de Lucrèce ! O Lionel, Lionel, sortons d'ici !
Il se soulève.
Je ne puis bouger ; mes forces m'abandonnent.

LIONEL.

Sa fille Lucrèce n'est-elle pas venue ce soir ici ?

LE PORTIER.

Non, monsieur,

LIONEL.

Non, pas encore ! cela est singulier !

LE PORTIER.

Pourquoi viendrait-elle à cette heure?
Lucrèce et Spinette arrivent.

LUCRÈCE.

Frappe à la porte, Spinette, je ne m'en sens pas le courage.

SPINETTE.

Qui est là sur ce banc, couvert de sang et prêt à mourir?

CORDIANI.

Ah! malheureux!

LUCRÈCE.

Tu demandes qui? C'est Cordiani!
Elle se jette sur le banc.
Est-ce toi? est-ce toi? Qui t'a amené ici? qui t'a abandonné sur cette pierre? Où est André, Lionel? Ah! il se meurt! Comment, Paolo, tu ne l'as pas fait porter chez ma mère?

LE PORTIER.

Ma maîtresse n'est pas à Florence, madame.

LUCRÈCE.

Où est-elle donc? N'y a-t-il pas un médecin à Florence? Allons, monsieur, aidez-moi, et portons-le dans la maison.

SPINETTE.

Songez à cela, madame.

LUCRÈCE.

Songer à quoi? es-tu folle? et que m'importe? Ne vois-tu pas qu'il est mourant? Ce ne serait pas lui, que je le ferais.
Damien et un médecin arrivent.

DAMIEN.

Par ici, monsieur. Dieu veuille qu'il soit temps encore!

LUCRÈCE, au médecin.

Venez, monsieur, aidez-nous. Ouvre-nous les portes, Paolo. Ce n'est pas mortel, n'est-ce pas?

DAMIEN.

Ne vaudrait-il pas mieux tâcher de le transporter jusque chez Manfredi?

LUCRÈCE.

Qui est-ce, Manfredi? Me voilà, moi, qui suis sa maîtresse. Voilà ma maison. C'est pour moi qu'il meurt, n'est-il pas vrai? Eh bien donc! qu'avez-vous à dire? Oui, cela est certain, je suis la femme d'André del

Sarto. Et que m'importe ce qu'on en dira? ne suis-je pas chassée par mon mari? ne serai-je pas la fable de la ville dans deux heures d'ici? Manfredi? Et que dira-t-on? On dira que Lucretia del Fede a trouvé Cordiani mourant à sa porte, et qu'elle l'a fait porter chez elle. Entrez! entrez!

Ils entrent dans la maison, emportant Cordiani.

LIONEL, resté seul.

Mon devoir est rempli; maintenant, à André! il doit être bien triste, le pauvre homme!

André entre pensif et se dirige vers la maison.

LIONEL.

Qui êtes-vous? où allez-vous?

André ne répond pas.

C'est vous, André? Que venez-vous faire ici?

ANDRÉ.

Je vais voir la mère de ma femme.

LIONEL.

Elle n'est pas à Florence.

ANDRÉ.

Ah! Où est donc Lucrèce, en ce cas?

LIONEL.

Je ne sais; mais ce dont je suis certain, c'est que Monna Flora est absente : retournez chez vous, mon ami.

ANDRÉ.

Comment le savez-vous, et par quel hasard êtes-vous là?

LIONEL.

Je revenais de chez Manfredi, où j'ai laissé Cordiani, et, en passant, j'ai voulu savoir...

ANDRÉ.

Cordiani se meurt, n'est-il pas vrai?

LIONEL.

Non; ses amis espèrent qu'on le sauvera.

ANDRÉ.

Tu te trompes, il y a du monde dans la maison; vois donc ces lumières qui vont et qui viennent.

Il va regarder à la fenêtre.

Ah!

LIONEL.

Que voyez-vous?

ANDRÉ.

Suis-je fou, Lionel? J'ai cru voir passer dans la chambre basse Cordiani, tout couvert de sang, appuyé sur le bras de Lucrèce!

LIONEL.

Vous avez vu Cordiani appuyé sur le bras de Lucrèce?

ANDRÉ.

Tout couvert de son sang.

LIONEL.

Retournons chez vous, mon ami.

ANDRÉ.

Silence! Il faut que je frappe à la porte.

LIONEL.

Pourquoi faire? Je vous dis que Monna Flora est absente. Je viens d'y frapper moi-même.

ANDRÉ.

Je l'ai vu! laisse-moi.

LIONEL.

Qu'allez-vous faire, mon ami? êtes-vous un homme? Si votre femme se respecte assez peu pour recevoir chez sa mère l'auteur d'un crime que vous avez puni, est-ce à vous d'oublier qu'il meurt de votre main, et de troubler peut-être ses derniers instants?

ANDRÉ.

Que veux-tu que je fasse? Oui, oui, je les tuerais tous deux! Ah! ma raison est égarée. Je vois ce qui n'est pas. Cette nuit tout entière, j'ai couru dans ces rues désertes au milieu de spectres affreux. Tiens, vois, j'ai acheté du poison.

LIONEL.

Prenez mon bras et sortons.

ANDRÉ, retournant à la fenêtre.

Plus rien! Ils sont là, n'est-ce pas?

LIONEL.

Au nom du ciel, soyez maître de vous! Que voulez-vous faire? Il est impossible que vous assistiez à un tel spectacle, et toute violence en cette occasion serait de la cruauté. Votre ennemi expire, que voulez-vous de plus?

ANDRÉ.

Mon ennemi! lui, mon ennemi! le plus cher, le meilleur de mes amis!

Qu'a-t-il donc fait? il l'a aimée. Sortons, Lionel, je les tuerais tous deux de ma main.

LIONEL.

Nous verrons demain ce qui vous reste à faire. Confiez-vous à moi; votre honneur m'est aussi sacré que le mien, et mes cheveux gris vous en répondent.

ANDRÉ.

Ce qui me reste à faire? Et que veux-tu que je devienne? Il faut que je parle à Lucrèce.
<small>Il s'avance vers la porte.</small>

LIONEL.

André, André, je vous en supplie, n'approchez pas de cette porte. Avez-vous perdu toute espèce de courage? La position où vous êtes est affreuse, personne n'y compatit plus vivement, plus sincèrement que moi. J'ai une femme aussi, j'ai des enfants; mais la fermeté d'un homme ne doit-elle pas lui servir de bouclier? Demain, vous pourrez entendre des conseils qu'il m'est impossible de vous adresser en ce moment.

ANDRÉ.

C'est vrai, c'est vrai! qu'il meure en paix! dans ses bras, Lionel! Elle veille et pleure sur lui! A travers les ombres de la mort, il voit errer autour de lui cette tête adorée; elle lui sourit et l'encourage! Elle lui présente la coupe salutaire; elle est pour lui l'image de la vie. Ah! tout cela m'appartenait; c'était ainsi que je voulais mourir. Viens, partons, Lionel.
<small>Il frappe à la porte.</small>
Holà! Paolo! Paolo!

LIONEL.

Que faites-vous, malheureux?

ANDRÉ.

Je n'entrerai pas.
<small>Paolo paraît.</small>
Pose ta lumière sur ce banc; il faut que j'écrive à Lucrèce.

LIONEL.

Et que voulez-vous lui dire?

ANDRÉ.

Tiens, tu lui remettras ce billet; tu lui diras que j'attends sa réponse chez moi; oui, chez moi : je ne saurais rester ici. Viens, Lionel. Chez moi, entends-tu?
<small>Ils sortent.</small>

SCÈNE II

La maison d'André. — Il est jour.
JEAN, MONTJOIE.

JEAN.

Je crois qu'on frappe à la grille.
Il ouvre.
Que demandez-vous, Excellence?
Entrent Montjoie et sa suite.

MONTJOIE.

Le peintre André del Sarto?

JEAN.

Il n'est pas au logis, Monseigneur.

MONTJOIE.

Si sa porte est fermée, dis-lui que c'est l'envoyé du roi de France qui le fait demander.

JEAN.

Si Votre Excellence veut entrer dans l'académie, mon maître peut revenir d'un instant à l'autre.

MONTJOIE.

Entrons, messieurs. Je ne suis pas fâché de visiter les ateliers et de voir ses élèves.

JEAN.

Hélas! Monseigneur, l'académie est déserte aujourd'hui. Mon maître a reçu très peu d'écoliers cette année; et, à compter de ce jour, personne ne vient plus ici.

MONTJOIE.

Vraiment? on m'avait dit tout le contraire... Est-ce que ton maître n'est plus professeur à l'école?

JEAN.

Le voilà lui-même, accompagné d'un de ses amis.

MONTJOIE.

Qui? cet homme qui détourne la rue? Le vieux ou le jeune?

JEAN

Le plus jeune des deux.

MONTJOIE.

Quel visage pâle et abattu! quelle tristesse profonde sur tous ses traits!

ANDRÉ DEL SARTO.   Page 74

et ses vêtements en désordre! Est-ce là le peintre André del Sarto?

André et Lionel entrent.

LIONEL.

Seigneur, je vous salue. Qui êtes-vous?

MONTJOIE.

C'est à André del Sarto que nous avons affaire. Je suis le comte de Montjoie, envoyé du roi de France.

ANDRÉ.

Du roi de France? J'ai volé votre maître, monsieur. L'argent qu'il m'a confié est dissipé, et je n'ai pas acheté un seul tableau pour lui.

A un valet.

Paolo est-il venu?

MONTJOIE.

Parlez-vous sérieusement?

LIONEL.

Ne le croyez pas, messieurs. Mon ami André est aujourd'hui... pour certaines raisons... une affaire malheureuse.. hors d'état de vous répondre et d'avoir l'honneur de vous recevoir.

MONTJOIE.

S'il en est ainsi, nous reviendrons un autre jour.

ANDRÉ.

Pourquoi? Je vous dis que je l'ai volé. Cela est très sérieux. Tu ne sais pas que je l'ai volé, Lionel? Vous reviendriez cent fois que ce serait de même.

MONTJOIE.

Cela est incroyable.

ANDRÉ.

Pas du tout; cela est tout simple. J'avais une femme... Non, non! Je veux dire seulement que j'ai usé de l'argent du roi de France comme s'il m'appartenait.

MONTJOIE.

Est-ce ainsi que vous exécutez vos promesses? Où sont les tableaux que François Ier vous avait chargé d'acheter pour lui?

ANDRÉ.

Les miens sont là-dedans; prenez-les, si vous voulez; ils ne valent rien. J'ai eu du génie autrefois, ou quelque chose qui ressemblait à du génie; mais j'ai toujours fait mes tableaux trop vite, pour avoir de l'argent comptant. Prenez-les cependant. Jean, apporte les tableaux que tu trouveras sur le chevalet. Ma femme aimait le plaisir, messieurs. Vous direz au roi de France qu'il obtienne l'extradition, et il me fera juger par ses tribunaux. Ah! le Corrége! voilà un peintre! Il était plus pauvre que moi; mais jamais un tableau n'est sorti de son atelier un quart d'heure trop tôt. L'honnêteté! l'honnêteté! voilà la grande parole. Le cœur des femmes est un abîme.

MONTJOIE, à Lionel.

Ses paroles annoncent le délire. Qu'en devons-nous penser? Est-ce là l'homme qui vivait en prince à la cour de France? dont tout le monde écoutait les conseils comme un oracle en fait d'architecture et de beaux-arts?

LIONEL.

Je ne puis vous dire le motif de l'état où vous le voyez. Si vous en êtes touché, ménagez-le.

On apporte les deux tableaux.

ANDRÉ.

Ah! les voilà. Tenez, messieurs, faites-les emporter. Non pas que je leur donne aucun prix. Une somme si forte, d'ailleurs! de quoi payer des Raphaël! Ah! Raphaël! il est mort heureux dans les bras de sa maîtresse.

MONTJOIE, regardant.

C'est une magnifique peinture.

ANDRÉ.

Trop vite! trop vite! Emportez-les; que tout soit fini. Ah! un instant.
Il arrête les porteurs.
Tu me regardes, toi, pauvre fille!
A la figure de la Charité que représente le tableau.
Tu veux me dire adieu! C'était la Charité, messieurs. C'était la plus belle, la plus douce des vertus humaines. Tu n'avais pas eu de modèle, toi! Tu m'étais apparue en songe, par une triste nuit! pâle comme te voilà, entourée de tes chers enfants qui pressent ta mamelle. Celui-là vient de glisser à terre, et regarde sa belle nourrice en cueillant quelques fleurs des champs. Donnez cela à votre maître, messieurs. Mon nom est au bas. Cela vaut quelque argent. Paolo n'est pas venu me demander?

UN VALET.

Non, monsieur.

ANDRÉ.

Que fait-il donc! ma vie est dans ses mains.

LIONEL, à Montjoie.

Au nom du ciel! messieurs, retirez-vous. Je vous le mènerai demain, si je puis. Vous le voyez vous-mêmes, un malheur imprévu lui a troublé l'esprit.

MONTJOIE.

Nous obéissons, monsieur; excusez-nous et tenez votre promesse.
Ils sortent.

ANDRÉ.

J'étais né pour vivre tranquille, vois-tu! je ne sais point être malheureux. Qui peut retenir Paolo?

LIONEL.

Et que demandez-vous donc dans cette fatale lettre, dont vous attendez si impatiemment la réponse?

ANDRÉ.

Tu as raison; allons-y nous-mêmes. Il vaut toujours mieux s'expliquer de vive voix.

LIONEL.

Ne vous éloignez pas dans ce moment, puisque Paolo doit vous retrouver ici : ce ne serait que du temps perdu.

ANDRÉ.

Elle ne répondra pas. O comble de misère! Je supplie, Lionel, lorsque je devrais punir! Ne me juge pas, mon ami, comme tu pourrais faire un autre homme. Je suis un homme sans caractère, vois-tu! j'étais né pour vivre tranquille.

LIONEL.

Sa douleur me confond malgré moi.

ANDRÉ.

O honte! ô humiliation! elle ne répondra pas. Comment en suis-je venu là? Sais-tu ce que je lui demande? Ah! la lâcheté elle-même en rougirait, Lionel; je lui demande de revenir à moi.

LIONEL.

Est-ce possible?

ANDRÉ.

Oui, oui, je sais tout cela. J'ai fait un éclat : eh bien! dis-moi qu'y ai-je gagné? Je me suis conduit comme tu l'as voulu; eh bien! je suis le plus malheureux des hommes. Apprends-le donc, je l'aime, je l'aime plus que jamais!

LIONEL.

Insensé!

ANDRÉ.

Crois-tu qu'elle y consente? Il faut me pardonner d'être un lâche. Mon père était un pauvre ouvrier. Ce Paolo ne viendra pas. Je ne suis point un gentilhomme; le sang qui coule dans mes veines n'est pas un noble sang.

LIONEL.

Plus noble que tu ne crois.

ANDRÉ.

Mon père était un pauvre ouvrier... Penses-tu que Cordiani en meure? Le peu de talent qu'on remarqua en moi fit croire au pauvre homme que j'étais protégé par une fée. Et moi, je regardais dans mes promenades les bois et les ruisseaux, espérant toujours voir ma divine protectrice sortir d'un antre mystérieux. C'est ainsi que la toute-puissante nature m'attirait à elle. Je me fis peintre, et, lambeau par lambeau, le voile des illusions tomba en poussière à mes pieds.

LIONEL.

Pauvre André!

ANDRÉ.

Elle seule! Oui, quand elle parut, je crus que mon rêve se réalisait, et que ma Galatée s'animait sous mes mains. Insensé! mon génie mourut dans mon amour; tout fut perdu pour moi... Cordiani se meurt, et Lucrèce voudra le suivre... Oh! massacre et furie! cet homme ne vient point.

LIONEL.

Envoie quelqu'un chez Monna Flora.

ANDRÉ.

C'est vrai. Mathurin, va chez Monna Flora. Écoute.

A part.

Observe tout; tâche de rôder dans la maison; demande la réponse à ma lettre; va, et sois revenu tout à l'heure... Mais pourquoi pas nous-mêmes, Lionel? O solitude! solitude! que ferai-je de ces mains-là?

LIONEL.

Calmez-vous, de grâce!

ANDRÉ.

Je la tenais embrassée durant les longues nuits d'été sur mon balcon gothique. Je voyais tomber en silence les étoiles des mondes détruits. Qu'est-ce que la gloire? m'écriai-je; qu'est-ce que l'ambition? Hélas! l'homme tend à la nature une coupe aussi large et aussi vide qu'elle. Elle n'y laisse tomber qu'une goutte de sa rosée; mais cette goutte est l'amour, c'est une larme de ses yeux, la seule qu'elle ait versée sur cette terre pour la consoler d'être sortie de ses mains. Lionel, Lionel, mon heure est venue

LIONEL.

Prends courage.

ANDRÉ.

C'est singulier, je n'ai jamais éprouvé cela. Il m'a semblé qu'un coup me frappait. Tout se détache de moi. Il m'a semblé que Lucrèce partait.

LIONEL

Que Lucrèce partait !

ANDRÉ.

Oui, je suis sûr que Lucrèce part sans me répondre.

LIONEL.

Comment cela ?

ANDRÉ.

J'en suis sûr ; je viens de la voir.

LIONEL.

De la voir ! Où ? comment ?

ANDRÉ.

J'en suis sûr ; elle est partie.

LIONEL.

Cela est étrange !

ANDRÉ.

Tiens, voilà Mathurin.

MATHURIN, entrant.

Mon maître est-il ici ?

ANDRÉ.

Oui, me voilà.

MATHURIN.

J'ai tout appris.

ANDRÉ.

Eh bien ?

MATHURIN, le tirant à part.

Dois-je vous dire tout, maître ?

ANDRÉ.

Oui, oui.

MATHURIN.

J'ai rôdé autour de la maison, comme vous me l'aviez ordonné.

ANDRÉ.

Eh bien ?

MATHURIN.

J'ai fait parler le vieux concierge ; et je sais tout au mieux.

ANDRÉ.

Parle donc !

MATHURIN.

Cordiani est guéri ; la blessure était peu de chose. Au premier coup de lancette il s'est trouvé soulagé.

ANDRÉ.

Et Lucrèce ?

MATHURIN.

Partie avec lui.

ANDRÉ.

Qui, lui ?

MATHURIN.

Cordiani.

ANDRÉ.

Tu es fou. Un homme que j'ai vu prêt à rendre l'âme, il y a... c'est cette nuit même.

MATHURIN.

Il a voulu partir dès qu'il s'est senti la force de marcher. Il disait qu'un soldat en ferait autant à sa place, et qu'il fallait être mort ou vivant.

ANDRÉ.

Cela est incroyable ; où vont-ils ?

MATHURIN.

Ils ont pris la route du Piémont.

ANDRÉ.

Tous deux à cheval ?

MATHURIN.

Oui, monsieur.

ANDRÉ.

Cela n'est pas possible ; il ne pouvait marcher cette nuit.

MATHURIN.

Cela est vrai, pourtant ; c'est Paolo, le concierge, qui m'a tout avoué.

ANDRÉ.

Lionel ! entends-tu, Lionel ? Ils partent ensemble pour le Piémont.

LIONEL.

Que dis-tu, André ?

ANDRÉ.

Rien ! rien ! Qu'on me selle un cheval ! Allons, vite, il faut que je parte à l'instant. Aussi bien, j'y vais moi-même. Par quelle porte sont-ils sortis ?

MATHURIN.

Du côté du fleuve.

ANDRÉ.

Bien, bien ; mon manteau ! Adieu, Lionel.

LIONEL.

Où vas-tu ?

ANDRÉ.

Je ne sais, je ne sais. Ah ! des armes ! du sang !

LIONEL.

Où vas-tu ? réponds !

ANDRÉ.

Quant au roi de France, je l'ai volé. J'irais demain les voir que ce serait toujours la même chose. Ainsi...
Il va sortir et rencontre Damien.

DAMIEN.

Où vas-tu, André ?

ANDRÉ.

Ah ! tu as raison. La terre se dérobe. O Damien ! Damien !
Il tombe évanoui.

LIONEL.

Cette nuit l'a tué. Il n'a pu supporter son malheur.

DAMIEN.

Laissez-moi lui mouiller les tempes.
Il trempe son mouchoir dans une fontaine.
Pauvre ami ! comme une nuit l'a changé ! Le voilà qui rouvre les yeux.

ANDRÉ.

Ils sont partis, Damien ?

DAMIEN

Que lui dirais-je ? Il a donc tout appris ?

ANDRÉ.

Ne me mens pas ! je ne les poursuivrai point. Mes forces m'ont abandonné. Qu'ai-je voulu faire ? J'ai voulu avoir du courage, et je n'en ai point. Maintenant, vous le voyez, je ne puis partir. Laissez-moi parler à cet homme.

LES CAPRICES DE MARIANNE. Page 87.

MATHURIN, s'approchant d'André.

Plaît-il, maître ?

ANDRÉ.

Aussi bien, ne suis-je pas déshonoré? Qu'ai-je à faire en ce monde? O lumière du soleil! ô belle nature! Ils s'aiment, ils sont heureux. Comme ils courent joyeux dans la plaine! Leurs chevaux s'animent, et le vent qui passe emporte leurs baisers. La patrie? la patrie? ils n'en ont point, ceux qui partent ensemble.

DAMIEN.

Sa main est froide comme le marbre.

ANDRÉ, bas à Mathurin.

Écoute-moi, Mathurin, écoute-moi, et rappelle-toi mes paroles : Tu vas prendre un cheval ; tu vas aller chez Monna Flora t'informer au juste de la route. Tu lanceras ton cheval au galop. Retiens ce que je te dis. Ne me le fais pas répéter deux fois, je ne le pourrais pas. Tu les rejoindras dans la plaine; tu les aborderas, Mathurin, et tu leur diras : Pourquoi fuyez-vous si vite? La veuve d'André del Sarto peut épouser Cordiani.

MATHURIN.

Faut-il dire cela, Monseigneur?

ANDRÉ.

Va, va, ne me fais pas répéter.
Mathurin sort.

LIONEL.

Qu'as-tu dit à cet homme?

ANDRÉ.

Ne l'arrête pas ; il va chez la mère de ma femme. Maintenant qu'on m'apporte ma coupe pleine d'un vin généreux.

LIONEL.

A peine peut-il se soulever.

ANDRÉ.

Menez-moi jusqu'à cette porte, mes amis.
Prenant la coupe.
C'était celle des joyeux repas.

DAMIEN.

Que cherches-tu sur ta poitrine?

ANDRÉ.

Rien ! rien ! je croyais l'avoir perdu.
Il boit.
A la mort des arts en Italie!

LIONEL.

Arrête ! quel est ce flacon dont tu t'es versé quelques gouttes, et qui s'échappe de ta main ?

ANDRÉ.

C'est un cordial puissant. Approche-le de tes lèvres, et tu seras guéri, quel que soit le mal dont tu souffres.

Il meurt.

SCÈNE III
Bois et montagnes.

LUCRÈCE ET CORDIANI sur une colline. Les chevaux dans le fond.

CORDIANI.

Allons ! le soleil baisse : il est temps de remonter.

LUCRÈCE.

Comme mon cheval s'est cabré en quittant la ville ! En vérité, tous ces pressentiments funestes sont singuliers.

CORDIANI.

Je ne veux avoir ni le temps de penser ni le temps de souffrir. Je porte un double appareil sur ma double plaie. Marchons ! marchons ! n'attendons pas la nuit.

LUCRÈCE.

Quel est ce cavalier qui accourt à toute bride ? Depuis longtemps je le vois derrière nous.

CORDIANI.

Montons à cheval, Lucrèce, et ne tournons pas la tête.

LUCRÈCE.

Il approche ! il descend à moi.

CORDIANI.

Partons ! lève-toi et ne l'écoute pas.

Ils se dirigent vers leurs chevaux.

MATHURIN, descendant de cheval.

Pourquoi fuyez-vous si vite ? La veuve d'André del Sarto peut épouser Cordiani.

FIN D'ANDRÉ DEL SARTO

LES CAPRICES DE MARIANNE

COMÉDIE EN DEUX ACTES

PUBLIÉE EN 1833, REPRÉSENTÉE EN 1851

PERSONNAGES :

CLAUDIO, juge.
COELIO.
OCTAVE.
TIBIA, valet de Claudio.
PIPPO, valet de Coelio.

MALVOLIO, intendant d'Hermia.
UN GARÇON D'AUBERGE.
MARIANNE, femme de Claudio.
HERMIA, mère de Coelio.
CIUTA, vieille femme.

DOMESTIQUES.

La scène est à Naples.

ACTE PREMIER

SCÈNE I

Une rue devant la maison de Claudio.

MARIANNE, sortant de chez elle un livre de messe à la main. CIUTA, l'abordant.

CIUTA.

Ma belle dame, puis-je vous dire un mot?

MARIANNE.

Que me voulez-vous ?

CIUTA.

Un jeune homme de cette ville est éperdument amoureux de vous ; depuis un mois entier, il cherche vainement l'occasion de vous l'apprendre ; son nom est Coelio ; il est d'une noble famille et d'une figure distinguée.

MARIANNE.

En voilà assez. Dites à celui qui vous envoie qu'il perd son temps et sa peine, et que, s'il a l'audace de me faire entendre une seconde fois un pareil langage, j'en instruirai mon mari.
Elle sort.

COELIO, entrant.

Eh bien ! Ciuta, qu'a-t-elle dit?

CIUTA.

Plus dévote et plus orgueilleuse que jamais. Elle instruira son mari, dit-elle, si on la poursuit plus longtemps.

COELIO.

Ah! malheureux que je suis, je n'ai plus qu'à mourir. Ah! la plus cruelle de toutes les femmes! Et que me conseilles-tu, Ciuta? quelle ressource puis-je encore trouver?

CIUTA.

Je vous conseille d'abord de sortir d'ici, car voici son mari qui la suit.

Ils sortent. — Entrent Claudio et Tibia.

CLAUDIO.

Es-tu mon fidèle serviteur, mon valet de chambre dévoué? Apprends que j'ai à me venger d'un outrage.

TIBIA.

Vous, monsieur?

CLAUDIO.

Moi-même, puisque ces impudentes guitares ne cessent de murmurer sous les fenêtres de ma femme. Mais, patience! tout n'est pas fini. — Écoute un peu de ce côté-ci : voilà du monde qui pourrait nous entendre. Tu m'iras chercher ce soir le spadassin que je t'ai dit.

TIBIA.

Pourquoi faire?

CLAUDIO.

Je crois que Marianne a des amants.

TIBIA.

Vous croyez, monsieur?

CLAUDIO.

Oui; il y a autour de ma maison une odeur d'amants; personne ne passe naturellement devant ma porte; il y pleut des guitares et des entremetteuses.

TIBIA.

Est-ce que vous pouvez empêcher qu'on donne des sérénades à votre femme?

CLAUDIO.

Non; mais je puis poster un homme derrière la poterne, et me débarrasser du premier qui entrera.

TIBIA.

Fi! votre femme n'a pas d'amants. — C'est comme si vous disiez que j'ai des maîtresses.

CLAUDIO.

Pourquoi n'en aurais-tu pas, Tibia ? Tu es fort laid, mais tu as beaucoup d'esprit.

TIBIA.

J'en conviens, j'en conviens.

CLAUDIO.

Regarde, Tibia, tu en conviens toi-même; il n'en faut plus douter, et mon déshonneur est public.

TIBIA.

Pourquoi public ?

CLAUDIO.

Je te dis qu'il est public.

TIBIA.

Mais, monsieur, votre femme passe pour un dragon de vertu dans toute la ville; elle ne voit personne; elle ne sort de chez elle que pour aller à la messe.

CLAUDIO.

Laisse-moi faire. — Je ne me sens pas de colère, après tous les cadeaux qu'elle a reçus de moi. — Oui, Tibia, je machine en ce moment une épouvantable trame, et me sens prêt à mourir de douleur.

TIBIA.

Oh! que non.

CLAUDIO.

Quand je te dis quelque chose, tu me ferais plaisir de le croire.

Ils sortent.

COELIO, rentrant.

Malheur à celui qui, au milieu de la jeunesse, s'abandonne à un amour sans espoir! Malheur à celui qui se livre à une douce rêverie, avant de savoir où sa chimère le mène, et s'il peut être payé de retour. Mollement couché dans une barque, il s'éloigne peu à peu de la rive; il aperçoit au loin des plaines enchantées, de vertes prairies et le mirage léger de son Eldorado. Les vents l'entraînent en silence, et, quand la réalité le réveille, il est aussi loin du but où il aspire que du rivage qu'il a quitté; il ne peut plus ni poursuivre sa route ni revenir sur ses pas.

On entend un bruit d'instruments.

Quelle est cette mascarade? N'est-ce pas Octave que j'aperçois?
Entre Octave.

OCTAVE.

Comment se porte, mon bon monsieur, cette gracieuse mélancolie?

COELIO.

Octave! fou que tu es! tu as un pied de rouge sur les joues! D'où te vient cet accoutrement? N'as-tu pas de honte en plein jour?

OCTAVE.

O Cœlio! fou que tu es! tu as un pied de blanc sur les joues! — D'où te vient ce large habit noir? N'as-tu pas de honte en plein carnaval?

COELIO.

Quelle vie que la tienne! Ou tu es gris, ou je le suis moi-même.

OCTAVE.

Ou tu es amoureux, ou je le suis moi-même.

COELIO.

Plus que jamais de la belle Marianne.

OCTAVE.

Plus que jamais du vin de Chypre.

COELIO.

J'allais chez toi quand je t'ai rencontré.

OCTAVE.

Et moi aussi j'allais chez moi. Comment se porte ma maison? Il y a huit jours que je ne l'ai vue.

COELIO.

J'ai un service à te demander.

OCTAVE.

Parle, Cœlio, mon cher enfant. Veux-tu de l'argent? Je n'en ai plus. Veux-tu des conseils? Je suis ivre. Veux-tu mon épée? Voilà une batte d'arlequin. Parle, parle, dispose de moi.

COELIO.

Combien de temps cela durera-t-il? Huit jours hors de chez toi! Tu te tueras, Octave.

OCTAVE.

Jamais de ma propre main, mon ami, jamais; j'aimerais mieux mourir que d'attenter à mes jours.

COELIO.

Et n'est-ce pas un suicide comme un autre, que la vie que tu mènes?

OCTAVE.

Figure-toi un danseur de corde, en brodequins d'argent, le balancier au poing, suspendu entre le ciel et la terre; à droite et à gauche, de vieilles petites figures racornies, de maigres et pâles fantômes, des créanciers agiles, des parents et des courtisanes; toute une légion de monstres se suspendent à son manteau et le tiraillent de tous côtés pour lui faire perdre l'équilibre; des phrases redondantes, de grands mots enchâssés cavalcadent autour de lui; une nuée de prédictions sinistres l'aveugle de ses ailes noires. Il continue sa course légère de l'orient à l'occident. S'il regarde en bas, la tête lui tourne; s'il regarde en haut, le pied lui manque. Il va plus vite que le vent, et toutes les mains tendues autour de lui ne lui feront pas renverser une goutte de la coupe joyeuse qu'il porte à la sienne. Voilà ma vie, mon cher ami; c'est ma fidèle image que tu vois.

COELIO.

Que tu es heureux d'être fou!

OCTAVE.

Que tu es fou de ne pas être heureux! Dis-moi un peu, toi, qu'est-ce qui te manque?

COELIO.

Il me manque le repos, la douce insouciance qui fait de la vie un miroir où tous les objets se peignent un instant et sur lequel tout glisse. Une dette pour moi est un remords. L'amour, dont vous autres vous faites un passe-temps, trouble ma vie entière. O mon ami, tu ignoreras toujours ce que c'est qu'aimer comme moi! Mon cabinet d'étude est désert; depuis un mois j'erre autour de cette maison la nuit et le jour. Quel charme j'éprouve, au lever de la lune, à conduire sous ces petits arbres, au fond de cette place, mon chœur modeste de musiciens, à marquer moi-même la mesure, à les entendre chanter la beauté de Marianne! Jamais elle n'a paru à sa fenêtre; jamais elle n'est venue appuyer son front charmant sur sa jalousie.

OCTAVE.

Qui est cette Marianne? est-ce que c'est ma cousine?

COELIO.

C'est elle-même, la femme du vieux Claudio.

OCTAVE.

Je ne l'ai jamais vue, mais à coup sûr elle est ma cousine. Claudio est fait exprès. Confie-moi tes intérêts, Cœlio.

LES CAPRICES DE MARIANNE.   Page 94

Bibl. Charpentier.   LIV. 144

COELIO.

Tous les moyens que j'ai tentés pour lui faire connaître mon amour ont été inutiles. Elle sort du couvent ; elle aime son mari, et respecte ses devoirs. Sa porte est fermée à tous les jeunes gens de la ville, et personne ne peut l'approcher.

OCTAVE.

Ouais ! est-elle jolie ? — Sot que je suis ! tu l'aimes, cela n'importe guère. Que pourrions-nous imaginer ?

COELIO.

Faut-il te parler franchement ? ne te riras-tu pas de moi ?

OCTAVE.

Laisse-moi rire de toi, et parle franchement.

COELIO.

En ta qualité de parent, tu dois être reçu dans la maison.

OCTAVE.

Suis-je reçu ? Je n'en sais rien. Admettons que je suis reçu. A te dire vrai, il y a une grande différence entre mon auguste famille et une botte d'asperges. Nous ne formons pas un faisceau bien serré, et nous ne tenons guère les uns aux autres que par écrit. Cependant Marianne connaît mon nom. Faut-il lui parler en ta faveur ?

COELIO.

Vingt fois j'ai tenté de l'aborder ; vingt fois j'ai senti mes genoux fléchir en approchant d'elle. J'ai été forcé de lui envoyer la vieille Ciuta. Quand je la vois, ma gorge se serre et j'étouffe, comme si mon cœur se soulevait jusqu'à mes lèvres.

OCTAVE.

J'ai éprouvé cela. C'est ainsi qu'au fond des forêts, lorsqu'une biche avance à petits pas sur les feuilles sèches, et que le chasseur entend les bruyères glisser sur ses flancs inquiets, comme le frôlement d'une robe légère, les battements de cœur le prennent malgré lui ; il soulève son arme en silence, sans faire un pas, sans respirer.

COELIO.

Pourquoi donc suis-je ainsi ? N'est-ce pas une vieille maxime, parmi les libertins, que toutes les femmes se ressemblent ? Pourquoi donc y a-t-il si peu d'amours qui se ressemblent ? En vérité, je ne saurais aimer cette femme comme toi, Octave, tu l'aimerais, ou comme j'en aimerais une autre. Qu'est-ce donc pourtant que tout cela ? Deux yeux bleus, deux lèvres vermeilles, une robe blanche et deux blanches mains. Pourquoi ce qui te rendrait joyeux et empressé, ce qui t'attirerait, toi, comme l'aiguille aimantée attire le fer, me rend-il triste et immobile ? Qui pourrait dire : ceci est gai ou triste ? La réalité n'est qu'une ombre. Appelle imagination ou folie ce qui la divinise. — Alors la folie est la beauté elle-même. Chaque homme marche enveloppé d'un réseau transparent qui le couvre de la tête aux pieds : il croit voir des bois et des fleuves, des visages divins, et l'universelle nature se teint sous ses regards des nuances infinies du tissu magique. Octave ! Octave ! viens à mon secours.

OCTAVE.

J'aime ton amour, Cœlio ! il divague dans ta cervelle comme un flacon syracusain. Donne-moi la main ; je viens à ton secours ; attends un peu, l'air me frappe au visage, et les idées me reviennent. Je connais cette Marianne ; elle me déteste fort sans m'avoir jamais vu. C'est une mince poupée qui marmotte des *Ave* sans fin.

COELIO.

Fais ce que tu voudras, mais ne me trompe pas, je t'en conjure ; il est aisé de me tromper : je ne sais pas me défier d'une action que je ne voudrais pas faire moi-même.

OCTAVE.

Si tu escaladais les murs ?

COELIO.

Entre elle et moi est une muraille imaginaire que je n'ai pu escalader.

OCTAVE.

Si tu lui écrivais ?

COELIO.

Elle déchire mes lettres ou me les renvoie.

OCTAVE.

Si tu en aimais une autre ? Viens avec moi chez Rosalinde.

COELIO.

Le souffle de ma vie est à Marianne ; elle peut d'un mot de ses lèvres l'anéantir ou l'embraser. Vivre pour une autre me serait plus difficile que de mourir pour elle : ou je réussirai, ou je me tuerai. Silence ! la voici qui détourne la rue.

OCTAVE.

Retire-toi, je vais l'aborder.

COELIO.

Y penses-tu ? dans l'équipage où te voilà ! Essuie-toi le visage : **tu as l'air d'un fou.**

OCTAVE.

Voilà qui est fait. L'ivresse et moi, mon cher Cœlio, nous nous sommes trop chers l'un à l'autre pour nous jamais disputer ; elle fait mes volontés comme je fais les siennes. N'aie aucune crainte là-dessus ; c'est le fait d'un étudiant en vacance qui se grise un jour de grand dîner, de perdre la tête et de lutter avec le vin ; moi, mon caractère est d'être ivre ; ma façon de penser est de me laisser faire, et je parlerais au roi en ce moment, comme je vais parler à ta belle.

COELIO.

Je ne sais ce que j'éprouve. — Non, ne lui parle pas.

OCTAVE.

Pourquoi ?

COELIO.

Je ne puis dire pourquoi ; il me semble que tu vas me tromper.

OCTAVE.

Touche là. Je te jure sur mon honneur que Marianne sera à toi, ou à personne au monde, tant que j'y pourrai quelque chose.

Cœlio sort. — Entre Marianne, Octave l'aborde.

OCTAVE.

Ne vous détournez pas, princesse de beauté ; laissez tomber vos regards sur le plus indigne de vos serviteurs.

MARIANNE.

Qui êtes-vous ?

OCTAVE.

Mon nom est Octave ; je suis cousin de votre mari.

MARIANNE.

Venez-vous pour le voir ? Entrez au logis, il va revenir.

OCTAVE.

Je ne viens pas pour le voir, et n'entrerai point au logis, de peur que vous ne m'en chassiez tout à l'heure, quand je vous aurai dit ce qui m'amène.

MARIANNE.

Dispensez-vous donc de le dire et de m'arrêter plus longtemps.

OCTAVE.

Je ne saurais m'en dispenser, et vous supplie de vous arrêter pour l'entendre. Cruelle Marianne ! vos yeux ont causé bien du mal, et vos paroles ne sont pas faites pour le guérir. Qu'avez-vous fait à Cœlio ?

MARIANNE.

De qui parlez-vous, et quel mal ai-je causé?

OCTAVE.

Un mal le plus cruel de tous, car c'est un mal sans espérance ; le plus terrible, car c'est un mal qui se chérit lui-même et repousse la coupe salutaire jusque dans la main de l'amitié; un mal qui fait pâlir les lèvres sous des poisons plus doux que l'ambroisie, et qui fond en une pluie de larmes le cœur le plus dur, comme la perle de Cléopâtre; un mal que tous les aromates, toute la science humaine ne sauraient soulager, et qui se nourrit du vent qui passe, du parfum d'une rose fanée, du refrain d'une chanson, et qui suce l'éternel aliment de ses souffrances dans tout ce qui l'entoure, comme une abeille son miel dans tous les buissons d'un jardin.

MARIANNE.

Me direz-vous le nom de ce mal?

OCTAVE.

Que celui qui est digne de le prononcer vous le dise ; que les rêves de vos nuits, que ces orangers verts, cette fraîche cascade vous l'apprennent ; que vous puissiez le chercher un beau soir, vous le trouverez sur vos lèvres ; son nom n'existe pas sans lui.

MARIANNE.

Est-il si dangereux à dire, si terrible dans sa contagion, qu'il effraye une langue qui plaide en sa faveur?

OCTAVE.

Est-il si doux à entendre, cousine, que vous le demandiez? Vous l'avez appris à Cœlio.

MARIANNE.

C'est donc sans le vouloir, je ne connais ni l'un ni l'autre.

OCTAVE.

Que vous les connaissiez ensemble, et que vous ne les sépariez jamais, voilà le souhait de mon cœur.

MARIANNE.

En vérité?

OCTAVE.

Cœlio est le meilleur de mes amis! Si je voulais vous faire envie, je vous dirais qu'il est beau comme le jour, jeune, noble, et je ne mentirais pas ; mais je ne veux que vous faire pitié, et je vous dirai qu'il est triste comme la mort, depuis le jour où il vous a vue.

MARIANNE.

Est-ce ma faute s'il est triste ?

OCTAVE.

Est-ce sa faute si vous êtes belle ? Il ne pense qu'à vous ; à toute heure il rôde autour de cette maison. N'avez-vous jamais entendu chanter sous vos fenêtres ? N'avez-vous jamais soulevé à minuit cette jalousie et ce rideau ?

MARIANNE.

Tout le monde peut chanter le soir, et cette place appartient à tout le monde.

OCTAVE.

Tout le monde aussi peut vous aimer ; mais personne ne peut vous le dire. Quel âge avez-vous, Marianne ?

MARIANNE.

Voilà une jolie question ! Et si je n'avais que dix-neuf ans, que voudriez-vous que j'en pense ?

OCTAVE.

Vous avez donc encore cinq ou six ans pour être aimée, huit ou dix pour aimer vous-même, et le reste pour prier Dieu.

MARIANNE.

Vraiment ? Eh bien ! pour mettre le temps à profit, j'aime Claudio, votre cousin et mon mari.

OCTAVE.

Mon cousin et votre mari ne feront jamais à eux deux qu'un pédant de village ; vous n'aimez point Claudio.

MARIANNE.

Ni Cœlio ; vous pouvez le lui dire.

OCTAVE.

Pourquoi ?

MARIANNE.

Pourquoi n'aimerais-je pas Claudio ? C'est mon mari.

OCTAVE.

Pourquoi n'aimeriez-vous pas Cœlio ? C'est votre amant.

MARIANNE.

Me direz-vous aussi pourquoi je vous écoute ? Adieu, seigneur Octave ; voilà une plaisanterie qui a duré assez longtemps.

Elle sort.

OCTAVE.

Ma foi, ma foi ! elle a de beaux yeux.
Il sort.

SCÈNE II

La maison de Cœlio.

HERMIA, PLUSIEURS DOMESTIQUES, MALVOLIO.

HERMIA.

Disposez ces fleurs comme je vous l'ai ordonné. A-t-on dit aux musiciens de venir?

UN DOMESTIQUE.

Oui, madame; ils seront ici à l'heure du souper.

HERMIA.

Ces jalousies fermées sont trop sombres; qu'on laisse entrer le jour sans laisser entrer le soleil ! — Plus de fleurs autour de ce lit ! Le souper est-il bon ? Aurons-nous notre belle voisine, la comtesse Pergoli ? A quelle heure est sorti mon fils ?

MALVOLIO.

Pour être sorti, il faudrait d'abord qu'il fût rentré. Il a passé la nuit dehors.

HERMIA.

Vous ne savez ce que vous dites. — Il a soupé hier avec moi, et m'a ramenée ici. A-t-on fait porter dans le cabinet d'étude le tableau que j'ai acheté ce matin?

MALVOLIO.

Du vivant de son père, il n'en aurait pas été ainsi. Ne dirait-on pas que notre maîtresse a dix-huit ans, et qu'elle attend son sigisbée !

HERMIA.

Mais du vivant de sa mère, il en est ainsi, Malvolio. Qui vous a chargé de veiller sur sa conduite? Songez-y : que Cœlio ne rencontre pas sur son passage un visage de mauvais augure; qu'il ne vous entende pas grommeler entre vos dents, comme un chien de basse-cour à qui l'on dispute l'os qu'il veut ronger, ou, par le ciel ! pas un de vous ne passera la nuit sous ce toit.

MALVOLIO.

Je ne grommelle rien; ma figure n'est pas un mauvais présage : vous me demandez à quelle heure est sorti mon maître, et je vous réponds qu'il n'est pas rentré. Depuis qu'il a l'amour en tête, on ne le voit pas quatre fois la semaine.

HERMIA.

Pourquoi ces livres sont-ils couverts de poussière? Pourquoi ces meubles sont-ils en désordre? Pourquoi faut-il que je mette ici la main à tout, si je veux obtenir quelque chose? Il vous appartient bien de lever les yeux sur ce qui ne vous regarde pas, lorsque votre ouvrage est à moitié fait, et que les soins dont on vous charge retombent sur les autres ! Allez, et retenez votre langue.

Entre Cœlio.

Eh bien ! mon cher enfant, quels seront vos plaisirs aujourd'hui?

Les domestiques se retirent.

COELIO.

Les vôtres, ma mère.

Il s'asseoit.

HERMIA.

Eh quoi ! les plaisirs communs, et non les peines communes ? C'est un partage injuste, Cœlio. Ayez des secrets pour moi, mon enfant, mais non pas de ceux qui vous rongent le cœur, et vous rendent insensible à tout ce qui vous entoure.

COELIO.

Je n'ai pas de secret, et plût à Dieu, si j'en avais, qu'ils fussent de nature à faire de moi une statue.

HERMIA.

Quand vous aviez dix ou douze ans, toutes vos peines, tous vos petits chagrins se rattachaient à moi ; d'un regard sévère ou indulgent de ces yeux que voilà dépendait la tristesse ou la joie des vôtres, et votre petite tête blonde tenait par un fil bien délié au cœur de votre mère. Maintenant, mon enfant, je ne suis plus qu'une vieille sœur, incapable peut-être de soulager vos ennuis, mais non pas de les partager.

COELIO.

Et vous aussi, vous avez été belle ! Sous ces cheveux argentés qui ombragent votre noble front, sous ce long manteau qui vous couvre, l'œil reconnaît encore le port majestueux d'une reine, et les formes gracieuses d'une Diane chasseresse. O ma mère ! vous avez inspiré l'amour ! Sous vos fenêtres entr'ouvertes a murmuré le son de la guitare; sur ces places bruyantes, dans le tourbillon de ces fêtes, vous avez promené une insouciante et superbe jeunesse ; vous n'avez point aimé ; un parent de mon père est mort d'amour pour vous.

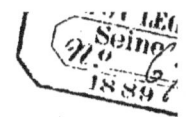

LES CAPRICES DE MARIANNE.   Page 101.

HERMIA.

Quel souvenir me rappelles-tu ?

COELIO.

Ah ! si votre cœur peut en supporter la tristesse, si ce n'est pas vous demander des larmes, racontez-moi cette aventure, ma mère, faites-m'en connaître les détails.

HERMIA.

Votre père ne m'avait jamais vue alors. Il se chargea, comme allié de ma famille, de faire agréer la demande du jeune Orsini, qui voulait m'épouser. Il fut reçu comme le méritait son rang par votre grand-père, et admis dans son intimité. Orsini était un excellent parti, et cependant je le refusai. Votre père, en plaidant pour lui, avait tué dans mon cœur le peu d'amour qu'il m'avait inspiré pendant deux mois d'assiduités constantes. Je n'avais pas soupçonné la force de sa passion pour moi. Lorsqu'on lui apporta ma réponse, il tomba, privé de connaissance, dans les bras de votre père. Cependant une longue absence, un voyage qu'il entreprit alors, et dans lequel il augmenta sa fortune, devaient avoir dissipé ses chagrins. Votre père changea de rôle, et demanda pour lui ce qu'il n'avait pu obtenir pour Orsini. Je l'aimais d'un amour sincère, et l'estime qu'il avait inspirée à mes parents ne me permit pas d'hésiter. Le mariage fut décidé le jour même, et l'église s'ouvrit pour nous quelques semaines après. Orsini revint à cette époque. Il vint trouver votre père, l'accabla de reproches, l'accusa d'avoir trahi sa confiance et d'avoir causé le refus qu'il avait essuyé. Du reste, ajouta-t-il, si vous avez désiré ma perte, vous serez satisfait. Épouvanté de ces paroles, votre père vint trouver le mien, et lui demander son témoignage pour désabuser Orsini. — Hélas ! il n'était plus temps ; on trouva dans sa chambre le pauvre jeune homme traversé de part en part de plusieurs coups d'épée.

SCÈNE III

Le jardin de Claudio.

CLAUDIO ET TIBIA, entrant.

CLAUDIO.

Tu as raison, et ma femme est un trésor de pureté. Que te dirai-je de plus ? c'est une vertu solide.

TIBIA.

Vous croyez, monsieur ?

CLAUDIO.

Peut-elle empêcher qu'on ne chante sous ses croisées? Les signes d'impatience qu'elle peut donner dans son intérieur sont les suites de son caractère. As-tu remarqué que sa mère, lorsque j'ai touché cette corde, a été tout d'un coup du même avis que moi?

TIBIA.

Relativement à quoi ?

CLAUDIO.

Relativement à ce qu'on chante sous ses croisées.

TIBIA.

Chanter n'est pas un mal; je fredonne moi-même à tout moment.

CLAUDIO.

Mais bien chanter est difficile.

TIBIA.

Difficile pour vous et pour moi, qui, n'ayant pas reçu de voix de la nature, ne l'avons jamais cultivée ; mais voyez comme ces acteurs de théâtre s'en tirent habilement.

CLAUDIO.

Ces gens-là passent leur vie sur les planches.

TIBIA.

Combien croyez-vous qu'on puisse donner par an?

CLAUDIO.

A qui? à un juge de paix ?

TIBIA.

Non, à un chanteur.

CLAUDIO.

Je n'en sais rien. — On donne à un juge de paix le tiers de ce que vaut ma charge. Les conseillers de justice ont moitié.

TIBIA.

Si j'étais juge en cour royale, et que ma femme eût des amants, je les condamnerais moi-même.

CLAUDIO.

A combien d'années de galère ?

TIBIA.

A la peine de mort. Un arrêt de mort est une chose superbe à lire à haute voix.

CLAUDIO.

Ce n'est pas le juge qui le lit, c'est le greffier.

TIBIA.

Le greffier de votre tribunal a une jolie femme.

CLAUDIO.

Non, c'est le président qui a une jolie femme ; j'ai soupé hier avec eux.

TIBIA.

Le greffier aussi ; le spadassin qui va venir ce soir est l'amant de la femme du greffier.

CLAUDIO.

Quel spadassin ?

TIBIA.

Celui que vous avez demandé.

CLAUDIO.

Il est inutile qu'il vienne après ce que j'ai dit tout à l'heure.

TIBIA.

A quel sujet ?

CLAUDIO.

Au sujet de ma femme.

TIBIA.

La voici qui vient elle-même.
Entre Marianne.

MARIANNE.

Savez-vous ce qui m'arrive pendant que vous courez les champs ? J'ai reçu la visite de votre cousin.

CLAUDIO.

Qui cela peut-il être ? Nommez-le par son nom.

MARIANNE.

Octave, qui m'a fait une déclaration d'amour de la part de son ami Cœlio. Qui est ce Cœlio ? Connaissez-vous cet homme ? Trouvez bon que ni lui ni Octave ne mettent les pieds dans cette maison.

CLAUDIO.

Je le connais ; c'est le fils d'Hermia, notre voisine. Qu'avez-vous répondu à cela ?

MARIANNE.

Il ne s'agit pas de ce que j'ai répondu. Comprenez-vous ce que je dis ?

Donnez ordre à vos gens qu'ils ne laissent entrer ni cet homme ni son ami. Je m'attends à quelque importunité de leur part, et je suis bien aise de l'éviter.
Elle sort.

CLAUDIO.

Que penses-tu de cette aventure, Tibia? Il y a quelque ruse là-dessous.

TIBIA.

Vous croyez, monsieur?

CLAUDIO.

Pourquoi n'a-t-elle pas voulu dire ce qu'elle a répondu? La déclaration est impertinente, il est vrai ; mais la réponse mérite d'être connue. J'ai le soupçon que ce Cœlio est l'ordonnateur de toutes ces guitares?

TIBIA.

Défendre votre porte à ces deux hommes est un moyen excellent de les éloigner.

CLAUDIO.

Rapporte-t'en à moi. — Il faut que je fasse part de cette découverte à ma belle-mère. J'imagine que ma femme me trompe, et que toute cette fable est une pure invention pour me faire prendre le change, et troubler entièrement mes idées.
Ils sortent.

ACTE DEUXIEME

SCÈNE I
Une rue.

OCTAVE ET CIUTA entrent.

OCTAVE.

Il y renonce, dites-vous?

CIUTA.

Hélas! pauvre jeune homme! il aime plus que jamais, et sa mélancolie se trompe elle-même sur les désirs qui la nourrissent. Je croirais presque qu'il se défie de vous, de moi, de tout ce qui l'entoure.

OCTAVE.

Non, de par le ciel! je n'y renoncerai pas ; je me sens moi-même une autre Marianne, et il y a du plaisir à être entêté. Ou Cœlio réussira, ou j'y perdrai ma langue.

CIUTA.

Agirez-vous contre sa volonté ?

OCTAVE.

Oui, pour agir d'après la mienne, qui est sa sœur aînée, et pour envoyer aux enfers messer Claudio le juge, que je déteste, méprise et abhorre depuis les pieds jusqu'à la tête.

CIUTA.

Je lui porterai donc votre réponse, et, quant à moi, je cesse de m'en mêler.

OCTAVE.

Je suis comme un homme qui tient la banque d'un pharaon pour le compte d'un autre, et qui a la veine contre lui ; il noierait plutôt son meilleur ami que de céder, et la colère de perdre avec l'argent d'autrui l'enflamme cent fois plus que ne le ferait sa propre ruine.

Entre Cœlio.

Comment, Cœlio, tu abandonnes la partie?

CŒLIO.

Que veux-tu que je fasse?

OCTAVE.

Te défies-tu de moi? Qu'as-tu? te voilà pâle comme la neige. — Que se passe-t-il en toi?

CŒLIO.

Pardonne-moi, pardonne-moi ! Fais ce que tu voudras ; va trouver Marianne. — Dis-lui que me tromper, c'est me donner la mort, et que ma vie est dans ses yeux.

Il sort.

OCTAVE.

Par le ciel, voilà qui est étrange !

CIUTA.

Silence ! vêpres sonnent ; la grille du jardin vient de s'ouvrir ; Marianne sort. — Elle approche lentement.

Ciuta se retire. - Entre Marianne.

OCTAVE.

Belle Marianne, vous dormirez tranquillement. — Le cœur de Cœlio est à une autre, et ce n'est plus sous vos fenêtres qu'il donnera ses sérénades.

MARIANNE.

Quel dommage et quel grand malheur de n'avoir pu partager un amour comme celui-là! Voyez comme le hasard me contrarie! Moi qui allais l'aimer.

OCTAVE.

En vérité?

MARIANNE.

Oui, sur mon âme; ce soir ou demain matin, dimanche au plus tard, je lui appartenais. Qui pourrait ne pas réussir avec un ambassadeur tel que vous? Il faut croire que sa passion pour moi était quelque chose comme du chinois ou de l'arabe, puisqu'il lui fallait un interprète et qu'elle ne pouvait s'expliquer toute seule.

OCTAVE.

Raillez, raillez, nous ne vous craignons plus.

MARIANNE.

Ou peut-être que cet amour n'était encore qu'un pauvre enfant à la mamelle, et vous, comme une sage nourrice, en le menant à la lisière, vous l'aurez laissé tomber la tête la première en le promenant par la ville.

OCTAVE.

La sage nourrice s'est contentée de lui faire boire d'un certain lait que la vôtre vous a versé sans doute, et généreusement; vous en avez encore sur les lèvres une goutte qui se mêle à toutes vos paroles.

MARIANNE.

Comment s'appelle ce lait merveilleux?

OCTAVE.

L'indifférence. Vous ne pouvez ni aimer ni haïr, et vous êtes comme les roses du Bengale, Marianne, sans épines et sans parfum.

MARIANNE.

Bien dit. Aviez-vous préparé d'avance cette comparaison? Si vous ne brûlez pas le brouillon de vos harangues, donnez-le-moi, de grâce, que je les apprenne à ma perruche.

OCTAVE.

Qu'y trouvez-vous qui puisse vous blesser? Une fleur sans parfum n'en est pas moins belle; bien au contraire, ce sont les plus belles que Dieu a faites ainsi; et le jour où, comme une Galatée d'une nouvelle espèce, vous deviendrez de marbre au fond de quelque église, ce sera une charmante statue que vous ferez, et qui ne laissera pas que de trouver quelque niche respectable dans un confessionnal.

MARIANNE.

Mon cher cousin, est-ce que vous ne plaignez pas le sort des femmes? Voyez un peu ce qui m'arrive : il est décrété par le sort que Cœlio m'aime, ou qu'il croit m'aimer, lequel Cœlio le dit à ses amis, lesquels amis décrètent à leur tour que, sous peine de mort, je serai sa maîtresse. La jeunesse napolitaine daigne m'envoyer en votre personne un digne représentant, chargé de me faire savoir que j'aie à aimer ledit seigneur Cœlio d'ici à une huitaine de jours. Pesez cela, je vous en prie. Si je me rends, que dira-t-on de moi? N'est-ce pas une femme abjecte que celle qui obéit à point nommé, à l'heure convenue, à une pareille proposition? Ne va-t-on pas la déchirer à belles dents, la montrer au doigt, et faire de son nom le refrain d'une chanson à boire? Si elle refuse, au contraire, est-il un monstre qui lui soit comparable? Est-il une statue plus froide qu'elle? Et l'homme qui lui parle, qui ose l'arrêter en place publique son livre de messe à la main, n'a-t-il pas le droit de lui dire : Vous êtes une rose du Bengale sans épines et sans parfum?

OCTAVE.

Cousine, cousine, ne vous fâchez pas.

MARIANNE.

N'est-ce pas une chose bien ridicule que l'honnêteté et la foi jurée? que l'éducation d'une fille, la fierté d'un cœur qui s'est figuré qu'il vaut quelque chose, et qu'avant de jeter au vent la poussière de sa fleur chérie, il faut que le calice en soit baigné de larmes, épanoui par quelques rayons de soleil, entr'ouvert par une main délicate? Tout cela n'est-il pas un rêve, une bulle de savon qui, au premier soupir d'un cavalier à la mode, doit s'évaporer dans les airs?

OCTAVE.

Vous vous méprenez sur mon compte et sur celui de Cœlio.

MARIANNE.

Qu'est-ce après tout qu'une femme? L'occupation d'un moment, une coupe fragile qui renferme une goutte de rosée, qu'on porte à ses lèvres et qu'on jette par-dessus son épaule. Une femme! c'est une partie de plaisir! Ne pourrait-on pas dire, quand on en rencontre une : Voilà une belle nuit qui passe? Et ne serait-ce pas un grand écolier en de telles matières, que celui qui baisserait les yeux devant elle, qui se dirait tout bas : « Voilà peut-être le bonheur d'une vie entière, » et qui la laisserait passer?

Elle sort.

OCTAVE, seul.

Tra, tra, poum, poum! tra deri la la! Quelle drôle de petite femme! haï! holà!

Il frappe à une auberge.

Les Caprices de Marianne.   Page 106.

Bibl. Charpentier.   LIV. 146.

Apportez-moi ici, sous cette tonnelle, une bouteille de quelque chose.

LE GARÇON.

Ce qui vous plaira, Excellence. Voulez-vous du lacryma-christi?

OCTAVE.

Soit, soit. Allez-vous-en un peu chercher dans les rues d'alentour le seigneur Cœlio, qui porte un manteau noir et des culottes plus noires encore. Vous lui direz qu'un de ses amis est là qui boit tout seul du lacryma-christi. Après quoi vous irez à la grande place, et vous m'apporterez une certaine Rosalinde qui est rousse et qui est toujours à sa fenêtre.

Le garçon sort.

Je ne sais ce que j'ai dans la gorge ; je suis triste comme une procession.

Buvant.

Je ferai aussi bien de dîner ici ; voilà le jour qui baisse. Drig! drig! quel ennui que ces vêpres! est-ce que j'ai envie de dormir? je me sens tout pétrifié.

Entrent Claudio et Tibia.

Cousin Claudio, vous êtes un beau juge ; où allez-vous si couramment ?

CLAUDIO.

Qu'entendez-vous par là, seigneur Octave ?

OCTAVE.

J'entends que vous êtes un magistrat qui a de belles formes.

CLAUDIO.

De langage ou de complexion?

OCTAVE.

De langage, de langage. Votre perruque est pleine d'éloquence, et vos jambes sont deux charmantes parenthèses.

CLAUDIO.

Soit dit en passant, seigneur Octave, le marteau de ma porte m'a tout l'air de vous avoir brûlé les doigts.

OCTAVE.

En quelle façon, juge plein de science ?

CLAUDIO.

En y voulant frapper, cousin plein de finesse.

OCTAVE.

Ajoute hardiment plein de respect, juge, pour le marteau de ta porte ; mais tu peux le faire peindre à neuf, sans que je craigne de m'y salir les doigts.

CLAUDIO.

En quelle façon, cousin plein de facéties ?

OCTAVE.

En n'y frappant jamais, juge plein de causticité.

CLAUDIO.

Cela vous est pourtant arrivé, puisque ma femme a enjoint à ses gens de vous fermer la porte au nez à la première occasion.

OCTAVE.

Tes lunettes sont myopes, juge plein de grâce ; tu te trompes d'adresse dans ton compliment.

CLAUDIO.

Mes lunettes sont excellentes, cousin plein de riposte ; n'as-tu pas fait à ma femme une déclaration amoureuse ?

OCTAVE.

A quelle occasion, subtil magistrat ?

CLAUDIO.

A l'occasion de ton ami Cœlio, cousin ; malheureusement, j'ai tout entendu.

OCTAVE.

Par quelle oreille, sénateur incorruptible ?

CLAUDIO.

Par celle de ma femme, qui m'a tout raconté, godelureau chéri.

OCTAVE.

Tout absolument, époux idolâtré ? Rien n'est resté dans cette charmante oreille ?

CLAUDIO.

Il y est resté sa réponse, charmant pilier de cabaret, que je suis chargé de te faire.

OCTAVE.

Je ne suis pas chargé de l'entendre, cher procès-verbal.

CLAUDIO.

Ce sera donc ma porte en personne qui te la fera, aimable croupier de roulette, si tu t'avises de la consulter.

OCTAVE.

C'est ce dont je ne me soucie guère, chère sentence de mort ; je vivrai heureux sans cela.

CLAUDIO.

Puisses-tu le faire en repos, cher cornet de passe-dix! je te souhaite mille prospérités.

OCTAVE.

Rassure-toi sur ce sujet, cher verrou de prison! je dors tranquille comme une audience.

Sortent Claudio et Tibia.

OCTAVE, seul.

Il me semble que voilà Cœlio qui s'avance de ce côté. Cœlio! Cœlio! A qui diable en a-t-il?

Entre Cœlio.

Sais-tu, mon cher ami, le beau tour que nous joue ta princesse? Elle a tout dit à son mari.

COELIO.

Comment le sais-tu?

OCTAVE.

Par la meilleure de toutes les voies possible. Je quitte à l'instant Claudio. Marianne nous fera fermer la porte au nez, si nous nous avisons de l'importuner davantage.

COELIO.

Tu l'as vue tout à l'heure; que t'avait-elle dit?

OCTAVE.

Rien qui pût me faire pressentir cette douce nouvelle; rien d'agréable cependant. Tiens, Cœlio, renonce à cette femme. Holà! un second verre!

COELIO.

Pour qui?

OCTAVE.

Pour toi. Marianne est une bégueule; je ne sais trop ce qu'elle m'a dit ce matin, je suis resté comme une brute sans pouvoir lui répondre. Allons! n'y pense plus, voilà qui est convenu; et que le ciel m'écrase si je lui adresse jamais la parole! Du courage, Cœlio, n'y pense plus.

COELIO.

Adieu, mon cher ami!

OCTAVE.

Où vas-tu?

COELIO.

J'ai affaire en ville ce soir.

OCTAVE.

Tu as l'air d'aller te noyer. Voyons, Cœlio, à quoi penses-tu? Il y a d'autres Mariannes sous le ciel. Soupons ensemble, et moquons-nous de cette Marianne-là.

COELIO.

Adieu, adieu, je ne puis m'arrêter plus longtemps. Je te verrai demain, mon ami.
<small>Il sort.</small>

OCTAVE.

Cœlio! Écoute donc! nous te trouverons une Marianne bien gentille, douce comme un agneau, et n'allant point à vêpres surtout! Ah! les maudites cloches! quand auront-elles fini de me mener en terre?

LE GARÇON, <small>rentrant.</small>

Monsieur, la demoiselle rousse n'est point à sa fenêtre; elle ne peut se rendre à votre invitation.

OCTAVE.

La peste soit de tout l'univers! Est-il donc décidé que je souperai seul aujourd'hui? La nuit arrive en poste; que diable vais-je devenir? Bon! bon! ceci me convient.
<small>Il boit.</small>
Je suis capable d'ensevelir ma tristesse dans ce vin, ou du moins ce vin dans ma tristesse. Ah! ah! les vêpres sont finies; voici Marianne qui revient.
<small>Entre Marianne.</small>

MARIANNE.

Encore ici, seigneur Octave? et déjà à table? C'est un peu triste de s'enivrer tout seul.

OCTAVE.

Le monde entier m'abandonne; je tâche d'y voir double, afin de me servir à moi-même de compagnie.

MARIANNE.

Comment! pas un de vos amis, pas une de vos maîtresses qui vous soulage de ce fardeau terrible, la solitude?

OCTAVE.

Faut-il vous dire ma pensée? J'avais envoyé chercher une certaine Rosalinde, qui me sert de maîtresse; elle soupe en ville comme une personne de qualité.

MARIANNE.

C'est une fâcheuse affaire sans doute, et votre cœur en doit ressentir un vide effroyable.

OCTAVE.

Un vide que je ne saurais exprimer, et que je communique en vain à cette large coupe. Le carillon des vêpres m'a fendu le crâne pour toute l'après-dînée.

MARIANNE.

Dites-moi, cousin, est-ce du vin à quinze sous la bouteille que vous buvez?

OCTAVE.

N'en riez pas; ce sont les larmes du Christ en personne.

MARIANNE.

Cela m'étonne que vous ne buviez pas du vin à quinze sous; buvez-en, e vous en supplie.

OCTAVE.

Pourquoi en boirais-je, s'il vous plaît?

MARIANNE.

Goûtez-en ; je suis sûre qu'il n'y a aucune différence avec celui-là.

OCTAVE.

Il y en a une aussi grande qu'entre le soleil et une lanterne.

MARIANNE.

Non, vous dis-je, c'est la même chose.

OCTAVE.

Dieu m'en préserve! Vous moquez-vous de moi?

MARIANNE.

Vous trouvez qu'il y a une grande différence?

OCTAVE.

Assurément.

MARIANNE.

Je croyais qu'il en était du vin comme des femmes. Une femme n'est-elle pas aussi un vase précieux, scellé comme ce flacon de cristal? Ne renferme-t-elle pas une ivresse grossière ou divine, selon sa force et sa valeur? Et n'y a-t-il pas parmi elles le vin du peuple et les larmes du Christ? Quel misérable cœur est-ce donc que le vôtre, pour que vos lèvres lui fassent la leçon? Vous ne boiriez pas le vin que boit le peuple, vous aimez les femmes qu'il aime ; l'esprit généreux et poétique de ce flacon doré, ces sucs merveilleux que la lave du Vésuve a cuvés sous son ardent soleil, vous conduiront chancelant et sans force dans les bras d'une fille de joie; vous rougiriez de boire un vin grossier; votre gorge se soulèverait. Ah! vos lèvres sont délicates, mais votre cœur s'enivre à bon marché. Bonsoir, cousin ; puisse Rosalinde rentrer ce soir chez elle!

OCTAVE.

Deux mots, de grâce, belle Marianne, et ma réponse sera courte. Combien de temps pensez-vous qu'il faille faire la cour à la bouteille que vous voyez pour obtenir ses faveurs? Elle est, comme vous dites, toute pleine d'un esprit céleste, et le vin du peuple lui ressemble aussi peu qu'un paysan ressemble à son seigneur. Cependant, regardez comme elle se laisse faire! — Elle n'a reçu, j'imagine, aucune éducation, elle n'a aucun principe; voyez comme elle est bonne fille! Un mot a suffi pour la faire sortir du couvent; toute poudreuse encore, elle s'en est échappée pour me donner un quart d'heure d'oubli, et mourir. Sa couronne virginale, empourprée de cire odorante, est aussitôt tombée en poussière, et, je ne puis vous le cacher, elle a failli passer tout entière sur mes lèvres dans la chaleur de son premier baiser.

MARIANNE.

Êtes-vous sûr qu'elle en vaut davantage? Et si vous êtes un de ses vrais amants, n'iriez-vous pas, si la recette en était perdue, en chercher la dernière goutte jusque dans la bouche du volcan?

OCTAVE.

Elle n'en vaut ni plus ni moins. Elle sait qu'elle est bonne à boire et qu'elle est faite pour être bue. Dieu n'en a pas caché la source au sommet d'un pic inabordable, au fond d'une caverne profonde; il l'a suspendue en grappes dorées au bord de nos chemins; elle y fait le métier des courtisanes; elle y effleure la main du passant; elle y étale aux rayons du soleil sa gorge rebondie, et toute une cour d'abeilles et de frelons murmure autour d'elle matin et soir. Le voyageur dévoré de soif peut se coucher sous ses rameaux verts; jamais elle ne l'a laissé languir, jamais elle ne lui a refusé les douces larmes dont son cœur est plein. Ah! Marianne, c'est un don fatal que la beauté! — La sagesse dont elle se vante est sœur de l'avarice, et il y a plus de miséricorde dans le ciel pour ses faiblesses que pour sa cruauté. Bonsoir, cousine; puisse Cœlio vous oublier!

Il entre dans l'auberge, Marianne dans sa maison.

SCENE II

Une autre rue.

COELIO, CIUTA.

CIUTA.

Seigneur Cœlio, défiez-vous d'Octave. Ne vous a-t-il pas dit que la belle Marianne lui avait fermé sa porte?

COELIO.

Assurément. — Pourquoi m'en défierais-je?

CIUTA.

Tout à l'heure, en passant dans sa rue, je l'ai vu en conversation avec elle sous une tonnelle couverte.

COELIO.

Qu'y a-t-il d'étonnant à cela? Il aura épié ses démarches et saisi un moment favorable pour lui parler de moi.

CIUTA.

J'entends qu'ils se parlaient amicalement et comme des gens qui sont de bon accord ensemble.

COELIO.

En es-tu sûre, Ciuta? Alors je suis le plus heureux des hommes; il aura plaidé ma cause avec chaleur.

CIUTA.

Puisse le ciel vous favoriser!
Elle sort.

COELIO.

Ah! que je fusse né dans le temps des tournois et des batailles! Qu'il m'eût été permis de porter les couleurs de Marianne et de les teindre de mon sang! Qu'on m'eût donné un rival à combattre, une armée entière à défier! Que le sacrifice de ma vie eût pu lui être utile! Je sais agir, mais je ne puis parler. Ma langue ne sert point mon cœur, et je mourrai sans m'être fait comprendre, comme un muet dans une prison.
Il sort.

SCÈNE III
Chez Claudio.
CLAUDIO, MARIANNE.

CLAUDIO.

Pensez-vous que je sois un mannequin, et que je me promène sur la terre pour servir d'épouvantail aux oiseaux?

MARIANNE.

D'où vous vient cette gracieuse idée?

CLAUDIO.

Pensez-vous qu'un juge criminel ignore la valeur des mots, et qu'on puisse se jouer de sa crédulité comme de celle d'un danseur ambulant?

LES CAPRICES DE MARIANNE.   Page 120.

Libl. Charpentier.   LIV. 147.

MARIANNE.

A qui en avez-vous ce soir?

CLAUDIO.

Pensez-vous que je n'ai pas entendu vos propres paroles : si cet homme ou son ami se présente à ma porte, qu'on la lui fasse fermer? et croyez-vous que je trouve convenable de vous voir converser librement avec lui sous une tonnelle, lorsque le soleil est couché?

MARIANNE.

Vous m'avez-vue sous une tonnelle?

CLAUDIO.

Oui, oui, de ces yeux que voilà, sous la tonnelle d'un cabaret : la tonnelle d'un cabaret n'est point un lieu de conversation pour la femme d'un magistrat, et il est inutile de faire fermer sa porte quand on se renvoie le dé en plein air avec si peu de retenue.

MARIANNE.

Depuis quand m'est-il défendu de causer avec un de vos parents?

CLAUDIO.

Quand un de mes parents est un de vos amants, il est fort bien fait de s'en abstenir.

MARIANNE.

Octave! un de mes amants? Perdez-vous la tête? Il n'a de sa vie fait la cour à personne.

CLAUDIO.

Son caractère est vicieux. — C'est un coureur de tabagies.

MARIANNE.

Raison de plus pour qu'il ne soit pas, comme vous dites fort agréablement, *un de mes amants*. Il me plaît de parler à Octave sous la tonnelle d'un cabaret.

CLAUDIO.

Ne me poussez pas à quelque fâcheuse extrémité par vos extravagances, et réfléchissez à ce que vous faites.

MARIANNE.

A quelle extrémité voulez-vous que je vous pousse? Je suis curieuse de savoir ce que vous feriez.

CLAUDIO.

Je vous défendrais de le voir, et d'échanger avec lui aucune parole, soit dans ma maison, soit dans une maison tierce, soit en plein air.

MARIANNE.

Ah! ah! vraiment, voilà qui est nouveau! Octave est mon parent tout autant que le vôtre; je prétends lui parler quand bon me semblera, en plein air ou ailleurs, et dans cette maison, s'il lui plaît d'y venir.

CLAUDIO.

Souvenez-vous de cette dernière phrase que vous venez de prononcer. Je vous ménage un châtiment exemplaire, si vous allez contre ma volonté.

MARIANNE.

Trouvez bon que j'aille d'après la mienne, et ménagez-moi ce qui vous plaît. Je m'en soucie comme de cela.

CLAUDIO.

Marianne, brisons cet entretien. Ou vous sentirez l'inconvenance de s'arrêter sous une tonnelle, ou vous me réduirez à une violence qui répugne à mon habit.

Il sort.

MARIANNE, seule.

Holà ! quelqu'un.

Un domestique entre.

Voyez-vous là-bas, dans cette rue, ce jeune homme assis devant une table, sous cette tonnelle? Allez lui dire que j'ai à lui parler, et qu'il prenne la peine d'entrer dans ce jardin.

Le domestique sort.

Voilà qui est nouveau! Pour qui me prend-on? Quel mal y a-t-il donc? Comment suis-je donc faite aujourd'hui? Voilà une robe affreuse. Qu'est-ce que cela signifie? — Vous me réduirez à la violence! Quelle violence? Je voudrais que ma mère fût là. Ah bah! elle est de son avis dès qu'il dit un mot. J'ai une envie de battre quelqu'un !

Elle renverse les chaises.

Je suis bien sotte en vérité! Voilà Octave qui vient. — Je voudrais qu'il le rencontrât. — Ah! c'est donc là le commencement! On me l'avait prédit. — Je le savais. — Je m'y attendais ! Patience! patience! Il me ménage un châtiment! et lequel, par hasard? Je voudrais bien savoir ce qu'il veut dire !

Entre Octave.

Asseyez-vous, Octave, j'ai à vous parler.

OCTAVE.

Où voulez-vous que je m'asseois? Toutes les chaises sont les quatre fers en l'air. — Que vient-il donc de se passer ici?

MARIANNE.

Rien du tout.

OCTAVE.

En vérité, cousine, vos yeux disent le contraire.

MARIANNE.

J'ai réfléchi à ce que vous m'avez dit sur le compte de votre ami Cœlio. Dites-moi, pourquoi ne s'explique-t-il pas lui-même?

OCTAVE.

Par une raison assez simple : — il vous a écrit, et vous avez déchiré ses lettres ; il vous a envoyé quelqu'un, et vous lui avez fermé la bouche; il vous a donné des concerts, vous l'avez laissé dans la rue. Ma foi, il s'est donné au diable, et on s'y donnerait à moins.

MARIANNE.

Cela veut dire qu'il a songé à vous?

OCTAVE.

Oui.

MARIANNE.

Eh bien! parlez-moi de lui.

OCTAVE.

Sérieusement?

MARIANNE.

Oui, oui, sérieusement. Me voilà. J'écoute.

OCTAVE.

Vous voulez rire?

MARIANNE.

Quel pitoyable avocat êtes-vous donc? Parlez, que je veuille rire ou non.

OCTAVE.

Que regardez-vous à droite et à gauche? En vérité, vous êtes en colère.

MARIANNE.

Je veux prendre un amant, Octave... sinon un amant, du moins un cavalier. Que me conseillez-vous? Je m'en rapporte à votre choix : — Cœlio ou tout autre, peu m'importe ; — dès demain, — dès ce soir, celui qui aura la fantaisie de chanter sous mes fenêtres trouvera ma porte entr'ouverte. Eh bien! vous ne parlez pas? Je vous dis que je prends un amant. Tenez, voilà mon écharpe en gage : — qui vous voudrez la rapportera.

OCTAVE.

Marianne! quelle que soit la raison qui a pu vous inspirer une minute de complaisance, puisque vous m'avez appelé, puisque vous consentez à m'entendre, au nom du ciel, restez la même une minute encore ; permettez-moi de vous parler.

Il se jette à genoux.

MARIANNE.

Que voulez-vous me dire?

OCTAVE.

Si jamais homme au monde a été digne de vous comprendre, digne de vivre et de mourir pour vous, cet homme est Cœlio. Je n'ai jamais valu grand'chose, et je me rends cette justice, que la passion dont je fais l'éloge trouve un misérable interprète. Ah! si vous saviez sur quel autel sacré vous êtes adorée comme un Dieu! Vous, si belle, si jeune, si pure encore, livrée à un vieillard qui n'a plus de sens, et qui n'a jamais eu de cœur! Si vous saviez quel trésor de bonheur, quelle mine féconde repose en vous! en lui! dans cette fraîche aurore de jeunesse, dans cette rosée céleste de la vie, dans ce premier accord de deux âmes jumelles! Je ne vous parle pas de sa souffrance, de cette douce et triste mélancolie qui ne s'est jamais lassée de vos rigueurs, et qui en mourrait sans se plaindre. Oui, Marianne, il en mourra. Que puis-je vous dire? Qu'inventerais-je pour donner à mes paroles la force qui leur manque? Je ne sais pas le langage de l'amour. Regardez dans votre âme; c'est elle qui peut vous parler de la sienne. Y a-t-il un pouvoir capable de vous toucher? Vous qui savez supplier Dieu, existe-t-il une prière qui puisse rendre ce dont mon cœur est plein?

MARIANNE.

Relevez-vous, Octave. En vérité, si quelqu'un entrait ici, ne croirait-on pas, à vous entendre, que c'est pour vous que vous plaidez?

OCTAVE.

Marianne! Marianne! au nom du ciel, ne souriez pas! ne fermez pas votre cœur au premier éclair qui l'ait peut-être traversé! Ce caprice de bonté, ce moment précieux va s'évanouir. — Vous avez prononcé le nom de Cœlio, vous avez pensé à lui, dites-vous? Ah! si c'est une fantaisie, ne me la gâtez pas. — Le bonheur d'un homme en dépend.

MARIANNE.

Êtes-vous sûr qu'il ne me soit pas permis de sourire?

OCTAVE.

Oui, vous avez raison, je sais tout le tort que mon amitié peut faire. Je sais qui je suis, je le sens ; un pareil langage dans ma bouche a l'air d'une raillerie. Vous doutez de la sincérité de mes paroles ; jamais peut-être je n'ai senti avec plus d'amertume qu'en ce moment le peu de confiance que je puis inspirer.

MARIANNE.

Pourquoi cela? Vous voyez que j'écoute. Cœlio me déplaît ; je ne veux pas de lui. Parlez-moi de quelque autre, de qui vous voudrez. Choisissez-moi dans vos amis un cavalier digne de moi; envoyez-le-moi, Octave. Vous voyez que je m'en rapporte à vous.

OCTAVE.

O femme trois fois femme ! Cœlio vous déplaît, — mais le premier venu vous plaira. L'homme qui vous aime depuis un mois, qui s'attache à vos pas, qui mourrait de bon cœur sur un mot de votre bouche, celui-là vous déplaît ! Il est jeune, beau, riche et digne en tout point de vous ; mais il vous déplaît et le premier venu vous plaira !

MARIANNE.

Faites ce que je vous dis, ou ne me revoyez pas.
Elle sort.

OCTAVE, seul.

Ton écharpe est bien jolie, Marianne, et ton petit caprice de colère est un charmant traité de paix. — Il ne me faudrait pas beaucoup d'orgueil pour le comprendre : un peu de perfidie suffirait. Ce sera pourtant Cœlio qui en profitera.
Il sort.

SCÈNE IV
Chez Cœlio.
COELIO, UN DOMESTIQUE.

COELIO.

Il est en bas, dites-vous ? Qu'il monte. Pourquoi ne le faites-vous pas monter sur-le-champ ?
Entre Octave.
Eh bien ! mon ami, quelle nouvelle ?

OCTAVE.

Attache ce chiffon à ton bras droit, Cœlio ; prends ta guitare et ton épée. — Tu es l'amant de Marianne.

COELIO.

Au nom du ciel, ne te ris pas de moi !

OCTAVE.

La nuit est belle ; — la lune va paraître à l'horizon. Marianne est seule, et sa porte est entr'ouverte. Tu es un heureux garçon, Cœlio.

COELIO.

Est-ce vrai ? — est-ce vrai ? Ou tu es ma vie, Octave, ou tu es sans pitié.

OCTAVE.

Tu n'es pas encore parti ? Je te dis que tout est convenu. Une chanson sous sa fenêtre ; cache-toi un peu le nez dans ton manteau, afin que les espions du mari ne te reconnaissent pas. Sois sans crainte, afin qu'on te craigne ; et si elle résiste, prouve-lui qu'il est un peu tard.

COELIO.

Ah ! mon Dieu, le cœur me manque.

OCTAVE.

Et à moi aussi, car je n'ai dîné qu'à moitié. Pour récompense de mes peines, dis en sortant qu'on me monte à souper.

Il s'asseoit.

As-tu du tabac turc? Tu me trouveras probablement ici demain matin. Allons, mon ami, en route! tu m'embrasseras en revenant. En route ! en route ! la nuit s'avance.

Cœlio sort.

OCTAVE, seul.

Écris sur tes tablettes, Dieu juste, que cette nuit doit m'être comptée dans ton paradis. Est-ce bien vrai que tu as un paradis? En vérité, cette femme était belle, et sa petite colère lui allait bien. D'où venait-elle ? C'est ce que j'ignore. Qu'importe comment la bille d'ivoire tombe sur le numéro que nous avons appelé ? Souffler une maîtresse à son ami, c'est une rouerie trop commune pour moi. Marianne ou toute autre, qu'est-ce que cela me fait? La véritable affaire est de souper ; il est clair que Cœlio est à jeun. Comme tu m'aurais détesté, Marianne, si je t'avais aimée! comme tu m'aurais fermé ta porte! comme ton bélître de mari t'aurait paru un Adonis, un Sylvain, en comparaison de moi! Où est donc la raison de tout cela? pourquoi la fumée de cette pipe va-t-elle à droite plutôt qu'à gauche? Voilà la raison de tout. — Fou! trois fois fou à lier, celui qui calcule ses chances, qui met la raison de son côté! La justice céleste tient une balance dans ses mains. La balance est parfaitement juste, mais tous les poids sont creux. Dans l'un il y a une pistole, dans l'autre un soupir amoureux, dans celui-là une migraine, dans celui-ci il y a le temps qu'il fait, et toutes les actions humaines s'en vont de haut en bas, selon ces poids capricieux.

UN DOMESTIQUE, entrant

Monsieur, voilà une lettre à votre adresse; elle est si pressée, que vos gens l'ont apportée ici ; on a recommandé de vous la remettre, en quelque lieu que vous fussiez ce soir.

OCTAVE.

Voyons un peu cela.

Il lit.

« Ne venez pas ce soir. Mon mari a entouré la maison d'assassins, et « vous êtes perdu s'ils vous trouvent.

« MARIANNE. »

Malheureux que je suis ! qu'ai-je fait? Mon manteau ! mon chapeau ! Dieu veuille qu'il soit encore temps ! Suivez-moi, vous et tous les domesti-

ques qui sont debout à cette heure. Il s'agit de la vie de votre maître.
Il sort en courant.

SCÈNE V
Le jardin de Claudio. Il est nuit.
CLAUDIO, DEUX SPADASSINS, TIBIA.

CLAUDIO.

Laissez-le entrer, et jetez-vous sur lui dès qu'il sera parvenu à ce bosquet.

TIBIA.

Et s'il entre par l'autre côté?

CLAUDIO.

Alors, attendez-le au coin du mur.

UN SPADASSIN.

Oui, monsieur.

TIBIA.

Le voilà qui arrive. Tenez, monsieur, voyez comme son ombre est grande! c'est un homme d'une belle stature.

CLAUDIO.

Retirons-nous à l'écart, et frappons quand il en sera temps.
Entre Cœlio.

COELIO, *frappant à la jalousie.*

Marianne! Marianne! êtes-vous là?

MARIANNE, *paraissant à la fenêtre.*

Fuyez, Octave; vous n'avez donc pas reçu ma lettre?

COELIO.

Seigneur mon Dieu! Quel nom ai-je entendu?

MARIANNE.

La maison est entourée d'assassins: mon mari vous a vu entrer ce soir; il a écouté notre conversation, et votre mort est certaine, si vous restez une minute encore.

COELIO.

Est-ce un rêve? suis-je Cœlio?

MARIANNE.

Octave, Octave! au nom du ciel ne vous arrêtez pas! Puisse-t-il être encore temps de vous échapper! Demain, trouvez-vous, à midi, dans un confessionnal de l'église, j'y serai.
La jalousie se referme.

FANTASIO. Page 127.

COELIO.

O mort ! puisque tu es là, viens donc à mon secours. Octave, traître Octave ! puisse mon sang retomber sur toi ! Puisque tu savais quel sort m'attendait ici, et que tu m'y as envoyé à ta place, tu seras satisfait dans ton désir. O mort ! je t'ouvre les bras ; voici le terme de mes maux.

Il sort. On entend des cris étouffés et un bruit éloigné dans le jardin.

OCTAVE, en dehors.

Ouvrez, ou j'enfonce les portes !

CLAUDIO, ouvrant, son épée sous le bras.

Que voulez-vous ?

OCTAVE.

Où est Cœlio ?

CLAUDIO.

Je ne pense pas que son habitude soit de coucher dans cette maison.

OCTAVE.

Si tu l'as assassiné, Claudio, prends garde à toi ; je te tordrai le cou de ces mains que voilà.

CLAUDIO.

Êtes-vous fou ou somnambule ?

OCTAVE.

Ne l'es-tu pas toi-même, pour te promener à cette heure, ton épée sous le bras ?

CLAUDIO.

Cherchez dans ce jardin, si bon vous semble ; je n'y ai vu entrer personne ; et si quelqu'un l'a voulu faire, il me semble que j'avais le droit de ne pas lui ouvrir.

OCTAVE, à ses gens.

Venez, et cherchez partout !

CLAUDIO, bas à Tibia.

Tout est-il fini comme je l'ai ordonné ?

TIBIA.

Oui, monsieur ; soyez en repos, ils peuvent chercher tant qu'ils voudront.

Tous sortent.

SCÈNE VI

Un cimetière.

OCTAVE ET MARIANNE, auprès d'un tombeau.

OCTAVE.

Moi seul au monde je l'ai connu. Cette urne d'albâtre, couverte de ce long voile de deuil, est sa parfaite image. C'est ainsi qu'une douce mélancolie voilait les perfections de cette âme tendre et délicate. Pour moi seul, cette vie silencieuse n'a point été un mystère. Les longues soirées que nous avons passées ensemble sont comme de fraîches oasis dans un désert aride ; elles ont versé sur mon cœur les seules gouttes de rosée qui y soient jamais tombées. Cœlio était la bonne partie de moi-même ; elle est remontée au ciel avec lui. C'était un homme d'un autre temps ; il connaissait les plaisirs, et leur préférait la solitude ; il savait combien les illusions sont trompeuses, et il préférait ses illusions à la réalité. Elle eût été heureuse la femme qui l'eût aimé.

MARIANNE.

Ne serait-elle point heureuse, Octave, la femme qui t'aimerait ?

OCTAVE.

Je ne sais point aimer ; Cœlio seul le savait. La cendre que renferme cette tombe est tout ce que j'ai aimé sur la terre, tout ce que j'aimerai. Lui seul savait verser dans une autre âme toutes les sources de bonheur qui reposaient dans la sienne. Lui seul était capable d'un dévouement sans bornes ; lui seul eût consacré sa vie entière à la femme qu'il aimait, aussi facilement qu'il aurait bravé la mort pour elle. Je ne suis qu'un débauché sans cœur ; je n'estime point les femmes : l'amour que j'inspire est comme celui que je ressens, l'ivresse passagère d'un songe. Je ne sais pas les secrets qu'il savait. Ma gaieté est comme le masque d'un histrion ; mon cœur est plus vieux qu'elle, mes sens blasés n'en veulent plus. Je ne suis qu'un lâche ; sa mort n'est point vengée.

MARIANNE.

Comment aurait-elle pu l'être, à moins de risquer votre vie ? Claudio est trop vieux pour accepter un duel, et trop puissant dans cette ville pour rien craindre de vous.

OCTAVE.

Cœlio m'aurait vengé si j'étais mort pour lui comme il est mort pour moi. Ce tombeau m'appartient ; c'est moi qu'ils ont étendu sous cette froide pierre ; c'est pour moi qu'ils avaient aiguisé leurs épées ; c'est moi qu'ils ont tué. Adieu la gaieté de ma jeunesse, l'insouciante folie, la vie libre et joyeuse au pied du Vésuve ! Adieu les bruyants repas, les causeries du soir, les sérénades sous les balcons dorés ! Adieu Naples et ses femmes, les mascarades à la lueur des torches, les longs soupers à l'ombre des forêts ! Adieu l'amour et l'amitié ! ma place est vide sur la terre.

MARIANNE.

Mais non pas dans mon cœur, Octave. Pourquoi dis-tu : Adieu l'amour?

OCTAVE.

Je ne vous aime pas, Marianne ; c'était Cœlio qui vous aimait!

FIN DES CAPRICES DE MARIANNE

FANTASIO

COMÉDIE EN DEUX ACTES

PUBLIÉE EN 1833, REPRÉSENTÉE EN 1866

PERSONNAGES :

LE ROI DE BAVIÈRE.
LE PRINCE DE MANTOUE.
MARINONI, son aide de camp.
RUTTEN, secrétaire du roi.
FANTASIO, } jeunes gens de la ville.
SPARK,

HARTMAN, } jeunes gens de la ville.
FACIO,
OFFICIERS, PAGES, etc.
ELSBETH, fille du roi de Bavière.
LA GOUVERNANTE D'ELSBETH.

La scène est à Munich.

ACTE PREMIER

SCÈNE I

A la cour.

LE ROI, entouré de ses courtisans; RUTTEN

LE ROI.

Mes amis, je vous ai annoncé, il y a déjà longtemps, les fiançailles de ma chère Elsbeth avec le prince de Mantoue. Je vous annonce aujourd'hui l'arrivée de ce prince; ce soir peut-être, demain au plus tard, il sera dans ce palais. Que ce soit un jour de fête pour tout le monde; que les prisons s'ouvrent, et que le peuple passe la nuit dans les divertissements. Rutten, où est ma fille?

Les courtisans se retirent.

RUTTEN.

Sire, elle est dans le parc avec sa gouvernante.

LE ROI.

Pourquoi ne l'ai-je pas encore vue aujourd'hui? Est-elle triste ou gaie de ce mariage qui s'apprête?

RUTTEN.

Il m'a paru que le visage de la princesse était voilé de quelque mélancolie. Quelle est la jeune fille qui ne rêve pas la veille de ses noces? La mort de Saint-Jean l'a contrariée.

LE ROI.

Y penses-tu? La mort de mon bouffon! d'un plaisant de cour bossu et presque aveugle!

RUTTEN.

La princesse l'aimait.

LE ROI.

Dis-moi, Rutten, tu as vu le prince; quel homme est-ce? Hélas! je lui donne ce que j'ai de plus précieux au monde, et je ne le connais point.

RUTTEN.

Je suis demeuré fort peu de temps à Mantoue.

LE ROI.

Parle franchement. Par quels yeux puis-je voir la vérité, si ce n'est par les tiens?

RUTTEN.

En vérité, sire, je ne saurais rien dire sur le caractère et l'esprit du noble prince.

LE ROI.

En est-il ainsi? Tu hésites, toi, courtisan! De combien d'éloges l'air de cette chambre serait déjà rempli, de combien d'hyperboles et de métaphores flatteuses, si le prince qui sera demain mon gendre t'avait paru digne de ce titre! Me serais-je trompé, mon ami? aurais-je fait en lui un mauvais choix?

RUTTEN.

Sire, le prince passe pour le meilleur des rois.

LE ROI.

La politique est une fine toile d'araignée, dans laquelle se débattent bien des pauvres mouches mutilées; je ne sacrifierai le bonheur de ma fille à aucun intérêt.

Ils sortent.

SCÈNE II
Une rue.

SPARK, HARTMAN ET FACIO, buvant autour d'une table.

HARTMAN.

Puisque c'est aujourd'hui le mariage de la princesse, buvons, fumons, et tâchons de faire du tapage.

FACIO.

Il serait bon de nous mêler à tout ce peuple qui court les rues, et d'éteindre quelques lampions sur de bonnes têtes de bourgeois.

SPARK.

Allons donc! fumons tranquillement.

HARTMAN.

Je ne ferai rien tranquillement; dussé-je me faire battant de cloche, et me pendre dans le bourdon de l'église, il faut que je carillonne un jour de fête. Où diable est donc Fantasio?

SPARK.

Attendons-le; ne faisons rien sans lui.

FACIO.

Bah! il nous retrouvera toujours. Il est à se griser dans quelque trou de la rue Basse. Holà, ohé! un dernier coup!

Il lève son verre.

UN OFFICIER, entrant.

Messieurs, je viens vous prier de vouloir bien aller plus loin, si vous ne voulez point être dérangés dans votre gaieté.

HARTMAN.

Pourquoi, mon capitaine?

L'OFFICIER.

La princesse est dans ce moment sur la terrasse que vous voyez, et vous comprenez aisément qu'il n'est pas convenable que vos cris arrivent jusqu'à elle.

Il sort.

FACIO.

Voilà qui est intolérable!

SPARK.

Qu'est-ce que cela nous fait de rire ici ou ailleurs?

HARTMAN.

Qui est-ce qui nous dit qu'ailleurs il nous sera permis de rire? Vous verrez qu'il sortira un drôle en habit vert de tous les pavés de la ville, pour nous prier d'aller rire dans la lune.

Entre Marinoni, couvert d'un manteau.

SPARK.

La princesse n'a jamais fait un acte de despotisme de sa vie. Que Dieu la conserve! Si elle ne veut pas qu'on rie, c'est qu'elle est triste, ou qu'elle chante; laissons-la en repos.

FACIO.

Humph! voilà un manteau rabattu qui flaire quelque nouvelle. Le gobe-mouche a envie de nous aborder.

MARINONI, approchant.

Je suis étranger, messieurs; à quelle occasion cette fête?

SPARK.

La princesse Elsbeth se marie.

MARINONI.

Ah! ah! c'est une belle femme, à ce que je présume?

HARTMAN.

Comme vous êtes un bel homme, vous l'avez dit.

MARINONI.

Aimée de son peuple, si j'ose le dire, car il me paraît que tout est illuminé.

HARTMAN.

Tu ne te trompes pas, brave étranger; tous ces lampions allumés que tu vois, comme tu l'as remarqué sagement, ne sont pas autre chose qu'une illumination.

MARINONI.

Je voulais demander par là si la princesse est la cause de ces signes de joie.

HARTMAN.

L'unique cause, puissant rhéteur. Nous aurions beau nous marier tous. il n'y aurait aucune espèce de joie dans cette ville ingrate.

MARINONI.

Heureuse la princesse qui sait se faire aimer de son peuple!

HARTMAN.

Des lampions allumés ne font pas le bonheur d'un peuple, cher homme primitif. Cela n'empêche pas la susdite princesse d'être fantasque comme une bergeronnette.

MARINONI.

En vérité! vous avez dit fantasque?

HARTMAN.

Je l'ai dit, cher inconnu, je me suis servi de ce mot.

Marinoni salue et se retire.

FACIO.

A qui diantre en veut ce baragouineur d'italien? Le voilà qui nous quitte pour aborder un autre groupe. Il sent l'espion d'une lieue.

HARTMAN.

Il ne sent rien du tout; il est bête à faire plaisir.

SPARK.

Voilà Fantasio qui arrive.

FANTASIO. Page 136.

HARTMAN.

Qu'a-t-il donc? il se dandine comme un conseiller de justice. Ou je me trompe fort, ou quelque lubie mûrit dans sa cervelle.

FACIO.

Eh bien! ami, que ferons-nous de cette soirée?

FANTASIO, entrant.

Tout absolument, hors un roman nouveau.

FACIO.

Je disais qu'il faudrait nous lancer dans cette canaille, et nous divertir un peu.

FANTASIO.

L'important serait d'avoir des nez de carton et des pétards.

HARTMAN.

Prendre la taille aux filles, tirer les bourgeois par la queue et casser les lanternes. Allons, partons, voilà qui est dit.

FANTASIO.

Il était une fois un roi de Perse...

HARTMAN.

Viens donc, Fantasio.

FANTASIO.

Je n'en suis pas, je n'en suis pas.

HARTMAN.

Pourquoi?

FANTASIO.

Donnez-moi un verre de ça.
Il boit.

HARTMAN.

Tu as le mois de mai sur les joues.

FANTASIO.

C'est vrai; et le mois de janvier dans le cœur. Ma tête est comme une vieille cheminée sans feu : il n'y a que du vent et des cendres. Ouf!
Il s'asseoit.
Que cela m'ennuie que tout le monde s'amuse! Je voudrais que ce grand ciel si lourd fût un immense bonnet de coton, pour envelopper jusqu'aux oreilles cette sotte ville et ses sots habitants. Allons, voyons, dites-moi, de grâce, un calembour usé, quelque chose de bien rebattu.

HARTMAN.

Pourquoi?

FANTASIO.

Pour que je rie. Je ne ris plus de ce qu'on invente ; peut-être que je rirai de ce que je connais.

HARTMAN.

Tu me parais un tant soit peu misanthrope et enclin à la mélancolie.

FANTASIO.

Du tout; c'est que je viens de chez ma maîtresse.

FACIO.

Oui ou non, es-tu des nôtres?

FANTASIO.

Je suis des vôtres, si vous êtes des miens ; restons un peu ici à parler de choses et d'autres, en regardant nos habits neufs.

FACIO.

Non, ma foi ! Si tu es las d'être debout, je suis las d'être assis ; il faut que je m'évertue en plein air.

FANTASIO.

Je ne saurais m'évertuer. Je vais fumer sous ces marronniers, avec ce brave Spark, qui va me tenir compagnie. N'est-ce pas, Spark?

SPARK.

Comme tu voudras.

HARTMAN.

En ce cas, adieu ! Nous allons voir la fête.

Hartman et Facio sortent. — Fantasio s'assied avec Spark.

FANTASIO.

Comme ce soleil couchant est manqué! La nature est pitoyable ce soir. Regarde-moi un peu cette vallée là-bas, ces quatre ou cinq méchants nuages qui grimpent sur cette montagne. Je faisais des paysages comme celui-là, quand j'avais douze ans, sur la couverture de mes livres de classe.

SPARK.

Quel bon tabac ! quelle bonne bière!

FANTASIO.

Je dois bien t'ennuyer, Spark?

SPARK.

Non ; pourquoi cela?

FANTASIO.

Toi, tu m'ennuies horriblement. Cela ne te fait rien de voir tous les jours la même figure? Que diable Hartman et Facio s'en vont-ils faire dans cette fête?

SPARK.

Ce sont deux gaillards actifs, et qui ne sauraient rester en place.

FANTASIO.

Quelle admirable chose que les Mille et une Nuits! O Spark, mon cher Spark, si tu pouvais me transporter en Chine! Si je pouvais seulement sortir de ma peau pendant une heure ou deux! Si je pouvais être ce monsieur qui passe!

SPARK.

Cela me paraît assez difficile.

FANTASIO.

Ce monsieur qui passe est charmant; regarde : quelle belle culotte de soie! quelles belles fleurs rouges sur son gilet! Ses breloques de montre battent sur sa panse, en opposition avec les basques de son habit, qui voltigent sur ses mollets. Je suis sûr que cet homme-là a dans la tête un millier d'idées qui me sont absolument étrangères; son essence lui est particulière. Hélas! tout ce que les hommes se disent entre eux se ressemble; les idées qu'ils échangent sont presque toujours les mêmes dans toutes leurs conversations; mais, dans l'intérieur de toutes ces machines isolées, quels replis, quels compartiments secrets! C'est tout un monde que chacun porte en lui! un monde ignoré, qui naît et qui meurt en silence! Quelles solitudes que tous ces corps humains!

SPARK.

Bois donc, désœuvré, au lieu de te creuser la tête.

FANTASIO.

Il n'y a qu'une chose qui m'ait amusé depuis trois jours : c'est que mes créanciers ont obtenu un arrêt contre moi, et que si je mets les pieds dans ma maison, il va arriver quatre estafiers qui me prendront au collet.

SPARK.

Voilà qui est fort gai, en effet. Où coucheras-tu ce soir?

FANTASIO.

Chez la première venue. Te figures-tu que mes meubles se vendent demain matin? Nous en achèterons quelques-uns, n'est-ce pas?

SPARK.

Manques-tu d'argent, Henri? Veux-tu ma bourse?

FANTASIO.

Imbécile! si je n'avais pas d'argent, je n'aurais pas de dettes. J'ai envie de prendre pour maîtresse une fille d'opéra.

SPARK

Cela t'ennuiera à périr.

FANTASIO.

Pas du tout; mon imagination se remplira de pirouettes et de souliers de satin blanc; il y aura un gant à moi sur la banquette du balcon depuis le premier janvier jusqu'à la Saint-Sylvestre, et je fredonnerai des solos de clarinette dans mes rêves, en attendant que je meure d'une indigestion de fraises dans les bras de ma bien-aimée. Remarques-tu une chose, Spark? c'est que nous n'avons point d'état; nous n'exerçons aucune profession.

SPARK.

C'est là ce qui t'attriste?

FANTASIO.

Il n'y a point de maître d'armes mélancolique.

SPARK.

Tu me fais l'effet d'être revenu de tout.

FANTASIO.

Ah! pour être revenu de tout, mon ami, il faut être allé dans bien des endroits.

SPARK.

Eh bien donc?

FANTASIO.

Eh bien donc! où veux-tu que j'aille? Regarde cette vieille ville enfumée; il n'y a pas de places, de rues, de ruelles où je n'aie rôdé trente fois; il n'y a pas de pavés où je n'aie traîné ces talons usés, pas de maisons où je ne sache quelle est la fille ou la vieille femme dont la tête stupide se dessine éternellement à la fenêtre; je ne saurais faire un pas sans marcher sur mes pas d'hier; eh bien! mon cher ami, cette ville n'est rien auprès de ma cervelle. Tous les recoins m'en sont cent fois plus connus; toutes les rues, tous les trous de mon imagination sont cent fois plus fatigués; je m'y suis promené en cent fois plus de sens, dans cette cervelle délabrée, moi son seul habitant! je m'y suis grisé dans tous les cabarets; je m'y suis roulé comme un roi absolu dans un carrosse doré; j'y ai trotté en bon bourgeois sur une mule pacifique, et je n'ose seulement pas maintenant y entrer comme un voleur, une lanterne sourde à la main.

SPARK.

Je ne comprends rien à ce travail perpétuel sur toi-même; moi, quand je fume, par exemple, ma pensée se fait fumée de tabac; quand je bois, elle se fait vin d'Espagne ou bière de Flandre; quand je baise la main de ma maîtresse, elle entre par le bout de ses doigts effilés pour se répandre dans tout son être sur des courants électriques; il me faut le parfum d'une fleur pour me distraire, et de tout ce que renferme l'universelle nature, le plus chétif objet suffit pour me changer en abeille et me faire voltiger çà et là avec un plaisir toujours nouveau.

FANTASIO.

Tranchons le mot, tu es capable de pêcher à la ligne.

SPARK.

Si cela m'amuse, je suis capable de tout.

FANTASIO.

Même de prendre la lune avec les dents?

SPARK.

Cela ne m'amuserait pas.

FANTASIO.

Ah! ah! qu'en sais-tu? Prendre la lune avec les dents n'est pas à dédaigner. Allons jouer au trente-et-quarante.

SPARK.

Non, en vérité.

FANTASIO.

Pourquoi?

SPARK.

Parce que nous perdrions notre argent.

FANTASIO.

Ah! mon Dieu! qu'est-ce que tu vas imaginer là? Tu ne sais quoi inventer pour te torturer l'esprit. Tu vois donc tout en noir, misérable? Perdre notre argent! tu n'as donc dans le cœur ni foi en Dieu ni espérance? tu es donc un athée épouvantable, capable de me dessécher le cœur et de me désabuser de tout, moi qui suis plein de sève et de jeunesse?

Il se met à danser.

SPARK.

En vérité, il y a de certains moments où je ne jurerais pas que tu n'es pas fou!

FANTASIO, dansant toujours.

Qu'on me donne une cloche! une cloche de verre!

SPARK.

A propos de quoi une cloche?

FANTASIO.

Jean-Paul n'a-t-il pas dit qu'un homme absorbé par une grande pensée est comme un plongeur sous sa cloche, au milieu du vaste Océan? Je n'ai point de cloche, Spark, point de cloche, et je danse comme Jésus-Christ sur le vaste Océan.

SPARK.

Fais-toi journaliste ou homme de lettres, Henri; c'est encore le plus efficace moyen qui nous reste de désopiler la misanthropie et d'amortir l'imagination.

FANTASIO.

Oh! je voudrais me passionner pour un homard à la moutarde, pour une grisette, pour une classe de minéraux! Spark, essayons de bâtir une maison à nous deux.

SPARK.

Pourquoi n'écris-tu pas tout ce que tu rêves? Cela ferait un joli recueil.

FANTASIO.

Un sonnet vaut mieux qu'un long poème, et un verre de vin vaut mieux qu'un sonnet.
Il boit.

SPARK.

Pourquoi ne voyages-tu pas? Va en Italie.

FANTASIO.

J'y ai été.

SPARK.

Eh bien! est-ce que tu ne trouves pas ce pays-là beau?

FANTASIO.

Il y a une quantité de mouches grosses comme des hannetons qui vous piquent toute la nuit.

SPARK.

Va en France.

FANTASIO.

Il n'y a pas de bon vin du Rhin à Paris.

SPARK.

Va en Angleterre.

FANTASIO.

J'y suis. Est-ce que les Anglais ont une patrie? J'aime autant les voir ici que chez eux.

SPARK.

Va donc au diable, alors!

FANTASIO.

Oh! s'il y avait un diable dans le ciel! s'il y avait un enfer, comme je me brûlerais la cervelle pour aller voir tout ça! Quelle misérable chose que l'homme! ne pas pouvoir seulement sauter par sa fenêtre sans se casser les jambes! être obligé de jouer du violon dix ans pour devenir un musicien passable ! Apprendre pour être peintre, pour être palefrenier ! Apprendre pour faire une omelette ! Tiens, Spark, il me prend des envies de m'asseoir sur un parapet, de regarder couler la rivière et de me mettre à compter un, deux, trois, quatre, cinq, six, sept, et ainsi de suite jusqu'au jour de ma mort.

SPARK.

Ce que tu me dis là ferait rire bien des gens; moi, cela me fait frémir ; c'est l'histoire du siècle entier. L'éternité est une grande aire, d'où tous les siècles, comme de jeunes aiglons, se sont envolés tour à tour pour traverser le ciel et disparaître ; le nôtre est arrivé à son tour au bord du nid ; mais on lui a coupé les ailes, et il attend la mort en regardant l'espace dans lequel il ne peut s'élancer.

FANTASIO, chantant.

Tu m'appelles ta vie, appelle-moi ton âme,
Car l'âme est immortelle, et la vie est un jour.

Connais-tu une plus divine romance que celle-là, Spark ? C'est une romance portugaise. Elle ne m'est jamais venue à l'esprit sans me donner envie d'aimer quelqu'un

SPARK.

Qui, par exemple ?

FANTASIO.

Qui ? je n'en sais rien ; quelque belle fille toute ronde comme les femmes de Miéris ; quelque chose de doux comme le vent d'ouest, de pâle comme les rayons de la lune ; quelque chose de pensif comme ces petites servantes d'auberge des tableaux flamands qui donnent le coup de l'étrier à un voyageur à larges bottes, droit comme un piquet sur un grand cheval blanc. Quelle belle chose que le coup de l'étrier ! une jeune femme sur le pas de sa porte, le feu allumé qu'on aperçoit au fond de la chambre, le souper préparé, les enfants endormis ; toute la tranquillité de la vie paisible et contemplative dans un coin du tableau ! et là l'homme encore haletant, mais ferme sur sa selle, ayant fait vingt lieues, en ayant trente à faire ; une gorgée d'eau-de-vie, et adieu. La nuit est profonde là-bas, le temps menaçant, la forêt dangereuse ; la bonne femme le suit des yeux une minute, puis elle laisse tomber, en retournant à son feu, cette sublime aumône du pauvre : Que Dieu le protège !

SPARK.

Si tu étais amoureux, Henri, tu serais le plus heureux des hommes.

FANTASIO.

L'amour n'existe plus, mon cher ami. La religion, sa nourrice, a les mamelles pendantes comme une vieille bourse au fond de laquelle il y a un

FANTASIO

Bibl. Charpentier.

Page 138.

LIV. 150.

gros sou. L'amour est une hostie qu'il faut briser en deux au pied d'un autel et avaler ensemble dans un baiser ; il n'y a plus d'autel, il n'y a plus d'amour. Vive la nature ! il y a encore du vin.

Il boit.

SPARK.

Tu vas te griser.

FANTASIO.

Je vais me griser, tu l'as dit.

SPARK.

Il est un peu tard pour cela.

FANTASIO.

Qu'appelles-tu tard ? Midi, est-ce tard ? minuit, est-ce de bonne heure ? Où prends-tu la journée ? Restons là, Spark, je t'en prie. Buvons, causons, analysons, déraisonnons, faisons de la politique ; imaginons des combinaisons de gouvernement ; attrapons tous les hannetons qui passent autour de cette chandelle, et mettons-les dans nos poches. Sais-tu que les canons à vapeur sont une belle chose en matière de philanthropie ?

SPARK.

Comment l'entends-tu ?

FANTASIO.

Il y avait une fois un roi qui était très sage, très sage, très heureux, très heureux...

SPARK.

Après ?

FANTASIO.

La seule chose qui manquait à son bonheur, c'était d'avoir des enfants. Il fit faire des prières publiques dans toutes les mosquées.

SPARK.

A quoi veux-tu en venir ?

FANTASIO.

Je pense à mes chères Mille et une Nuits. C'est comme cela qu'elles commencent toutes. Tiens, Spark, je suis gris. Il faut que je fasse quelque chose. Tra la, tra la ! Allons, levons-nous !

Un enterrement passe.

Ohé ! braves gens, qui enterrez-vous là ? Ce n'est pas maintenant l'heure d'enterrer proprement.

LES PORTEURS.

Nous enterrons Saint-Jean.

FANTASIO.

Saint-Jean est mort ? le bouffon du roi est mort ? Qui a pris sa place ? le ministre de la justice ?

LES PORTEURS.

Sa place est vacante, vous pouvez la prendre si vous voulez.
<small>Ils sortent.</small>

SPARK.

Voilà une insolence que tu t'es bien attirée. A quoi penses-tu, d'arrêter ces gens ?

FANTASIO.

Il n'y a rien là d'insolent. C'est un conseil d'ami que m'a donné cet homme, et que je vais suivre à l'instant.

SPARK.

Tu vas te faire bouffon de la cour ?

FANTASIO.

Cette nuit même, si l'on veut de moi. Puisque je ne puis coucher chez moi, je veux me donner la représentation de cette royale comédie qui se jouera demain, et de la loge du roi lui-même.

SPARK.

Comme tu es fin ! On te reconnaîtra, et les laquais te mettront à la porte ; n'es-tu pas filleul de la feue reine ?

FANTASIO.

Comme tu es bête ! je me mettrai une bosse et une perruque rousse comme la portait Saint-Jean, et personne ne me reconnaîtra, quand j'aurais trois douzaines de parrains à mes trousses.
<small>Il frappe à une boutique.</small>

Hé ! brave homme, ouvrez-moi, si vous n'êtes pas sorti, vous, votre femme et vos petits chiens !

UN TAILLEUR, <small>ouvrant la boutique.</small>

Que demande Votre Seigneurie ?

FANTASIO.

N'êtes-vous pas le tailleur de la cour ?

LE TAILLEUR.

Pour vous servir.

FANTASIO.

Est-ce vous qui habilliez Saint-Jean ?

LE TAILLEUR.

Oui, monsieur.

FANTASIO.

Vous le connaissiez ? Vous savez de quel côté était sa bosse, comment il frisait sa moustache, et quelle perruque il portait ?

LE TAILLEUR.

Hé! hé! monsieur veut rire.

FANTASIO.

Homme, je ne veux point rire : entre dans ton arrière-boutique : et si tu ne veux pas être empoisonné demain dans ton café au lait, songe à être muet comme la tombe sur tout ce qui va se passer ici.
<small>Il sort avec le tailleur; Spark le suit.</small>

SCÈNE III

Une auberge sur a route de Munich.
Entrent le PRINCE DE MANTOUE et MARINONI

LE PRINCE.

Eh bien, colonel?

MARINONI.

Altesse?

LE PRINCE.

Eh bien, Marinoni?

MARINONI.

Mélancolique, fantasque d'une joie folle, soumise à son père, aimant beaucoup les pois verts.

LE PRINCE.

Écris cela; je ne comprends clairement que les écritures moulées en bâtarde.

MARINONI, écrivant.

Mélanco...

LE PRINCE.

Écris à voix basse : je rêve à un projet d'importance depuis mon dîner.

MARINONI.

Voilà, Altesse, ce que vous demandez.

LE PRINCE.

C'est bien, je te nomme mon ami intime; je ne connais pas dans tout mon royaume de plus belle écriture que la tienne. Assieds-toi à quelque distance. Vous pensez donc, mon ami, que le caractère de la princesse, ma future épouse, vous est secrètement connu?

MARINONI.

Oui, Altesse : j'ai parcouru les alentours du palais, et ces tablettes renferment les principaux traits des conversations différentes dans lesquelles je me suis immiscé.

LE PRINCE, se mirant.

Il me semble que je suis poudré comme un homme de la dernière classe.

MARINONI.

L'habit est magnifique.

LE PRINCE.

Que dirais-tu, Marinoni, si tu voyais ton maître revêtir un simple frac olive?

MARINONI.

Son Altesse se rit de ma crédulité.

LE PRINCE.

Non, colonel. Apprends que ton maître est le plus romanesque des hommes.

MARINONI.

Romanesque, Altesse?

LE PRINCE.

Oui, mon ami (je t'ai accordé ce titre); l'important projet que je médite est inouï dans ma famille; je prétends arriver à la cour du roi mon beau-père dans l'habillement d'un simple aide de camp; ce n'est pas assez d'avoir envoyé un homme de ma maison recueillir les bruits sur la future princesse de Mantoue (et cet homme, Marinoni, c'est toi-même), je veux encore observer par mes yeux.

MARINONI.

Est-il vrai, Altesse?

LE PRINCE.

Ne reste pas pétrifié. Un homme tel que moi ne doit avoir pour ami intime qu'un esprit vaste et entreprenant.

MARINONI.

Une seule chose me paraît s'opposer au dessein de Votre Altesse.

LE PRINCE.

Laquelle?

MARINONI.

L'idée d'un tel travestissement ne pouvait appartenir qu'au prince glorieux qui nous gouverne. Mais si mon gracieux souverain est confondu parmi l'état-major, à qui le roi de Bavière fera-t-il les honneurs d'un festin splendide qui doit avoir lieu dans la grande galerie?

LE PRINCE.

Tu as raison; si je me déguise, il faut que quelqu'un prenne ma place. Cela est impossible, Marinoni; je n'avais pas pensé à cela.

MARINONI.

Pourquoi impossible, Altesse?

LE PRINCE.

Je puis bien abaisser la dignité princière jusqu'au grade de colonel; mais comment peux-tu croire que je consentirais à élever jusqu'à mon rang un homme quelconque? Penses-tu d'ailleurs que mon futur beau-père me le pardonnerait?

MARINONI.

Le roi passe pour un homme de beaucoup de sens et d'esprit, avec une humeur agréable.

LE PRINCE.

Ah! ce n'est pas sans peine que je renonce à mon projet. Pénétrer dans cette cour nouvelle sans faste et sans bruit, observer tout, approcher de la princesse sous un faux nom, et peut-être m'en faire aimer! — Oh! je m'égare; cela est impossible. Marinoni, mon ami, essaye mon habit de cérémonie; je ne saurais y résister.

MARINONI, s'inclinant.

Altesse!

LE PRINCE.

Penses-tu que les siècles futurs oublieront une pareille circonstance?

MARINONI.

Jamais, gracieux prince.

LE PRINCE.

Viens essayer mon habit.
Ils sortent.

ACTE DEUXIÈME

SCÈNE I
Le jardin du roi de Bavière.
Entrent ELSBETH ET SA GOUVERNANTE.

LA GOUVERNANTE.

Mes pauvres yeux en ont pleuré, pleuré un torrent du ciel.

ELSBETH.

Tu es si bonne! Moi aussi j'aimais Saint-Jean; il avait tant d'esprit! Ce n'était point un bouffon ordinaire.

LA GOUVERNANTE.

Dire que le pauvre homme est allé là-haut la veille de vos fiançailles!

Lui qui ne parlait que de vous à dîner et à souper, tant que le jour durait. Un garçon si gai, si amusant, qu'il faisait aimer la laideur, et que les yeux le cherchaient toujours en dépit d'eux-mêmes!

ELSBETH.

Ne me parle pas de mon mariage; c'est encore là un plus grand malheur.

LA GOUVERNANTE.

Ne savez-vous pas que le prince de Mantoue arrive aujourd'hui? On dit que c'est un Amadis.

ELSBETH.

Que dis-tu là, ma chère? Il est horrible et idiot, tout le monde le sait déjà ici.

LA GOUVERNANTE.

En vérité? on m'avait dit que c'était un Amadis.

ELSBETH.

Je ne demandais pas un Amadis, ma chère; mais cela est cruel, quelquefois, de n'être qu'une fille de roi. Mon père est le meilleur des hommes; le mariage qu'il prépare assure la paix de son royaume; il recevra en récompense la bénédiction d'un peuple; mais moi, hélas! j'aurai la sienne, et rien de plus.

LA GOUVERNANTE.

Comme vous parlez tristement!

ELSBETH.

Si je refusais le prince, la guerre serait bientôt recommencée; quel malheur que ces traités de paix se signent toujours avec des larmes! Je voudrais être une forte tête, et me résigner à épouser le premier venu, quand cela est nécessaire en politique. Être la mère d'un peuple, cela console les grands cœurs, mais non les têtes faibles. Je ne suis qu'une pauvre rêveuse; peut-être la faute en est-elle à tes romans, tu en as toujours dans tes poches.

LA GOUVERNANTE.

Seigneur! n'en dites rien.

ELSBETH.

J'ai peu connu la vie, et j'ai beaucoup rêvé.

LA GOUVERNANTE.

Si le prince de Mantoue est tel que vous le dites, Dieu ne laissera pas cette affaire-là s'arranger, j'en suis sûre.

ELSBETH.

Tu crois? Dieu laisse faire les hommes, ma pauvre amie, et il ne fait guère plus de cas de nos plaintes que du bêlement d'un mouton.

LA GOUVERNANTE.

Je suis sûre que, si vous refusiez le prince, votre père ne vous forcerait pas.

ELSBETH.

Non certainement il ne me forcerait pas; et c'est pour cela que je me sacrifie. Veux-tu que j'aille dire à mon père d'oublier sa parole, et de rayer d'un trait de plume son nom respectable sur un contrat qui fait des milliers d'heureux? Qu'importe qu'il fasse une malheureuse? Je laisse mon bon père être un bon roi.

LA GOUVERNANTE.

Hi! hi!
Elle pleure.

ELSBETH.

Ne pleure pas sur moi, ma bonne; tu me ferais peut-être pleurer moi-même, et il ne faut pas qu'une royale fiancée ait les yeux rouges. Ne t'afflige pas de tout cela. Après tout, je serai une reine, c'est peut-être amusant; je prendrai peut-être goût à mes parures, que sais-je? à mes carrosses, à ma nouvelle cour; heureusement qu'il y a pour une princesse autre chose dans le mariage qu'un mari. Je trouverai peut-être le bonheur au fond de ma corbeille de noces.

LA GOUVERNANTE.

Vous êtes un vrai agneau pascal.

ELSBETH.

Tiens, ma chère, commençons toujours par en rire, quitte à en pleurer quand il en sera temps. On dit que le prince de Mantoue est la plus ridicule chose du monde.

LA GOUVERNANTE.

Si Saint-Jean était là!

ELSBETH.

Ah! Saint-Jean! Saint-Jean!

LA GOUVERNANTE.

Vous l'aimiez beaucoup, mon enfant.

ELSBETH.

Cela est singulier; son esprit m'attachait à lui avec des fils imperceptibles qui semblaient venir de mon cœur; sa perpétuelle moquerie de mes idées romanesques me plaisait à l'excès, tandis que je ne puis supporter qu'avec peine bien des gens qui abondent dans mon sens; je ne sais ce qu'il y avait autour de lui, dans ses yeux, dans ses gestes, dans la manière dont il prenait son tabac. C'était un homme bizarre; tandis qu'il me parlait,

FANTASIO. Page 149.

il me passait devant les yeux des tableaux délicieux ; sa parole donnait la vie comme par enchantement aux choses les plus étranges.

LA GOUVERNANTE.

C'était un vrai Triboulet.

ELSBETH.

Je n'en sais rien ; mais c'était un diamant d'esprit.

LA GOUVERNANTE.

Voilà des pages qui vont et viennent ; je crois que le prince ne va pas tarder à se montrer ; il faudrait retourner au palais pour vous habiller.

ELSBETH.

Je t'en supplie, laisse-moi un quart d'heure encore ; va préparer ce qu'il me faut : hélas ! ma chère, je n'ai plus longtemps à rêver.

LA GOUVERNANTE.

Seigneur ! est-il possible que ce mariage se fasse, s'il vous déplaît ? Un père sacrifier sa fille ! le roi serait un véritable Jephté, s'il le faisait.

ELSBETH.

Ne dis pas de mal de mon père ; va, ma chère, prépare ce qu'il me faut.

La gouvernante sort.

ELSBETH, seule.

Il me semble qu'il y a quelqu'un derrière ces bosquets. Est-ce le fantôme de mon pauvre bouffon que j'aperçois dans ces bluets, assis sur la prairie ? Répondez-moi ; qui êtes-vous ? que faites-vous là à cueillir ces fleurs ?

Elle s'avance vers un tertre.

FANTASIO, assis, vêtu en bouffon, avec une bosse et une perruque.

Je suis un brave cueilleur de fleurs, qui souhaite le bonjour à vos beaux yeux.

ELSBETH.

Que signifie cet accoutrement ? qui êtes-vous pour venir parodier sous cette large perruque un homme que j'ai aimé ? Êtes-vous écolier en bouffonneries ?

FANTASIO.

Plaise à Votre Altesse sérénissime, je suis le nouveau bouffon du roi ; le majordome m'a reçu favorablement ; je suis présenté au valet de chambre ; les marmitons me protègent depuis hier au soir, et je cueille modestement des fleurs en attendant qu'il me vienne de l'esprit.

ELSBETH.

Cela me paraît douteux, que vous cueilliez jamais cette fleur-là.

FANTASIO.

Pourquoi ? l'esprit peut venir à un homme vieux, tout comme à une jeune fille. Cela est si difficile quelquefois de distinguer un trait spirituel d'une grosse sottise ! Beaucoup parler, voilà l'important ; le plus mauvais tireur de pistolet peut attraper la mouche, s'il tire sept cent quatre-vingts coups à la minute, tout aussi bien que le plus habile homme qui n'en tire qu'un ou deux bien ajustés. Je ne demande qu'à être nourri convenablement pour la grosseur de mon ventre, et je regarderai mon ombre au soleil pour voir si ma perruque pousse.

ELSBETH.

En sorte que vous voilà revêtu des dépouilles de Saint-Jean ? Vous avez raison de parler de votre ombre ; tant que vous aurez ce costume, elle lui ressemblera toujours, je crois, plus que vous.

FANTASIO.

Je fais en ce moment une élégie qui décidera de mon sort.

ELSBETH.

En quelle façon ?

FANTASIO.

Elle prouvera clairement que je suis le premier homme du monde, ou bien elle ne vaudra rien du tout. Je suis en train de bouleverser l'univers pour le mettre en acrostiche ; la lune, le soleil et les étoiles se battent pour entrer dans mes rimes, comme des écoliers à la porte d'un théâtre de mélodrames.

ELSBETH.

Pauvre homme ! quel métier tu entreprends ! faire de l'esprit à tant par heure ! N'as-tu ni bras ni jambes, et ne ferais-tu pas mieux de labourer la terre que ta propre cervelle ?

FANTASIO.

Pauvre petite ! quel métier vous entreprenez ! épouser un sot que vous n'avez jamais vu ! — N'avez-vous ni cœur ni tête, et ne feriez-vous pas mieux de vendre vos robes que votre corps ?

ELSBETH.

Voilà qui est hardi, monsieur le nouveau venu !

FANTASIO.

Comment appelez-vous cette fleur-là, s'il vous plaît ?

ELSBETH.

Une tulipe. Que veux-tu prouver ?

FANTASIO.

Une tulipe rouge, ou une tulipe bleue ?

ELSBETH.

Bleue, à ce qu'il me semble.

FANTASIO.

Point du tout, c'est une tulipe rouge.

ELSBETH.

Veux-tu mettre un habit neuf à une vieille sentence? tu n'en as pas besoin pour dire que des goûts et des couleurs il ne faut pas disputer.

FANTASIO.

Je ne dispute pas; je vous dis que cette tulipe est une tulipe rouge, et cependant je conviens qu'elle est bleue.

ELSBETH.

Comment arranges-tu cela?

FANTASIO.

Comme votre contrat de mariage. Qui peut savoir sous le soleil s'il est né bleu ou rouge? Les tulipes elles-mêmes n'en savent rien. Les jardiniers et les notaires font des greffes si extraordinaires, que les pommes deviennent des citrouilles, et que les chardons sortent de la mâchoire de l'âne pour s'inonder de sauce dans le plat d'argent d'un évêque. Cette tulipe que voilà s'attendait bien à être rouge; mais on l'a mariée; elle est tout étonnée d'être bleue : c'est ainsi que le monde entier se métamorphose sous les mains de l'homme; et la pauvre dame nature doit se rire parfois au nez de bon cœur, quand elle mire dans ses lacs et dans ses mers son éternelle mascarade. Croyez-vous que ça sentît la rose dans le paradis de Moïse? ça ne sentait que le foin vert. La rose est fille de la civilisation; c'est une marquise comme vous et moi.

ELSBETH.

La pâle fleur de l'aubépine peut devenir une rose, et un chardon peut devenir un artichaut; mais une fleur ne peut en devenir une autre : ainsi qu'importe à la nature? on ne la change pas, on l'embellit ou on la tue. La plus chétive violette mourrait plutôt que de céder si l'on voulait, par des moyens artificiels, altérer sa forme d'une étamine.

FANTASIO.

C'est pourquoi je fais plus de cas d'une violette que d'une fille de roi.

ELSBETH.

Il y a de certaines choses que les bouffons eux-mêmes n'ont pas le droit de railler; fais-y attention. Si tu as écouté ma conversation avec ma gouvernante, prends garde à tes oreilles.

FANTASIO.

Non pas à mes oreilles, mais à ma langue. Vous vous trompez de sens; il y a une erreur de sens dans vos paroles.

ELSBETH.

Ne me fais pas de calembour, si tu veux gagner ton argent, et ne me compare pas à des tulipes, si tu ne veux gagner autre chose.

FANTASIO.

Qui sait? un calembour console de bien des chagrins, et jouer avec les mots est un moyen comme un autre de jouer avec les pensées, les actions et les êtres. Tout est calembour ici-bas, et il est aussi difficile de comprendre le regard d'un enfant de quatre ans, que le galimatias de trois drames modernes.

ELSBETH.

Tu me fais l'effet de regarder le monde à travers un prisme tant soit peu changeant.

FANTASIO.

Chacun a ses lunettes; mais personne ne sait au juste de quelle couleur en sont les verres. Qui est-ce qui pourra me dire au juste si je suis heureux ou malheureux, bon ou mauvais, triste ou gai, bête ou spirituel?

ELSBETH.

Tu es laid, du moins; cela est certain.

FANTASIO.

Pas plus certain que votre beauté. Voilà votre père qui vient avec votre futur mari. Qui est-ce qui peut savoir si vous l'épouserez?

Il sort.

ELSBETH.

Puisque je ne puis éviter la rencontre du prince de Mantoue, je ferai aussi bien d'aller au-devant de lui.

Entrent le roi, Marinoni sous le costume de prince et le prince vêtu en aide de camp.

LE ROI.

Prince, voici ma fille. Pardonnez-lui cette toilette de jardinière; vous êtes ici chez un bourgeois qui en gouverne d'autres, et notre étiquette est aussi indulgente pour nous-mêmes que pour eux.

MARINONI.

Permettez-moi de baiser cette main charmante, madame, si ce n'est pas une trop grande faveur pour mes lèvres.

LA PRINCESSE.

Votre Altesse m'excusera si je rentre au palais. Je la verrai, je pense, d'une manière plus convenable à la présentation de ce soir.

Elle sort.

LE PRINCE.

La princesse a raison; voilà une divine pudeur.

LE ROI, à Marinoni.

Quel est donc cet aide de camp qui vous suit comme votre ombre? Il m'est insupportable de l'entendre ajouter une remarque inepte à tout ce que nous disons. Renvoyez-le, je vous en prie.
<small>Marinoni parle bas au prince.</small>

LE PRINCE, de même.

C'est fort adroit de ta part de lui avoir persuadé de m'éloigner; je vais tâcher de joindre la princesse et de lui toucher quelques mots délicats sans faire semblant de rien.
<small>Il sort.</small>

LE ROI.

Cet aide de camp est un imbécile, mon ami; que pouvez-vous faire de cet homme-là?

MARINONI.

Hum! hum! Poussons quelques pas plus avant, si Votre Majesté le permet; je crois apercevoir un kiosque tout à fait charmant dans ce bocage.
<small>Ils sortent.</small>

SCÈNE II
<small>Une autre partie du jardin.</small>

LE PRINCE, entrant.

Mon déguisement me réussit à merveille; j'observe, et je me fais aimer. Jusqu'ici tout va au gré de mes souhaits; le père me paraît un grand roi, quoique trop sans façon, et je m'étonnerais si je ne lui avais plu tout d'abord. J'aperçois la princesse qui rentre au palais; le hasard me favorise singulièrement.
<small>Elsbeth entre; le prince l'aborde.</small>

Altesse, permettez à un fidèle serviteur de votre futur époux de vous offrir les félicitations sincères que son cœur humble et dévoué ne peut contenir en vous voyant. Heureux les grands de la terre! ils peuvent nous épouser, moi je ne le puis pas; cela m'est tout à fait impossible; je suis d'une naissance obscure; je n'ai pour tout bien qu'un nom redoutable à l'ennemi, un cœur pur et sans tache bat sous ce modeste uniforme; je suis un pauvre soldat criblé de balles des pieds à la tête; je n'ai pas un ducat; je suis solitaire et exilé de ma terre natale comme de ma patrie céleste, c'est-à-dire du paradis de mes rêves; je n'ai pas un cœur de femme à presser sur mon cœur; je suis maudit et silencieux.

ELSBETH.

Que me voulez-vous, mon cher monsieur? Êtes-vous fou, ou demandez-vous l'aumône?

LE PRINCE.

Qu'il serait difficile de trouver des paroles pour exprimer ce que j'éprouve ! Je vous ai vue passer toute seule dans cette allée ; j'ai cru qu'il était de mon devoir de me jeter à vos pieds, et de vous offrir ma compagnie jusqu'à la poterne.

ELSBETH.

Je vous suis obligée ; rendez-moi le service de me laisser tranquille.
Elle sort.

LE PRINCE, seul.

Aurais-je eu tort de l'aborder ? Il le fallait cependant, puisque j'ai le projet de la séduire sous mon habit supposé. Oui, j'ai bien fait de l'aborder. Cependant elle m'a répondu d'une manière désagréable. Je n'aurais peut-être pas dû lui parler si vivement. Il le fallait pourtant bien, puisque son mariage est presque assuré, et que je suis censé devoir supplanter Marinoni, qui me remplace. J'ai eu raison de lui parler vivement. Mais la réponse est désagréable. Aurait-elle un cœur dur et faux ? Il serait bon de sonder adroitement la chose.
Il sort.

SCÈNE III

Une antichambre.

FANTASIO, couché sur un tapis.

Quel métier délicieux que celui de bouffon ! J'étais gris, je crois, hier soir, lorsque j'ai pris ce costume et que je me suis présenté au palais, mais, en vérité, jamais la saine raison ne m'a rien inspiré qui valût cet acte de folie. J'arrive, et me voilà reçu, choyé, enregistré, et ce qu'il y a de mieux encore, oublié. Je vais et viens dans ce palais comme si je l'avais habité toute ma vie. Tout à l'heure, j'ai rencontré le roi ; il n'a pas même eu la curiosité de me regarder ; son bouffon étant mort, on lui a dit : « Sire, en voilà un autre. » C'est admirable ! Dieu merci, voilà ma cervelle à l'aise, je puis faire toutes les balivernes possibles sans qu'on me dise rien pour m'en empêcher ; je suis un des animaux domestiques du roi de Bavière, et si je veux, tant que je garderai ma bosse et ma perruque, on me laissera vivre jusqu'à ma mort entre un épagneul et une pintade. En attendant, mes créanciers peuvent se casser le nez contre ma porte tout à leur aise. Je suis aussi bien en sûreté ici sous cette perruque, que dans les Indes occidentales.

N'est-ce pas la princesse que j'aperçois dans la chambre voisine, à travers cette glace ? Elle rajuste son voile de noces ; deux longues larmes coulent sur ses joues ; en voilà une qui se détache comme une perle et qui tombe sur sa poitrine. Pauvre petite! j'ai entendu ce matin sa conversation avec sa gouvernante; en vérité, c'était par hasard; j'étais assis sur le gazon, sans autre dessein que celui de dormir. Maintenant la voilà qui pleure et ne se doute guère que je la vois encore. Ah! si j'étais un écolier de rhétorique, comme je réfléchirais profondément sur cette misère couronnée, sur cette pauvre brebis à qui on met un ruban rose au cou pour la mener à la boucherie! Cette petite fille est sans doute romanesque; il lui est cruel d'épouser un homme qu'elle ne connaît pas. Cependant elle se sacrifie en silence. Que le hasard est capricieux! il faut que je me grise, que je rencontre l'enterrement de Saint-Jean, que je prenne son costume et sa place, que je fasse enfin la plus grande folie de la terre, pour venir voir tomber, à travers cette glace, les deux seules larmes que cette enfant versera peut-être sur son triste voile de fiancée!

Il sort.

SCÈNE IV
Une allée du jardin.
LE PRINCE, MARINONI.

LE PRINCE.

Tu n'es qu'un sot, colonel.

MARINONI.

Votre Altesse se trompe sur mon compte de la manière la plus pénible.

LE PRINCE.

Tu es un maître butor. Ne pouvais-tu pas empêcher cela? Je te confie le plus grand projet qui se soit enfanté depuis une suite d'années incalculable, et toi, mon meilleur ami, mon plus fidèle serviteur, tu entasses bêtises sur bêtises. Non, non, tu as beau dire, cela n'est point pardonnable.

MARINONI.

Comment pouvais-je empêcher Votre Altesse de s'attirer les désagréments qui sont la suite nécessaire du rôle supposé qu'elle joue? Vous m'ordonnez de prendre votre nom et de me comporter en véritable prince de Mantoue. Puis-je empêcher le roi de Bavière de faire un affront à mon aide de camp? Vous aviez tort de vous mêler de nos affaires.

LE PRINCE.

Je voudrais bien qu'un maraud comme toi se mêlât de me donner des ordres!

FANTASIO. Page 159.

Libl. Charpentier. LIV. 152.

MARINONI.

Considérez, Altesse, qu'il faut cependant que je sois le prince ou que je sois l'aide de camp. C'est par votre ordre que j'agis.

LE PRINCE.

Me dire que je suis un impertinent en présence de toute la cour, parce que j'ai voulu baiser la main de la princesse ! Je suis prêt à lui déclarer la guerre, et à retourner dans mes États pour me mettre à la tête de mes armées.

MARINONI.

Songez donc, Altesse, que ce mauvais compliment s'adressait à l'aide de camp et non au prince. Prétendez-vous qu'on vous respecte sous ce déguisement ?

LE PRINCE.

Il suffit. Rends-moi mon habit.

MARINONI, ôtant l'habit.

Si mon souverain l'exige, je suis prêt à mourir pour lui.

LE PRINCE.

En vérité, je ne sais que résoudre. D'un côté, je suis furieux de ce qui m'arrive, et, d'un autre, je suis désolé de renoncer à mon projet. La princesse ne paraît pas répondre indifféremment aux mots à double entente dont je ne cesse de la poursuivre. Déjà je suis parvenu deux ou trois fois à lui dire à l'oreille des choses incroyables. Viens, réfléchissons à tout cela.

MARINONI, tenant l'habit.

Que ferai-je, Altesse ?

LE PRINCE.

Remets-le, remets-le, et rentrons au palais.

Ils sortent.

SCÈNE V

LA PRINCESSE ELSBETH, LE ROI.

LE ROI.

Ma fille, il faut répondre franchement à ce que je vous demande : ce mariage vous déplaît-il ?

ELSBETH.

C'est à vous, Sire, de répondre vous-même. Il me plaît, s'il vous plaît ; il me déplaît, s'il vous déplaît.

LE ROI.

Le prince m'a paru être un homme ordinaire, dont il est difficile de rien dire. La sottise de son aide de camp lui fait seule tort dans mon esprit ; quant à lui, c'est peut-être un bon prince, mais ce n'est pas un homme élevé. Il n'y a rien en lui qui me repousse ou qui m'attire. Que puis-je te dire là-dessus? Le cœur des femmes a des secrets que je ne puis connaître ; elles se font des héros parfois si étranges, elles saisissent si singulièrement un ou deux côtés d'un homme qu'on leur présente, qu'il est impossible de juger pour elles, tant qu'on n'est pas guidé par quelque point tout à fait sensible. Dis-moi donc clairement ce que tu penses de ton fiancé.

ELSBETH.

Je pense qu'il est prince de Mantoue, et que la guerre recommencera demain entre lui et vous, si je ne l'épouse pas.

LE ROI.

Cela est certain, mon enfant.

ELSBETH.

Je pense donc que je l'épouserai, et que la guerre sera finie.

LE ROI.

Que les bénédictions de mon peuple te rendent grâces pour ton père! O ma fille chérie! je serais heureux de cette alliance; mais je ne voudrais pas voir dans ces beaux yeux cette tristesse qui dément leur résignation. Réfléchis encore quelques jours.

Il sort. — Entre Fantasio.

ELSBETH.

Te voilà, pauvre garçon! comment te plais-tu ici?

FANTASIO.

Comme un oiseau en liberté.

ELSBETH.

Tu aurais mieux répondu, si tu avais dit comme un oiseau en cage. Ce palais en est une assez belle; cependant c'en est une.

FANTASIO.

La dimension d'un palais ou d'une chambre ne fait pas l'homme plus ou moins libre. Le corps se remue où il peut; l'imagination ouvre quelquefois des ailes grandes comme le ciel dans un cachot grand comme la main.

ELSBETH.

Ainsi donc, tu es un heureux fou?

FANTASIO.

Très heureux. Je fais la conversation avec les petits chiens et les marmitons. Il y a là un roquet pas plus haut que cela dans la cuisine, qui m'a dit des choses charmantes.

ELSBETH.

En quel langage?

FANTASIO.

Dans le style le plus pur. Il ne ferait pas une seule faute de grammaire dans l'espace d'une année.

ELSBETH.

Pourrais-je entendre quelques mots de ce style?

FANTASIO.

En vérité, je ne le voudrais pas; c'est une langue qui est particulière. Il n'y a que les roquets qui la parlent; les arbres et les grains de blé eux-mêmes la savent aussi; mais les filles de roi ne la savent pas. A quand votre noce?

ELSBETH.

Dans quelques jours tout sera fini.

FANTASIO.

C'est-à-dire tout sera commencé. Je compte vous offrir un présent de ma main.

ELSBETH.

Quel présent? Je suis curieuse de cela.

FANTASIO.

Je compte vous offrir un joli petit serin empaillé, qui chante comme un rossignol.

ELSBETH.

Comment peut-il chanter, s'il est empaillé?

FANTASIO.

Il chante parfaitement.

ELSBETH.

En vérité, tu te moques de moi avec un rare acharnement.

FANTASIO.

Point du tout. Mon serin a une petite serinette dans le ventre. On pousse tout doucement un petit ressort sous la patte gauche, et il chante tous les opéras nouveaux, exactement comme Mlle Grisi.

ELSBETH.

C'est une invention de ton esprit, sans doute?

FANTASIO.

En aucune façon. C'est un serin de cour; il y a beaucoup de petites filles très bien élevées qui n'ont pas d'autres procédés que celui-là. Elles ont un petit ressort sous le bras gauche, un joli petit ressort en diamant fin, comme la montre d'un petit-maître. Le gouverneur ou la gouvernante fait jouer le ressort, et vous voyez aussitôt les lèvres s'ouvrir avec le sourire le plus gracieux ; une charmante cascatelle de paroles mielleuses sort avec le plus doux murmure, et toutes les convenances sociales, pareilles à des nymphes légères, se mettent aussitôt à dansoter sur la pointe du pied autour de la fontaine merveilleuse. Le prétendu ouvre des yeux ébahis ; l'assistance chuchote avec indulgence, et le père, rempli d'un secret contentement, regarde avec orgueil les boucles d'or de ses souliers.

ELSBETH.

Tu parais revenir volontiers sur de certains sujets. Dis-moi, bouffon, que t'ont donc fait ces pauvres jeunes filles, pour que tu en fasses si gaiement la satire ? Le respect d'aucun devoir ne peut-il trouver grâce devant toi ?

FANTASIO.

Je respecte fort la laideur ; c'est pourquoi je me respecte moi-même si profondément.

ELSBETH.

Tu parais quelquefois en savoir plus que tu n'en dis. D'où viens-tu donc ? et qui es-tu ? pour que, depuis un jour que tu es ici, tu saches déjà pénétrer des mystères que les princes eux-mêmes ne soupçonneront jamais. Est-ce à moi que s'adressent tes folies, ou est-ce au hasard que tu parles ?

FANTASIO.

C'est au hasard, je parle beaucoup au hasard : c'est mon plus cher confident.

ELSBETH.

Il me semble en effet t'avoir appris ce que tu ne devrais pas connaître. Je croirais volontiers que tu épies mes actions et mes paroles.

FANTASIO.

Dieu le sait. Que vous importe ?

ELSBETH.

Plus que tu ne peux penser. Tantôt dans cette chambre, pendant que je mettais mon voile, j'ai entendu marcher tout à coup derrière la tapisserie. Je me trompe fort si ce n'était toi qui marchais.

FANTASIO.

Soyez sûre que cela reste entre votre mouchoir et moi. Je ne suis pas plus indiscret que je ne suis curieux. Quel plaisir pourraient me faire vos chagrins ? quel chagrin pourraient me faire vos plaisirs ? Vous êtes ceci, et moi cela. Vous êtes jeune, et moi je suis vieux ; belle, et je suis laid ; riche, et je suis pauvre. Vous voyez bien qu'il n'y a aucun rapport entre nous.

Que vous importe que le hasard ait croisé sur sa grande route deux roues qui ne suivent pas la même ornière, et qui ne peuvent marquer sur la même poussière? Est-ce ma faute s'il m'est tombé, pendant que je dormais, une de vos larmes sur la joue?

ELSBETH.

Tu me parles sous la forme d'un homme que j'ai aimé, voilà pourquoi je t'écoute malgré moi. Mes yeux croient voir Saint-Jean; mais peut-être n'es-tu qu'un espion?

FANTASIO.

A quoi cela me servirait-il? Quand il serait vrai que votre mariage vous coûterait quelques larmes, et quand je l'aurais appris par hasard, qu'est-ce que je gagnerais à l'aller raconter? On ne me donnerait pas une pistole pour cela, et on ne vous mettrait pas au cabinet noir. Je comprends très bien qu'il doit être assez ennuyeux d'épouser le prince de Mantoue; mais, après tout, ce n'est pas moi qui en suis chargé. Demain ou après-demain vous serez partie pour Mantoue avec votre robe de noce, et moi je serai encore sur ce tabouret avec mes vieilles chausses. Pourquoi voulez-vous que je vous en veuille? Je n'ai pas de raison pour désirer votre mort; vous ne m'avez jamais prêté d'argent.

ELSBETH.

Mais si le hasard t'a fait voir ce que je veux qu'on ignore, ne dois-je pas te mettre à la porte, de peur de nouvel accident?

FANTASIO.

Avez-vous le dessein de me comparer à un confident de tragédie, et craignez-vous que je ne suive votre ombre en déclamant? Ne me chassez pas, je vous en prie. Je m'amuse beaucoup ici. Tenez, voilà votre gouvernante qui arrive avec des mystères plein ses poches. La preuve que je ne l'écouterai pas, c'est que je m'en vais à l'office manger une aile de pluvier que le majordome a mise de côté pour sa femme.
Il sort.

LA GOUVERNANTE, entrant.

Savez-vous une chose terrible, ma chère Elsbeth?

ELSBETH.

Que veux-tu dire? tu es toute tremblante.

LA GOUVERNANTE.

Le prince n'est pas le prince, ni l'aide de camp non plus. C'est un vrai conte de fées.

ELSBETH.

Quel imbroglio me fais-tu là?

LA GOUVERNANTE.

Chut! chut! C'est un des officiers du prince lui-même qui vient de me le dire. Le prince de Mantoue est un véritable Almaviva ; il est déguisé et caché parmi les aides de camp ; il a voulu sans doute chercher à vous voir et à vous connaître d'une manière féerique. Il est déguisé, le digne seigneur, il est déguisé comme Lindor ; celui qu'on vous a présenté comme votre futur époux n'est qu'un aide de camp nommé Marinoni.

ELSBETH.

Cela n'est pas possible!

LA GOUVERNANTE.

Cela est certain, certain mille fois. Le digne homme est déguisé, il est impossible de le reconnaître ; c'est une chose extraordinaire.

ELSBETH.

Tu tiens cela, dis-tu, d'un officier?

LA GOUVERNANTE.

D'un officier du prince. Vous pouvez le lui demander à lui-même.

ELSBETH.

Et il ne t'a pas montré parmi les aides de camp le véritable prince de Mantoue?

LA GOUVERNANTE.

Figurez-vous qu'il en tremblait lui-même, le pauvre homme, de ce qu'il me disait. Il ne m'a confié son secret que parce qu'il désire vous être agréable, et qu'il savait que je vous préviendrais. Quant à Marinoni, cela est positif ; mais, pour ce qui est du prince véritable, il ne me l'a pas montré.

ELSBETH.

Cela me donnerait quelque chose à penser, si c'était vrai. Viens, amène-moi cet officier.

Entre un page.

LA GOUVERNANTE.

Qu'y a-t-il, Flamel? Tu parais hors d'haleine.

LE PAGE.

Ah! madame! c'est une chose à en mourir de rire. Je n'ose parler devant Votre Altesse.

ELSBETH.

Parle, qu'y a-t-il encore de nouveau?

LE PAGE.

Au moment où le prince de Mantoue entrait à cheval dans la cour, à la tête de son état-major, sa perruque s'est enlevée dans les airs, et a disparu tout à coup.

ELSBETH.

Pourquoi cela? Quelle niaiserie!

LE PAGE.

Madame, je veux mourir si ce n'est pas la vérité. La perruque s'est enlevée en l'air au bout d'un hameçon. Nous l'avons retrouvée dans l'office, à côté d'une bouteille cassée; on ignore qui a fait cette plaisanterie. Mais le duc n'en est pas moins furieux, et il a juré que si l'auteur n'en est pas puni de mort, il déclarera la guerre au roi votre père, et mettra tout à feu et à sang.

ELSBETH.

Viens écouter toute cette histoire, ma chère. Mon sérieux commence à m'abandonner.

Entre un autre page.

ELSBETH.

Eh bien! quelle nouvelle?

LE PAGE.

Madame, le bouffon du roi est en prison : c'est lui qui a enlevé la perruque du prince.

ELSBETH.

Le bouffon est en prison? et sur l'ordre du prince?

LE PAGE.

Oui, Altesse.

ELSBETH.

Viens, chère mère, il faut que je parle.

Elle sort avec sa gouvernante.

SCÈNE VI

LE PRINCE, MARINONI.

LE PRINCE.

Non, non, laisse-moi me démasquer. Il est temps que j'éclate. Cela ne se passera pas ainsi. Feu et sang! une perruque royale au bout d'un hameçon! Sommes-nous chez les barbares, dans les déserts de la Sibérie? Y a-t-il encore sous le soleil quelque chose de civilisé et de convenable? J'écume de colère, et les yeux me sortent de la tête.

MARINONI.

Vous perdez tout par cette violence.

LE PRINCE.

Et ce père, ce roi de Bavière, ce monarque vanté dans tous les almanachs

FANTASIO. Page 163.

Bibl. Charpentier. LIV. 153.

de l'année passée! cet homme qui a un extérieur si décent, qui s'exprime en termes si mesurés, et qui se met à rire en voyant la perruque de son gendre voler dans les airs! Car enfin, Marinoni, je conviens que c'est ta perruque qui a été enlevée; mais n'est-ce pas toujours celle du prince de Mantoue, puisque c'est lui que l'on croit voir en toi? Quand je pense que si c'eût été moi, en chair et en os, ma perruque aurait peut-être... Ah! il y a une Providence; lorsque Dieu m'a envoyé tout d'un coup l'idée de me travestir; lorsque cet éclair a traversé ma pensée : « il faut que je me travestisse, » ce fatal événement était prévu par le destin. C'est lui qui a sauvé de l'affront le plus intolérable la tête qui gouverne mes peuples. Mais, par le ciel! tout sera connu. C'est trop longtemps trahir ma dignité. Puisque les majestés divines et humaines sont impitoyablement violées et lacérées, puisqu'il n'y a plus chez les hommes de notions du bien et du mal, puisque le roi de plusieurs milliers d'hommes éclate de rire comme un palefrenier à la vue d'une perruque, Marinoni, rends-moi mon habit.

MARINONI, ôtant son habit.

Si mon souverain le commande, je suis prêt à souffrir pour lui mille tortures.

LE PRINCE.

Je connais ton dévouement. Viens, je vais dire au roi son fait en propres termes.

MARINONI.

Vous refusez la main de la princesse? elle vous a cependant lorgné d'une manière évidente pendant tout le dîner.

LE PRINCE.

Tu crois? Je me perds dans un abîme de perplexités. Viens toujours, allons chez le roi.

MARINONI, tenant l'habit.

Que faut-il faire, Altesse?

LE PRINCE.

Remets-le pour un instant. Tu me le rendras tout à l'heure; ils seront bien plus pétrifiés en m'entendant prendre le ton qui me convient, sous ce frac de couleur foncée.

Ils sortent.

SCÈNE VII
Une prison.

FANTASIO, seul.

Je ne sais s'il y a une Providence, mais c'est amusant d'y croire. Voilà pourtant une pauvre petite princesse qui allait épouser à son corps défendant un animal immonde, un cuistre de province, à qui le hasard a laissé tomber une couronne sur la tête, comme l'aigle d'Eschyle sa tortue. Tout était préparé ; les chandelles allumées, le prétendu poudré, la pauvre petite confessée. Elle avait essuyé les deux charmantes larmes que j'ai vues couler ce matin. Rien ne manquait que deux ou trois capucinades pour que le malheur de sa vie fût en règle. Il y avait dans tout cela la fortune de deux royaumes, la tranquillité de deux peuples ; et il faut que j'imagine de me déguiser en bossu, pour venir me griser derechef dans l'office de notre bon roi, et pour pêcher au bout d'une ficelle la perruque de son cher allié ! En vérité, lorsque je suis gris, je crois que j'ai quelque chose de surhumain. Voilà le mariage manqué et tout remis en question. Le prince de Mantoue a demandé ma tête en échange de sa perruque. Le roi de Bavière a trouvé la peine un peu forte, et n'a consenti qu'à la prison. Le prince de Mantoue, grâce à Dieu, est si bête, qu'il se ferait plutôt couper en morceaux que d'en démordre ; ainsi la princesse reste fille, du moins pour cette fois. S'il n'y a pas là le sujet d'un poëme épique en douze chants, je ne m'y connais pas. Pope et Boileau ont fait des vers admirables sur des sujets bien moins importants. Ah ! si j'étais poëte, comme je peindrais la scène de cette perruque voltigeant dans les airs ! Mais celui qui est capable de faire de pareilles choses dédaigne de les écrire. Ainsi la postérité s'en passera.

Il s'endort. — Entrent Elsbeth et sa gouvernante, une lampe à la main.

ELSBETH.

Il dort ; ferme la porte doucement.

LA GOUVERNANTE.

Voyez ; cela n'est pas douteux. Il a ôté sa perruque postiche, sa difformité a disparu en même temps ; le voilà tel qu'il est, tel que ses peuples le voient sur son char de triomphe ; c'est le noble prince de Mantoue.

ELSBETH.

Oui, c'est lui ; voilà ma curiosité satisfaite ; je voulais voir son visage, et rien de plus ; laisse-moi me pencher sur lui.

Elle prend la lampe.

Psyché, prends garde à ta goutte d'huile.

LA GOUVERNANTE.

Il est beau comme un vrai Jésus.

ELSBETH.

Pourquoi m'as-tu donné à lire tant de romans et de contes de fées ? Pourquoi as-tu semé dans ma pauvre pensée tant de fleurs étranges et mystérieuses ?

LA GOUVERNANTE.

Comme vous voilà émue sur la pointe de vos petits pieds !

ELSBETH.

Il s'éveille; allons-nous-en.

FANTASIO, s'éveillant.

Est-ce un rêve? Je tiens le coin d'une robe blanche.

ELSBETH.

Lâchez-moi; laissez-moi partir.

FANTASIO.

C'est vous, princesse! Si c'est la grâce du bouffon du roi que vous m'apportez si divinement, laissez-moi remettre ma bosse et ma perruque; ce sera fait dans un instant.

LA GOUVERNANTE.

Ah! prince, qu'il vous sied mal de nous tromper ainsi! Ne reprenez pas ce costume; nous savons tout.

FANTASIO.

Prince? Où en voyez-vous un?

LA GOUVERNANTE.

A quoi sert-il de dissimuler?

FANTASIO.

Je ne dissimule pas le moins du monde; par quel hasard m'appelez-vous prince?

LA GOUVERNANTE.

Je connais mes devoirs envers Votre Altesse.

FANTASIO.

Madame, je vous supplie de m'expliquer les paroles de cette honnête dame. Y a-t-il réellement quelque méprise extravagante, ou suis-je l'objet d'une raillerie?

ELSBETH.

Pourquoi le demander, lorsque c'est vous-même qui raillez?

FANTASIO.

Suis-je donc un prince, par hasard? Concevrait-on quelque soupçon sur l'honneur de ma mère?

ELSBETH.

Qui êtes-vous, si vous n'êtes pas le prince de Mantoue?

FANTASIO.

Mon nom est Fantasio; je suis un bourgeois de Munich.
Il lui montre une lettre.

ELSBETH.

Un bourgeois de Munich? Et pourquoi êtes-vous déguisé? Que faites-vous ici?

FANTASIO.

Madame, je vous supplie de me pardonner.
Il se jette à genoux.

ELSBETH.

Que veut dire cela? Relevez-vous, homme, et sortez d'ici! Je vous fais grâce d'une punition que vous mériteriez peut-être. Qui vous a poussé à cette action?

FANTASIO.

Je ne puis dire le motif qui m'a conduit ici.

ELSBETH.

Vous ne pouvez le dire? et cependant je veux le savoir.

FANTASIO.

Excusez-moi, je n'ose l'avouer.

LA GOUVERNANTE.

Sortons, Elsbeth; ne vous exposez pas à entendre des discours indignes de vous. Cet homme est un voleur, ou un insolent qui va vous parler d'amour.

ELSBETH.

Je veux savoir la raison qui vous a fait prendre ce costume?

FANTASIO.

Je vous supplie, épargnez-moi.

ELSBETH.

Non, non! parlez, ou je ferme cette porte sur vous pour dix ans.

FANTASIO.

Madame, je suis criblé de dettes; mes créanciers ont obtenu un arrêt contre moi; à l'heure où je vous parle, mes meubles sont vendus, et si je n'étais dans cette prison, je serais dans une autre. On a dû venir m'arrêter hier au soir; ne sachant où passer la nuit, ni comment me soustraire aux poursuites des huissiers, j'ai imaginé de prendre ce costume et de venir me réfugier aux pieds du roi; si vous me rendez la liberté, on va me prendre au collet; mon oncle est un avare qui vit de pommes de terre et de radis, et qui me laisse mourir de faim dans tous les cabarets du royaume. Puisque vous voulez le savoir, je dois vingt mille écus

ELSBETH.

Tout cela est-il vrai?

FANTASIO.

Si je mens, je consens à les payer.
On entend un bruit de chevaux.

LA GOUVERNANTE.

Voilà des chevaux qui passent; c'est le roi en personne. Si je pouvais faire signe à un page!

Elle appelle par la fenêtre.

Holà! Flamel, où allez-vous donc?

LE PAGE, en dehors.

Le prince de Mantoue va partir.

LA GOUVERNANTE.

Le prince de Mantoue!

LE PAGE.

Oui, la guerre est déclarée. Il y a eu entre lui et le roi une scène épouvantable devant toute la cour, et le mariage de la princesse est rompu.

ELSBETH.

Entendez-vous cela, monsieur Fantasio? vous avez fait manquer mon mariage.

LA GOUVERNANTE.

Seigneur mon Dieu! le prince de Mantoue s'en va, et je ne l'aurai pas vu!

ELSBETH.

Si la guerre est déclarée, quel malheur!

FANTASIO.

Vous appelez cela un malheur, Altesse? Aimeriez-vous mieux un mari qui prend fait et cause pour sa perruque? Eh! madame, si la guerre est déclarée, nous saurons quoi faire de nos bras; les oisifs de nos promenades mettront leurs uniformes; moi-même je prendrai mon fusil de chasse, s'il n'est pas encore vendu. Nous irons faire un tour d'Italie, et, si vous entrez jamais à Mantoue, ce sera comme une véritable reine, sans qu'il y ait besoin pour cela d'autres cierges que nos épées.

ELSBETH.

Fantasio, veux-tu rester le bouffon de mon père! Je te paye tes vingt mille écus.

FANTASIO.

Je le voudrais de grand cœur, mais en vérité, si j'y étais forcé, je sauterais par la fenêtre pour me sauver un de ces jours.

ELSBETH.

Pourquoi? tu vois que Saint-Jean est mort; il nous faut absolument un bouffon.

FANTASIO.

J'aime ce métier plus que tout autre; mais je ne puis faire aucun métier.

Si vous trouvez que cela vaille vingt mille écus de vous avoir débarrassée du prince de Mantoue, donnez-les-moi et ne payez pas mes dettes. Un gentilhomme sans dettes ne saurait où se présenter. Il ne m'est jamais venu à l'esprit de me trouver sans dettes.

ELSBETH.

Eh bien! je te les donne; mais prends les clefs de mon jardin : le jour où tu t'ennuieras d'être poursuivi par tes créanciers, viens te cacher dans les bluets où je t'ai trouvé ce matin; aie soin de prendre ta perruque et ton habit bariolé; ne parais jamais devant moi sans cette taille contrefaite et ces grelots d'argent, car c'est ainsi que tu m'as plu : tu redeviendras mon bouffon pour le temps qu'il te plaira de l'être, et puis tu iras à tes affaires. Maintenant tu peux t'en aller, la porte est ouverte.

LA GOUVERNANTE.

Est-il possible que le prince de Mantoue soit parti sans que je l'aie vu!

FIN DE FANTASIO.

ON NE BADINE PAS AVEC L'AMOUR

COMÉDIE EN TROIS ACTES

PUBLIÉE EN 1834, REPRÉSENTÉE EN 1861

PERSONNAGES :

LE BARON.
PERDICAN, son fils.
MAITRE BLAZIUS, gouverneur de Perdican.
MAITRE BRIDAINE, curé.

CAMILLE, nièce du baron.
DAME PLUCHE, sa gouvernante.
ROSETTE, sœur de lait de Camille.
PAYSANS, VALETS.

ACTE PREMIER

SCÈNE I

Une place devant le château.

LE CHOEUR.

Doucement bercé sur sa mule fringante, messer Blazius s'avance dans les bluets fleuris, vêtu de neuf, l'écritoire au côté. Comme un poupon sur l'oreiller, il se ballotte sur son ventre rebondi, et, les yeux à demi fermés, il marmotte un *Pater noster* dans son triple menton. Salut, maître Blazius; vous arrivez au temps de la vendange, pareil à une amphore antique.

MAITRE BLAZIUS.

Que ceux qui veulent apprendre une nouvelle d'importance m'apportent ici premièrement un verre de vin frais.

LE CHOEUR.

Voilà notre plus grande écuelle; buvez, maître Blazius; le vin est bon; vous parlerez après.

MAITRE BLAZIUS.

Vous saurez, mes enfants, que le jeune Perdican, fils de notre seigneur, vient d'atteindre à sa majorité, et qu'il est reçu docteur à Paris. Il revient aujourd'hui même au château, la bouche toute pleine de façons de parler si belles et si fleuries, qu'on ne sait que lui répondre les trois quarts du temps. Toute sa gracieuse personne est un livre d'or; il ne voit pas un brin d'herbe à terre, qu'il ne vous dise comment cela s'appelle en latin; et quand il fait

CAMILLE, ROSETTE, PERDICAN

ON NE BADINE PAS AVEC L'AMOUR.

du vent ou qu'il pleut, il vous dit tout clairement pourquoi. Vous ouvrirez des yeux grands comme la porte que voilà, de le voir dérouler un des parchemins qu'il a coloriés d'encres de toutes couleurs de ses propres mains et sans en rien dire à personne. Enfin, c'est un diamant fin des pieds à la tête, et voilà ce que je viens annoncer à M. le baron. Vous sentez que cela me fait quelque honneur, à moi, qui suis son gouverneur depuis l'âge de quatre ans; ainsi donc, mes bons amis, apportez une chaise, que je descende un peu de cette mule-ci sans me casser le cou; la bête est tant soit peu rétive, et je ne serais pas fâché de boire encore une gorgée avant d'entrer.

LE CHOEUR.

Buvez, maître Blazius, et reprenez vos esprits. Nous avons vu naître le petit Perdican, et il n'était pas besoin, du moment qu'il arrive, de nous en dire si long. Puissions-nous retrouver l'enfant dans le cœur de l'homme!

MAITRE BLAZIUS.

Ma foi, l'écuelle est vide; je ne croyais pas avoir tout bu. Adieu; j'ai préparé, en trottant sur la route, deux ou trois phrases sans prétention qui plairont à monseigneur; je vais tirer la cloche.
Il sort.

LE CHOEUR.

Durement cahotée sur son âne essoufflé, dame Pluche gravit la colline; son écuyer transi gourdine à tour de bras le pauvre animal, qui hoche la tête un chardon entre les dents. Ses longues jambes maigres trépignent de colère, tandis que de ses mains osseuses elle égratigne son chapelet. Bonjour donc, dame Pluche; vous arrivez comme la fièvre; avec le vent qui fait jaunir les bois.

DAME PLUCHE.

Un verre d'eau, canaille que vous êtes! un verre d'eau et un peu de vinaigre!

LE CHOEUR.

D'où venez-vous, Pluche, ma mie? Vos faux cheveux sont couverts de poussière, voilà un toupet de gâté, et votre chaste robe est retroussée jusqu'à vos vénérables jarretières.

DAME PLUCHE.

Sachez, manants, que la belle Camille, la nièce de votre maître, arrive aujourd'hui au château. Elle a quitté le couvent sur l'ordre exprès de monseigneur, pour venir en son temps et lieu recueillir, comme faire se doit, le bon bien qu'elle a de sa mère. Son éducation, Dieu merci, est terminée, et ceux qui la verront auront la joie de respirer une glorieuse fleur de sagesse et de dévotion. Jamais il n'y a rien eu de si pur, de si ange, de si agneau et de si colombe que cette chère nonnain; que le seigneur Dieu du ciel la conduise ! Ainsi soit-il ! Rangez-vous, canaille; il me semble que j'ai les jambes enflées.

LE CHOEUR.

Défripez-vous, honnête Pluche, et quand vous prierez Dieu, demandez de la pluie; nos blés sont secs comme vos tibias.

DAME PLUCHE.

Vous m'avez apporté de l'eau dans une écuelle qui sent la cuisine; donnez-moi la main pour descendre; vous êtes des butors et des mal appris.
Elle sort.

LE CHOEUR.

Mettons nos habits du dimanche, et attendons que le baron nous fasse appeler. Ou je me trompe fort, ou quelque joyeuse bombance est dans l'air aujourd'hui.
Ils sortent.

SCÈNE II
Le salon du baron.
Entrent LE BARON, MAITRE BRIDAINE et MAITRE BLAZIUS.

LE BARON.

Maître Bridaine, vous êtes mon ami; je vous présente maître Blazius, gouverneur de mon fils. Mon fils a eu hier matin, à midi huit minutes, vingt et un ans comptés, il est docteur à quatre boules blanches. Maître Blazius, je vous présente maître Bridaine, curé de la paroisse; c'est mon ami.

MAITRE BLAZIUS, saluant.

A quatre boules blanches, seigneur; littérature, philosophie, droit romain, droit canon.

LE BARON.

Allez à votre chambre, cher Blazius, mon fils ne va pas tarder à paraître; faites un peu de toilette, et revenez au coup de la cloche.
Maître Blazius sort.

MAITRE BRIDAINE.

Vous dirai-je ma pensée, Monseigneur? le gouverneur de votre fils sent le vin à pleine bouche.

LE BARON.

Cela est impossible.

MAITRE BRIDAINE.

J'en suis sûr comme de ma vie; il m'a parlé de fort près tout à l'heure; il sent le vin à faire peur.

LE BARON.

Brisons là ; je vous répète que cela est impossible.

Entre dame Pluche.

Vous voilà, bonne dame Pluche ? Ma nièce est sans doute avec vous ?

DAME PLUCHE.

Elle me suit, Monseigneur ; je l'ai devancée de quelques pas.

LE BARON.

Maître Bridaine, vous êtes mon ami. Je vous présente la dame Pluche, gouvernante de ma nièce. Ma nièce est depuis hier, à sept heures de nuit, parvenue à l'âge de dix-huit ans ; elle sort du meilleur couvent de France. Dame Pluche, je vous présente maître Bridaine, curé de laparoisse ; c'est mon ami.

DAME PLUCHE, *saluant.*

Du meilleur couvent de France, Seigneur, et je puis ajouter : la meilleure chrétienne du couvent.

LE BARON.

Allez, dame Pluche, réparer le désordre où vous voilà, ma nièce va bientôt venir, j'espère ; soyez prête à l'heure du dîner.

Dame Pluche sort.

MAITRE BRIDAINE.

Cette vieille demoiselle paraît tout à fait pleine d'onction.

LE BARON.

Pleine d'onction et de componction, maître Bridaine ; sa vertu est inattaquable.

MAITRE BRIDAINE.

Mais le gouverneur sent le vin, j'en ai la certitude.

LE BARON.

Maître Bridaine, il y a des moments où je doute de votre amitié. Prenez-vous à tâche de me contredire ? Pas un mot de plus là-dessus. J'ai formé le dessein de marier mon fils avec ma nièce ; c'est un couple assorti : leur éducation me coûte six mille écus.

MAITRE BRIDAINE.

Il sera nécessaire d'obtenir des dispenses.

LE BARON.

Je les ai, Bridaine ; elles sont sur ma table dans mon cabinet. O mon ami! apprenez maintenant que je suis plein de joie. Vous savez que j'ai eu de tout temps la plus profonde horreur pour la solitude Cependant la place que j'occupe et la gravité de mon habit me forcent à rester dans ce château pendant trois mois d'hiver et trois mois d'été. Il est impossible de faire le bonheur des hommes en général, et de ses vassaux en particulier, sans donner parfois à son valet de chambre l'ordre rigoureux de ne laisser entrer personne. Qu'il est austère et difficile le recueillement de l'homme d'État! et quel plaisir ne trouverai-je pas à tempérer, par la présence de mes deux enfants réunis, la sombre tristesse à laquelle je dois nécessairement être en proie depuis que le roi m'a nommé receveur!

MAITRE BRIDAINE.

Ce mariage se fera-t-il ici ou à Paris?

LE BARON.

Voilà où je vous attendais, Bridaine; j'étais sûr de cette question. Eh bien! mon ami, que diriez-vous si ces mains que voilà, oui, Bridaine, vos propres mains, — ne les regardez pas d'une manière aussi piteuse, — étaient destinées à bénir solennellement l'heureuse confirmation de mes rêves les plus chers? Hé?

MAITRE BRIDAINE.

Je me tais : la reconnaissance me ferme la bouche.

LE BARON.

Regardez par cette fenêtre; ne voyez-vous pas que mes gens se portent en foule à la grille? Mes deux enfants arrivent en même temps; voilà la combinaison la plus heureuse. J'ai disposé les choses de manière à tout prévoir. Ma nièce sera introduite par cette porte à gauche, et mon fils par cette porte à droite. Qu'en dites-vous? Je me fais une fête de voir comme ils s'aborderont, ce qu'ils se diront; six mille écus ne sont pas une bagatelle, il ne faut pas s'y tromper. Ces enfants s'aimaient d'ailleurs fort tendrement dès le berceau. — Bridaine, il me vient une idée...

MAITRE BRIDAINE.

Laquelle?

LE BARON.

Pendant le dîner, sans avoir l'air d'y toucher, — vous comprenez, mon ami, — tout en vidant quelques coupes joyeuses, vous savez le latin, Bridaine?

MAITRE BRIDAINE.

Ita ædepol, pardieu, si je le sais!

LE BARON.

Je serais bien aise de vous voir entreprendre ce garçon, — discrètement, s'entend, — devant sa cousine; cela ne peut produire qu'un bon effet; — faites-le parler un peu latin, — non pas précisément pendant le dîner, cela deviendrait fastidieux, et quant à moi, je n'y comprends rien : — mais au dessert, entendez-vous?

MAITRE BRIDAINE.

Si vous n'y comprenez rien, Monseigneur, il est probable que votre nièce est dans le même cas.

LE BARON.

Raison de plus; ne voulez-vous pas qu'une femme admire ce qu'elle comprend? D'où sortez-vous, Bridaine? Voilà un raisonnement qui fait pitié.

MAITRE BRIDAINE.

Je connais peu les femmes; mais il me semble qu'il est difficile qu'on admire ce qu'on ne comprend pas.

LE BARON.

Je les connais, Bridaine, je connais ces êtres charmants et indéfinissables. Soyez persuadé qu'elles aiment à avoir de la poudre dans les yeux, et que plus on leur en jette, plus elles les écarquillent, afin d'en gober davantage.

Perdican entre d'un côté, Camille de l'autre.

Bonjour, mes enfants; bonjour, ma chère Camille, mon cher Perdican! embrassez-moi, et embrassez-vous.

PERDICAN.

Bonjour, mon père, ma sœur bien-aimée! Quel bonheur! que je suis heureux!

CAMILLE.

Mon père et mon cousin, je vous salue.

PERDICAN.

Comme te voilà grande, Camille! et belle comme le jour.

LE BARON.

Quand as-tu quitté Paris, Perdican?

PERDICAN.

Mercredi, je crois, ou mardi. Comme te voilà métamorphosée en femme! Je suis donc un homme, moi? Il me semble que c'est hier que je t'ai vue pas plus haute que cela.

LE BARON.

Vous devez être fatigués; la route est longue, et il fait chaud.

PERDICAN.

Oh! mon Dieu, non. Regardez donc, mon père, comme Camille est jolie!

LE BARON.

Allons, Camille, embrasse ton cousin.

CAMILLE.

Excusez-moi.

LE BARON.

Un compliment vaut un baiser; embrasse-la, Perdican.

PERDICAN.

Si ma cousine recule quand je lui tends la main, je vous dirai à mon tour : Excusez-moi ; l'amour peut voler un baiser, mais non pas l'amitié.

CAMILLE.

L'amitié ni l'amour ne doivent recevoir que ce qu'ils peuvent rendre.

LE BARON, à maître Bridaine.

Voilà un commencement de mauvais augure, hé?

MAITRE BRIDAINE, au baron.

Trop de pudeur est sans doute un défaut ; mais le mariage lève bien des scrupules.

LE BARON, à maître Bridaine.

Je suis choqué, — blessé. — Cette réponse m'a déplu. — *Excusez-moi!* Avez-vous vu qu'elle a fait mine de se signer ? — Venez ici que je vous parle. Cela m'est pénible au dernier point. Ce moment, qui devait m'être si doux, est complètement gâté. — Je suis vexé, piqué. — Diable! voilà qui est fort mauvais.

MAITRE BRIDAINE.

Dites-leur quelques mots ; les voilà qui se tournent le dos.

LE BARON.

Eh bien! mes enfants, à quoi pensez-vous donc? Que fais-tu là, Camille, devant cette tapisserie?

CAMILLE, regardant un tableau.

Voilà un beau portrait, mon oncle! N'est-ce pas une grand'tante à nous?

LE BARON.

Oui, mon enfant, c'est ta bisaïeule, — ou du moins la sœur de ton bisaïeul, car la chère dame n'a jamais concouru, — pour sa part, je crois, autrement qu'en prières, — à l'accroissement de la famille. — C'était, ma foi, une sainte femme.

CAMILLE.

Oh! oui, une sainte! c'est ma grand'tante Isabelle. Comme ce costume religieux lui va bien!

LE BARON.

Et toi, Perdican, que fais-tu là devant ce pot de fleurs?

PERDICAN.

Voilà une fleur charmante, mon père. C'est un héliotrope.

LE BARON.

Te moques-tu? elle est grosse comme une mouche.

PERDICAN.

Cette petite fleur grosse comme une mouche a bien son prix.

MAITRE BRIDAINE.

Sans doute! le docteur a raison. Demandez-lui à quel sexe, à quelle classe elle appartient, de quels éléments elle se forme, d'où lui viennent sa sève et sa couleur; il vous ravira en extase en vous détaillant les phénomènes de ce brin d'herbe, depuis la racine jusqu'à la fleur.

PERDICAN.

Je n'en sais pas si long, mon révérend. Je trouve qu'elle sent bon, voilà tout.

SCÈNE III
Devant le château.

Entre LE CHOEUR.

Plusieurs choses me divertissent et excitent ma curiosité. Venez, mes amis, et asseyons-nous sous ce noyer. Deux formidables dîneurs sont en ce moment en présence au château, maître Bridaine et maître Blazius. N'avez-vous pas fait une remarque? C'est que, lorsque deux hommes à peu près pareils, également gros, également sots, ayant les mêmes vices et les mêmes passions, viennent par hasard à se rencontrer, il faut nécessairement qu'ils s'adorent ou qu'ils s'exècrent. Par la raison que les contraires s'attirent, qu'un homme grand et desséché aimera un homme petit et rond, que les blonds rechercheront les bruns, et réciproquement, je prévois une lutte secrète entre le gouverneur et le curé. Tous deux sont armés d'une égale impudence; tous deux ont pour ventre un tonneau; non seulement ils sont gloutons, mais ils sont gourmets; tous deux se disputeront, à dîner, non seulement la quantité, mais la qualité. Si le poisson est petit, comment faire? et dans tous les cas une langue de carpe ne peut se partager, et une carpe ne peut avoir deux langues. *Item*, tous deux sont bavards; mais à la rigueur ils peuvent parler ensemble sans s'écouter ni l'un ni l'autre. Déjà maître Bridaine a voulu adresser au jeune Perdican plusieurs questions pédantes, et le gouverneur a froncé le sourcil. Il lui est désagréable qu'un autre que lui semble mettre son élève à l'épreuve. *Item*, ils sont aussi ignorants l'un que l'autre. *Item*, ils sont prêtres tous deux; l'un se targuera de sa cure, l'autre se rengorgera dans sa charge de gouverneur. Maître Blazius confesse le fils, et maître Bridaine le père. Déjà je les vois accoudés sur la

ON NE BADINE PAS AVEC L'AMOUR. Page 181.

table, les joues enflammées, les yeux à fleur de tête, secouer pleins de haine leurs triples mentons. Ils se regardent de la tête aux pieds, ils préludent par de légères escarmouches ; bientôt la guerre se déclare; les cuistreries de toute espèce se croisent et s'échangent, et, pour comble de malheur, entre les deux ivrognes s'agite dame Pluche, qui les repousse l'un et l'autre de ses coudes affilés.

Maintenant que voilà le dîner fini, on ouvre la grille du château. C'est la compagnie qui sort; retirons-nous à l'écart.

Ils sortent. — Entrent le baron et dame Pluche.

LE BARON.

Vénérable Pluche, je suis peiné.

DAME PLUCHE.

Est-il possible, Monseigneur ?

LE BARON.

Oui, Pluche, cela est possible. J'avais compté depuis longtemps, — j'avais même écrit, noté, — sur mes tablettes de poche, — que ce jour devait être le plus agréable de mes jours, — oui, bonne dame, le plus agréable. — Vous n'ignorez pas que mon dessein était de marier mon fils avec ma nièce ; — cela était résolu, — convenu, — j'en avais parlé à Bridaine, — et je vois, je crois voir, que ces enfants se parlent froidement; ils ne se sont pas dit un mot.

DAME PLUCHE.

Les voilà qui viennent, Monseigneur. Sont-ils prévenus de vos projets ?

LE BARON.

Je leur en ai touché quelques mots en particulier. Je crois qu'il serait bon, puisque les voilà réunis, de nous asseoir sous cet ombrage propice, et de les laisser ensemble un instant.

Il se retire avec dame Pluche. — Entrent Camille et Perdican.

PERDICAN.

Sais-tu que cela n'a rien de beau, Camille, de m'avoir refusé un baiser ?

CAMILLE.

Je suis comme cela; c'est ma manière.

PERDICAN.

Veux-tu mon bras pour faire un tour dans le village ?

CAMILLE.

Non, je suis lasse.

PERDICAN.

Cela ne te ferait pas plaisir de revoir la prairie ? Te souviens-tu de nos parties sur le bateau? Viens, nous descendrons jusqu'aux moulins; je tiendrai les rames, et toi le gouvernail.

CAMILLE.

Je n'en ai nulle envie.

PERDICAN.

Tu me fends l'âme. Quoi! pas un souvenir, Camille? pas un battement de cœur pour notre enfance, pour tout ce pauvre temps passé, si bon, si doux, si plein de niaiseries délicieuses? Tu ne veux pas venir voir le sentier par où nous allions à la ferme?

CAMILLE.

Non, pas ce soir.

PERDICAN.

Pas ce soir! et quand donc? Toute notre vie est là.

CAMILLE.

Je ne suis pas assez jeune pour m'amuser de mes poupées, ni assez vieille pour aimer le passé.

PERDICAN.

Comment dis-tu cela?

CAMILLE.

Je dis que les souvenirs d'enfance ne sont pas de mon goût.

PERDICAN.

Cela t'ennuie?

CAMILLE.

Oui, cela m'ennuie.

PERDICAN.

Pauvre enfant! Je te plains sincèrement.

Ils sortent chacun de leur côté.

LE BARON, rentrant avec dame Pluche.

Vous le voyez, et vous l'entendez, excellente Pluche; je m'attendais à la plus suave harmonie, et il me semble assister à un concert où le violon joue: *Mon cœur soupire*, pendant que la flûte joue *Vive Henri IV*. Songez à la discordance affreuse qu'une pareille combinaison produirait. Voilà pourtant ce qui se passe dans mon cœur.

DAME PLUCHE.

Je l'avoue; il m'est impossible de blâmer Camille, et rien n'est de plus mauvais ton, à mon sens, que les parties de bateau.

LE BARON.

Parlez-vous sérieusement?

DAME PLUCHE:

Seigneur, une jeune fille qui se respecte ne se hasarde pas sur les pièces d'eau.

LE BARON.

Mais observez donc, dame Pluche, que son cousin doit l'épouser, et que dès lors...

DAME PLUCHE.

Les convenances défendent de tenir un gouvernail, et il est malséant de quitter la terre ferme seule avec un jeune homme.

LE BARON.

Mais je répète... je vous dis...

DAME PLUCHE.

C'est là mon opinion.

LE BARON.

Êtes-vous folle? En vérité, vous me feriez dire... Il y a certaines expressions que je ne veux pas... qui me répugnent... Vous me donnez envie... En vérité, si je ne me retenais... Vous êtes une pécore, Pluche! je ne sais que penser de vous.

Il sort.

SCÈNE IV
Une place.
LE CHOEUR, PERDICAN.

PERDICAN.

Bonjour, mes amis. Me reconnaissez-vous?

LE CHOEUR.

Seigneur, vous ressemblez à un enfant que nous avons beaucoup aimé.

PERDICAN.

N'est-ce pas vous qui m'avez porté sur votre dos pour passer les ruisseaux de vos prairies, vous qui m'avez fait danser sur vos genoux, qui m'avez pris en croupe sur vos chevaux robustes, qui vous êtes serrés quelquefois autour de vos tables pour me faire une place au souper de la ferme?

LE CHOEUR.

Nous nous en souvenons, Seigneur. Vous étiez bien le plus mauvais garnement et le meilleur garçon de la terre.

PERDICAN.

Et pourquoi donc alors ne m'embrassez-vous pas, au lieu de me saluer comme un étranger?

LE CHOEUR.

Que Dieu te bénisse, enfant de nos entrailles ! Chacun de nous voudrait te prendre dans ses bras, mais nous sommes vieux, Monseigneur, et vous êtes un homme.

PERDICAN.

Oui, il y a dix ans que je ne vous ai vus, et en un jour tout change sous le soleil. Je me suis élevé de quelques pieds vers le ciel, et vous vous êtes courbés de quelques pouces vers le tombeau. Vos têtes ont blanchi, vos pas sont devenus plus lents, vous ne pouvez plus soulever de terre votre enfant d'autrefois. C'est donc à moi d'être votre père, à vous qui avez été les miens.

LE CHOEUR.

Votre retour est un jour plus heureux que votre naissance. Il est plus doux de retrouver ce qu'on aime que d'embrasser un nouveau-né.

PERDICAN.

Voilà donc ma chère vallée ! mes noyers, mes sentiers verts, ma petite fontaine ! voilà mes jours passés encore tout pleins de vie, voilà le monde mystérieux des rêves de mon enfance ! O patrie ! patrie, mot incompréhensible ! l'homme n'est-il donc né que pour un coin de terre, pour y bâtir son nid et pour y vivre un jour !

LE CHOEUR.

On nous a dit que vous êtes un savant, Monseigneur.

PERDICAN.

Oui, on me l'a dit aussi. Les sciences sont une belle chose, mes enfants ; ces arbres et ces prairies enseignent à haute voix la plus belle de toutes, l'oubli de ce qu'on sait.

LE CHOEUR.

Il s'est fait plus d'un changement pendant votre absence. Il y a des filles mariées et des garçons partis pour l'armée.

PERDICAN.

Vous me conterez tout cela. Je m'attends bien à du nouveau ; mais en vérité je n'en veux pas encore. Comme ce lavoir est petit ! autrefois il me paraissait immense ; j'avais emporté dans ma tête un océan et des forêts, et je retrouve une goutte d'eau et des brins d'herbe. Quelle est donc cette jeune fille qui chante à sa croisée derrière ces arbres ?

LE CHOEUR.

C'est Rosette, la sœur de lait de votre cousine Camille.

PERDICAN, s'avançant.

Descends vite, Rosette, et viens ici.

ROSETTE, entrant.

Oui, Monseigneur.

PERDICAN.

Tu me voyais de ta fenêtre, et tu ne venais pas, méchante fille! Donne-moi vite cette main-là, et ces joues-là, que je t'embrasse.

ROSETTE.

Oui, Monseigneur.

PERDICAN.

Es-tu mariée, petite? on m'a dit que tu l'étais.

ROSETTE.

Oh! non.

PERDICAN.

Pourquoi? il n'y a pas dans le village de plus jolie fille que toi. Nous te marierons, mon enfant.

LE CHOEUR.

Monseigneur, elle veut mourir fille.

PERDICAN.

Est-ce vrai, Rosette?

ROSETTE.

Oh! non.

PERDICAN.

Ta sœur Camille est arrivée. L'as-tu vue?

ROSETTE.

Elle n'est pas encore venue par ici.

PERDICAN.

Va-t'en vite mettre ta robe neuve, et viens souper au château.

SCÈNE V
Une salle.
Entrent LE BARON ET MAITRE BLAZIUS.

MAITRE BLAZIUS.

Seigneur, j'ai un mot à vous dire; le curé de la paroisse est un ivrogne.

LE BARON.

Fi donc! cela ne se peut pas.

MAITRE BLAZIUS.

J'en suis certain; il a bu à dîner trois bouteilles de vin.

LE BARON.

Cela est exorbitant.

MAITRE BLAZIUS.

Et, en sortant de table, il a marché sur les plates-bandes.

LE BARON.

Sur les plates-bandes ! — Je suis confondu. Voilà qui est étrange ! — Boire trois bouteilles de vin à dîner ! marcher sur les plates-bandes ! c'est incompréhensible. Et pourquoi ne marchait-il pas dans l'allée ?

MAITRE BLAZIUS.

Parce qu'il allait de travers.

LE BARON, à part.

Je commence à croire que Bridaine avait raison ce matin. Ce Blazius sent le vin d'une manière horrible.

MAITRE BLAZIUS.

De plus il a mangé beaucoup ; sa parole était embarrassée.

LE BARON.

Vraiment, je l'ai remarqué aussi.

MAITRE BLAZIUS.

Il a lâché quelques mots latins ; c'était autant de solécismes ; Seigneur, c'est un homme dépravé.

LE BARON, à part.

Pouah ! ce Blazius a une odeur qui est intolérable. — Apprenez, gouverneur, que j'ai bien autre chose en tête, et que je ne mêle jamais de ce qu'on boit ni ce qu'on mange. Je ne suis pas un majordome.

MAITRE BLAZIUS.

A Dieu ne plaise que je vous déplaise, monsieur le baron. Votre vin est bon.

LE BARON.

Il y a de bon vin dans mes caves.

MAITRE BRIDAINE, entrant.

Seigneur, votre fils est sur la place, suivi de tous les polissons du village.

LE BARON.

Cela est impossible.

MAITRE BRIDAINE.

Je l'ai vu de mes propres yeux. Il ramassait des cailloux pour faire des ricochets.

LE BARON.

Des ricochets ! ma tête s'égare ; voilà mes idées qui se bouleversent.

Vous me faites un rapport insensé, Bridaine. Il est inouï qu'un docteur fasse des ricochets.

MAITRE BRIDAINE.

Mettez-vous à la fenêtre, Monseigneur, vous le verrez de vos propres yeux.

LE BARON, à part.

O ciel ! Blazius a raison ; Bridaine va de travers.

MAITRE BRIDAINE.

Regardez, Monseigneur, le voilà au bord du lavoir. Il tient sous le bras une jeune paysanne.

LE BARON.

Une jeune paysanne ! Mon fils vient-il ici pour débaucher mes vassales ? Une paysanne sous le bras ! et tous les gamins du village autour de lui ! Je me sens hors de moi.

MAITRE BRIDAINE.

Cela crie vengeance.

LE BARON.

Tout est perdu ! — perdu sans ressource ! — Je suis perdu : Bridaine va de travers, Blazius sent le vin à faire horreur, et mon fils séduit toutes les filles du village en faisant des ricochets !

Il sort.

ACTE DEUXIÈME

SCÈNE I

Un jardin.

Entrent MAITRE BLAZIUS et PERDICAN

MAITRE BLAZIUS.

Seigneur, votre père est au désespoir.

PERDICAN.

Pourquoi cela ?

MAITRE BLAZIUS.

Vous n'ignorez pas qu'il avait formé le projet de vous unir à votre cousine Camille ?

PERDICAN.

Eh bien ? — Je ne demande pas mieux.

ON NE BADINE PAS AVEC L'AMOUR.   Page 189.

MAITRE BLAZIUS.

Cependant le baron croit remarquer que vos caractères ne s'accordent pas.

PERDICAN.

Cela est malheureux ; je ne puis refaire le mien.

MAITRE BLAZIUS.

Rendrez-vous par là ce mariage impossible ?

PERDICAN.

Je vous répète que je ne demande pas mieux que d'épouser Camille. Allez trouver le baron et dites-lui cela.

MAITRE BLAZIUS.

Seigneur, je me retire : voilà votre cousine qui vient de ce côté.

Il sort. — Entre Camille.

PERDICAN.

Déjà levée, cousine ? J'en suis toujours pour ce que je t'ai dit hier ; tu es jolie comme un cœur.

CAMILLE.

Parlons sérieusement, Perdican ; votre père veut nous marier. Je ne sais ce que vous en pensez ; mais je crois bien faire en vous prévenant que mon parti est pris là-dessus.

PERDICAN.

Tant pis pour moi si je vous déplais.

CAMILLE.

Pas plus qu'un autre, je ne veux pas me marier ; il n'y a rien là dont votre orgueil puisse souffrir.

PERDICAN.

L'orgueil n'est pas mon fait ; je n'en estime ni les joies ni les peines.

CAMILLE.

Je suis venue ici pour recueillir le bien de ma mère, je retourne demain au couvent.

PERDICAN.

Il y a de la franchise dans ta démarche ; touche là, et soyons bons amis.

CAMILLE.

Je n'aime pas les attouchements.

PERDICAN, lui prenant la main.

Donne-moi ta main, Camille, je t'en prie. Que crains-tu de moi ? Tu ne veux pas qu'on nous marie ? eh bien ! ne nous marions pas ; est-ce une raison pour nous haïr ? ne sommes-nous pas le frère et la sœur ? Lorsque ta mère a ordonné ce mariage dans son testament, elle a voulu que notre amitié fût éternelle, voilà tout ce qu'elle a voulu. Pourquoi nous marier ? voilà ta main et voilà la mienne ; et pour qu'elles restent unies ainsi jusqu'au dernier soupir, crois-tu qu'il nous faille un prêtre ? Nous n'avons besoin que de Dieu.

CAMILLE.

Je suis bien aise que mon refus vous soit indifférent.

PERDICAN.

Il ne m'est point indifférent, Camille. Ton amour m'eût donné la vie, mais ton amitié m'en consolera. Ne quitte pas le château demain ; hier, tu as refusé de faire un tour de jardin, parce que tu voyais en moi un mari dont tu ne voulais pas. Reste ici quelques jours, laisse-moi espérer que notre vie passée n'est pas morte à jamais dans ton cœur.

CAMILLE.

Je suis obligée de partir.

PERDICAN.

Pourquoi ?

CAMILLE.

C'est mon secret.

PERDICAN.

En aimes-tu un autre que moi ?

CAMILLE.

Non ; mais je veux partir.

PERDICAN.

Irrévocablement ?

CAMILLE.

Oui, irrévocablement.

PERDICAN.

Eh bien ! adieu. J'aurais voulu m'asseoir avec toi sous les marronniers du petit bois, et causer de bonne amitié une heure ou deux. Mais si cela te déplaît, n'en parlons plus ; adieu, mon enfant.

Il sort.

CAMILLE, à dame Pluche qui entre.

Dame Pluche, tout est-il prêt ? Partirons-nous demain ? Mon tuteur a-t-il fini ses comptes ?

DAME PLUCHE

Oui, chère colombe sans tache. Le baron m'a traitée de pécore hier soir, et je suis enchantée de partir.

CAMILLE.

Tenez, voilà un mot d'écrit que vous porterez avant dîner, de ma part, à mon cousin Perdican.

DAME PLUCHE.

Seigneur mon Dieu! est-ce possible? Vous écrivez un billet à un homme?

CAMILLE.

Ne dois-je pas être sa femme? Je puis bien écrire à mon fiancé.

DAME PLUCHE.

Le seigneur Perdican sort d'ici. Que pouvez-vous lui écrire? Votre fiancé, miséricorde! Serait-il vrai que vous oubliiez Jésus?

CAMILLE.

Faites ce que je vous dis, et disposez tout pour notre départ.

Elles sortent.

SCÈNE II

La salle à manger. — On met le couvert

Entre MAITRE BRIDAINE.

Cela est certain, on lui donnera encore aujourd'hui la place d'honneur. Cette chaise que j'ai occupée si longtemps à la droite du baron sera la proie du gouverneur. O malheureux que je suis! Un âne bâté, un ivrogne sans pudeur, me relègue au bas bout de la table! Le majordome lui versera le premier verre de malaga, et lorsque les plats arriveront à moi, ils seront à moitié froids, et les meilleurs morceaux déjà avalés; il ne restera plus autour des perdreaux ni choux ni carottes. O sainte Église catholique! Qu'on lui ait donné cette place hier, cela se concevait; il venait d'arriver; c'était la première fois, depuis nombre d'années, qu'il s'asseyait à cette table. Dieu! comme il dévorait! Non, rien ne me restera que des os et des pattes de poulet. Je ne souffrirai pas cet affront. Adieu, vénérable fauteuil où je me suis renversé tant de fois gorgé de mets succulents! Adieu, bouteilles cachetées, fumet sans pareil de venaisons cuites à point! Adieu, table splendide, noble salle à manger, je ne dirai plus le bénédicité! Je retourne à ma cure; on ne me verra pas confondu parmi la foule des convives, et j'aime mieux, comme César, être le premier au village que le second dans Rome.

Il sort.

SCÈNE III
Un champ devant une petite maison.
Entrent ROSETTE ET PERDICAN.

PERDICAN.

Puisque ta mère n'y est pas, viens faire un tour de promenade.

ROSETTE.

Croyez-vous que cela me fasse du bien, tous ces baisers que vous me donnez?

PERDICAN.

Quel mal y trouves-tu? Je t'embrasserais devant ta mère. N'es-tu pas la sœur de Camille? ne suis-je pas ton frère comme je suis le sien?

ROSETTE.

Des mots sont des mots et des baisers sont des baisers. Je n'ai guère d'esprit, et je m'en aperçois bien sitôt que je veux dire quelque chose. Les belles dames savent leur affaire, selon qu'on leur baise la main droite ou la main gauche; leurs pères les embrassent sur le front, leurs frères sur la joue, leurs amoureux sur les lèvres; moi, tout le monde m'embrasse sur les deux joues, et cela me chagrine.

PERDICAN.

Que tu es jolie, mon enfant!

ROSETTE.

Il ne faut pas non plus vous fâcher pour cela. Comme vous paraissez triste ce matin! Votre mariage est donc manqué?

PERDICAN.

Les paysans de ton village se souviennent de m'avoir aimé; les chiens de la basse-cour et les arbres du bois s'en souviennent aussi; mais Camille ne s'en souvient pas. Et toi, Rosette, à quand le mariage?

ROSETTE.

Ne parlons pas de cela, voulez-vous? Parlons du temps qu'il fait, de ces fleurs que voilà, de vos chevaux et de mes bonnets.

PERDICAN.

De tout ce qui te plaira, de tout ce qui peut passer sur tes lèvres sans leur ôter ce sourire céleste que je respecte plus que ma vie.
Il l'embrasse.

ROSETTE.

Vous respectez mon sourire, mais vous ne respectez guère mes lèvres, à ce qu'il me semble. Regardez donc; voilà une goutte de pluie qui me tombe sur la main, et cependant le ciel est pur.

PERDICAN.

Pardonne-moi.

ROSETTE.

Que vous ai-je fait, pour que vous pleuriez?
<small>Ils sortent.</small>

SCENE IV
<small>Au château.</small>
<small>Entrent</small> MAITRE BLAZIUS et LE BARON.

MAITRE BLAZIUS.

Seigneur, j'ai une chose singulière à vous dire. Tout à l'heure, j'étais par hasard dans l'office, je veux dire dans la galerie : qu'aurais-je été faire dans l'office? j'étais donc dans la galerie. J'avais trouvé par accident une bouteille, je veux dire une carafe d'eau : comment aurais-je trouvé une bouteille dans la galerie? J'étais donc en train de boire un coup de vin, je veux dire un verre d'eau, pour passer le temps, et je regardais par la fenêtre, entre deux vases de fleurs qui me paraissaient d'un goût moderne, bien qu'ils soient imités de l'étrusque.

LE BARON.

Quelle insupportable manière de parler vous avez adoptée, Blazius! vos discours sont inexplicables.

MAITRE BLAZIUS.

Écoutez-moi, Seigneur, prêtez-moi un moment d'attention. Je regardais donc par la fenêtre. Ne vous impatientez pas, au nom du ciel! il y va de l'honneur de la famille.

LE BARON.

De la famille! voilà qui est incompréhensible. De l'honneur de la famille, Blazius! Savez-vous que nous sommes trente-sept mâles, et presque autant de femmes, tant à Paris qu'en province?

MAITRE BLAZIUS.

Permettez-moi de continuer. Tandis que je buvais un coup de vin, je veux dire un verre d'eau, pour hâter la digestion tardive, imaginez que j'ai vu passer sous la fenêtre dame Pluche hors d'haleine.

LE BARON.

Pourquoi hors d'haleine, Blazius! ceci est insolite

MAITRE BLAZIUS.

Et à côté d'elle, rouge de colère, votre nièce Camille.

LE BARON.

Qui était rouge de colère, ma nièce ou dame Pluche?

MAITRE BLAZIUS.

Votre nièce, Seigneur.

LE BARON.

Ma nièce rouge de colère! Cela est inouï! Et comment savez-vous que c'était de colère? Elle pouvait être rouge pour mille raisons; elle avait sans doute poursuivi quelques papillons dans mon parterre.

MAITRE BLAZIUS.

Je ne puis rien affirmer là-dessus; cela se peut; mais elle s'écriait avec force : Allez-y! trouvez-le! faites ce qu'on vous dit! vous êtes une sotte! je le veux! Et elle frappait avec son éventail sur le coude de dame Pluche, qui faisait un soubresaut dans la luzerne à chaque exclamation.

LE BARON.

Dans la luzerne?... Et que répondait la gouvernante aux extravagances de ma nièce? car cette conduite mérite d'être qualifiée ainsi.

MAITRE BLAZIUS.

La gouvernante répondait : Je ne veux pas y aller! Je ne l'ai pas trouvé. Il fait la cour aux filles du village, à des gardeuses de dindons. Je suis trop vieille pour commencer à porter des messages d'amour; grâce à Dieu, j'ai vécu les mains pures jusqu'ici; — et, tout en parlant, elle froissait dans ses mains un petit papier plié en quatre.

LE BARON.

Je n'y comprends rien; mes idées s'embrouillent tout à fait. Quelle raison pouvait avoir dame Pluche pour froisser un papier plié en quatre en faisant des soubresauts dans une luzerne? Je ne puis ajouter foi à de pareilles monstruosités.

MAITRE BLAZIUS.

Ne comprenez-vous pas clairement, Seigneur, ce que cela signifiait?

LE BARON.

Non, en vérité, non, mon ami, je n'y comprends absolument rien. Tout cela me paraît une conduite désordonnée, il est vrai, mais sans motif comme sans excuse.

MAITRE BLAZIUS.

Cela veut dire que votre nièce a une correspondance secrète.

LE BARON.

Que dites-vous? Songez-vous de qui vous parlez? Pesez vos paroles, monsieur l'abbé.

MAITRE BLAZIUS.

Je les pèserais dans la balance céleste qui doit peser mon âme au jugement dernier, que je n'y trouverais pas un mot qui sente la fausse monnaie. Votre nièce a une correspondance secrète.

LE BARON.

Mais songez donc, mon ami, que cela est impossible.

MAITRE BLAZIUS.

Pourquoi aurait-elle chargé sa gouvernante d'une lettre? Pourquoi aurait-elle crié : *Trouvez-le!* tandis que l'autre boudait et rechignait?

LE BARON.

Et à qui était adressée cette lettre?

MAITRE BLAZIUS.

Voilà précisément le *hic*, Monseigneur, *hic jacet lepus*. A qui était adressée cette lettre? à un homme qui fait la cour à une gardeuse de dindons. Or, un homme qui recherche en public une gardeuse de dindons peut être soupçonné violemment d'être né pour les garder lui-même. Cependant il est impossible que votre nièce, avec l'éducation qu'elle a reçue, soit éprise d'un pareil homme; voilà ce que je dis, et ce qui fait que je n'y comprends rien non plus que vous, révérence parler.

LE BARON.

O ciel! ma nièce m'a déclaré ce matin même qu'elle refusait son cousin Perdican. Aimerait-elle un gardeur de dindons? Passons dans mon cabinet; j'ai éprouvé depuis hier des secousses si violentes, que je ne puis rassembler mes idées.

Ils sortent.

SCÈNE V
Une fontaine dans un bois.

Entre PERDICAN, lisant un billet.

« Trouvez-vous à midi à la petite fontaine. » Que veut dire cela? tant de froideur, un refus si positif, si cruel, un orgueil si insensible, et un rendez-vous par-dessus tout? Si c'est pour me parler d'affaires, pourquoi choisir un pareil endroit? Est-ce une coquetterie? Ce matin, en me promenant avec Rosette, j'ai entendu remuer dans les broussailles, et il m'a semblé que c'était un pas de biche. Y a-t-il ici quelque intrigue?

Entre Camille.

On ne badine pas avec l'amour.

CAMILLE.

Bonjour, cousin; j'ai cru m'apercevoir, à tort ou à raison, que vous me quittiez tristement ce matin. Vous m'avez pris la main malgré moi, je viens vous demander de me donner la vôtre. Je vous ai refusé un baiser, le voilà.
Elle l'embrasse.
Maintenant, vous m'avez dit que vous seriez bien aise de causer de bonne amitié. Asseyez-vous là, et causons.
Elle s'assoit.

PERDICAN.

Avais-je fait un rêve, ou en fais-je un autre en ce moment?

CAMILLE.

Vous avez trouvé singulier de recevoir un billet de moi, n'est-ce pas? Je suis d'humeur changeante; mais vous m'avez dit ce matin un mot très juste : « Puisque nous nous quittons, quittons-nous bons amis. » Vous ne savez pas la raison pour laquelle je pars, et je viens vous la dire : je vais prendre le voile.

PERDICAN.

Est-ce possible? Est-ce toi, Camille, que je vois dans cette fontaine, assise sur les marguerites comme aux jours d'autrefois?

CAMILLE.

Oui, Perdican, c'est moi. Je viens revivre un quart d'heure de la vie passée. Je vous ai paru brusque et hautaine; cela est tout simple, j'ai renoncé au monde. Cependant, avant de le quitter je serais bien aise d'avoir votre avis. Trouvez-vous que j'aie raison de me faire religieuse?

PERDICAN.

Ne m'interrogez pas là-dessus, car je ne me ferai jamais moine.

CAMILLE.

Depuis près de dix ans que nous avons vécu éloignés l'un de l'autre, vous avez commencé l'expérience de la vie. Je sais quel homme vous êtes, et vous devez avoir beaucoup appris en peu de temps avec un cœur et un esprit comme les vôtres. Dites-moi, avez-vous eu des maîtresses?

PERDICAN.

Pourquoi cela?

CAMILLE.

Répondez-moi, je vous en prie, sans modestie et sans fatuité.

PERDICAN.

J'en ai eu.

CAMILLE.

Les avez-vous aimées?

PERDICAN.

De tout mon cœur.

CAMILLE.

Où sont-elles maintenant? Le savez-vous?

PERDICAN.

Voilà, en vérité, des questions singulières. Que voulez-vous que je vous dise? Je ne suis ni leur mari ni leur frère ; elles sont allées où bon leur a semblé.

CAMILLE.

Il doit nécessairement y en avoir une que vous ayez préférée aux autres. Combien de temps avez-vous aimé celle que vous avez aimée le mieux?

PERDICAN.

Tu es une drôle de fille! Veux-tu te faire mon confesseur?

CAMILLE.

C'est une grâce que je vous demande, de me répondre sincèrement. Vous n'êtes point un libertin, et je crois que votre cœur a de la probité. Vous avez dû inspirer l'amour, car vous le méritez, et vous ne vous seriez pas livré à un caprice. Répondez-moi, je vous en prie.

PERDICAN.

Ma foi, je ne m'en souviens pas.

CAMILLE.

Connaissez-vous un homme qui n'ait aimé qu'une femme?

PERDICAN.

Il y en a certainement.

CAMILLE.

Est-ce un de vos amis? Dites-moi son nom.

PERDICAN.

Je n'ai pas de nom à vous dire, mais je crois qu'il y a des hommes capables de n'aimer qu'une fois.

CAMILLE.

Combien de fois un honnête homme peut-il aimer?

PERDICAN.

Veux-tu me faire réciter une litanie, ou récites-tu toi-même un catéchisme?

CAMILLE.

Je voudrais m'instruire, et savoir si j'ai tort ou raison de me faire religieuse. Si je vous épousais, ne devriez-vous pas répondre avec franchise à toutes mes questions, et me montrer votre cœur à nu? Je vous estime beaucoup, et je vous crois, par votre éducation et par votre nature, supérieur à beaucoup d'autres hommes. Je suis fâchée que vous ne vous souveniez plus de ce que je vous demande ; peut-être en vous connaissant mieux je m'enhardirais.

PERDICAN.

Où veux-tu en venir ? Parle ; je répondrai.

CAMILLE.

Répondez donc à ma première question. Ai-je raison de rester au couvent ?

PERDICAN.

Non.

CAMILLE.

Je ferais donc mieux de vous épouser ?

PERDICAN.

Oui.

CAMILLE.

Si le curé de votre paroisse soufflait sur un verre d'eau et vous disait que c'est un verre de vin, le boiriez-vous comme tel ?

PERDICAN.

Non.

CAMILLE.

Si le curé de votre paroisse soufflait sur vous et me disait que vous m'aimerez toute votre vie, aurais-je raison de le croire ?

PERDICAN.

Oui et non.

CAMILLE.

Que me conseilleriez-vous de faire le jour où je verrais que vous ne m'aimez plus ?

PERDICAN.

De prendre un amant.

CAMILLE.

Que ferai-je ensuite le jour où mon amant ne m'aimera plus ?

PERDICAN.

Tu en prendras un autre.

CAMILLE.

Combien de temps cela durera-t-il ?

PERDICAN.

Jusqu'à ce que tes cheveux soient gris, et alors les miens seront blancs.

CAMILLE.

Savez-vous ce que c'est que les cloîtres, Perdican? Vous êtes-vous jamais assis un jour entier sur le banc d'un monastère de femmes?

PERDICAN.

Oui, je m'y suis assis.

CAMILLE.

J'ai pour amie une sœur qui n'a que trente ans, et qui a eu cinq cent mille livres de revenu à l'âge de quinze ans. C'est la plus belle et la plus noble créature qui ait marché sur terre. Elle était pairesse du parlement, et avait pour mari un des hommes les plus distingués de France. Aucune des nobles facultés humaines n'était restée sans culture en elle, et, comme un arbrisseau d'une sève choisie, tous ses bourgeons avaient donné des ramures. Jamais l'amour et le bonheur ne poseront leur couronne fleurie sur un front plus beau. Son mari l'a trompée; elle a aimé un autre homme, et elle se meurt de désespoir.

PERDICAN.

Cela est possible.

CAMILLE.

Nous habitons la même cellule, et j'ai passé des nuits entières à parler de ses malheurs; ils sont presque devenus les miens; cela est singulier, n'est-ce pas? Je ne sais trop comment cela se fait. Quand elle me parlait de son mariage, quand elle me peignait d'abord l'ivresse des premiers jours, puis la tranquillité des autres, et comme enfin tout s'était envolé; comme elle était assise le soir au coin du feu, et lui auprès de la fenêtre, sans se dire un seul mot; comme leur amour avait langui, et comme tous les efforts pour se rapprocher n'aboutissaient qu'à des querelles; comme une figure étrangère est venue peu à peu se placer entre eux et se glisser dans leurs souffrances; c'était moi que je voyais agir tandis qu'elle parlait. Quand elle disait: Là, j'ai été heureuse, mon cœur bondissait; et quand elle ajoutait: Là, j'ai pleuré, mes larmes coulaient. Mais figurez-vous quelque chose de plus singulier encore; j'avais fini par me créer une vie imaginaire; cela a duré quatre ans; il est inutile de vous dire par combien de réflexions, de retours sur moi-même, tout cela est venu. Ce que je voulais vous raconter comme une curiosité, c'est que tous les récits de Louise, toutes les fictions de mes rêves portaient votre ressemblance.

PERDICAN.

Ma ressemblance à moi?

CAMILLE.

Oui, et cela est naturel: vous étiez le seul homme que j'eusse connu. En vérité, je vous ai aimé, Perdican.

PERDICAN.

Quel âge as-tu, Camille?

CAMILLE.

Dix-huit ans.

PERDICAN.

Continue, continue; j'écoute.

CAMILLE.

Il y a deux cents femmes dans notre couvent; un petit nombre de ces femmes ne connaîtra jamais la vie, et tout le reste attend la mort. Plus d'une parmi elles sont sorties du monastère comme j'en sors aujourd'hui, vierges et pleines d'espérances. Elles sont revenues peu de temps après, vieilles et désolées. Tous les jours il en meurt dans nos dortoirs, et tous les jours il en vient de nouvelles prendre la place des mortes sur les matelas de crin. Les étrangers qui nous visitent admirent le calme et l'ordre de la maison; ils regardent attentivement la blancheur de nos voiles; mais ils se demandent pourquoi nous les rabaissons sur nos yeux. Que pensez-vous de ces femmes, Perdican? Ont-elles tort ou ont-elles raison?

PERDICAN.

Je n'en sais rien.

CAMILLE.

Il s'en est trouvé quelques-unes qui me conseillent de rester vierge. Je suis bien aise de vous consulter. Croyez-vous que ces femmes-là auraient mieux fait de prendre un amant et de me conseiller d'en faire autant?

PERDICAN.

Je n'en sais rien.

CAMILLE.

Vous aviez promis de me répondre.

PERDICAN.

J'en suis dispensé tout naturellement; je ne crois pas que ce soit toi qui parles.

CAMILLE.

Cela se peut, il doit y avoir dans toutes mes idées des choses très ridicules. Il se peut bien qu'on m'ait fait la leçon, et que je ne sois qu'un perroquet mal appris. Il y a dans la galerie un petit tableau qui représente un moine courbé sur un missel; à travers les barreaux obscurs de sa cellule glisse un faible rayon de soleil, et on aperçoit une locanda italienne, devant laquelle danse un chevrier. Lequel de ces deux hommes estimez-vous davantage?

PERDICAN.

Ni l'un ni l'autre et tous les deux. Ce sont deux hommes de chair et d'os;

il y en a un qui lit et un autre qui danse; je n'y vois pas autre chose. Tu as raison de te faire religieuse.

CAMILLE.

Vous me disiez non tout à l'heure.

PERDICAN.

Ai-je dit non? Cela est possible.

CAMILLE.

Ainsi vous me le conseillez?

PERDICAN.

Ainsi tu ne crois à rien ?

CAMILLE.

Lève la tête, Perdican! quel est l'homme qui ne croit à rien ?

PERDICAN, se levant.

En voilà un; je ne crois pas à la vie immortelle. — Ma sœur chérie, les religieuses t'ont donné leur expérience; mais, crois-moi, ce n'est pas la tienne; tu ne mourras pas sans aimer.

CAMILLE.

Je veux aimer, mais je ne veux pas souffrir; je veux aimer d'un amour éternel, et faire des serments qui ne se violent pas. Voilà mon amant.
Elle montre son crucifix.

PERDICAN.

Cet amant-là n'exclut pas les autres.

CAMILLE.

Pour moi, du moins, il les exclura. Ne souriez pas, Perdican ! Il y a dix ans que je ne vous ai vu, et je pars demain. Dans dix autres années, si nous nous revoyons, nous en reparlerons. J'ai voulu ne pas rester dans votre souvenir comme une froide statue; car l'insensibilité mène au point où j'en suis. Écoutez-moi : retournez à la vie, et tant que vous serez heureux, tant que vous aimerez comme on peut aimer sur la terre, oubliez votre sœur Camille; mais s'il vous arrive jamais d'être oublié ou d'oublier vous-même, si l'ange de l'espérance vous abandonne, lorsque vous serez seul avec le vide dans le cœur, pensez à moi qui prierai pour vous.

PERDICAN.

Tu es une orgueilleuse; prends garde à toi.

CAMILLE.

Pourquoi ?

PERDICAN.

Tu as dix-huit ans, et tu ne crois pas à l'amour !

CAMILLE.

Y croyez-vous, vous qui parlez ? vous voilà courbé près de moi avec des genoux qui se sont usés sur les tapis de vos maîtresses, et vous n'en savez plus le nom. Vous avez pleuré des larmes de joie et des larmes de désespoir ; mais vous saviez que l'eau des sources est plus constante que vos larmes' et qu'elle serait toujours là pour laver vos paupières gonflées. Vous faites votre métier de jeune homme, et vous souriez quand on vous parle de femmes désolées ; vous ne croyez pas qu'on puisse mourir d'amour, vous qui vivez et qui avez aimé. Qu'est-ce donc que le monde ? Il me semble que vous devez cordialement mépriser les femmes qui vous prennent tel que vous êtes, et qui chassent leur dernier amant pour vous attirer dans leurs bras avec les baisers d'un autre sur les lèvres. Je vous demandais tout à l'heure si vous aviez aimé ; vous m'avez répondu comme un voyageur à qui l'on demanderait s'il a été en Italie ou en Allemagne, et qui dirait : Oui, j'y ai été ; puis qui penserait à aller en Suisse, ou dans le premier pays venu. Est-ce donc une monnaie que votre amour pour qu'il puisse passer ainsi de main en main jusqu'à la mort ? Non, ce n'est pas même une monnaie ; car la plus mince pièce d'or vaut mieux que vous, et dans quelques mains qu'elle passe, elle garde son effigie.

PERDICAN.

Que tu es belle, Camille, lorsque tes yeux s'animent !

CAMILLE.

Oui, je suis belle, je le sais. Les complimenteurs ne m'apprendront rien ; la froide nonne qui coupera mes cheveux pâlira peut-être de sa mutilation ; mais ils ne se changeront pas en bagues et en chaînes pour courir les boudoirs ; il n'en manquera pas un seul sur ma tête lorsque le fer y passera ; je ne veux qu'un coup de ciseau, et quand le prêtre qui me bénira me mettra au doigt l'anneau d'or de mon époux céleste, la mèche de cheveux que je lui donnerai pourra lui servir de manteau.

PERDICAN.

Tu es en colère, en vérité.

CAMILLE.

J'ai eu tort de parler ; j'ai ma vie entière sur les lèvres. O Perdican ! ne raillez pas, tout cela est triste à mourir.

PERDICAN.

Pauvre enfant, je te laisse dire, et j'ai bien envie de te répondre un mot. Tu me parles d'une religieuse qui me paraît avoir eu sur toi une influence funeste ; tu dis qu'elle a été trompée, qu'elle a trompé elle-même et qu'elle est désespérée. Es-tu sûre que si son mari ou son amant revenait lui tendre la main à travers la grille du parloir, elle ne lui tendrait pas la sienne ?

ON NE BADINE PAS AVEC L'AMOUR.   Page 208.

CAMILLE.

Qu'est-ce que vous dites? J'ai mal entendu.

PERDICAN.

Es-tu sûre que si son mari ou son amant revenait lui dire de souffrir encore, elle répondrait non?

CAMILLE.

Je le crois.

PERDICAN.

Il y a deux cents femmes dans ton monastère, et la plupart ont au fond du cœur des blessures profondes; elles te les ont fait toucher, et elles ont coloré ta pensée virginale des gouttes de leur sang. Elles ont vécu, n'est-ce pas? et elles t'ont montré avec horreur la route de leur vie; tu t'es signée devant leurs cicatrices comme devant les plaies de Jésus; elles t'ont fait une place dans leur procession lugubre, et tu te serres contre ces corps décharnés avec une crainte religieuse, lorsque tu vois passer un homme. Es-tu sûre que si l'homme qui passe était celui qui les a trompées, celui pour qui elles pleurent et elles souffrent, celui qu'elles maudissent en priant Dieu, es-tu sûre qu'en le voyant elles ne briseraient pas leurs chaînes pour courir à leurs malheurs passés, et pour presser leurs poitrines sanglantes sur le poignard qui les a meurtries? O mon enfant! sais-tu les rêves de ces femmes qui te disent de ne pas rêver? Sais-tu quel nom elles murmurent quand les sanglots qui sortent de leurs lèvres font trembler l'hostie qu'on leur présente? Elles qui s'assoient près de toi avec leurs têtes branlantes pour verser dans ton oreille leur vieillesse flétrie, elles qui sonnent dans les ruines de ta jeunesse le tocsin de leur désespoir, et font sentir à ton sang vermeil la fraîcheur de leurs tombes; sais-tu qui elles sont?

CAMILLE.

Vous me faites peur; la colère vous prend aussi.

PERDICAN.

Sais-tu ce que c'est que des nonnes, malheureuse fille? Elles qui te représentent l'amour des hommes comme un mensonge, savent-elles qu'il y a pis encore, le mensonge de l'amour divin? Savent-elles que c'est un crime qu'elles font, de venir chuchoter à une vierge des paroles de femme? Ah! comme elles t'ont fait la leçon! Comme j'avais prévu tout cela quand tu t'es arrêtée devant le portrait de notre vieille tante! Tu voulais partir sans me serrer la main; tu ne voulais revoir ni ce bois, ni cette pauvre petite fontaine qui nous regarde tout en larmes; tu reniais les jours de ton enfance et le masque de plâtre que les nonnes t'ont placé sur les joues me refusait un baiser de frère; mais ton cœur a battu; il a oublié sa leçon, lui qui ne sait pas lire, et tu es revenue t'asseoir sur l'herbe où nous voilà. Eh bien!

Camille, ces femmes ont bien parlé; elles t'ont mise dans le vrai chemin; il pourra m'en coûter le bonheur de ma vie; mais dis-leur cela de ma part : le ciel n'est pas pour elles.

CAMILLE.

Ni pour moi, n'est-ce pas?

PERDICAN.

Adieu, Camille, retourne à ton couvent, et lorsqu'on te fera de ces récits hideux qui t'ont empoisonnée, répond ce que je vais te dire : Tous les hommes sont menteurs, inconstants, faux, bavards, hypocrites, orgueilleux ou lâches, méprisables et sensuels; toutes les femmes sont perfides, artificieuses, vaniteuses, curieuses et dépravées; le monde n'est qu'un égout sans fond où les phoques les plus informes rampent et se tordent sur des montagnes de fange; mais il y a au monde une chose sainte et sublime, c'est l'union de deux de ces êtres si imparfaits et si affreux. On est souvent trompé en amour, souvent blessé et souvent malheureux; mais on aime, et quand on est sur le bord de sa tombe, on se retourne pour regarder en arrière, et on se dit : J'ai souffert souvent, je me suis trompé quelquefois, mais j'ai aimé. C'est moi qui ai vécu, et non pas un être factice créé par mon orgueil et mon ennui.

Il sort.

ACTE TROISIÈME

SCÈNE I
Devant le château.
Entrent LE BARON et MAITRE BLAZIUS.

LE BARON.

Indépendamment de votre ivrognerie, vous êtes un bélître, maître Blazius. Mes valets vous voient entrer furtivement dans l'office et quand vous êtes convaincu d'avoir volé mes bouteilles de la manière la plus pitoyable, vous croyez vous justifier en accusant ma nièce d'une correspondance secrète.

MAITRE BLAZIUS.

Mais, monseigneur, veuillez vous rappeler...

LE BARON.

Sortez, monsieur l'abbé, et ne reparaissez jamais devant moi; il est déraisonnable d'agir comme vous le faites, et ma gravité m'oblige à ne vous pardonner de ma vie.

Il sort; maître Blazius le suit. Entre Perdican.

PERDICAN.

Je voudrais bien savoir si je suis amoureux. D'un côté, cette manière d'interroger tant soit peu cavalière, pour une fille de dix-huit ans; d'un autre, les idées que ces nonnes lui ont fourrées dans la tête auront de la peine à se corriger. De plus, elle doit partir aujourd'hui. Diable! je l'aime, cela est sûr. Après tout, qui sait? peut-être elle répétait une leçon, et d'ailleurs il est clair qu'elle ne se soucie pas de moi. D'une autre part, elle a beau être jolie, cela n'empêche pas qu'elle n'ait des manières beaucoup trop décidées, et un ton trop brusque. Je n'ai qu'à n'y plus penser; il est clair que je ne l'aime pas. Cela est certain qu'elle est jolie; mais pourquoi cette conversation d'hier ne veut-elle pas me sortir de la tête? En vérité, j'ai passé la nuit à radoter. Où vais-je donc? — Ah! je vais au village.

Il sort.

SCÈNE II
Un chemin.

Entre MAITRE BRIDAINE.

Que font-ils maintenant? Hélas! voilà midi. — Ils sont à table. Que mangent-ils? Que ne mangent-ils pas? J'ai vu la cuisinière traverser le village avec un énorme dindon. L'aide portait les truffes, avec un panier de raisin.

Entre maitre Blazius.

MAITRE BLAZIUS.

O disgrâce imprévue! me voilà chassé du château, par conséquent de la salle à manger. Je ne boirai plus le vin de l'office.

MAITRE BRIDAINE.

Je ne verrai plus fumer les plats; je ne chaufferai plus au feu de la noble cheminée mon ventre copieux.

MAITRE BLAZIUS.

Pourquoi une fatale curiosité m'a-t-elle poussé à écouter le dialogue de dame Pluche et de la nièce? Pourquoi ai-je rapporté au baron tout ce que j'ai vu?

MAITRE BRIDAINE.

Pourquoi un vain orgueil m'a-t-il éloigné de ce dîner honorable, où j'étais si bien accueilli? Que m'importait d'être à droite ou à gauche?

MAITRE BLAZIUS.

Hélas! j'étais gris, il faut en convenir, lorsque j'ai fait cette folie.

MAITRE BRIDAINE.

Hélas ! le vin m'avait monté à la tête quand j'ai commis cette imprudence.

MAITRE BLAZIUS.

Il me semble que voilà le curé.

MAITRE BRIDAINE.

C'est le gouverneur en personne.

MAITRE BLAZIUS.

Oh ! oh ! monsieur le curé, que faites-vous là ?

MAITRE BRIDAINE.

Moi ! je vais dîner. N'y venez-vous pas ?

MAITRE BLAZIUS.

Pas aujourd'hui. Hélas ! maître Bridaine, intercédez pour moi ; le baron m'a chassé. J'ai accusé faussement Mlle Camille d'avoir une correspondance secrète, et cependant Dieu m'est témoin que j'ai vu ou que j'ai cru voir dame Pluche dans la luzerne. Je suis perdu, monsieur le curé.

MAITRE BRIDAINE.

Que m'apprenez-vous là ?

MAITRE BLAZIUS.

Hélas ! hélas ! la vérité. Je suis en disgrâce complète pour avoir volé une bouteille.

MAITRE BRIDAINE.

Que parlez-vous, messire, de bouteilles volées à propos d'une luzerne et d'une correspondance ?

MAITRE BLAZIUS.

Je vous supplie de plaider ma cause. Je suis honnête, seigneur Bridaine. O digne seigneur Bridaine, je suis votre serviteur !

MAITRE BRIDAINE, à part.

O fortune ! est-ce un rêve ? Je serai donc assis sur toi, ô chaise bienheureuse !

MAITRE BLAZIUS.

Je vous serai reconnaissant d'écouter mon histoire, et de vouloir bien m'excuser, brave seigneur, cher curé.

MAITRE BRIDAINE.

Cela m'est impossible, monsieur ; il est midi sonné, et je m'en vais dîner. Si le baron se plaint de vous, c'est votre affaire. Je n'intercède point pour un ivrogne.

A part.

Vite, volons à la grille ; et toi, mon ventre, arrondis-toi.

Il sort en courant.

MAITRE BLAZIUS, seul.

Misérable Pluche, c'est toi qui payeras pour tous; oui, c'est toi qui es la cause de ma ruine, femme déhontée, vile entremetteuse, c'est à toi que je dois cette disgrâce. O sainte Université de Paris! on me traite d'ivrogne! Je suis perdu si je ne saisis une lettre, et si je ne prouve au baron que sa nièce a une correspondance. Je l'ai vue ce matin écrire à son bureau. Patience! voici du nouveau.

Passe dame Pluche portant une lettre.

Pluche, donnez-moi cette lettre.

DAME PLUCHE.

Que signifie cela? C'est une lettre de ma maîtresse que je vais mettre à la poste au village.

MAITRE BLAZIUS.

Donnez-la-moi, ou vous êtes morte.

DAME PLUCHE.

Moi, morte! morte! Marie, Jésus, vierge et martyre!

MAITRE BLAZIUS.

Oui, morte, Pluche; donnez-moi ce papier.

Ils se battent. Entre Perdican.

PERDICAN.

Qu'y a-t-il? Que faites-vous, Blazius? Pourquoi violenter cette femme?

DAME PLUCHE.

Rendez-moi la lettre. Il me l'a prise, seigneur, justice!

MAITRE BLAZIUS.

C'est une entremetteuse, seigneur. Cette lettre est un billet doux.

DAME PLUCHE.

C'est une lettre de Camille, seigneur, de votre fiancée.

MAITRE BLAZIUS.

C'est un billet doux, à un gardeur de dindons.

DAME PLUCHE.

Tu en as menti, abbé. Apprends cela de moi.

PERDICAN.

Donnez-moi cette lettre; je ne comprends rien à votre dispute; mais, en qualité de fiancé de Camille, je m'arroge le droit de la lire.

Il lit.

« A la sœur Louise, au couvent de*** »

A part.

Quelle maudite curiosité me saisit malgré moi! Mon cœur bat avec force, et je ne sais ce que j'éprouve. — Retirez-vous, dame Pluche; vous êtes une digne femme et maître Blazius est un sot. Allez dîner; je me charge de remettre cette lettre à la poste.

<small>Sortent maître Blazius et dame Pluche.</small>

PERDICAN, seul.

Que ce soit un crime d'ouvrir une lettre, je le sais trop bien pour le faire. Que peut dire Camille à cette sœur? Suis-je donc amoureux? Quel empire a donc pris sur moi cette singulière fille, pour que les trois mots écrits sur cette adresse me fassent trembler la main? Cela est singulier; Blazius, en se débattant avec la dame Pluche, a fait sauter le cachet. Est-ce un crime de rompre le pli? Bon, je n'y changerai rien.

<small>Il ouvre la lettre et lit.</small>

« Je pars aujourd'hui, ma chère, et tout est arrivé comme je l'avais prévu. C'est une terrible chose; mais ce pauvre jeune homme a le poignard dans le cœur; il ne se consolera pas de m'avoir perdue. Cependant j'ai fait tout au monde pour le dégoûter de moi. Dieu me pardonnera de l'avoir réduit au désespoir par mon refus. Hélas! ma chère, que pouvais-je y faire? Priez pour moi; nous nous reverrons demain, et pour toujours. Tout à vous du meilleur de mon âme.

« CAMILLE. »

Est-il possible? Camille écrit cela? C'est de moi qu'elle parle ainsi! Moi au désespoir de son refus! Eh! bon Dieu! si cela était vrai, on le verrait bien; quelle honte peut-il y avoir à aimer? Elle a fait tout au monde pour me dégoûter, dit-elle, et j'ai le poignard dans le cœur? Quel intérêt peut-elle avoir à inventer un roman pareil? Cette pensée que j'avais cette nuit est-elle donc vraie? O femmes! Cette pauvre Camille a peut-être une grande piété! c'est de bon cœur qu'elle se donne à Dieu, mais elle a résolu et décrété qu'elle me laisserait au désespoir. Cela était convenu entre les bonnes amies avant de partir du couvent. On a décidé que Camille allait revoir son cousin, qu'on voudrait le lui faire épouser, qu'elle refuserait, et que le cousin serait désolé. Cela est si intéressant, une jeune fille qui fait à Dieu le sacrifice du bonheur d'un cousin! Non, non, Camille, je ne t'aime pas, je ne suis pas au désespoir, je n'ai pas le poignard dans le cœur, et je te le prouverai. Oui, tu sauras que j'en aime une autre avant de partir d'ici. Holà! brave homme!

<small>Entre un paysan.</small>

Allez au château; dites à la cuisine qu'on envoie un valet porter à Mlle Camille le billet que voici.

<small>Il écrit.</small>

LE PAYSAN.

Oui, monseigneur.

<small>Il sort.</small>

PERDICAN.

Maintenant à l'autre. Ah! je suis au désespoir! Holà! Rosette, Rosette!
Il frappe à une porte.

ROSETTE, *ouvrant.*

C'est vous, monseigneur! Entrez, ma mère y est.

PERDICAN.

Mets ton plus beau bonnet, Rosette, et viens avec moi.

ROSETTE.

Où donc?

PERDICAN.

Je te le dirai; demande la permission à ta mère, mais dépêche-toi.

ROSETTE.

Oui, monseigneur.
Elle entre dans la maison.

PERDICAN.

J'ai demandé un nouveau rendez-vous à Camille, et je suis sûr qu'elle y viendra; mais, par le ciel, elle n'y trouvera pas ce qu'elle compte y trouver. Je veux faire la cour à Rosette devant Camille elle-même.

SCÈNE III.
Le petit bois.
Entrent CAMILLE ET LE PAYSAN.

LE PAYSAN.

Mademoiselle, je vais au château porter une lettre pour vous; faut-il que je vous la donne, ou que je la remette à la cuisine, comme me l'a dit le seigneur Perdican?

CAMILLE.

Donne-la-moi.

LE PAYSAN.

Si vous aimez mieux que je la porte au château, ce n'est pas la peine de m'attarder?

CAMILLE.

Je te dis de me la donner.

LE PAYSAN.

Ce qui vous plaira.
Il donne la lettre.

CAMILLE.

Tiens, voilà pour ta peine.

ON NE BADINE PAS AVEC L'AMOUR.   Page 210.

LE PAYSAN.

Grand merci; je m'en vais, n'est-ce pas?

CAMILLE.

Si tu veux.

LE PAYSAN.

Je m'en vais, je m'en vais.
Il sort.

CAMILLE, lisant.

Perdican me demande de lui dire adieu, avant de partir, près de la petite fontaine où je l'ai fait venir hier. Que peut-il avoir à me dire? Voilà justement la fontaine, et je suis toute portée. Dois-je accorder ce second rendez-vous? Ah!
Elle se cache derrière un arbre.

Voilà Perdican qui approche avec Rosette, ma sœur de lait. Je suppose qu'il va la quitter; je suis bien aise de ne pas avoir l'air d'arriver la première.
Entrent Perdican et Rosette qui s'assoient.

CAMILLE, cachée, à part.

Que veut dire cela? Il l'a fait asseoir près de lui? Me demande-t-il un rendez-vous pour y venir causer avec une autre? Je suis curieuse de savoir ce qu'il lui dit.

PERDICAN, à haute voix, de manière que Camille l'entende.

Je t'aime, Rosette! toi seule au monde tu n'as rien oublié de nos beaux jours passés; toi seule tu te souviens de la vie qui n'est plus; prends ta part de ma vie nouvelle; donne-moi ton cœur, chère enfant; voilà le gage de notre amour.
Il lui pose sa chaîne sur le cou.

ROSETTE.

Vous me donnez votre chaîne d'or?

PERDICAN.

Regarde à présent cette bague. Lève-toi et approchons-nous de cette fontaine. Nous vois-tu tous les deux, dans la source, appuyés l'un sur l'autre? Vois-tu tes beaux yeux près des miens, ta main dans la mienne? Regarde tout cela s'effacer.
Il jette sa bague dans l'eau.

Regarde comme notre image a disparu; la voilà qui revient peu à peu; l'eau qui s'était troublée reprend son équilibre; elle tremble encore; de grands cercles noirs courent à sa surface; patience, nous reparaissons; déjà je distingue de nouveau tes bras enlacés dans les miens; encore une minute, et il n'y aura plus une ride sur ton joli visage; regarde! c'était une bague que m'avait donnée Camille.

CAMILLE, à part.

Il a jeté ma bague dans l'eau!

PERDICAN.

Sais-tu ce que c'est que l'amour, Rosette? Écoute! le vent se tait; la pluie du matin roule en perles sur les feuilles séchées que le soleil ranime. Par la lumière du ciel, par le soleil que voilà, je t'aime! Tu veux bien de moi, n'est-ce pas? On n'a pas flétri ta jeunesse; on n'a pas infiltré dans ton sang vermeil les restes d'un sang affadi? Tu ne veux pas te faire religieuse; te voilà jeune et belle dans les bras d'un jeune homme. O Rosette, Rosette¡ sais-tu ce que c'est que l'amour?

ROSETTE.

Hélas! monsieur le docteur, je vous aimerai comme je pourrai.

PERDICAN.

Oui, comme tu pourras; et tu m'aimeras mieux, tout docteur que je suis et toute paysanne que tu es, que ces pâles statues, fabriquées par les nonnes, qui ont la tête à la place du cœur, et qui sortent des cloîtres pour venir répandre dans la vie l'atmosphère humide de leurs cellules; tu ne sais rien; tu ne lirais pas dans un livre la prière que ta mère t'apprend, comme elle l'a apprise de sa mère; tu ne comprends même pas le sens des paroles que tu répètes, quand tu t'agenouilles au pied de ton lit; mais tu comprends bien que tu pries, et c'est tout ce qu'il faut à Dieu.

ROSETTE.

Comme vous me parlez, monseigneur!

PERDICAN.

Tu ne sais pas lire; mais tu sais ce que disent ces bois et ces prairies, ces tièdes rivières, ces beaux champs couverts de moissons, toute cette nature splendide de jeunesse. Tu reconnais tous ces milliers de frères, et moi pour l'un d'entre eux; lève-toi, tu seras ma femme, et nous prendrons racine ensemble dans la sève du monde tout-puissant.

Il sort avec Rosette.

SCÈNE IV

Entre LE CHŒUR.

Il se passe assurément quelque chose d'étrange au château; Camille a refusé d'épouser Perdican; elle doit retourner aujourd'hui au couvent dont elle est venue. Mais je crois que le seigneur son cousin s'est consolé avec Rosette. Hélas! la pauvre fille ne sait pas quel danger elle court en écoutant les discours d'un jeune et galant seigneur.

DAME PLUCHE, entrant.

Vite, vite, qu'on selle mon âne!

LE CHOEUR.

Passerez-vous comme un songe léger, ô vénérable dame ! Allez-vous si promptement enfourcher derechef cette pauvre bête qui est si triste de vous porter ?

DAME PLUCHE.

Dieu merci, chère canaille, je ne mourrai pas ici.

LE CHOEUR.

Mourez au loin, Pluche, ma mie ; mourez inconnue dans un caveau malsain. Nous ferons des vœux pour votre respectable résurrection.

DAME PLUCHE.

Voici ma maîtresse qui s'avance.
A Camille qui entre.
Chère Camille, tout est prêt pour notre départ ; le baron a rendu ses comptes, et mon âne est bâté.

CAMILLE.

Allez au diable, vous et votre âne ! je ne partirai pas aujourd'hui.
Elle sort.

LE CHOEUR.

Que veut dire ceci ? dame Pluche est pâle de terreur ; ses faux cheveux tentent de se hérisser, sa poitrine siffle avec force et ses doigts s'allongent en se crispant.

DAME PLUCHE.

Seigneur Jésus ! Camille a juré !
Elle sort.

SCÈNE V
Entrent LE BARON et MAITRE BRIDAINE.

MAITRE BRIDAINE.

Seigneur, il faut que je vous parle en particulier. Votre fils fait la cour à une fille du village.

LE BARON.

C'est absurde, mon ami.

MAITRE BRIDAINE.

Je l'ai vu distinctement passer dans la bruyère en lui donnant le bras ; il se penchait à son oreille et lui promettait de l'épouser.

LE BARON.

Cela est monstrueux.

MAITRE BRIDAINE.

Soyez-en convaincu ; il lui a fait un présent considérable, que la petite a montré à sa mère.

LE BARON.

O ciel ! considérable, Bridaine ? En quoi considérable ?

MAITRE BRIDAINE.

Pour le poids et pour la conséquence. C'est la chaîne d'or qu'il portait à son bonnet.

LE BARON.

Passons dans mon cabinet ; je ne sais à quoi m'en tenir.
Ils sortent.

SCÈNE VI
La chambre de Camille.
Entrent CAMILLE et DAME PLUCHE.

CAMILLE.

Il a pris ma lettre, dites-vous ?

DAME PLUCHE.

Oui, mon enfant ; il s'est chargé de la mettre à la poste.

CAMILLE.

Allez au salon, dame Pluche, et faites-moi le plaisir de dire à Perdican que je l'attends ici.
Dame Pluche sort.

Il a lu ma lettre, cela est certain ; sa scène du bois est une vengeance, comme son amour pour Rosette. Il a voulu me prouver qu'il en aimait une autre que moi, et jouer l'indifférent malgré son dépit. Est-ce qu'il m'aimerait, par hasard ?
Elle lève la tapisserie.
Es-tu là, Rosette ?

ROSETTE, entrant.

Oui, puis-je entrer ?

CAMILLE.

Écoute-moi, mon enfant ; le seigneur Perdican ne te fait-il pas la cour ?

ROSETTE.

Hélas ! oui.

CAMILLE.

Que penses-tu de ce qu'il t'a dit ce matin ?

ROSETTE.

Ce matin ? Où donc ?

CAMILLE.

Ne fais pas l'hypocrite. — Ce matin, à la fontaine, dans le petit bois.

ROSETTE.

Vous m'avez donc vue?

CAMILLE.

Pauvre innocente! Non, je ne t'ai pas vue. Il t'a fait de beaux discours, n'est-ce pas? Gageons qu'il t'a promis de t'épouser.

ROSETTE.

Comment le savez-vous?

CAMILLE.

Qu'importe comment je le sais! Crois-tu à ses promesses, Rosette

ROSETTE.

Comment n'y croirais-je pas? il me tromperait donc? Pourquoi faire?

CAMILLE.

Perdican ne t'épousera pas, mon enfant.

ROSETTE.

Hélas! je n'en sais rien.

CAMILLE.

Tu l'aimes, pauvre fille; il ne t'épousera pas, et la preuve, je vais te la donner; rentre derrière ce rideau, tu n'auras qu'à prêter l'oreille et à venir quand je t'appellerai.

Rosette sort.

CAMILLE, seule.

Moi qui croyais faire un acte de vengeance, ferais-je un acte d'humanité? La pauvre fille a le cœur pris.

Entre Perdican.

Bonjour, cousin, asseyez-vous.

PERDICAN.

Quelle toilette, Camille! A qui en voulez-vous?

CAMILLE.

A vous, peut-être; je suis fâchée de n'avoir pu me rendre au rendez-vous que vous m'avez demandé; vous aviez quelque chose à me dire?

PERDICAN, à part.

Voilà, sur ma vie, un petit mensonge assez gros pour un agneau sans tache; je l'ai vue derrière un arbre écouter la conversation.

Haut.

Je n'ai rien à vous dire qu'un adieu, Camille; je croyais que vous partiez; cependant votre cheval est à l'écurie, et vous n'avez pas l'air d'être en robe de voyage.

CAMILLE.

J'aime la discussion; je ne suis pas bien sûre de ne pas avoir eu envie de me quereller encore avec vous.

PERDICAN.

A quoi sert de se quereller, quand le raccommodement est impossible ? Le plaisir des disputes, c'est de faire la paix.

CAMILLE.

Êtes-vous convaincu que je ne veuille pas la faire ?

PERDICAN.

Ne raillez pas ; je ne suis pas de force à vous répondre.

CAMILLE.

Je voudrais qu'on me fît la cour ; je ne sais si c'est que j'ai une robe neuve, mais j'ai envie de m'amuser. Vous m'avez proposé d'aller au village, allons-y, je veux bien ; mettons-nous en bateau ; j'ai envie d'aller dîner sur l'herbe, ou de faire une promenade dans la forêt. Fera-t-il clair de lune, ce soir ? Cela est singulier, vous n'avez plus au doigt la bague que je vous ai donnée ?

PERDICAN.

Je l'ai perdue.

CAMILLE.

C'est pour cela que je l'ai trouvée ; tenez, Perdican, la voilà.

PERDICAN.

Est-ce possible ? Où l'avez-vous trouvée ?

CAMILLE.

Vous regardez si mes mains sont mouillées, n'est-ce pas ? En vérité, j'ai gâté ma robe de couvent pour retirer ce petit hochet d'enfant de la fontaine. Voilà pourquoi j'en ai mis une autre, et, je vous dis, cela m'a changé ; mettez donc cela à votre doigt.

PERDICAN.

Tu as retiré cette bague de l'eau, Camille, au risque de te précipiter ? Est-ce un songe ? La voilà ; c'est toi qui me la mets au doigt ! Ah ! Camille, pourquoi me le rends-tu, ce triste gage d'un bonheur qui n'est plus ? Parle, coquette et imprudente fille, pourquoi pars-tu ? pourquoi restes-tu ? Pourquoi, d'une heure à l'autre, changes-tu d'apparence et de couleur, comme la pierre de cette bague à chaque rayon du soleil ?

CAMILLE.

Connaissez-vous le cœur des femmes, Perdican ? Êtes-vous sûr de leur inconstance, et savez-vous si elles changent réellement de pensée en changeant quelquefois de langage ? Il y en a qui disent que non. Sans doute, il nous faut souvent jouer un rôle, souvent mentir ; vous voyez que je suis franche ; mais êtes-vous sûr que tout mente dans une femme, lorsque sa langue ment ? Avez-vous bien réfléchi à la nature de cet être faible et violent, à la rigueur avec laquelle on le juge, aux principes qu'on lui impose ? Et qui sait si, forcée à tromper par le monde, la tête de ce petit être sans cervelle ne peut pas y prendre plaisir, et mentir quelquefois par passetemps, par folie, comme elle ment par nécessité?

PERDICAN.

Je n'entends rien à tout cela, et je ne mens jamais. Je t'aime, Camille, voilà tout ce que je sais.

CAMILLE.

Vous dites que vous m'aimez, et vous ne mentez jamais.

PERDICAN.

Jamais.

CAMILLE.

En voilà une qui dit pourtant que cela vous arrive quelquefois.

Elle lève la tapisserie; Rosette paraît au fond évanouie sur une chaise.

Que répondrez-vous à cette enfant, Perdican, lorsqu'elle vous demandera compte de vos paroles? Si vous ne mentez jamais, d'où vient donc qu'elle s'est évanouie en vous entendant dire que vous m'aimez? Je vous laisse avec elle; tâchez de la faire revenir.

Elle veut sortir.

PERDICAN.

Un instant, Camille, écoutez-moi.

CAMILLE.

Que voulez-vous me dire? c'est à Rosette qu'il faut parler. Je ne vous aime pas, moi; je n'ai pas été chercher par dépit cette malheureuse enfant au fond de sa chaumière, pour en faire un appât, un jouet; je n'ai pas répété imprudemment devant elle des paroles brûlantes adressées à une autre; je n'ai pas feint de jeter au vent pour elle le souvenir d'une amitié chérie; je ne lui ai pas mis ma chaîne au cou; je ne lui ai pas dit que je l'épouserais.

PERDICAN.

Écoutez-moi, écoutez-moi!

CAMILLE.

N'as-tu pas souri tout à l'heure quand je t'ai dit que je n'avais pu aller à la fontaine? Eh bien! oui, j'y étais et j'ai tout entendu; mais, Dieu m'en est témoin, je ne voudrais pas y avoir parlé comme toi. Que feras-tu de cette fille-là, maintenant, quand elle viendra, avec tes baisers ardents sur les lèvres, te montrer en pleurant la blessure que tu lui as faite? Tu as voulu te venger de moi, n'est-ce pas, et me punir d'une lettre écrite à mon couvent? tu as voulu me lancer à tout prix quelque trait qui pût m'atteindre, et tu comptais pour rien que ta flèche empoisonnée traversât cette enfant, pourvu qu'elle me frappât derrière elle. Je m'étais vantée de t'avoir inspiré quelque amour, de te laisser quelque regret. Cela t'a blessé dans ton noble

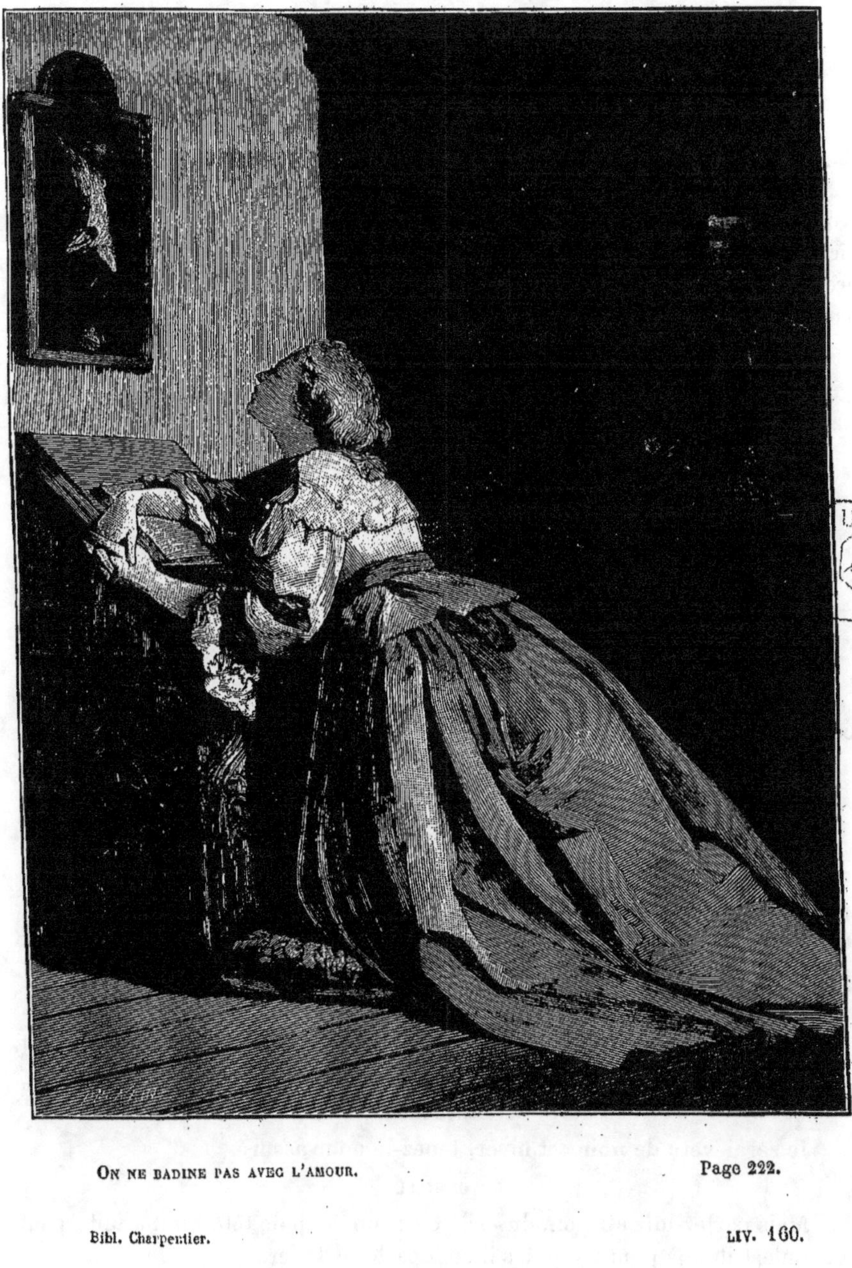

ON NE BADINE PAS AVEC L'AMOUR. Page 222.

orgueil? Eh bien! apprends-le de moi, tu m'aimes, entends-tu : mais tu épouseras cette fille, ou tu n'es qu'un lâche!

PERDICAN.

Oui, je l'épouserai.

CAMILLE.

Et tu feras bien.

PERDICAN.

Très bien, et beaucoup mieux qu'en t'épousant toi-même. Qu'y a-t-il, Camille, qui t'échauffe si fort? Cette enfant s'est évanouie; nous la ferons bien revenir, il ne faut pour cela qu'un flacon de vinaigre; tu as voulu me prouver que j'avais menti une fois dans ma vie; cela est possible, mais je te trouve hardie de décider à quel instant. Viens, aide-moi à secourir Rosette.
Ils sortent.

SCÈNE VII
LE BARON ET CAMILLE

LE BARON.

Si cela se fait, je deviendrai fou.

CAMILLE.

Employez votre autorité.

LE BARON.

Je deviendrai fou, et je refuserai mon consentement, voilà qui est certain.

CAMILLE.

Vous devriez lui parler et lui faire entendre raison.

LE BARON.

Cela me jettera dans le désespoir pour tout le carnaval, et je ne paraîtrai pas une fois à la cour. C'est un mariage disproportionné. Jamais on n'a entendu parler d'épouser la sœur de lait de sa cousine; cela passe toute espèce de bornes.

CAMILLE.

Faites-le appeler, et dites-lui nettement que ce mariage vous déplaît. Croyez-moi, c'est une folie, et il ne résistera pas.

LE BARON.

Je serai vêtu de noir cet hiver, tenez-le pour assuré.

CAMILLE.

Mais parlez-lui, au nom du ciel! C'est un coup de tête qu'il a fait; peut-être n'est-il déjà plus temps; s'il en a parlé, il le fera.

LE BARON.

Je vais m'enfermer pour m'abandonner à ma douleur. Dites-lui, s'il me demande, que je suis enfermé, et que je m'abandonne à ma douleur de le voir épouser une fille sans nom.
Il sort.

CAMILLE.

Ne trouverai-je pas ici un homme de cœur? En vérité, quand on en cherche, on est effrayé de sa solitude.
Entre Perdican.
Eh bien! cousin, à quand le mariage?

PERDICAN.

Le plus tôt possible; j'ai déjà parlé au notaire, au curé et à tous les paysans.

CAMILLE.

Vous comptez donc réellement que vous épouserez Rosette?

PERDICAN.

Assurément.

CAMILLE.

Qu'en dira votre père?

PERDICAN.

Tout ce qu'il voudra; il me plaît d'épouser cette fille, c'est une idée que je vous dois, et je m'y tiens. Faut-il vous répéter les lieux communs les plus rebattus sur sa naissance et sur la mienne? Elle est jeune et jolie, et elle m'aime; c'est plus qu'il n'en faut pour être trois fois heureux. Qu'elle ait de l'esprit ou qu'elle n'en ait pas, j'aurais pu trouver pire. On criera, on raillera; je m'en lave les mains.

CAMILLE.

Il n'y a rien là de risible : vous faites très bien de l'épouser. Mais je suis fâchée pour vous d'une autre chose : c'est qu'on dira que vous l'avez fait par dépit.

PERDICAN.

Vous êtes fâchée de cela? Oh! que non.

CAMILLE.

Si, j'en suis vraiment fâchée pour vous. Cela fait du tort à un jeune homme, de ne pouvoir résister à un moment de dépit.

PERDICAN.

Soyez-en donc fâchée; quant à moi, cela m'est bien égal.

CAMILLE.

Mais vous n'y pensez pas; c'est une fille de rien.

PERDICAN.

Elle sera donc de quelque chose, lorsqu'elle sera ma femme.

CAMILLE.

Elle vous ennuiera avant que le notaire ait mis son habit neuf et ses souliers pour venir ici ; le cœur vous lèvera au repas de noces, et le soir de la fête vous lui ferez couper les mains et les pieds, comme dans les contes arabes, parce qu'elle sentira le ragoût.

PERDICAN.

Vous verrez que non. Vous ne me connaissez pas ; quand une femme est douce et sensible, fraîche, bonne et belle, je suis capable de me contenter de cela, oui, en vérité, jusqu'à ne pas me soucier de savoir si elle parle latin.

CAMILLE.

Il est à regretter qu'on ait dépensé tant d'argent pour vous l'apprendre ; c'est trois mille écus de perdus.

PERDICAN.

Oui, on aurait mieux fait de les donner aux pauvres.

CAMILLE.

Ce sera vous qui vous en chargerez, du moins pour les pauvres d'esprit.

PERDICAN.

Et ils me donneront en échange le royaume des cieux, car il est à eux.

CAMILLE.

Combien de temps durera cette plaisanterie?

PERDICAN.

Quelle plaisanterie?

CAMILLE.

Votre mariage avec Rosette.

PERDICAN.

Bien peu de temps; Dieu n'a pas fait de l'homme une œuvre de durée : trente ou quarante ans, tout au plus.

CAMILLE.

Je suis curieuse de danser à vos noces !

PERDICAN.

Écoutez-moi, Camille, voilà un ton de persiflage qui est hors de propos

CAMILLE.

Il me plaît trop pour que je le quitte.

PERDICAN.

Je vous quitte donc vous-même, car j'en ai tout à l'heure assez.

CAMILLE.

Allez-vous chez votre épousée?

PERDICAN.

Oui, j'y vais de ce pas.

CAMILLE.

Donnez-moi donc le bras ; j'y vais aussi.
Entre Rosette.

PERDICAN.

Te voilà, mon enfant! Viens, je veux te présenter à mon père.

ROSETTE, *se mettant à genoux.*

Monseigneur, je viens vous demander une grâce. Tous les gens du village à qui j'ai parlé ce matin m'ont dit que vous aimiez votre cousine, et que vous ne m'avez fait la cour que pour vous divertir tous deux ; on se moque de moi quand je passe, et je ne pourrai plus trouver de mari dans le pays, après avoir servi de risée à tout le monde. Permettez-moi de vous rendre le collier que vous m'avez donné, et de vivre en paix chez ma mère.

CAMILLE.

Tu es une bonne fille, Rosette ; garde ce collier, c'est moi qui te le donne, et mon cousin prendra le mien à la place. Quant à un mari, n'en sois pas embarrassée, je me charge de t'en trouver un.

PERDICAN.

Cela n'est pas difficile, en effet. Allons, Rosette, viens, que je te mène à mon père.

CAMILLE.

Pourquoi? Cela est inutile.

PERDICAN.

Oui, vous avez raison, mon père nous recevrait mal ; il faut laisser passer le premier moment de surprise qu'il a éprouvée. Viens avec moi, nous retournerons sur la place. Je trouve plaisant qu'on dise que je ne t'aime pas quand je t'épouse. Pardieu! nous les ferons bien taire.
Il sort avec Rosette.

CAMILLE.

Que se passe-t-il donc en moi? Il l'emmène d'un air bien tranquille. Cela est singulier : il me semble que la tête me tourne. Est-ce qu'il l'épouserait tout de bon? Holà! dame Pluche, dame Pluche! N'y a-t-il donc personne ici?
Entre un valet.

Courez après le seigneur Perdican ; dites-lui vite qu'il remonte ici, j'ai à lui parler.
Le valet sort.

Mais qu'est-ce donc que tout cela? Je n'en puis plus, mes pieds refusent de me soutenir.
Rentre Perdican.

PERDICAN.

Vous m'avez demandé, Camille?

CAMILLE.

Non, — non.

PERDICAN.

En vérité, vous voilà pâle; qu'avez-vous à me dire? Vous m'avez fait rappeler pour me parler?

CAMILLE.

Non, non! — O Seigneur Dieu!
<small>Elle sort.</small>

SCÈNE VIII
Un oratoire.

<small>Entre CAMILLE, elle se jette au pied de l'autel.</small>

M'avez-vous abandonnée, ô mon Dieu? Vous le savez, lorsque je suis venue, j'avais juré de vous être fidèle; quand j'ai refusé de devenir l'épouse d'un autre que vous, j'ai cru parler sincèrement devant vous et ma conscience; vous le savez, mon père; ne voulez-vous donc plus de moi? Oh! pourquoi faites-vous mentir la vérité elle-même? Pourquoi suis-je si faible? Ah! malheureuse, je ne puis plus prier.
<small>Entre Perdican.</small>

PERDICAN.

Orgueil! le plus fatal des conseillers humains, qu'es-tu venu faire entre cette fille et moi? La voilà pâle et effrayée, qui presse sur les dalles insensibles son cœur et son visage. Elle aurait pu m'aimer, et nous étions nés l'un pour l'autre; qu'es-tu venu faire sur nos lèvres, orgueil, lorsque nos mains allaient se joindre?

CAMILLE.

Qui m'a suivie? Qui parle sous cette voûte? Est-ce toi, Perdican?

PERDICAN.

Insensés que nous sommes! nous nous aimons. Quel songe avons-nous fait, Camille? Quelles vaines paroles, quelles misérables folies ont passé comme un vent funeste entre nous deux! Lequel de nous a voulu tromper l'autre? Hélas! cette vie est elle-même un si pénible rêve! pourquoi encore y mêler les nôtres? O mon Dieu! le bonheur est une perle si rare dans cet océan d'ici-bas! Tu nous l'avais donné, pêcheur céleste, tu l'avais tiré pour nous des profondeurs de l'abîme, cet inestimable joyau; et nous, comme des enfants gâtés que nous sommes, nous en avons fait un jouet. Le vert sentier qui nous amenait l'un vers l'autre avait une pente si douce, il était entouré de buissons si fleuris, il se perdait dans un si tranquille horizon! il a bien fallu que la vanité, le bavardage et la colère vinssent jeter leurs rochers informes sur cette route céleste, qui nous aurait conduits à toi dans un baiser! Il a bien fallu que nous nous fissions du mal, car nous sommes des hommes! O insensés! nous nous aimons.
<small>Il la prend dans ses bras.</small>

CAMILLE.

Oui, nous nous aimons, Perdican ; laisse-moi le sentir sur ton cœur. Ce Dieu qui nous regarde ne s'en offensera pas ; il veut bien que je t'aime ; il y a quinze ans qu'il le sait.

PERDICAN.

Chère créature, tu es à moi !
<small>Il l'embrasse ; on entend un grand cri derrière l'autel.</small>

CAMILLE.

C'est la voix de ma sœur de lait.

PERDICAN.

Comment est-elle ici ? Je l'avais laissée dans l'escalier, lorsque tu m'as fait rappeler. Il faut donc qu'elle m'ait suivi sans que je m'en sois aperçu.

CAMILLE.

Entrons dans cette galerie ; c'est là qu'on a crié.

PERDICAN.

Je ne sais ce que j'éprouve ; il me semble que mes mains sont couvertes de sang.

CAMILLE.

La pauvre enfant nous a sans doute épiés ; elle s'est encore évanouie ; viens, portons-lui secours ; hélas ! tout cela est cruel.

PERDICAN.

Non, en vérité, je n'entrerai pas ; je sens un froid mortel qui me paralyse. Vas-y, Camille, et tâche de la ramener.
<small>Camille sort.</small>
Je vous en supplie, mon Dieu ! ne faites pas de moi un meurtrier ! Vous voyez ce qui se passe ; nous sommes deux enfants insensés, et nous avons joué avec la vie et la mort ; mais notre cœur est pur ; ne tuez pas Rosette, Dieu juste ! Je lui trouverai un mari, je réparerai ma faute ; elle est jeune, elle sera heureuse ; ne faites pas cela, ô Dieu ! vous pouvez bénir encore quatre de vos enfants. Eh bien ! Camille, qu'y a-t-il ?
<small>Camille rentre.</small>

CAMILLE.

Elle est morte. Adieu, Perdican !

FIN DE : ON NE BADINE PAS AVEC L'AMOUR.

BARBERINE

COMÉDIE EN TROIS ACTES
1835

PERSONNAGES

BÉATRIX D'ARAGON, reine de Hongrie.
LE COMTE ULRIC, gentilhomme bohémien.
ASTOLPHE DE ROSEMBERG, jeune baron hongrois.
LE CHEVALIER ULADISLAS, chevalier de fortune.
POLACCO, marchand ambulant.
BARBERINE, femme d'Ulric.
KALEKAIRI, jeune suivante turque.
COURTISANS, etc.

La scène est en Hongrie.

ACTE PREMIER

Une route devant une hôtellerie. Un château gothique au fond, dans les montagnes.

SCÈNE Ire
ROSEMBERG, L'HOTELIER.

ROSEMBERG.

Comment! point de logis pour moi! point d'écurie pour mes chevaux! une grange! une misérable grange!

L'HOTELIER.

J'en suis bien désolé, monsieur.

ROSEMBERG.

A qui parles-tu par hasard?

L'HOTELIER.

Excusez-moi, mon beau jeune seigneur. Si cela ne dépendait que de ma volonté, toute ma pauvre maison serait bien à votre service! — mais vous n'ignorez pas que cette hôtellerie est sur la route d'Albe Royale, l'auguste séjour de nos rois, où depuis un temps immémorial on les couronne et on les enterre.

ROSEMBERG.

Je le sais bien, puisque j'y vais!

BARBERINE.   Page 226.

Bibl. Charpentier.   LIV. 161.

L'HOTELIER.

Bonté du ciel! vous allez faire la guerre?

ROSEMBERG.

Adresse tes questions à mes palefreniers, et songe à me donner tout d'abord la meilleure chambre de ton vilain taudis.

L'HOTELIER.

Hé! monseigneur, c'est impossible! Il y a au premier quatre barons moraves; au second, une dame de la Transylvanie, et au troisième, dans une petite chambre, un comte bohémien, monseigneur, avec sa femme qui est bien jolie.

ROSEMBERG.

Mets-les à la porte.

L'HOTELIER.

Ah! mon cher seigneur, vous ne voudriez pas être la cause de la ruine d'un pauvre homme. Depuis que nous sommes en guerre avec les Turcs, si vous saviez le monde qui passe par ici!

ROSEMBERG.

Eh! que m'importent ces gens-là? Dis-leur que je me nomme Astolphe de Rosemberg.

L'HOTELIER.

Cela se peut bien, monseigneur, mais ce n'est pas une raison...

ROSEMBERG.

Tu fais l'insolent, je suppose. Si je lève une fois ma cravache...

L'HOTELIER.

Ce n'est pas l'action d'un gentilhomme de maltraiter les honnêtes gens.

ROSEMBERG, le menaçant.

Ah! tu raisonnes?... Je t'apprendrai...

SCÈNE II

Les mêmes. Quelques valets accourent. LE CHEVALIER ULADISLAS sort de l'hôtellerie.

LE CHEVALIER, sur le pas de la porte.

Qu'est-ce, messieurs? Qu'y a-t-il donc?

L'HOTELIER.

Je vous prends à témoin, monsieur le chevalier. Ce jeune seigneur me cherche querelle, parce que mon hôtellerie est pleine.

ROSEMBERG.

Je te cherche querelle, manant! Querelle... à un homme de ton espèce?

L'HOTELIER.

Un homme, monsieur, de quelque espèce qu'il soit, a toujours une espèce de dos, et si on vient lui administrer une espèce de coup de bâton...

LE CHEVALIER, s'avançant, à l'hôtelier.

Ne te fâche pas, ne t'effraye pas ; je vais accommoder les choses.
A Rosemberg.
Seigneur, je vous salue. Vous allez à la cour du roi de Hongrie?
L'hôtelier et les valets se retirent.

ROSEMBERG.

Oui, chevalier, c'est mon début, et je suis fort pressé d'arriver.

LE CHEVALIER.

Et vous vous plaignez, à ce que je vois, de trouver la route encombrée.

ROSEMBERG.

Mais oui, cela ne m'amuse pas.

LE CHEVALIER.

Il est vrai que cette petite affaire que nous avons avec les mécréants, nous attire à la cour un fort gros flot de monde. Il est peu de gens de cœur qui ne veuillent s'en mêler, et moi-même, j'y ai pris part. C'est ce qui rend nos abords difficiles.

ROSEMBERG.

Oh! mon Dieu! je ne comptais pas rester longtemps dans cette masure. C'est le ton de ce drôle qui m'a irrité.

LE CHEVALIER.

S'il en est ainsi, seigneur...

ROSEMBERG.

Rosemberg.

LE CHEVALIER.

Seigneur Rosemberg, on me nomme le chevalier Uladislas. Il ne m'appartient pas de faire mon propre éloge, mais pour peu que vous soyez instruit de ce qui se fait dans nos armées, mon nom doit vous être connu. Le vôtre ne m'est pas nouveau. J'ai vu des Rosemberg à Baden.
Rosemberg salue.
Si donc vous n'êtes ici qu'en passant...

ROSEMBERG.

Oui, seulement pour déjeuner, et faire rafraîchir les chevaux.

LE CHEVALIER.

J'étais à table, et je mangeais un excellent poisson du lac Balaton lorsque le bruit de votre voix est venu frapper mes oreilles. Si le voisinage de mes hommes d'armes et la compagnie d'un vieux capitaine ne sont pas choses qui vous épouvantent, je vous offre de grand cœur une place à notre repas.

ROSEMBERG.

J'accepte votre offre avec empressement, et je le tiens à grand honneur.

LE CHEVALIER.

Veuillez donc entrer, je vous prie. Un bon plat cuit à point est comme une jolie femme ; cela n'attend pas.

ROSEMBERG.

Je le sais bien. Peste ! à propos de jolie femme...
Ulric et Barberine entrent par une autre porte de l'auberge.
Il me semble qu'en voilà une...

LE CHEVALIER.

Vous n'avez pas mauvais goût, jeune homme.

ROSEMBERG.

A moins d'être aveugle... La connaissez-vous ?

LE CHEVALIER.

Si je la connais ? assurément. C'est la femme d'un gentilhomme bohémien. Venez, venez, je vous conterai cela.
Ils entrent dans la maison.

SCÈNE III

ULRIC, BARBERINE, appuyée sur son bras.

BARBERINE.

Il faut donc vous quitter ici !

ULRIC.

Pour peu de temps : je reviendrai bientôt.

BARBERINE.

Il faut donc vous laisser partir, et retourner dans ce vieux château, où je suis si seule à vous attendre !

ULRIC.

Je vais voir votre oncle, ma chère. Pourquoi cette tristesse aujourd'hui ?

BARBERINE.

C'est à vous qu'il faut le demander. Vous reviendrez bientôt, dites-vous ? S'il en est ainsi, je ne suis pas triste. Mais ne l'êtes-vous pas vous-même ?

ULRIC.

Quand le ciel est ainsi chargé de pluie et de brouillard, je ne sais que devenir.

BARBERINE.

Mon cher seigneur, je vous demande une grâce.

ULRIC.

Quel hiver ! quel hiver s'apprête ! quels chemins ! quel temps ! la nature se resserre en frissonnant, comme si tout ce qui vit allait mourir.

BARBERINE.

Je vous prie d'abord de m'écouter, et en second lieu de me faire une grâce.

ULRIC.

Que veux-tu, mon âme ? Pardonne-moi ; je ne sais ce que j'ai aujourd'hui.

BARBERINE.

Ni moi non plus, je ne sais ce que tu as, et la grâce que vous me ferez, Ulric, c'est de le dire à votre femme.

ULRIC.

Eh ! mon Dieu ! je n'ai rien à te dire, aucun secret.

BARBERINE.

Je ne suis pas une Porcia ; je ne me ferai pas une piqûre d'épingle pour prouver que je suis courageuse. Mais tu n'es pas non plus un Brutus, et tu n'as pas envie de tuer notre bon roi Mathias Corvin. Écoute, il n'y aura pas pour cela de grandes paroles, ni de serments, ni même besoin de me mettre à genoux. Tu as du chagrin. Viens près de moi ; voici ma main, — c'est le vrai chemin de mon cœur, et le tien y viendra si je l'appelle.

ULRIC.

Comme tu me le demandes naïvement, je te répondrai de même. Ton père n'était pas riche ; le mien l'était, mais il a dissipé ses biens. Nous voilà tous deux, mariés bien jeunes, et nous possédons de grands titres, mais bien peu avec. Je me chagrine de n'avoir pas de quoi te rendre heureuse et riche, comme Dieu t'a rendue bonne et belle. Notre revenu est si médiocre ! et cependant je ne veux pas l'augmenter en laissant pâtir nos fermiers. Ils ne payeront jamais, de mon vivant, plus qu'ils ne payaient à mon père. Je pense à me mettre au service du roi, et à aller à la cour.

BARBERINE.

C'est en effet un bon parti à prendre. Le roi n'a jamais mal reçu un gentilhomme de mérite ; la fortune ne se fait point attendre de lui quand on te ressemble.

ULRIC.

C'est vrai; mais si je pars, il faut que je te laisse ici; car pour quitter cette maison où nous vivons à si grand'peine, il faut être sûr de pouvoir vivre ailleurs, et je ne puis me décider à te laisser seule.

BARBERINE.

Pourquoi?

ULRIC.

Tu me demandes pourquoi? et que fais-tu donc maintenant? ne viens-tu pas de m'arracher un secret que j'avais résolu de cacher? et que t'a-t-il fallu pour cela? un sourire.

BARBERINE.

Tu es jaloux.

ULRIC.

Non, mon amour, mais vous êtes belle. Que feras-tu si je m'en vais? tous les seigneurs des environs ne vont-ils pas rôder par les chemins? et moi, qui m'en irai si loin courir après une ombre, ne perdrai-je pas le sommeil? Ah! Barberine, loin des yeux, loin du cœur.

BARBERINE.

Écoute; Dieu m'est témoin que je me contenterais toute ma vie de ce vieux château et du peu de terres que nous avons, s'il te plaisait d'y vivre avec moi. Je me lève, je vais à l'office, à la basse-cour, je prépare ton repas, je t'accompagne à l'église, je te lis une page, je couds une aiguillée, et je m'endors contente sur ton cœur.

ULRIC.

Ange que tu es!

BARBERINE.

Je suis un ange, mais un ange femme; c'est-à-dire que si j'avais une paire de chevaux, nous irions avec à la messe. Je ne serais pas fâchée non plus que mon bonnet fût doré, que ma jupe fût moins courte, et que cela fît enrager les voisins. Je t'assure que rien ne nous rend légères, nous autres, comme une douzaine d'aunes de velours qui nous traînent derrière les pieds.

ULRIC.

Eh bien, donc?

BARBERINE.

Eh bien donc! le roi Mathias ne peut manquer de te bien recevoir, ni toi de faire fortune à sa cour. Je te conseille d'y aller. Si je ne peux pas t'y suivre, — eh bien! comme je t'ai tendu tout à l'heure une main pour te demander le secret de ton cœur, ainsi, Ulric, je te la tends encore, et je te jure que je te serai fidèle.

ULRIC.

Voici la mienne.

BARBERINE.

Celui qui sait aimer peut seul savoir combien on l'aime. Fais seller ton cheval. Pars seul, et toutes les fois que tu douteras de ta femme, pense que ta femme est assise à ta porte, qu'elle regarde la route, et qu'elle ne doute pas de toi. Viens, mon ami, Ludwig nous attend.

SCÈNE IV
LE CHEVALIER, ROSEMBERG.

ROSEMBERG.

Je ne connais rien de plus agréable, après qu'on a bien déjeuné, que de s'asseoir en plein air avec des personnes d'esprit, et de causer librement des femmes sur un ton convenable.

LE CHEVALIER.

Vous êtes recommandé à la reine?

ROSEMBERG.

Oui, j'espère être bien reçu.

Ils s'assoient.

LE CHEVALIER.

Ne doutez pas du succès, et vous en aurez. — Pendant la dernière guerre que nous fîmes contre les Turcs, sous le Voïvode de Transylvanie, je rencontrai un soir, dans une forêt profonde, une jeune fille égarée.

ROSEMBERG.

Quel était le nom de la forêt?

LE CHEVALIER.

C'était une certaine forêt sur les bords de la mer Caspienne.

ROSEMBERG.

Je ne la connais pas, même par les livres.

LE CHEVALIER.

Cette pauvre fille était attaquée par trois brigands couverts de fer depuis les pieds jusqu'à la tête, et montés sur des chevaux excellents.

ROSEMBERG.

A quel point vos paroles m'intéressent : je suis tout oreilles.

LE CHEVALIER.

Je mis pied à terre, et, tirant mon épée, je leur ordonnai de s'éloigner.

Permettez-moi de ne pas faire mon éloge ; vous comprenez que je fus forcé de les tuer tous les trois. Après un combat des plus sanglants...

ROSEMBERG.

Reçûtes-vous quelques blessures ?

LE CHEVALIER.

L'un d'eux seulement faillit me percer de sa lance ; mais, l'ayant évitée, je lui déchargeai sur la tête un coup d'épée si violent, qu'il tomba roide mort. M'approchant aussitôt de la jeune fille, je reconnus en elle une princesse qu'il m'est impossible de vous nommer.

ROSEMBERG.

Je comprends vos raisons, et me garderai bien d'insister. La discrétion est un principe pour tout homme qui sait son monde.

LE CHEVALIER.

De quelles faveurs elle m'honora, je ne vous le dirai pas davantage. Je la reconduisis chez elle, et elle m'accorda un rendez-vous pour le lendemain ; mais le roi son père l'ayant promise en mariage au pacha de Caramanie, il était fort difficile que nous pussions nous voir en secret. Indépendamment de soixante eunuques qui veillaient jour et nuit sur elle, on l'avait confiée, depuis son enfance, à un géant nommé Molock.

ROSEMBERG.

Garçon ! apportez-moi un verre de tokay.

LE CHEVALIER.

Vous concevez quelle entreprise ! Pénétrer dans un château inaccessible, construit sur un rocher battu par les flots, et entouré d'une pareille garde ! Voici, seigneur Rosemberg, ce que j'imaginai. Prêtez-moi, je vous prie, votre attention.

ROSEMBERG.

Sainte Vierge ! le feu me monte à la tête !

LE CHEVALIER.

Je pris une barque et gagnai le large. Là, m'étant précipité dans les flots au moyen d'un certain talisman que m'avait donné un sorcier bohémien de mes amis, je fus rejeté sur le rivage, semblable en tout à un noyé. C'était à l'heure où le géant Molock faisait sa ronde autour des remparts ; il me trouva étendu sur le sable, et me transporta dans son lit.

ROSEMBERG.

Je devine déjà ; c'est admirable.

LE CHEVALIER.

On me prodigua des secours. Quant à moi, les yeux à demi fermés, je

BARBERINE. Page 232.

Bibl. Charpentier.

LIV. 162.

n'attendais que le moment où je serais seul avec le géant. Aussitôt, me jetant sur lui, je le saisis par la jambe droite, et le lançai dans la mer.

ROSEMBERG.

Je frissonne... Le cœur me bat.

LE CHEVALIER.

J'avoue que je courus quelque danger; car, au bruit de sa chute, les soixante eunuques accoururent, le sabre à la main; mais j'avais eu le temps de me rejeter sur le lit, et paraissais profondément endormi. Loin de concevoir aucun soupçon, ils me laissèrent dans la chambre avec une des femmes de la princesse pour me veiller. Alors, tirant de mon sein une fiole et un poignard, j'ordonnai à cette femme de me suivre, dans le temps que les eunuques étaient tous à souper : Prenez ce breuvage, lui dis-je, et mêlez-le adroitement dans leur vin, sinon je vous poignarde tout à l'heure. — Elle m'obéit sans oser dire un mot, et bientôt les eunuques s'étant assoupis par l'effet du breuvage, je demeurai maître du château. Je m'en fus droit à l'appartement des femmes. Je les trouvai prêtes à se mettre au lit; mais, ne voulant leur faire aucun mal, je me contentai de les enfermer dans leurs chambres, et d'en prendre sur moi les clefs, qui étaient au nombre de six-vingts. Alors toutes les difficultés étant levées, je me rendis chez la princesse. A peine au seuil de sa porte, je mis un genou en terre : Reine de mon cœur, lui dis-je avec le ton du plus profond respect... Mais, pardonnez, seigneur Rosemberg, je suis forcé de m'arrêter, la modestie m'en fait un devoir.

ROSEMBERG.

Non, je le vois, rien ne peut vous résister! Ah! qu'il me tarde d'être à la cour! Mais ces breuvages inconnus, ces mystérieux talismans, où les trouverai-je, seigneur chevalier?

LE CHEVALIER.

Cela est difficile; cependant je vous ferai une confidence : tenez, si vous avez de l'argent, c'est le meilleur talisman que vous puissiez trouver.

ROSEMBERG.

Dieu merci! je n'en manque pas; mon père est le plus riche seigneur du pays. La veille de mon départ il m'a donné une bonne somme, et ma tante Béatrix, qui pleurait, m'a aussi glissé dans la main une jolie bourse qu'elle a brodée. Mes chevaux sont gras et bien nourris, mes valets bien vêtus, et je ne suis pas mal tourné.

LE CHEVALIER.

C'est à merveille, et il n'en faut pas davantage.

ROSEMBERG.

Le pire de l'affaire, c'est que je ne sais rien; non, je ne puis rien retenir par cœur. Les mains me tremblent à propos de tout quand je parle aux femmes.

LE CHEVALIER.

Videz donc votre verre. Pour réussir dans le monde, seigneur Rosemberg, retenez bien ces trois maximes : Voir, c'est savoir ; vouloir, c'est pouvoir ; oser, c'est avoir.

ROSEMBERG.

Il faut que je prenne cela par écrit. Les mots me paraissent hardis et sonores. J'avoue pourtant que je ne les comprends pas bien.

LE CHEVALIER.

Si vous voulez d'abord plaire aux femmes, et c'est la première chose à faire, lorsqu'on veut faire quelque chose, observez avec elles le plus profond respect. Traitez-les toutes (sans exception) ni plus ni moins que des divinités. Vous pouvez, il est vrai, si cela vous plaît, dire hautement aux autres hommes que de ces mêmes femmes vous n'en faites aucun cas ; mais seulement d'une manière générale, et sans jamais médire d'une seule plutôt que du reste. Quand vous serez assis près d'une blonde pâle, sur le coin d'un sofa, et que vous la verrez s'appuyer mollement sur les coussins, tenez-vous à distance, jouez avec le coin de son écharpe, et dites-lui que vous avez un profond chagrin. Près d'une brune, si elle est vive et enjouée, prenez l'apparence d'un homme résolu, parlez-lui à l'oreille, et si le bout de votre moustache vient à lui effleurer la joue, ce n'est pas un grand mal ; mais à toute femme, règle générale, dites qu'elle a dans le cœur une perle enchâssée, et que tous les maux ne sont rien si elle se laisse serrer le bout des doigts. Que toutes vos façons près d'elle ressemblent à ces valets polis qui sont couverts de livrées splendides : en un mot, distinguez toujours scrupuleusement ces deux parts de la vie, la forme et le fond ; — voilà la grande affaire. Ainsi vous remplirez la première maxime : Voir, c'est savoir, — et vous passerez pour expérimenté.

ROSEMBERG.

Continuez, de grâce ; je me sens tout autre, et je bénis en moi-même le hasard qui m'a fait vous rencontrer dans cette auberge.

LE CHEVALIER.

Quand une fois vous aurez bien prouvé aux femmes que vous vous moquez d'elles avec la plus grande politesse et un respect infini, attaquez les hommes. Je n'entends pas par là qu'il faille vous en prendre à eux ; tout au contraire, n'ayez jamais l'air de vous occuper ni de ce qu'ils disent, ni de ce qu'ils font. Soyez toujours poli, mais paraissez indifférent. Faites-vous rare, on vous aimera, — c'est un proverbe des Turcs. Par là, vous gagnerez un grand avantage. A force de passer partout en silence et d'un air dégagé, on vous regardera quand vous passerez. Que votre mise, votre entourage, annoncent un luxe effréné; attirez constamment les yeux. Que cette idée ne vous vienne jamais de paraître douter de vous, car aussitôt tout le monde en doute. Eussiez-vous avancé par hasard la plus grande sottise du monde, n'en démordez pas pour un diable, et faites-vous plutôt assommer.

ROSEMBERG.

Assommer!

LE CHEVALIER.

Oui, sans aucun doute. Enfin, agissez-en ni plus ni moins que si le soleil et les étoiles vous appartenaient en bien propre, et que la fée Morgane vous eût tenu sur les fonts baptismaux. De cette façon, vous remplirez la seconde maxime : Vouloir, c'est pouvoir; et vous passerez pour redoutable.

ROSEMBERG.

Que je vais m'amuser à la cour, et la belle chose que d'être un grand seigneur!

LE CHEVALIER.

Une fois agréé des femmes et admiré des hommes, seigneur Rosemberg, pensez à vous. Si vous levez le bras, que votre premier coup d'épée donne la mort, comme votre premier regard doit donner l'amour. La vie est une pantomime terrible, et le geste n'a rien à faire ni avec la pensée, ni avec la parole. Si la parole vous a fait aimer, si la pensée vous a fait craindre, que le geste n'en sache rien. Soyez alors vous-même. Frappez comme la foudre! Que le monde disparaisse à vos yeux; que l'étincelle de vie, que vous avez reçue de Dieu, s'isole et devienne un Dieu elle-même; que votre volonté soit comme l'œil du lynx, comme le museau de la fouine, comme la flèche du guerrier. Oubliez, quand vous agissez, qu'il y ait d'autres êtres sur la terre que vous et celui à qui vous avez affaire. Ainsi, après avoir coudoyé avec grâce la foule qui vous environne, lorsque vous serez arrivé au but et que vous aurez réussi, vous pourrez y rentrer avec la même aisance et vous promettre de nouveaux succès. C'est alors que vous recueillerez les fruits de la troisième maxime : Oser, c'est avoir, — et que vous serez réellement expérimenté, redoutable et puissant.

ROSEMBERG.

Ah! seigneur Dieu! si j'avais su cela plus tôt! Vous me faites penser à un certain soir que j'étais assis dans la garenne avec ma tante Béatrix. Je sentais justement ce que vous dites là; il me semblait que le monde disparaissait, et que nous étions seuls sous le ciel. Aussi je l'ai priée de rentrer au château. Il faisait noir comme dans un four.

LE CHEVALIER.

Vous me paraissez bien jeune encore, et vous cherchez fortune de bonne heure.

ROSEMBERG.

Il n'est jamais trop tôt quand on se destine à la guerre. Je n'ai vu un Turc de ma vie; il me semble qu'ils doivent ressembler à des bêtes sauvages.

LE CHEVALIER.

Je suis fâché que des affaires d'importance m'empêchent d'aller à la cour; j'aurais été curieux d'y voir vos débuts. En attendant, si cela vous convient, je puis vous faire un cadeau précieux, qui vous aidera singulièrement.

Il tire un petit livre de sa poche.

ROSEMBERG.

Ce petit livre... qu'est-ce donc?

LE CHEVALIER.

C'est un ouvrage merveilleux, un recueil à la fois concis et détaillé de toutes les historiettes d'amour, ruses, combats et expédients propres à former un jeune homme et à le pousser près des dames.

ROSEMBERG.

Comment s'appelle ce livre précieux?

LE CHEVALIER.

La sauvegarde du sentiment. C'est un trésor inestimable, et, parmi les récits qui y sont renfermés, vous en trouverez bon nombre dont je suis le héros. Je dois pourtant vous avouer que je n'en suis pas le propriétaire; il appartient à un de mes amis, et je ne saurais vous le céder que vous n'en donniez dix sequins.

ROSEMBERG.

Dix sequins, ce n'est pas une affaire,

Il les lui donne.

surtout après l'excellent déjeuner que vous m'avez offert si galamment.

LE CHEVALIER.

Bon! un poisson, rien qu'un poisson!

ROSEMBERG.

Mais il était délicieux! Pouvez-vous croire que j'oublie cette rencontre? C'est le ciel qui m'a conduit sur cette route. Une auberge si incommode! des draps humides et pas de rideaux! Je n'y serais pas resté une heure si je ne vous avais trouvé.

LE CHEVALIER.

Que voulez-vous, il faut s'habituer à tout.

ROSEMBERG.

Oh! certainement. — Ma tante Béatrix serait bien inquiète si elle me savait dans une mauvaise auberge. Mais, nous autres, nous ne faisons pas attention à toutes ces misères... Que Dieu vous protège, cher seigneur! Mes chevaux sont prêts, et je vous quitte.

LE CHEVALIER.

Au revoir, ne m'oubliez pas. Si vous avez jamais affaire au Voïvode, c'est mon proche parent, et je me souviendrai de vous.

ROSEMBERG.

Je vous suis tout dévoué de même.
Ils sortent.

ACTE DEUXIÈME
A la cour; un jardin.

SCÈNE PREMIÈRE
LA REINE, ULRIC, PLUSIEURS COURTISANS.

LA REINE.

Soyez le bienvenu, comte Ulric. Le roi notre époux est retenu en ce moment loin de nous par une guerre bien longue et bien cruelle, qui a coûté à notre jeunesse une riche part de son noble sang. C'est un triste plaisir que de la voir ainsi toujours prête à le répandre encore; mais cependant c'est un plaisir, et en même temps une gloire pour nous. Les rejetons des premières familles de Bohême et de Hongrie, en se rassemblant autour du trône, nous ont rendu le cœur fier et belliqueux. Quel que soit le sort d'un guerrier, qui oserait le plaindre? Ce n'est pas nous qui sommes reine, ni moi, Ulric, qui fus une fille d'Aragon. J'ai beaucoup connu votre père, et votre jeune visage me parle du passé. Soyez donc ici comme le fils d'un souvenir qui m'est cher. Nous parlerons de vous ce soir avec le chancelier; ayez patience, c'est moi qui vous recommande à lui. Le roi vous recevra sous cet auspice. Puisque nos clairons vous ont réveillé dans votre château, et que du fond de votre solitude vous êtes venu trouver nos dangers, nous ne vous laisserons pas repentir d'avoir été brave et fidèle; en voici pour gage notre royale main.
La reine sort. Ulric lui baise la main, puis se retire à l'écart.

UN COURTISAN.

Voilà un homme mieux reçu, pour la première fois qu'il voit notre reine, que nous qui sommes ici depuis trente ans.

UN AUTRE.

Abordons-le et sachons qui il est.

LE PREMIER.

Ne l'avez-vous pas entendu? C'est le comte Ulric, un gentilhomme bohémien. Il cherche fortune comme un nouveau marié qui veut avoir de quoi faire danser sa femme.

LE DEUXIÈME.

Dit-on que sa femme soit jolie?

LE PREMIER.

Charmante; c'est la perle de la Hongrie.

LE DEUXIÈME.

Quel est cet autre jeune homme qui court par là en sautillant?

LE PREMIER.

Je ne le connais pas. C'est encore quelque nouveau venu. La libéralité du roi attire ici toutes ces mouches, qui cherchent un rayon de soleil.

Entre Rosemberg.

LE DEUXIÈME.

Celui-ci me paraît fine mouche, une vraie guêpe dans son corset rayé. — Seigneur, nous vous saluons. Qui vous amène dans ce jardin?

ROSEMBERG, à part.

On me questionne de tous côtés, et je ne sais si je dois répondre. Toutes ces figures nouvelles, ces yeux écarquillés qui vous dévisagent, cela m'étourdit à un point!

Haut.

Où est la reine, messieurs? Je suis Astolphe de Rosemberg, et je désire lui être présenté.

PREMIER COURTISAN.

La reine vient de sortir du palais. Si vous voulez lui parler, attendez son passage, elle reviendra dans une heure.

ROSEMBERG.

Diable! cela est fâcheux.

Il s'assoit sur un banc.

DEUXIÈME COURTISAN.

Vous venez sans doute pour les fêtes?

ROSEMBERG.

Est-ce qu'il y a des fêtes? Quel bonheur! — Non, messieurs, je viens pour prendre du service.

PREMIER COURTISAN.

Tout le monde en prend à cette heure.

ROSEMBERG.

Eh! oui, c'est ce qui paraît. Beaucoup s'en mêlent, mais peu savent s'en tirer.

DEUXIÈME COURTISAN.

Vous en parlez avec sévérité.

ROSEMBERG.

Combien de hobereaux ne voyons-nous pas, qui ne méritent pas seulement qu'on en parle, et qui ne s'en donnent pas moins pour de grands capitaines! On dirait, à les voir, qu'ils n'ont qu'à monter à cheval pour chasser le Turc par delà le Caucase, et ils sortent de quelque trou de la Bohême, comme des rats effarouchés.

ULRIC, s'approchant.

Seigneur, je suis le comte Ulric, gentilhomme bohémien, et je trouve un peu de légèreté dans vos paroles qu'on peut pardonner à votre âge, mais que je vous conseille d'en retrancher. Être étourdi est un aussi grand défaut que d'être pauvre; permettez-moi de vous le dire, et que la leçon vous profite.

ROSEMBERG, à part.

C'est mon Bohémien de l'auberge.
Haut.

S'exprimer en termes généraux n'est faire offense à personne. Pour ce qui est d'une leçon, j'en ai donné quelquefois, mais je n'en ai jamais reçu.

ULRIC.

Voilà un langage hautain, — et d'où sortez-vous donc vous-même, pour avoir le droit de le prendre?

PREMIER COURTISAN.

Allons, seigneurs, que quelques paroles échappées sans dessein ne deviennent pas un motif de querelle. Nous croyons devoir intervenir; songez que vous êtes chez la reine. Ce seul mot vous en dit assez.

ULRIC.

C'est vrai, et je vous remercie de m'avoir averti à temps. Je me croirais indigne du nom que je porte, si je ne me rendais à une si juste remontrance.

ROSEMBERG.

Qu'il en soit ce que vous voudrez, je n'ai rien à dire à cela.
Les courtisans sortent. Ulric et Rosemberg restent chacun de son côté.

ROSEMBERG, à part.

Le chevalier Uladislas m'a recommandé de ne jamais démordre d'une chose une fois dite. Depuis que je suis dans cette cour, les paroles de ce digne homme ne me sortent pas de la tête. Je ne sais ce qui se passe en moi, je me sens un cœur de lion. Ou je me trompe fort, ou je ferai fortune.

ULRIC, à part.

Avec quelle bonté la reine m'a reçu! et cependant j'éprouve une tristesse

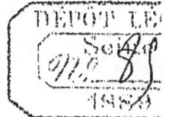

BARBERINE.   Page 248.

Bibl. Charpentier.   LIV. 163.

que rien ne peut vaincre. Que fait à présent Barberine ? Hélas ! hélas ! l'ambition ! — N'étais-je pas bien dans ce vieux château ? pauvre, sans doute, mais, quoi ? O folie ! ô rêveurs que nous sommes !

ROSEMBERG, à part.

C'est surtout ce livre que j'ai acheté qui me bouleverse la cervelle ; si je l'ouvre le soir en me couchant, je ne saurais dormir de toute la nuit. Que de récits étonnants, que de choses admirables ! L'un taille en pièces une armée entière ; l'autre saute, sans se blesser, du haut d'un clocher dans la mer Caspienne, et dire que tout cela est vrai, que tout cela est arrivé ! Il y en a une surtout qui m'éblouit :

Il se lève et lit tout haut.

« Lorsque le sultan Boabdil... » Ah ! voilà quelqu'un qui m'écoute ; c'est ce gentilhomme bohémien. Il faut que je fasse ma paix avec lui. Lorsque je lui ai cherché querelle, je ne pensais plus qu'il a une jolie femme.

A Ulric.

Vous venez de Bohême, seigneur ? Vous devez connaître mon oncle, le baron d'Engelbreckt ?

ULRIC.

Beaucoup, c'est un de mes voisins ; nous allions ensemble à la chasse l'hiver passé. Il est allié, de loin, il est vrai, à la famille de ma femme.

ROSEMBERG.

Vous êtes parent de mon oncle Engelbreckt ! Permettez que nous fassions connaissance. Y a-t-il longtemps que vous êtes parti ?

ULRIC.

Je ne suis ici que depuis un jour.

ROSEMBERG.

Vous paraissez le dire à regret. Auriez-vous quelque sujet de regarder en arrière avec tristesse ? Sans doute, il est toujours fâcheux de quitter sa famille, surtout quand on est marié. Votre femme est jeune, puisque vous l'êtes, belle, par conséquent. Il y a de quoi s'inquiéter.

ULRIC.

L'inquiétude n'est pas mon souci. Ma femme est belle ; mais le soleil d'un jour de juillet n'est pas plus pur dans un ciel sans tache, que son noble cœur dans son sein chéri.

ROSEMBERG.

C'est beaucoup dire. Hors notre Seigneur Dieu, qui peut connaître le cœur d'un autre ? J'avoue qu'à votre place je ne serais pas à mon aise.

ULRIC.

Et pourquoi cela, s'il vous plaît ?

ROSEMBERG.

Parce que je douterais de ma femme, à moins qu'elle ne fût la vertu même.

ULRIC.

Je crois que la mienne est ainsi.

ROSEMBERG.

C'est donc un phénix que vous possédez? Est-ce de notre bon roi Mathias que vous tenez ce privilège qui vous distingue entre tous les maris?

ULRIC.

Ce n'est pas le roi qui m'a fait cette grâce, mais Dieu, qui est un peu plus qu'un roi.

ROSEMBERG.

Je ne doute point que vous n'ayez raison ; vous savez ce que disent les philosophes avec le poëte latin : Quoi de plus léger qu'une plume? la poussière; — de plus léger que la poussière? le vent; — de plus léger que le vent, la femme; — de plus léger que la femme? rien.

ULRIC.

Je suis guerrier et non philosophe, et je ne me soucie point des poëtes. Tout ce que je sais, c'est que, en effet, ma femme est jeune, droite et de beau corsage, comme on dit chez nous; qu'il n'y a ouvrage de main ni d'aiguille où elle ne s'entende mieux que personne; qu'on ne trouverait dans tout le royaume ni un écuyer, ni un majordome qui sache mieux servir et de meilleure grâce qu'elle à la table d'un seigneur; ajoutez à cela qu'elle sait très bien et très résolument monter à cheval, porter l'oiseau sur le poing à la chasse, et en même temps tenir ses comptes aussi bien réglés qu'un marchand. Voilà comme elle est, seigneur cavalier, et avec tout cela je ne douterais pas d'elle, quand je resterais dix ans sans la voir.

ROSEMBERG.

Voilà un merveilleux portrait.

Entre Polacco.

POLACCO.

Je baise vos mains, seigneurs, je vous salue. Santé est fille de jeunesse. Hé! hé! les bons visages de Dieu! Que Notre-Dame vous protège!

ROSEMBERG.

Qu'y a-t-il, l'ami? A qui en avez-vous?

POLACCO.

Je baise vos mains, seigneurs, et je vous offre mes services, mes petits services pour l'amour de Dieu.

ULRIC.

Êtes-vous donc un mendiant? Je ne m'attendais pas à en rencontrer dans ces allées.

POLACCO.

Un mendiant! Jésus! un mendiant! Je ne suis point un mendiant, je suis un honnête homme ; mon nom est Polacco ; Polacco n'est pas un mendiant. Par saint Mathieu! mendiant n'est pas un mot qu'on puisse appliquer à Polacco.

ULRIC.

Expliquez-vous, et ne vous offensez pas de ce que je vous demande qui vous êtes.

POLACCO.

Hé! hé! point d'offense; il n'y en a pas. Nos jeunes garçons vous le diront. Qui ne connaît pas Polacco?

ULRIC.

Moi, puisque j'arrive et que je ne connais personne.

POLACCO.

Bon, bon, vous y viendrez comme les autres ; on est utile en son temps et lieu, chacun dans sa petite sphère ; il ne faut pas mépriser les gens.

ULRIC.

Quelle estime ou quel mépris puis-je avoir pour vous, si vous ne voulez pas me dire qui vous êtes?

POLACCO.

Chut! silence! la lune se lève; voilà un coq qui a chanté.

ULRIC.

Quelle mystérieuse folie promènes-tu dans ton bavardage? Tu parles comme la fièvre en personne.

POLACCO.

Un miroir, un petit miroir! Dieu est Dieu, et les saints sont bénis! Voilà un petit miroir à vendre.

ULRIC.

Jolie emplette! il est grand comme la main et cousu dans du cuir. C'est un miroir de sorcière bohémienne; elles en portent de pareils sur la poitrine.

ROSEMBERG.

Regardez-y ; qu'y voyez-vous?

ULRIC.

Rien, en vérité, pas même le bout de mon nez. C'est un miroir magique ; il est couvert d'une myriade de signes cabalistiques.

POLACCO.

Qui saura verra, qui saura verra.

ULRIC.

Ah! ah! je comprends qui tu es; oui, sur mon âme, un honnête sorcier. Eh bien! que voit-on dans ta glace?

POLACCO.

Qui verra saura, qui verra saura.

ULRIC.

Vraiment! je crois donc te comprendre encore. Si je ne me trompe, ce miroir doit montrer les absents; j'en ai vu, parfois, qu'on donnait comme tels. Plusieurs de mes amis en portent à l'armée.

ROSEMBERG.

Pardon! seigneur Ulric, voilà une offre qui vient à propos. Vous qui parliez de votre femme, ce miroir est fait pour vous. Et dites-moi, brave Polacco, y voit-on seulement les gens? N'y voit-on pas ce qu'ils font en même temps?

POLACCO.

Le blanc est blanc, le jaune est de l'or. L'or est au diable, le blanc est à Dieu.

ROSEMBERG.

Voyez! cela n'a-t-il pas trait à la fidélité des femmes? Oui, gageons que les objets paraissent blancs dans cette glace si la femme est fidèle, et jaunes si elle ne l'est pas. C'est ainsi que j'explique ces paroles : L'or est au diable, le blanc est à Dieu.

ULRIC.

Éloignez-vous, mon bon ami; ni ce seigneur ni moi n'avons besoin de vos services. Il est garçon, et je ne suis pas superstitieux.

ROSEMBERG.

Non, sur ma vie! seigneur Ulric; puisque vous êtes mon allié, je veux faire cela pour vous. J'achète moi-même ce miroir et nous y regarderons tout à l'heure si votre femme cause avec son voisin.

ULRIC.

Éloignez-vous, vieillard, je vous en prie!

ROSEMBERG.

Non! non! il ne partira pas que nous n'ayons fait cette épreuve. Combien vends-tu ton miroir, Polacco?

Ulric s'éloigne un peu et se promène.

POLACCO.

Hé! hé! chacun son heure, mon cher seigneur; tout vient à point, chacun son heure.

ROSEMBERG.

Je te demande quel est ton prix?

POLACCO.

Qui refuse muse, qui muse refuse.

ROSEMBERG.

Je ne muse pas, je veux acheter ton miroir.

POLACCO.

Hé! hé! qui perd le temps... le temps le gagne, qui perd le temps...

ROSEMBERG.

Je te comprends. Tiens, voilà ma bourse. Tu crains sans doute qu'on ne te voie ici faire en public ton petit négoce.

POLACCO, prenant la bourse.

Bien dit, bien dit, mon cher seigneur; les murs ont des yeux, les arbres aussi. Que Dieu conserve la police! les gens de police sont d'honnêtes gens!

ROSEMBERG, prenant le miroir.

Maintenant, tu vas nous expliquer les effets magiques de cette petite glace.

POLACCO.

Seigneur, en fixant vos yeux avec attention sur ce miroir, vous verrez un léger brouillard qui se dissipe peu à peu. Si l'attention redouble, une forme vague et incertaine commence bientôt à en sortir; l'attention redoublant encore, la forme devient claire; elle vous montre le portrait de la personne absente à laquelle vous avez pensé en prenant la glace. Si cette personne est une femme et qu'elle vous soit fidèle, la figure est blanche et presque pâle; elle vous sourit faiblement. Si la personne est seulement tentée, la figure se colore d'un jaune blond comme l'or d'un épi mûr; si elle est infidèle, elle devient noire comme du charbon, et aussitôt une odeur infecte se fait sentir.

ROSEMBERG.

Une odeur infecte, dis-tu?

POLACCO.

Oui, comme lorsque l'on jette de l'eau sur des charbons allumés.

ROSEMBERG.

C'est bon; maintenant prends ce qu'il te faut dans cette bourse, et rends-moi le reste.

POLACCO.

Qui viendra saura, qui saura viendra.

ROSEMBERG.

Vends-tu si cher cette bagatelle?

POLACCO.

Qui viendra verra, qui verra viendra.

ROSEMBERG.

Que le diable t'emporte avec tes proverbes!

POLACCO.

Je baise les mains, les mains... Qui viendra verra.

Il sort.

ROSEMBERG.

Maintenant, seigneur Ulric, si vous le voulez bien, il nous est facile de savoir qui a raison de vous ou de moi?

ULRIC.

Je vous ai déjà répondu ; je ne puis souffrir ces jongleries.

ROSEMBERG.

Bon! vous avez entendu, comme moi, les explications de ce digne sorcier. Que nous coûte-t-il de tenter l'épreuve? Jetez, de grâce, les yeux sur ce miroir.

ULRIC.

Regardez-y vous-même, si bon vous semble.

ROSEMBERG.

Oui, en vérité, à votre défaut j'y veux regarder et penser pour vous à votre chère comtesse, ne fût-ce que pour voir apparaître, blanche ou jaune, sa charmante image. Tenez, je l'aperçois déjà!

ULRIC.

Une fois pour toutes, seigneur cavalier, ne continuez pas sur ce ton. C'est un conseil que je vous donne.

SCÈNE II

Les Mêmes, plusieurs courtisans.

PREMIER COURTISAN, à Ulric.

Comte Ulric, la reine va rentrer tout à l'heure au palais. Elle nous a ordonné de vous dire que votre présence y sera nécessaire.

ULRIC.

Je vous rends mille grâces, Messieurs, et je suis tout aux ordres de Sa Majesté.

ROSEMBERG, regardant toujours le miroir.

Dites-moi, Messieurs, ne sentez-vous pas quelque odeur singulière?

PREMIER COURTISAN.

Quelle espèce d'odeur?

ROSEMBERG.

Hé! comme du charbon éteint.

ULRIC, à Rosemberg.

Avez-vous donc juré de lasser ma patience?

ROSEMBERG.

Regardez vous-même, comte Ulric; assurément ce n'est pas là du blanc.

ULRIC.

Enfant, tu insultes une femme que tu ne connais pas.

ROSEMBERG.

C'est que, peut-être, j'en connais d'autres.

ULRIC.

Eh bien! puisque les miroirs te plaisent, regarde-toi dans celui-ci.

Il tire son épée.

ROSEMBERG.

Attendez, je ne suis pas en garde.

Il tire aussi son épée.

SCENE III

Les Mêmes, LA REINE, tous les courtisans.

LA REINE.

Que veut dire ceci, jeunes gens? Je croyais que ce n'était pas pour arroser les fleurs de mon parterre que se tiraient des épées hongroises. Qui a donné lieu à cette dispute?

ULRIC.

Madame, excusez-moi. Il y a telle insulte que je ne puis supporter. Ce n'est pas moi qui suis offensé, c'est mon honneur.

LA REINE.

De quoi s'agit-il? Parlez.

BARBERINE. Page 256.

Bibl. Charpentier. LIV. 164.

ULRIC.

Madame, j'ai laissé au fond de mon château une femme belle comme la vertu. Ce jeune homme, que je ne connais pas et qui ne connaît pas ma femme, n'en a pas moins dirigé contre elle des railleries dont il fait gloire. Je proteste à vos pieds qu'aujourd'hui même j'ai refusé de tirer l'épée, par respect pour la place où je suis.

LA REINE, à Rosemberg.

Vous paraissez bien jeune, mon enfant. Quel motif a pu vous porter à médire d'une femme qui vous est inconnue?

ROSEMBERG.

Madame, je n'ai pas médit d'une femme. J'ai exprimé mon opinion sur toutes les femmes en général, et ce n'est pas ma faute si je ne puis la changer.

LA REINE.

En vérité, je croyais que l'expérience n'avait pas la barbe aussi blonde.

ROSEMBERG.

Madame, il est juste et croyable que Votre Majesté défende la vertu des femmes; mais je ne puis avoir pour cela les mêmes raisons qu'elle.

LA REINE.

C'est une réponse téméraire. Chacun peut, en effet, avoir sur ce sujet l'opinion qu'il veut; mais que vous en semble, Messieurs? N'y a-t-il pas une présomptueuse et hautaine folie à prétendre juger toutes les femmes? C'est une cause bien vaste à soutenir, et si j'étais avocat, moi, votre reine en cheveux gris, mon enfant, je pourrais mettre dans la balance quelques paroles que vous ne savez pas. Qui donc vous a appris, si jeune, à mépriser votre nourrice? Vous qui sortez apparemment de l'école, est-ce là ce que vous avez lu dans les yeux bleus des jeunes filles qui puisaient de l'eau dans la fontaine de votre village? Vraiment! le premier mot que vous avez épelé sur les feuilles tremblantes d'une légende céleste, c'est le mépris? Vous l'avez à votre âge? Je suis donc plus jeune que vous, car vous me faites battre le cœur. Tenez, posez la main sur celui du comte Ulric; je ne connais pas sa femme plus que vous, mais je suis femme, et je vois comment son épée lui tremble encore dans la main. Je vous gage mon anneau nuptial que sa femme lui est fidèle comme la vierge l'est à Dieu!

ULRIC.

Reine, je prends la gageure, et j'y mets tout ce que je possède sur terre, si ce jeune homme veut la tenir.

ROSEMBERG.

Je suis trois fois plus riche que vous.

LA REINE.

Comment t'appelles-tu?

ROSEMBERG.

Astolphe de Rosemberg.

LA REINE.

Tu es un Rosemberg, toi? Je connais ton père, il m'a parlé de toi. Va, va, le comte Ulric ne gage plus rien contre toi; nous te renverrons à l'école.

ROSEMBERG.

Non, Majesté. Il ne sera pas dit que j'aurai reculé, si le comte tient le pari.

LA REINE.

Et que paries-tu?

ROSEMBERG.

S'il veut me donner sa parole de chevalier qu'il n'écrira rien à sa femme de ce qui s'est passé entre nous, je gage mon bien contre le sien, ou du moins jusqu'à concurrence égale, que je me rendrai dès demain au château qu'il habite, et que ce cœur de diamant sur lequel il compte si fort ne me résistera pas longtemps.

ULRIC.

Je tiens, et il est trop tard pour vous dédire. Vous avez parié devant la reine, et puisque sa présence auguste m'a obligé de baisser l'épée, c'est elle que je prends pour témoin du duel honorable que je vous propose.

ROSEMBERG.

J'accepte, et rien ne m'en fera dédire; mais il me faut une lettre de recommandation, afin de me procurer un plus libre accès.

ULRIC.

De tout mon cœur, tout ce que vous voudrez.

LA REINE.

Je me porte donc comme témoin, et comme juge de la querelle. Le pari sera inscrit par le chancelier de la justice du roi, mon maître, et à votre parole j'ajoute ici la mienne, qu'aucune puissance au monde ne pourra me fléchir quand le jour sera passé. Allez, Messieurs, que Dieu vous garde!

ACTE TROISIÈME

Une salle au château de Barberine. — Plusieurs vastes croisées ouvertes au fond, sur une cour intérieure. — Par une de ces croisées on voit un cabinet dans une tourelle gothique, dont la fenêtre est également ouverte.

SCÈNE PREMIÈRE
ROSEMBERG, KALÉKAIRI.

ROSEMBERG.

Tu disais donc, ma belle enfant, que tu te nommes Kalékairi?

KALÉKAIRI.

Mon père l'a voulu.

ROSEMBERG.

Fort bien ; et ta maîtresse n'est pas visible ?

KALÉKAIRI.

Elle s'habille, elle s'habille longtemps. Elle a dit de la prévenir.

ROSEMBERG.

Ne te hâte pas, Kalékairi. Si je ne me trompe, ce nom-là est pour le moins turc ou arabe.

KALÉKAIRI.

Kalékairi est née à Trébizonde, mais elle n'est pas venue au monde pour la pauvre place qu'elle occupe.

ROSEMBERG.

Es-tu mécontente de ton sort ? — As-tu à te plaindre de ta maîtresse ?

KALÉKAIRI.

Personne ne s'en plaint.

ROSEMBERG.

Parle-moi franchement.

KALÉKAIRI.

Qu'appelez-vous franchement?

ROSEMBERG.

Dire ce que l'on pense.

KALÉKAIRI.

Lorsque Kalékairi ne pense à rien, elle ne dit rien.

ROSEMBERG.

C'est à merveille.
A part.

Voilà une petite sauvage qui n'a pas l'air trop rébarbatif.
Haut.
Ainsi donc, tu aimes ta maîtresse ?

KALÉKAIRI.

Tout le monde l'aime.

ROSEMBERG.

On la dit très belle.

KALÉKAIRI.

On a raison.

ROSEMBERG.

Elle est coquette, j'imagine, puisqu'elle fait de si longues toilettes?

KALÉKAIRI.

Non, elle est bonne.

ROSEMBERG.

Pourquoi donc alors te plaignais-tu d'être dans ce château?

KALÉKAIRI.

Parce que la fille de ma mère devait avoir beaucoup de suivantes, au lieu d'en être une elle-même.

ROSEMBERG.

J'entends, — quelques revers de fortune.

KALÉKAIRI.

Les pirates m'ont enlevée.

ROSEMBERG.

Les pirates ! conte-moi cela.

KALÉKAIRI.

Ce n'est pas un conte, cela fait pleurer. Kalékairi n'en parle jamais.

ROSEMBERG.

En vérité !

KALÉKAIRI.

Non, pas même avec ma perruche, pas même avec mon chien Mamouth, pas même avec le rosier qui est dans ma chambre.

ROSEMBERG.

Tu es discrète, à ce que je vois.

KALÉKAIRI.

Il le faut.

ROSEMBERG.

C'est mon sentiment. As-tu fait ici ton apprentissage?

KALÉKAIRI.

Non, je suis allée à Constantinople, à Smyrne et à Janina, chez le pacha.

ROSEMBERG.

Ah! ah! toute jeune que tu es, tu dois avoir quelque usage du monde.

KALÉKAIRI.

J'ai toujours servi près des femmes.

ROSEMBERG.

C'est bien suffisant pour apprendre. — Or çà, belle Kalékairi, si ta maîtresse me reçoit bien, je compte passer ici quelque temps. Si j'avais besoin de tes bons offices, — serais-tu d'humeur à m'obliger?

KALÉKAIRI.

Très volontiers.

ROSEMBERG.

Bien répondu. Tiens, en ta qualité de Turque, tu dois aimer la couleur des sequins. Prends cette bourse, et va m'annoncer.

KALÉKAIRI.

Pourquoi me donnez-vous cela?

ROSEMBERG.

Pour faire connaissance. Va m'annoncer, ma chère enfant.

KALÉKAIRI.

Il n'était pas besoin de sequins.

SCÈNE II

ROSEMBERG seul; puis BARBERINE, dans la tourelle.

ROSEMBERG.

Voilà une étrange soubrette!... Quelle singulière idée a ce comte Ulric de faire garder sa femme par une espèce d'icoglan femelle! Il faut convenir que tout ce qui m'arrive a quelque chose de si bizarre que cela semble presque surnaturel... Allons, en tout cas, j'ai bien commencé. La suivante prend mes intérêts; quant à la maîtresse..., voyons! quel moyen emploierai-je ici? La ruse, la force, ou l'amour? La force, fi donc! Ce ne serait ni d'un gentilhomme ni d'un loyal parieur. Pour l'amour, cela peut se tenter, mais c'est que cela est bien long, et je voudrais vaincre comme César... Ah! j'aperçois quelqu'un dans cette tourelle, c'est la comtesse elle-même, je la reconnais! Elle est à se coiffer, — je crois même qu'elle chante.

BARBERINE.

PREMIER COUPLET.

Beau chevalier, qui partez pour la guerre,
Qu'allez-vous faire
Si loin d'ici?

> Voyez-vous pas que la nuit est profonde,
> Et que le monde
> N'est que souci ?

ROSEMBERG.

Elle ne chante pas mal, mais il me semble que sa chanson exprime un regret; oui, quelque chose comme un souvenir. Hum ! lorsque j'ai tenu ce pari, je crois que j'ai agi bien vite. — Il y a de certains moments où l'on ne peut répondre de soi; c'est comme un coup de vent qui s'engouffre dans votre manteau. Peste! il ne faut pas que je m'y trompe; il y va là pour moi de bon nombre d'écus ! Voyons ! emploierai-je la ruse?

BARBERINE.

SECOND COUPLET.

> Vous qui croyez qu'une amour délaissée
> De la pensée
> S'enfuit ainsi;
> Hélas! hélas! chercheur de renommée,
> Votre fumée
> S'envole aussi.

ROSEMBERG.

Cette chanson dit toujours la même chose; mais qu'est-ce que prouve une chanson? Oui, plus j'y pense, plus la ruse me semble le véritable moyen de succès. La ruse et l'amour feraient merveille ensemble. Mais il est bien vrai que je ne sais trop comment ruser. Si je faisais comme cet Uladislas lorsqu'il trompa le géant Molock? Mais voilà le défaut de toutes ces histoires-là, c'est qu'elles sont charmantes à écouter, et qu'on ne sait comment les mettre en pratique. Je lisais, hier, par exemple, l'histoire d'un héros de roman qui, dans ma position, s'est caché pendant toute une journée pour pénétrer chez sa maîtresse. Est-ce que je peux me cacher dans un coffre? Je sortirais de là couvert de poussière, et mes habits seraient gâtés. Bah! je crois que j'ai pris le bon parti. Oui, le meilleur de tous les stratagèmes, c'est de donner de l'argent à la servante; je veux éblouir de même les autres domestiques... Ah! voici venir Barberine. Eh bien donc! tout est décidé; j'emploierai à la fois la ruse et l'amour.

SCÈNE III

ROSEMBERG, BARBERINE, KALÉKAIRI.

KALÉKAIRI. *Elle reste au fond du théâtre.*

Voici la maîtresse.

BARBERINE.

Seigneur, vous êtes le bienvenu. Vous arrivez, m'a-t-on dit, de la cour.

Comment se porte mon mari ? Que fait-il ? Où est-il ? A la guerre ?... Hélas ! répondez.

ROSEMBERG.

Il est à la guerre, Madame ; je le crois, du moins. Pour ce qu'il fait, cela semble facile à dire ; il suffit de vous regarder pour le supposer. Qui peut vous avoir vue et vous oublier ? Il pense à vous sans doute, comtesse, et, tout éloigné qu'il est de vous, son sort est plus digne d'envie que de pitié, si, de votre côté, vous pensez à lui. Voici une lettre qu'il m'a confiée.

BARBERINE, lisant.

« C'est un jeune cavalier du plus grand mérite, et qui appartient à l'une des plus nobles familles des deux royaumes. Recevez-le comme un ami... » Je ne vous en lis pas plus ; nous ne sommes riches que de bonne volonté, mais nous vous recevrons le moins mal possible.

ROSEMBERG.

J'ai laissé quelque part par là mes chevaux et mes écuyers. Je ne saurais voyager sans un cortège considérable, attendu ma naissance et ma fortune ; mais je ne veux pas vous embarrasser de ce train...

BARBERINE.

Pardonnez-moi, mon mari m'en voudrait si je n'insistais ; nous leur enverrons dire de venir ici.

ROSEMBERG.

Quel remercîment puis-je faire pour un accueil si favorable ? Cette blanche main, du haut de ces tourelles, a daigné faire signe qu'on m'ouvrît la porte, et ces beaux yeux ne la contredisent pas. — Ils m'ouvrent aussi, noble comtesse, la porte d'un cœur hospitalier. — Permettez que j'aille moi-même prévenir ma suite, et je reviens auprès de vous. — J'ai quelques ordres à donner...

A part.

Du courage, et les poches pleines ! Je veux prendre un peu l'air des alentours.

SCÈNE IV
BARBERINE, KALÉKAIRI.

BARBERINE.

Que penses-tu de ce jeune homme, ma chère ?

KALÉKAIRI.

Kalékairi ne l'aime point.

BARBERINE. Page 262.

Bibl. Charpentier. LIV. 165.

BARBERINE.

Il te déplaît ! Pourquoi cela ?
Elle s'assoit.
Il me semble qu'il n'est pas mal tourné.

KALÉKAIRI.

Certainement.

BARBERINE.

Qu'est-ce donc qui te choque ? Il ne s'exprime pas mal, un peu en courtisan, mais c'est la faute de sa jeunesse, et il apporte de bonnes nouvelles.

KALÉKAIRI.

Je ne crois pas.

BARBERINE.

Comment ! tu ne crois pas ? Voici la lettre de mon mari qui est toute pleine de tendresse pour moi et d'amitié pour son ambassadeur.
Kalékairi secoue la tête.
Que t'a donc fait ce monsieur de Rosemberg ?

KALÉKAIRI.

Il a donné de l'or à Kalékairi.

BARBERINE, riant.

C'est là ce qui t'a offensée ? Eh bien ! il n'y a qu'à le lui rendre.

KALÉKAIRI.

Je suis esclave.

BARBERINE.

Non pas ici. — Tu es ma compagne et mon amie.

KALÉKAIRI.

Si on rendait l'or, il se défierait.

BARBERINE.

Que veux-tu dire ? explique-toi. Tu le traites comme un conspirateur.

KALÉKAIRI.

Kalékairi n'avait rien fait pour lui. Elle n'avait pas ouvert la porte, elle n'avait pas arrangé une chambre, elle n'avait point préparé un repas. Il a voulu tromper Kalékairi.

BARBERINE.

Mais Kalékairi prend bien vite la mouche. Est-ce qu'il a essayé de te faire la cour ?

KALÉKAIRI.

Oh ! non.

BARBERINE.

Eh bien ! quoi de si surprenant ! Il est nouveau venu dans ce château. N'est-il pas assez naturel qu'il cherche à s'y gagner quelque bienveillance ?

Il est riche, d'ailleurs, à ce qu'il paraît, et assez content qu'on le sache; c'est une petite façon de grand seigneur.

KALÉKAIRI.

Il ne connaît pas le comte Ulric.

BARBERINE.

Comment! il ne le connaît pas?

KALÉKAIRI.

Non. Il a parlé au portier L'Uscoque, et il lui a demandé s'il aimait son maître. Il m'a demandé aussi si je vous aimais. Il ne nous connaît pas.

BARBERINE.

Que tu es folle! voilà les belles preuves qui te donnent sur lui des soupçons! et quel grand crime penses-tu donc qu'il médite?

KALÉKAIRI.

Quand j'ai été à Janina, un chrétien est venu qui aimait ma maîtresse; il a donné aussi beaucoup d'or aux esclaves, et on l'a coupé en morceaux.

BARBERINE.

Miséricorde! comme tu y vas! voyez-vous la petite lionne! Et tu te figures apparemment que ce jeune homme vient tenter ma conquête? N'est-ce pas là le fond de ta pensée?

Kalékairi fait un signe que oui.

Eh bien! ma chère, sois sans inquiétude. Tu peux laisser là tes frayeurs et tes petits moyens par trop asiatiques. Je n'imagine point qu'un inconnu vienne de prime-abord me parler d'amour. Mais supposons qu'il en soit ainsi, tu peux être bien assurée... Voici notre hôte, tu nous laisseras seuls. — Retirons-nous un peu à l'écart.

A part.

Il serait pourtant curieux qu'elle eût raison.

Elles se retirent au fond du théâtre

SCÈNE V

Les Mêmes, ROSEMBERG.

ROSEMBERG, se croyant seul.

Je crois maintenant que mon plan est fait. Il y a dans le petit livre d'Uladislas l'histoire d'un certain Jachimo qui fait une gageure toute pareille à la mienne avec Leonatus Posthumus, gendre du roi de la Grande-Bretagne. Ce Jachimo s'introduit secrètement dans l'appartement de la belle Imogène, en son absence, et prend sur ses tablettes une description exacte de la chambre. Ici telle porte; là telle fenêtre; l'escalier est de telle façon... Il note les moindres détails ni plus ni moins qu'un général d'armée qui se dispose à entrer en campagne. Je veux imiter ce Jachimo.

BARBERINE, à part.

Il a l'air de se consulter.

KALÉKAIRI, de même.

N'en doutez pas; c'est peut-être un espion turc.

ROSEMBERG.

Le portier L'Uscoque a pris mon argent. Je me glisserai furtivement dans la chambre de Barberine, et là... oui... que ferai-je là si je viens à la rencontrer? Hum!... c'est dangereux et embarrassant.

KALÉKAIRI, bas à Barberine.

Voyez-vous comme il réfléchit?

ROSEMBERG.

Eh bien! je plaiderai ma cause, car Dieu me garde de l'offenser! ce serait me déshonorer moi-même. — Mais dans tous les romans, et même dans les ballades, les plus parfaits amants font-ils autre chose que s'introduire ainsi, quand ils peuvent, chez la dame de leur pensée? C'est toujours plus commode, on est moins dérangé. — Ah! voilà la belle comtesse! — Si j'essayais d'abord, par manière d'acquit, quelques propos de galanterie? Sachons ce qu'elle dit sur ce chapitre, cela ne peut pas nuire, car, au bout du compte, si je venais à ne pas lui déplaire, cela me dispenserait de ruser, — et c'est cette ruse qui m'embarrasse!

Haut.

Excusez-moi, comtesse, d'être demeuré si longtemps loin de vous; mes équipages sont considérables, et il faut mettre quelque ordre à cela.

BARBERINE.

Rien n'est plus juste, et je vous prie de vouloir bien vous considérer comme parfaitement libre dans cette maison. Vous comprenez qu'un ami de mon mari ne saurait être étranger pour nous.

A Kalékairi.

Va, Kalékairi, va, ma chère, et n'aie pas peur.

Kalékairi sort.

ROSEMBERG.

Vous me pénétrez de reconnaissance. A vous dire vrai, en venant chez vous, je ne craignais que d'être importun, et je courrais grand risque de le devenir si je laissais parler mon cœur.

BARBERINE, à part.

Parler son cœur! déjà! quel langage!

Haut.

Soyez assuré, seigneur Rosemberg, que vous ne me gênez pas du tout; car cette liberté que je vous offre m'est fort nécessaire à moi-même, et je vous la donne pour en user aussi.

ROSEMBERG.

Cela s'entend, je connais les convenances et je sais quels devoirs impose votre rang. Une châtelaine est reine chez elle, et vous l'êtes deux fois, Madame, par la noblesse et par la beauté.

BARBERINE.

Ce n'est pas cela. C'est que dans ce moment-ci nous sommes en train de faire la vendange.

ROSEMBERG.

Oui, vraiment, j'ai vu en passant sur ces collines quantité de paysans. Cela ressemble à une fête, et vous recevez sans doute, à cette occasion, les hommages de vos vassaux. Ils doivent être heureux, puisqu'ils vous appartiennent.

BARBERINE.

Oui, mais ils sont bien tourmentants... il me faut aller aux champs toute la journée pour faire rentrer le maïs et les foins tardifs.

ROSEMBERG, à part.

Si elle me répond sur ce ton, cela va être bien peu poétique.

BARBERINE, de même.

S'il persiste dans ses compliments, cela pourra être divertissant.

ROSEMBERG.

J'avoue, comtesse, qu'une chose m'étonne. Ce n'est pas de voir une noble dame veiller au soin de ses domaines; mais j'aurais cru que c'était de plus loin.

BARBERINE.

Je conçois cela. Vous êtes de la cour, et les beautés d'Albe-Royale ne promènent pas dans l'herbe leurs souliers dorés.

ROSEMBERG.

C'est vrai, Madame, et ne trouvez-vous pas que cette vie toute de plaisirs, de fêtes, d'enchantements et de magnificence, est une chose vraiment admirable? Sans vouloir médire des vertus champêtres, la vraie place d'une jolie femme n'est-elle pas là, dans cette sphère brillante? Regardez votre miroir, comtesse. Une jolie femme n'est-elle pas le chef-d'œuvre de la création, et toutes les richesses du monde ne sont-elles pas faites pour l'entourer, pour l'embellir, s'il était possible?

BARBERINE.

Oui, cela peut plaire sans doute. Vos belles dames ne voient ce pauvre monde que du haut de leur palefroi, ou, si leur pied se pose à terre, c'est sur un carreau de velours.

ROSEMBERG.

Oh! pas toujours. Ma tante Béatrice va aussi comme vous dans les champs.

BARBERINE.

Ah! votre tante est bonne ménagère?

ROSEMBERG.

Oui, et bien avare, excepté pour moi, car elle me donnerait ses coiffes.

BARBERINE.

En vérité?

ROSEMBERG.

Oh! certainement; c'est d'elle que me viennent presque tous les bijoux que je porte.

BARBERINE, à part.

Ce garçon-là n'est pas bien méchant.

Haut.

J'aime fort les bonnes ménagères, vu que j'ai la prétention d'en être une moi-même. Tenez, vous en voyez la preuve.

ROSEMBERG.

Qu'est-ce que cela? Dieu me pardonne, une quenouille et un fuseau!

BARBERINE.

Ce sont mes armes.

ROSEMBERG.

Est-ce possible? quoi! vous cultivez ce vieux métier de nos grand'mères? vous plongez vos belles mains dans cette filasse?

BARBERINE.

Je tâche qu'elles se reposent le moins possible. Est-ce que votre tante ne file pas?

ROSEMBERG.

Mais ma tante est vieille, Madame; il n'y a que les vieilles femmes qui filent.

BARBERINE.

Vraiment! en êtes-vous bien sûr? Je ne crois pas qu'il en doive être ainsi. Ne connaissez-vous pas cette ancienne maxime, que le travail est une prière? Il y a longtemps qu'on a dit cela. Eh bien! si ces deux choses se ressemblent, et elles peuvent se ressembler devant Dieu, n'est-il pas juste que la tâche la plus dure soit le partage des plus jeunes? N'est-ce pas quand nos mains sont vives, alertes et pleines d'activité qu'elles doivent tourner le fuseau? Et lorsque l'âge et la fatigue les forcent un jour de s'arrêter, n'est-ce pas alors qu'il est temps de les joindre, en laissant faire le reste à la suprême bonté? Croyez-moi, seigneur Rosemberg, ne dites pas de mal de nos quenouilles, non pas même de nos aiguilles; je vous le répète, ce sont nos armes. Il est vrai que vous autres hommes, vous en portez de plus glorieuses, mais celles-là ont aussi leur prix; voici ma lance et mon épée.

Elle montra la quenouille et le fuseau.

ROSEMBERG, à part.

Le sermon n'est pas mal tourné, mais me voilà loin de mon pari. Tâchons encore d'y revenir.
Haut.
Il n'est pas possible, Madame, d'être contredit quand on dit si bien. Mais vous permettrez, s'il vous plaît, armes pour armes, que je préfère les nôtres.

BARBERINE.

Les combats vous plaisent, à ce que je vois?

ROSEMBERG.

Le demandez-vous à un gentilhomme? Hors la guerre et l'amour, qu'a-t-il à faire au monde?

BARBERINE.

Vous avez commencé bien jeune. Expliquez-moi donc une chose. Je n'ai jamais compris qu'un homme, couvert de fer, puisse diriger aisément un cheval qui en est aussi tout caparaçonné. Ce bruit de ferraille doit être assourdissant, et vous devez être là comme dans une prison.

ROSEMBERG, à part.

Je crois qu'elle cherche à me dérouter.
Haut.
Un bon cavalier ne craint rien, s'il porte la couleur de sa dame.

BARBERINE.

Vous êtes brave, à ce qu'il paraît. Aimez-vous beaucoup votre tante?

ROSEMBERG.

De tout mon cœur, d'amitié s'entend, car pour l'amour, c'est autre chose.

BARBERINE.

On n'a pas d'amour pour sa tante.

ROSEMBERG.

Je n'en saurais avoir pour qui que ce soit, hormis pour une seule personne.

BARBERINE.

Votre cœur est pris?

ROSEMBERG.

Oui, Madame, depuis peu de temps, mais pour toute ma vie.

BARBERINE.

C'est sûrement quelque jeune fille que vous avez dessein d'épouser?

ROSEMBERG.

Hélas! Madame, c'est impossible. Elle est jeune et belle, il est vrai, et elle a toutes les qualités qui peuvent faire le bonheur d'un époux, mais ce bonheur ne m'est pas réservé; sa main appartient à un autre.

BARBERINE.

Cela est fâcheux, il faut en guérir.

ROSEMBERG.

Ah ! Madame, il faut en mourir !

BARBERINE.

Bah ! à votre âge !

ROSEMBERG.

Comment ! à mon âge ! Êtes-vous donc tant plus âgée que moi ?

BARBERINE.

Beaucoup plus. Je suis raisonnable.

ROSEMBERG.

Je l'étais aussi avant de l'avoir vue ! — Ah ! si vous saviez qui elle est ! Si j'osais prononcer son nom devant vous...

BARBERINE.

Est-ce que je la connais ?

ROSEMBERG.

Oui, Madame ! — Et puisque mon secret vient de m'échapper à demi, je vous le confierais tout entier, si vous me promettiez de ne pas m'en punir.

BARBERINE.

Vous en punir ? à quel propos ? je n'y suis pour rien, j'imagine.

ROSEMBERG.

Pour plus que vous ne pensez, Madame, et si j'osais...

SCÈNE VI

Les Mêmes, KALÉKAIRI.

ROSEMBERG, à part

Peste soit de la petite barbaresque ! j'avais eu tant de peine à en arriver là !

KALÉKAIRI.

Le portier L'Uscoque est venu pour dire qu'il y avait sur la route beaucoup de chariots.

BARBERINE.

Qu'est-ce que c'est ?

KALÉKAIRI.

Je puis le dire à vous seule.

BARBERINE.

Approche.

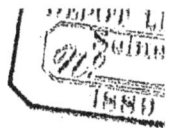

BARBERINE.   Page 271.

ROSEMBERG, à part.

Quel mystère ! Encore des légumes ! Voilà une châtelaine terriblement bourgeoise !

KALÉKAIRI, bas à sa maîtresse.

Il n'y a point de chariots. Rosemberg a encore donné beaucoup d'or au portier L'Uscoque.

BARBERINE, bas.

Pourquoi faire, et sous quel prétexte ?

KALÉKAIRI, de même.

Il a demandé qu'on le fasse entrer secrètement chez la maîtresse.

BARBERINE, bas.

Chez moi, dis-tu ? en es-tu sûre ?

KALÉKAIRI, de même.

L'Uscoque ne voulait rien dire ; mais Kalékairi l'a grisé, et il lui a tout raconté.

BARBERINE, regardant Rosemberg.

Vraiment, cela est incroyable !

ROSEMBERG, à part.

Quel singulier regard jette-t-elle donc sur moi ?

BARBERINE, de même.

Est-ce possible ? Ce jeune homme un peu fanfaron, il est vrai, mais, au fond, d'humeur assez douce et qui semblait... Cela est bien étrange.

KALÉKAIRI, bas.

L'Uscoque dit maintenant que si la maîtresse le veut, il se cachera derrière la porte avec Ludwig le jardinier. Ils prendront chacun une fourche, et quand l'autre arrivera...

BARBERINE, riant.

Non, je te remercie. Tu en reviens toujours à ta méthode expéditive.

KALÉKAIRI.

Rosemberg a beaucoup de domestiques armés.

BARBERINE.

Oui, et nous sommes seules, ou presque seules, dans cette maison au fond d'un petit désert. Mais je te dirai une chose fort simple : — Il y a un gardien, ma chère, qui défend mieux l'honneur d'une femme que tous les remparts d'un sérail et que tous les muets d'un sultan; et ce gardien, c'est elle-même. Va, et cependant ne t'éloigne pas. — Écoute ! lorsque je te ferai signe par cette fenêtre...

Elle lui parle à l'oreille.

KALÉKAIRI.

Cela sera fait.

Elle sort.

SCÈNE VII

BARBERINE, ROSEMBERG.

BARBERINE.

Eh bien! seigneur, à quoi songez-vous?

ROSEMBERG.

J'attendais de savoir si je dois me retirer.

BARBERINE.

N'étiez-vous pas en train de me faire une confidence? Cette petite fille est venue mal à propos.

ROSEMBERG.

Oh! oui.

BARBERINE.

Eh bien! continuez.

ROSEMBERG.

Je n'en ai plus le courage, Madame, je ne sais comment j'avais pu oser...

BARBERINE.

Et vous n'osez plus? Vous me disiez, je crois, que vous aviez de l'amour pour une femme qui est mariée à l'un de vos amis?

ROSEMBERG.

Un de mes amis, je n'ai pas dit cela.

BARBERINE.

Je croyais l'avoir entendu. Mais êtes-vous sûr que j'aie mal compris?

ROSEMBERG, à part.

Que veut-elle dire? ce regard si terrible me semble à présent singulièrement doux.

BARBERINE.

Eh bien! vous ne répondez pas?

ROSEMBERG.

Ah! Madame... Si vous avez pénétré ma pensée...

BARBERINE.

Est-ce une raison pour ne pas la dire?

ROSEMBERG.

Non, je le vois, vous m'avez deviné. Ces beaux yeux ont lu dans mon cœur, qui se trahissait malgré moi. Je ne saurais vous cacher plus longtemps un sentiment plus fort que ma raison, plus puissant même que mon

respect pour vous. Apprenez donc à la fois, comtesse, et ma souffrance et ma folie. Depuis le premier jour où je vous ai vue, j'erre autour de ce château, dans ces montagnes désertes !... L'armée, la cour ne sont plus rien pour moi ; j'ai tout quitté dès que j'ai pu trouver un prétexte pour me rapprocher de vous, ne fût-ce qu'un instant. Je vous aime, je vous adore ! voilà mon secret, Madame ; avais-je tort de vous supplier de ne pas m'en punir?
Il met un genou en terre.

BARBERINE, à part.

Il ne ment pas mal pour son âge.
Haut.

Vous aviez, dites-vous, la crainte d'être puni ; — n'aviez-vous pas celle de m'offenser?

ROSEMBERG, se levant.

En quoi l'amour peut-il être une offense? Qui est-ce offenser que d'aimer?

BARBERINE.

Dieu, qui le défend !

ROSEMBERG.

Non, Barberine ! puisque Dieu a fait la beauté, comment a-t-il pu défendre qu'on l'aime? C'est son image la plus parfaite.

BARBERINE.

Mais si la beauté est l'image de Dieu, la sainte foi jurée à ses autels n'est-elle pas un bien plus précieux? S'est-il contenté de créer, et n'a-t-il pas, sur son œuvre céleste, étendu la main comme un père, pour défendre et pour protéger?

ROSEMBERG.

Non, quand je suis ainsi près de vous, quand ma main tremble en touchant la vôtre, quand vos yeux s'abaissent sur moi avec ce regard qui me transporte, non ! Barberine, c'est impossible ; non, Dieu ne défend pas d'aimer. Hélas ! point de reproches, je ne...

BARBERINE.

Que vous me trouviez belle et que vous me le disiez, cela ne me fâche pas beaucoup. Mais à quoi bon en dire davantage? le comte Ulric est votre ami.

ROSEMBERG.

Qu'en sais-je? Que puis-je vous répondre? De quoi puis-je me souvenir près de vous?

BARBERINE.

Quoi ! si je consentais à vous écouter, ni l'amitié, ni la crainte de Dieu, ni la confiance d'un gentilhomme qui vous envoie auprès de moi, rien n'est capable de vous faire hésiter !

ROSEMBERG.

Non, sur mon âme, rien au monde. Vous êtes si belle, Barberine! vos yeux sont si doux, votre sourire est le bonheur lui-même!

BARBERINE.

Je vous l'ai dit, tout cela ne me fâche pas. Mais pourquoi prendre ainsi ma main? O Dieu! il me semble que, si j'étais homme, je mourrais plutôt que de parler d'amour à la femme d'un ami.

ROSEMBERG.

Et moi, je mourrai plutôt que de cesser de vous parler d'amour.

BARBERINE.

Vraiment! sur votre honneur, cela est votre sentiment?
<small>Elle fait un signe par la fenêtre.</small>

ROSEMBERG.

Sur mon âme, sur mon honneur!

BARBERINE.

Vous trahiriez de bon cœur un ami?

ROSEMBERG.

Oui, pour vous plaire, pour un regard de vous.
<small>On entend sonner une cloche.</small>

BARBERINE.

Voici la cloche qui m'avertit de descendre.

ROSEMBERG.

O ciel! vous me quittez ainsi?

BARBERINE.

Que vous dirai-je? voici Kalékairi.

SCÈNE VIII

Les Mêmes, KALÉKAIRI.

ROSEMBERG.

Encore cette Croate, cette Transylvaine!

KALÉKAIRI.

Les fermiers disent qu'ils attendent.

BARBERINE.

J'y vais.

ROSEMBERG, bas à Barberine.

Hé quoi! sans une parole...? sans un regard qui m'apprenne mon sort?

BARBERINE

Je crois que vous êtes un grand enchanteur, car il est impossible de vous garder rancune. Mes fermiers vont se mettre à table; attendez-moi ici un instant. Je me délivre d'eux, et je reviens. — Allons, Kalékairi, allons.

KALÉKAIRI.

Kalékairi ne veut pas dîner.

ROSEMBERG, à part.

Elle veut rester, la petite Éthiopienne!
Haut.
Comment, Mademoiselle, vous n'avez pas faim?

KALÉKAIRI.

Non, je ne veux pas. Ils vous ont placé une cloche, tout au haut d'une grosse tour, et quand cette machine sonne, il faut que Kalékairi mange. Mais Kalékairi ne veut pas manger; Kalékairi n'a pas d'appétit.

BARBERINE, priant.

Viens, mon enfant, tu feras comme tu voudras, mais j'ai besoin de toi.
A part.
Je crois, en vérité, qu'elle serait capable de me surveiller moi-même.

SCÈNE IX

ROSEMBERG, seul.

Elle va revenir! elle me dit de l'attendre pendant qu'elle va éloigner tout son monde! Peut-elle me faire mieux entendre que je ne lui ai pas déplu? Que dis-je? n'est-ce pas m'avouer qu'elle m'aime? n'est-ce pas là le plus piquant rendez-vous?... Parbleu! j'étais bien bon de me creuser la tête et de dépenser mon argent pour imiter ce sot de Jachimo! C'est bien la peine de s'aller cacher, lorsque, pour vaincre, on n'a qu'à paraître! Il est vrai que je ne m'attendais pas, en conscience, à me faire écouter si vite. O fortune! quelle bénédiction! non, je ne m'y attendais pas. Cette fière comtesse, ce riche enjeu, tout cela gagné en si peu de temps! Qu'il avait donc raison, ce cher Uladislas! Je vais donc l'entendre me parler d'amour! car ce sera son tour à présent, elle! Barberine! ô beauté! ô joie ineffable! Je ne saurais demeurer en repos; il faut pourtant un peu de patience.
Il s'assoit.
En vérité, c'est une grande misère que cette fragilité des femmes. Conquise si vite! Est-ce que je l'aime? Non, je ne l'aime pas. Fi donc! trahir ainsi un mari si plein de droiture et de confiance! Céder au premier regard amoureux d'un inconnu! que peut-on faire de cela? J'ai autre chose en tête

que de rester ici. — Qui maintenant me résistera? Déjà je me vois arrivant à la cour, et traversant d'un pas nonchalant les longues galeries. Les courtisans s'écartent en silence, les femmes chuchotent; le riche enjeu est sur la table, et la reine a le sourire sur les lèvres. Quel coup de filet, Rosemberg! Ce que c'est pourtant que la fortune! Quand je pense à ce qui m'arrive, il me semble rêver. Non, il n'y a rien de tel que l'audace. — Il me semble que j'entends du bruit. Quelqu'un monte l'escalier; on s'approche, on monte à petits pas. Ah! comme mon cœur palpite!

Les fenêtres se ferment, et on entend au dehors le bruit de plusieurs verrous.

Qu'est-ce que cela veut dire? Je suis enfermé. On verrouille la porte en dehors. Sans doute, c'est quelque précaution de Barberine; elle a peur que pendant le dîner quelque domestique n'entre ici. Elle aura envoyé sa camériste fermer sur moi la porte, jusqu'à ce qu'elle puisse s'échapper! Si elle allait ne pas venir! s'il arrivait un obstacle imprévu! Bon, elle me le ferait dire. Mais qui marche ainsi dans le corridor? On vient ici... C'est Barberine, je reconnais son pas. Silence! il ne faut pas ici nous donner l'air d'un écolier. Je veux composer mon visage... celui à qui de pareilles choses arrivent n'en doit pas paraître étonné.

Un guichet s'ouvre dans la muraille.

BARBERINE, en dehors, parlant par le guichet.

Seigneur Rosemberg, comme vous n'êtes venu ici que pour commettre un vol, le plus odieux et le plus digne de châtiment, le vol de l'honneur d'une femme, et comme il est juste que la pénitence soit proportionnée au crime, vous êtes emprisonné comme un voleur. Il ne vous sera fait aucun mal, et les gens de votre suite continueront à être bien traités. Si vous voulez boire et manger, vous n'avez d'autre moyen que de faire comme ces vieilles femmes que vous n'aimez pas, c'est-à-dire de filer. Vous avez là, comme vous savez, une quenouille et un fuseau, et vous pouvez avoir l'assurance que l'ordinaire de vos repas sera scrupuleusement augmenté ou diminué, selon la quantité de fil que vous filerez.

Elle ferme le guichet.

ROSEMBERG.

Est-ce que je rêve? Holà! Barberine! holà! Jean! holà! Albert! Qu'est-ce que cela signifie? La porte est comme murée; on l'a fermée avec des barres de fer; — les fenêtres sont grillées, et le guichet n'est pas plus grand que mon bonnet. Holà! quelqu'un! ouvrez! ouvrez! ouvrez, c'est moi, Rosemberg, je suis enfermé ici. Ouvrez! qui vient m'ouvrir? Y a-t-il ici quelqu'un? Je prie qu'on m'ouvre, s'il vous plaît. Hé! le gardien, êtes-vous là? ouvrez-moi, Monsieur, je vous prie. Je veux faire signe par la croisée. Hé! compagnon, venez m'ouvrir; — il ne m'entend pas : — ouvrir, ouvrir, je suis enfermé. Cette chambre est au premier étage. — Mais qu'est-ce donc? on ne m'ouvrira pas!

BARBERINE, ouvrant le guichet.

Seigneur, ces cris ne servent de rien. Il commence à se faire tard; si vous voulez souper, il est temps de vous mettre à filer.
Elle ferme le guichet.

ROSEMBERG.

Hé! bon! c'est une plaisanterie. L'espiègle veut me piquer au jeu par ce joyeux tour de malice. On m'ouvrira dans un quart d'heure ; je suis bien sot de m'inquiéter. Oui, sans doute, ce n'est qu'un jeu ; mais il me semble qu'il est un peu fort, et tout cela pourrait me prêter un personnage ridicule. Hum! m'enfermer dans une tourelle! Traite-t-on aussi légèrement un homme de mon rang? — Fou que je suis! Cela prouve qu'elle m'aime! elle n'en agirait pas si familièrement avec moi, si la plus douce récompense ne m'attendait. Voilà qui est clair, on m'éprouve peut-être, on observe ma contenance. Pour les déconcerter un peu, il faut que je me mette à chanter gaiement.
Il chante.

> Quand le coq de bruyère
> Voit venir le chasseur,
> Holà! dans la clairière,
> Holà! landerira.
> Oh! le hardi compère!
> Franc chasseur, l'arme au poing,
> Holà! remplis ton verre,
> Holà! landerira.

KALÉKAIRI, ouvrant le guichet.

La maîtresse dit, puisque vous ne filez pas, que vous vous passerez sans doute de souper, et elle croit que vous n'avez pas faim; ainsi je vous souhaite une bonne nuit.
Elle ferme le guichet.

ROSEMBERG.

Kalékairi! écoute donc un peu! écoute donc! ma petite, viens me tenir compagnie!... Est-ce que je serais pris au piège? voilà qui a l'air sérieux! Passer la nuit ici sans souper! et justement j'ai une faim horrible! Combien de temps va-t-on donc me laisser ici? Assurément cela est sérieux. Mort et massacre! feu! sang! tonnerre! exécrable Barberine! misérable! infâme! bourreau! malédiction! Ah! malheureux que je suis! me voilà en prison. On va faire murer la porte! on me laissera mourir de faim! c'est une vengeance du comte Ulric. Hélas! hélas! prenez pitié de moi!... Le comte Ulric veut ma mort, cela est certain! sa femme exécute ses ordres. Pitié! pitié! je suis mort! je suis perdu!... je ne verrai plus jamais mon père, ma pauvre tante Béatrice! hélas! ah! Dieu! hélas! c'en est fait de moi!... Barberine! madame la comtesse! ma chère demoiselle Kalékairi!... O rage! ô feu et flammes! oh! si j'en sors jamais, ils périront tous de ma main; je les accuserai devant la reine elle-même, comme bourreaux et empoisonneurs. Ah! Dieu! ah! ciel! prenez pitié de moi!

BARBERINE.

Page 278.

BARBERINE, *ouvrant le guichet.*

Seigneur, avant de me coucher, je viens savoir si vous avez filé.

ROSEMBERG.

Non, je n'ai pas filé, je ne file point, je ne suis point une fileuse. Ah! Barberine, vous me le payerez!

BARBERINE.

Seigneur, quand vous aurez filé, vous avertirez le soldat qui monte la garde à votre porte.

ROSEMBERG.

Ne vous en allez point, comtesse. — Au nom du ciel, écoutez-moi!

BARBERINE.

Filez, filez!

ROSEMBERG.

Non, par la mort! non, par le sang! je briserai cette quenouille. Non, je mourrais plutôt.

BARBERINE.

Adieu, seigneur!

ROSEMBERG.

Encore un mot, ne partez pas.

BARBERINE.

Que voulez-vous?

ROSEMBERG.

Mais... mais... comtesse... en vérité... je suis, je... ne sais pas filer. Comment voulez-vous que je file?

BARBERINE.

Apprenez.
Elle ferme le guichet.

ROSEMBERG.

Non, jamais je ne filerai, quand le ciel devrait m'écraser! Quelle cruauté raffinée! Voyez donc cette Barberine! elle était en déshabillé, elle va se mettre au lit à peine vêtue, en cornette, et plus jolie cent fois... Ah! la nuit vient; dans une heure d'ici il ne fera plus clair.
Il s'assoit.

Ainsi, c'est décidé, il n'en faut pas douter. Non seulement je suis en prison, mais on veut m'avilir par le dernier des métiers. Si je ne file, ma mort est certaine. Ah! la faim me talonne cruellement. Voilà six heures que je n'ai mangé; pas une miette de pain depuis ce matin à déjeuner! Misérable Uladislas! puisses-tu mourir de faim pour tes conseils! Où diantre suis-je venu me fourrer? Que me suis-je mis dans la tête? J'avais bien affaire de ce comte Ulric et de sa bégueule de comtesse! Le beau voyage que je fais! J'avais de l'argent, des chevaux, tout était pour le mieux; je

me serais diverti à la cour. Peste soit de l'entreprise! J'aurai perdu mon patrimoine, et j'aurai appris à filer!... Le jour baisse de plus en plus, et la faim augmente en proportion. Est-ce que je serais réduit à filer? Non, mille fois non! J'aimerais mieux mourir de faim comme un gentilhomme. Diable!... vraiment, si je ne file pas, il ne sera plus temps tout à l'heure.
<small>Il se lève.</small>

Comment est-ce donc fait, cette quenouille? Quelle machine diabolique est-ce là? Je n'y comprends rien. Comment s'y prend-on? Je vais tout briser. Que cela est entortillé! O Dieu! j'y pense, elle me regarde; cela est sûr, je ne filerai pas.

<small>UNE VOIX, au dehors.</small>

Qui vive?
<small>Le couvre-feu sonne.</small>

<small>ROSEMBERG.</small>

Le couvre-feu sonne! Barberine va se coucher. Les lumières commencent à s'allumer. Les mulets passent sur la route, et les bestiaux rentrent des champs. O Dieu! passer la nuit ainsi! là, dans cette prison! sans feu! sans lumière! sans souper! le froid! la faim! Hé! holà! compagnon, n'y a-t-il pas un soldat de garde?

<small>BARBERINE, ouvrant le guichet.</small>

Eh bien?

<small>ROSEMBERG.</small>

Je file! comtesse, je file, faites-moi donner à souper.

SCENE X
ROSEMBERG, KALÉKAIRI.

<small>KALÉKAIRI, entrant avec deux plats.</small>

Voilà le souper. Il y a des concombres et une salade de laitues.

<small>ROSEMBERG.</small>

Bien obligé! Tu servais d'espion, te voilà geôlière à présent! méchante Arabe que tu es! Pourquoi as-tu pris mes sequins?

<small>KALÉKAIRI, mettant une bourse sur la table.</small>

Maintenant je puis vous les rendre.

<small>ROSEMBERG.</small>

Hé! je n'ai que faire d'argent en prison.
<small>On entend le son des trompettes.</small>

Qui arrive là? quel est ce bruit? j'entends un fracas de chevaux dans la cour.

KALÉKAIRI.

C'est la reine qui vient ici.

ROSEMBERG.

La reine, dis-tu?

KALÉKAIRI.

Et le comte Ulric aussi.

ROSEMBERG.

Le comte Ulric! la reine! ah! je suis perdu! Kalékairi, fais-moi sortir d'ici.

KALÉKAIRI.

Non, il faut que vous y restiez.

ROSEMBERG.

Je te donnerai autant de sequins que tu voudras, mais, de grâce, laisse-moi sortir. Dis à la sentinelle de me laisser passer.

KALÉKAIRI.

Non. — Pourquoi êtes-vous venu?

ROSEMBERG.

Ah! tu as bien raison. Où est la comtesse? Je veux lui demander grâce ou plutôt l'accuser; oui, l'accuser devant la reine elle-même, car on n'enferme pas les gens de cette façon-là. Où est ta maîtresse?

KALÉKAIRI.

Sur le pas de sa porte, pour recevoir la reine.

ROSEMBERG.

Et que diantre la reine vient-elle faire ici?

KALÉKAIRI.

Kalékairi avait écrit.

ROSEMBERG.

A la reine?

KALÉKAIRI.

Non, au comte Ulric.

ROSEMBERG.

Et à propos de quoi?

KALÉKAIRI.

Pour qu'on vienne ici.

ROSEMBERG.

Et qu'on me trouve dans cette caverne?

KALÉKAIRI.

Non. — Kalékairi, quand elle a écrit, ne savait pas qu'on vous ferait filer.

ROSEMBERG.

Ah! c'est donc la comtesse toute seule à qui est venue cette gracieuse idée?

KALÉKAIRI.

Oui, et la comtesse ne savait pas que Kalékairi avait écrit, car la comtesse avait écrit aussi.

ROSEMBERG.

Elle a écrit aussi? c'est fort obligeant.

KALÉKAIRI.

Oui, pendant que vous criiez si fort. Elle allait voir, et puis elle revenait. Mais Kalékairi avait écrit longtemps auparavant. Kalékairi avait écrit dès que vous lui aviez parlé.

ROSEMBERG.

Ainsi, toi d'abord, et puis la comtesse! Deux dénonciations pour une! c'est à merveille; j'étais en bonnes mains. Ensorcelé par deux démons femelles!

LA SENTINELLE, sur le pas de la porte.

Seigneur, vous êtes libre. La reine va venir.

ROSEMBERG.

C'est fort heureux. Adieu, Kalékairi! Dis à ta maîtresse, de ma part, que je ne lui pardonnerai de ma vie, et, quant à toi, puissent toutes tes salades...

KALÉKAIRI.

Vous avez bien tort, car ma maîtresse a dit qu'elle vous trouvait bien gentil, oui, et que vous ne pouviez manquer de plaire à beaucoup de dames à la cour, mais que pour cette maison ce n'était pas l'endroit.

ROSEMBERG.

En vérité! elle a dit cela? Eh bien! Kalékairi, je crois que je lui pardonne. Et pour toi, si tu veux être discrète...

KALÉKAIRI.

Oh! non.

ROSEMBERG.

Comment! tu te vantais ce matin...

KALÉKAIRI.

C'était pour mieux savoir ce soir. Voici la reine avec tout le monde.

ROSEMBERG.

Ah! je suis pris.

SCÈNE XI

Les Précédents, LA REINE, ULRIC, BARBERINE, courtisans, etc.

LA REINE, à Barberine.

Oui, comtesse, nous avons voulu venir nous-même vous rendre visite.

BARBERINE.

Notre pauvre maison, Madame, n'est pas digne de vous recevoir.

LA REINE.

Je tiens à honneur d'y être reçue.
A Rosemberg.
Eh bien ! Rosemberg, ton pari ?

ROSEMBERG.

Il est perdu, Madame, comme vous voyez.

KALÉKAIRI, bas à Rosemberg.

Oui, bien perdu.

LA REINE.

Es-tu content de ton voyage ? Comment trouves-tu ce château ? Tu n'oublieras pas, je l'espère, l'hospitalité qu'on y reçoit ?

ROSEMBERG.

Je ne manquerai pas de m'en souvenir, Madame, toutes les fois que je ferai quelque sottise.

KALÉKAIRI, bas à Rosemberg.

Ce sera souvent.

LA REINE.

Il est fâcheux que celle-ci te coûte un peu cher.

BARBERINE.

Madame, si Votre Majesté daigne m'accorder une grâce, je lui demande de consentir à ce que ce pari soit oublié.

ULRIC.

Je le demande aussi, Madame. Si j'avais douté du cœur de ma femme, je pourrais profiter de cette gageure, et me faire payer mon souci ; mais, en conscience, je n'ai rien gagné. Voici tout le prix que j'en veux avoir.
Il donne à sa femme une poignée de main.

ROSEMBERG, à part.

Par mon patron, voilà un digne homme !

KALÉKAIRI, bas à Rosemberg.

Vous êtes guéri, n'est-ce pas ?

LA REINE.

Que cela vous plaise ainsi, je le veux bien. Mais notre parole royale est engagée, et nous ne saurions oublier que nous nous sommes portée pour témoin de la querelle. Ainsi, Rosemberg, tu payeras.

ROSEMBERG.

Madame, l'argent est tout prêt.

KALÉKAIRI, bas à Rosemberg.

Que va dire votre tante Béatrice ?

LA REINE.

Mais vous comprenez, comte Ulric, que si notre justice ordonne que le prix de votre gageure vous soit remis, notre pouvoir ne va pas si loin que de vous contraindre à l'accepter. — Ainsi, Rosemberg, là-dessus tu feras ta cour à la comtesse.

ROSEMBERG.

De tout mon cœur, Madame, et s'il se pouvait...

LA REINE.

Un instant ! nous avons appris de la bouche même de la comtesse le succès de cette aventure ; mais ces messieurs ne la connaissent pas, et il est juste qu'ils en soient instruits, ayant assisté, comme nous, aux débuts de cette entreprise. Voici deux lettres qui en parlent : Rosemberg, tu vas nous les lire.

BARBERINE.

Ah ! Madame !

LA REINE.

Êtes-vous si généreuse ? Eh bien ! je les lirai moi-même. En voici une d'abord, adressée au comte, et qui n'est pas longue, car elle ne contient qu'un mot : « Venez. » Signé : « Kalékairi. » Qui a écrit cela ?

KALÉKAIRI.

C'est moi, Madame.

LA REINE.

Tu as peu et bien dit, c'est un talent rare. Maintenant, Messieurs, voici l'autre.

Elle lit.

« Mon très cher et honoré mari,

« Nous venons d'avoir au château la visite du jeune baron de Rosemberg, qui s'est dit votre ami et envoyé par vous. Bien qu'un secret de cette nature soit ordinairement gardé par une femme avec justice, je vous dirai toutefois qu'il m'a parlé d'amour. J'espère qu'à ma prière et recommandation vous n'en tirerez aucune vengeance, et que vous n'en concevrez aucune haine contre lui. C'est un jeune homme de bonne famille, et point méchant. Il ne lui manquait que de savoir filer, et c'est ce que je vais lui apprendre. Si vous avez occasion de voir son père à la cour, dites-lui qu'il n'en soit point inquiet. Il est dans notre grand'salle, au premier étage, où il a une quenouille avec un fuseau, et il file, ou il va filer. Vous trouverez extraordinaire que j'aie choisi pour lui cette occupation, mais, comme j'ai reconnu qu'avec de bonnes qualités il ne manquait que de réflexion, j'ai pensé que c'était pour le mieux de lui apprendre ce métier qui lui permettra de réfléchir à son aise, en même temps qu'il peut lui faire gagner sa vie. Vous savez que votre grand'salle est close de verrous fort solides; je lui ai dit de m'y attendre, et je l'ai enfermé. Il y a au mur un guichet fort commode, par lequel on lui passera sa nourriture, ce qui fait que je ne doute pas qu'il ne sorte d'ici avec beaucoup d'avantage, et qu'en outre, si dans le cours de sa vie quelque malheur venait à l'atteindre, il ne se félicite d'avoir entre les mains un gagne-pain assuré pour ses jours.

« Je vous salue, vous aime et vous embrasse.

« BARBERINE. »

Si vous riez de cette lettre, seigneurs chevaliers, Dieu garde vos femmes de malencontre ! Il n'y a rien de si sérieux que l'honneur. Comte Ulric, jusqu'à demain nous voulons rester votre hôtesse, et nous entendons qu'on publie que nous avons fait le voyage exprès, suivie de toute notre cour, afin qu'on sache que le toit sous lequel habite une honnête femme est aussi saint lieu que l'église, et que les rois quittent leur palais pour les maisons qui sont à Dieu.

FIN DE BARBERINE.

LORENZACCIO. Page 283.

LORENZACCIO

DRAME EN CINQ ACTES
1834

PERSONNAGES :

ALEXANDRE DE MÉDICIS, duc de Florence.
LORENZO DE MÉDICIS (LORENZACCIO), cousin du duc de Florence.
COME DE MÉDICIS, cousin du duc de Florence.
LE CARDINAL CIBO.
LE MARQUIS DE CIBO, son frère.
SIRE MAURICE, chancelier des Huit.
LE CARDINAL BACCIO VALORI, commissaire apostolique.
JULIEN SALVIATI.
PHILIPPE STROZZI.
PIERRE STROZZI, \
THOMAS STROZZI, } ses fils.
LÉON STROZZI, prieur de Capoue, /
ROBERTO CORSINI, provéditeur de la forteresse.

PALLA RUCCELLAI, \
ALAMANNO SALVIATI, } seigneurs républicains.
FRANÇOIS PAZZI, /
BINDO ALTOVITI, oncle de Lorenzo.
VENTURI, bourgeois.
TEBALDEO, peintre.
SCORONCONCOLO, spadassin.
LES HUIT.
GIOMO LE HONGROIS, écuyer du duc.
MAFFIO, bourgeois.
MARIE SODERINI, mère de Lorenzo.
CATHERINE GINORI, tante de Lorenzo.
LA MARQUISE DE CIBO.
LOUISE STROZZI
DEUX DAMES DE LA COUR ET UN OFFICIER ALLEMAND.
UN ORFÈVRE, UN MARCHAND, DEUX PRÉCEPTEURS ET DEUX ENFANTS, PAGES, SOLDATS, MOINES, COURTISANS, BANNIS, ÉCOLIERS, DOMESTIQUES, BOURGEOIS, ETC.

La scène est à Florence.

ACTE PREMIER

SCÈNE Ire

Un jardin. — Clair de lune. — Un pavillon dans le fond, un autre sur le devant.
Entrent LE DUC ET LORENZO, couverts de leurs manteaux ; GIOMO, une lanterne à la main.

LE DUC.

Qu'elle se fasse attendre encore un quart d'heure, et je m'en vais. Il fait un froid de tous les diables.

LORENZO.

Patience, Altesse, patience.

LE DUC.

Elle devait sortir de chez sa mère à minuit ; il est minuit, et elle ne vient pourtant pas.

LORENZO.

Si elle ne vient pas, dites que je suis un sot, et que la vieille mère est une honnête femme.

LE DUC.

Entrailles du pape! avec tout cela je suis volé d'un millier de ducats.

LORENZO.

Nous n'avons avancé que moitié. Je réponds de la petite. Deux grands yeux languissants, cela ne trompe pas. Quoi de plus curieux pour le connaisseur que la débauche à la mamelle? Voir dans une enfant de quinze ans la rouée à venir; étudier, ensemencer, infiltrer paternellement le filon mystérieux du vice dans un conseil d'ami, dans une caresse au menton; tout dire et ne rien dire, selon le caractère des parents; — habituer doucement l'imagination qui se développe à donner des corps à ses fantômes, à toucher ce qui l'effraye, à mépriser ce qui la protège! Cela va plus vite qu'on ne pense; le vrai mérite est de frapper juste. Et quel trésor que celle-ci! tout ce qui peut faire passer une nuit délicieuse à Votre Altesse! Tant de pudeur! Une jeune chatte qui veut bien des confitures, mais qui ne veut pas se salir la patte. Proprette comme une Flamande! La médiocrité bourgeoise en personne. D'ailleurs, fille de bonnes gens, à qui leur peu de fortune n'a pas permis une éducation solide; point de fond dans les principes, rien qu'un léger vernis; mais quel flot violent d'un fleuve magnifique sous cette couche de glace fragile qui craque à chaque pas! Jamais arbuste en fleur n'a produit de fruits plus rares, jamais je n'ai humé dans une atmosphère enfantine plus exquise odeur de courtisanerie.

LE DUC.

Sacrebleu! je ne vois pas le signal. Il faut pourtant que j'aille au bal chez Nasi : c'est aujourd'hui qu'il marie sa fille.

GIOMO.

Allons au pavillon, Monseigneur; puisqu'il ne s'agit que d'emporter une fille qui est à moitié payée, nous pouvons bien taper aux carreaux.

LE DUC.

Viens par ici; le Hongrois a raison.

Ils s'éloignent. — Entre Maffio.

MAFFIO.

Il me semblait dans mon rêve voir ma sœur traverser notre jardin, tenant une lanterne sourde, et couverte de pierreries. Je me suis éveillé en sursaut. Dieu sait que ce n'est qu'une illusion, mais une illusion trop forte pour que le sommeil ne s'enfuie pas devant elle. Grâce au ciel, les fenêtres du pavillon où couche la petite sont fermées comme de coutume; j'aperçois faiblement la lumière de sa lampe entre les feuilles de notre vieux figuier.

Maintenant mes folles terreurs se dissipent; les battements précipités de mon cœur font place à une douce tranquillité. Insensé! mes yeux se remplissent de larmes, comme si ma pauvre sœur avait couru un véritable danger. — Qu'entends-je? Qui remue là entre les branches?

La sœur de Maffio passe dans l'éloignement.

Suis-je éveillé? c'est le fantôme de ma sœur. Il tient une lanterne sourde, et un collier brillant étincelle sur sa poitrine aux rayons de la lune. Gabrielle! Gabrielle! où vas-tu?

Rentrent Giomo et le duc.

GIOMO.

Ce sera le bonhomme de frère pris de somnambulisme. — Lorenzo conduira votre belle au palais par la petite porte; et quant à nous, qu'avons-nous à craindre?

MAFFIO.

Qui êtes-vous? Holà! arrêtez!
Il tire son épée.

GIOMO.

Honnête rustre, nous sommes tes amis.

MAFFIO.

Où est ma sœur? que cherchez-vous ici?

GIOMO.

Ta sœur est dénichée, brave canaille. Ouvre la grille de ton jardin.

MAFFIO.

Tire ton épée et défends-toi, assassin que tu es!

GIOMO saute sur lui et le désarme.

Halte-là! maître sot, pas si vite!

MAFFIO.

O honte! ô excès de misères! S'il y a des lois à Florence, si quelque justice vit encore sur la terre, par ce qu'il y a de vrai et de sacré au monde, je me jetterai aux pieds du duc, et il vous fera pendre tous les deux.

GIOMO.

Aux pieds du duc?

MAFFIO.

Oui, oui, je sais que les gredins de votre espèce égorgent impunément les familles. Mais que je meure, entendez-vous, je ne mourrai pas silencieux comme tant d'autres. Si le duc ne sait pas que sa ville est une forêt pleine de bandits, pleine d'empoisonneurs et de filles déshonorées, en voilà un qui le lui dira. Ah! massacre! ah! fer et sang! j'obtiendrai justice de vous!

GIOMO, l'épée à la main.

Faut-il frapper, Altesse?

LE DUC.

Allons donc! frapper ce pauvre homme! Va te coucher, mon ami : nous t'enverrons demain quelques ducats.
Il sort.

MAFFIO.

C'est Alexandre de Médicis!

GIOMO.

Lui-même, mon brave rustre. Ne te vante pas de sa visite si tu tiens à tes oreilles.
Il sort.

SCÈNE II

Une rue. — Le point du jour. — Plusieurs masques sortent d'une maison illuminée.
UN MARCHAND DE SOIERIES ET UN ORFÈVRE *ouvrent leurs boutiques.*

LE MARCHAND DE SOIERIES.

Hé! hé! père Mondella, voilà bien du vent pour mes étoffes.
Il étale ses pièces de soie.

L'ORFÈVRE, *bâillant.*

C'est à se casser la tête. Au diable leur noce! Je n'ai pas fermé l'œil de la nuit.

LE MARCHAND.

Ni ma femme non plus, voisin; la chère âme s'est tournée et retournée comme une anguille. Ah! dame! quand on est jeune, on ne s'endort pas au bruit des violons.

L'ORFÈVRE.

Jeune! jeune! cela vous plaît à dire. On n'est pas jeune avec une barbe comme celle-là; et cependant, Dieu sait si leur damnée musique me donne envie de danser!
Deux écoliers passent.

PREMIER ÉCOLIER.

Rien n'est plus amusant. On se glisse contre la porte au milieu des soldats, et on les voit descendre avec leurs habits de toutes les couleurs. Tiens! voilà la maison des Nasi.
Il souffle dans ses doigts.
Mon portefeuille me glace les mains.

DEUXIÈME ÉCOLIER.

Et on nous laissera approcher?

PREMIER ÉCOLIER.

En vertu de quoi est-ce qu'on nous en empêcherait? Nous sommes citoyens de Florence. Regarde tout ce monde autour de la porte ; en voilà des chevaux, des pages et des livrées ! Tout cela va et vient, il n'y a qu'à s'y connaître un peu ; je suis capable de nommer toutes les personnes d'importance ; on observe bien tous les costumes, et le soir on dit à l'atelier : J'ai une terrible envie de dormir ; j'ai passé la nuit au bal chez le prince Aldobrandini, chez le comte Salviati ; le prince était habillé de telle ou telle façon ; la princesse de telle ou telle autre, et on ne ment pas. Viens, prends ma cape par derrière.

<small>Ils se placent contre la porte de la maison.</small>

L'ORFÈVRE.

Entendez-vous les petits badauds? Je voudrais qu'un de mes apprentis fît un pareil métier !

LE MARCHAND.

Bon ! bon ! père Mondella, où le plaisir ne coûte rien, la jeunesse n'a rien à perdre. Tous ces grands yeux étonnés de ces petits polissons me réjouissent le cœur. — Voilà comme j'étais, humant l'air et cherchant les nouvelles. Il paraît que la Nasi est une belle gaillarde, et que le Martelli est un heureux garçon. C'est une famille bien florentine celle-là ! Quelle tournure ont tous ces grands seigneurs ! J'avoue que ces fêtes-là me font plaisir à moi. On est dans son lit bien tranquille, avec un coin de ses rideaux retroussé ; on regarde de temps en temps les lumières qui vont et viennent dans le palais ; on attrape un petit air de danse sans rien payer, et on se dit : Hé ! hé ! ce sont mes étoffes qui dansent, mes belles étoffes du bon Dieu, sur le cher corps de tous ces braves et loyaux seigneurs.

L'ORFÈVRE.

Il en danse plus d'une qui n'est pas payée, voisin ; ce sont celles-là qu'on arrose de vin et qu'on frotte sur les murailles avec le moins de regret. Que les grands seigneurs s'amusent, c'est tout simple, — ils sont nés pour cela ; mais il y a des amusements de plusieurs sortes, entendez-vous ?

LE MARCHAND.

Oui, oui, comme la danse, le cheval, le jeu de paume et tant d'autres. Qu'entendez-vous vous-même, père Mondella?

L'ORFÈVRE.

Cela suffit. — Je me comprends. — C'est-à-dire que les murailles de tous ces palais-là n'ont jamais mieux prouvé leur solidité. Il leur fallait moins de force pour défendre les aïeux de l'eau du ciel qu'il ne leur en faut pour soutenir les fils quand ils sont trop pris de leur vin.

LE MARCHAND.

Un verre de vin est de bon conseil, père Mondella. Entrez donc dans ma boutique que je vous montre une pièce de velours.

L'ORFÈVRE.

Oui, de bon conseil et de bonne mine, voisin ; un bon verre de vin vieux a une bonne mine au bout d'un bras qui a sué pour le gagner ; on le soulève gaiement d'un petit coup ; et il s'en **va** donner du courage au cœur de l'honnête homme qui travaille pour sa famille. Mais ce sont des tonneaux sans vergogne, que tous ces godelureaux de la cour. A qui fait-on plaisir en s'abrutissant jusqu'à la bête féroce ? A personne, pas même à soi, et à Dieu encore moins.

LE MARCHAND.

Le carnaval a été rude, il faut l'avouer ; et leur maudit ballon m'a gâté de la marchandise pour une cinquantaine de florins [1]. Dieu merci ! les Strozzi l'ont payé.

L'ORFÈVRE.

Les Strozzi ! Que le ciel confonde ceux qui ont osé porter la main sur leur neveu ! Le plus brave homme de Florence, c'est Philippe Strozzi.

LE MARCHAND.

Cela n'empêche pas Pierre Strozzi d'avoir traîné son maudit ballon sur ma boutique, et de m'avoir fait trois grandes taches dans une aune de velours brodé. A propos, père Mondella, nous verrons-nous à Montolivet?

L'ORFÈVRE.

Ce n'est pas mon métier de suivre les foires ; j'irai cependant à Montolivet par piété. C'est un saint pèlerinage, voisin, et qui remet tous les péchés.

LE MARCHAND.

Et qui est tout à fait vénérable, voisin, et qui fait gagner les marchands plus que tous les autres jours de l'année. C'est plaisir de voir ces bonnes dames, sortant de la messe, manier examiner toutes les étoffes. Que Dieu conserve Son Altesse ! La cour est une belle chose.

L'ORFÈVRE.

La cour ! le peuple la porte sur le dos, voyez-vous. Florence était encore (il n'y a pas longtemps de cela) une bonne maison bien bâtie ; tous ces grands palais, qui sont les logements de nos grandes familles, en étaient les colonnes. Il n'y avait pas une de toutes ces colonnes qui dépassât les autres d'un pouce ; elles soutenaient à elles seules toute une vieille voûte bien cimentée, et nous nous promenions là-dessous sans crainte d'une pierre sur la tête. Mais il y a de par le monde deux architectes mal avisés qui ont gâté l'affaire ; je vous le dis en confidence : c'est le pape et l'empereur Charles.

[1]. C'était l'usage au carnaval de traîner dans les rues un énorme ballon qui renversait les passants et les devantures des boutiques. Pierre Strozzi avait été arrêté pour ce fait.
(*Note de l'auteur.*)

L'empereur a commencé par entrer par une assez bonne brèche dans la susdite maison. Après quoi, ils ont jugé à propos de prendre une des colonnes dont je vous parle, à savoir celle de la famille de Médicis, et d'en faire un clocher, lequel clocher a poussé comme un champignon de malheur dans l'espace d'une nuit. Et puis, savez-vous, voisin? comme l'édifice branlait au vent, attendu qu'il avait la tête trop lourde et une jambe de moins, on a remplacé le pilier devenu clocher par un gros pâté informe fait de boue et de crachat, et on a appelé cela la citadelle. Les Allemands se sont installés dans ce maudit trou comme des rats dans un fromage; et il est bon de savoir que, tout en jouant aux dés et en buvant leur vin aigrelet, ils ont l'œil sur nous autres. Les familles florentines ont beau crier, le peuple et les marchands ont beau dire, les Médicis gouvernent au moyen de leur garnison; ils nous dévorent comme une excroissance vénéneuse dévore un estomac malade; c'est en vertu des hallebardes qui se promènent sur la plate-forme, qu'un bâtard, qu'une moitié de Médicis, un butor que le ciel avait fait pour être garçon boucher ou valet de charrue, couche dans le lit de nos filles, boit nos bouteilles, casse nos vitres; et encore le paye-t-on pour cela.

LE MARCHAND.

Peste! peste! comme vous y allez! vous avez l'air de savoir tout cela par cœur; il ne ferait pas bon dire cela dans toutes les oreilles, voisin Mondella.

L'ORFÈVRE.

Et quand on me bannirait comme tant d'autres! On vit à Rome aussi bien qu'ici. Que le diable emporte la noce, ceux qui y dansent et ceux qui la font!

Il rentre. Le marchand se mêle aux curieux. — Passe un bourgeois avec sa femme.

LA FEMME.

Guillaume Martelli est un bel homme et riche. C'est un bonheur pour Nicolo Nasi d'avoir un gendre comme celui-là. Tiens! le bal dure encore. — Regarde donc toutes ces lumières.

LE BOURGEOIS.

Et nous, notre fille, quand la marierons-nous?

LA FEMME.

Comme tout est illuminé! danser encore à l'heure qu'il est, c'est là une jolie fête! — On dit que le duc y est.

LE BOURGEOIS.

Faire du jour la nuit et de la nuit le jour, c'est un moyen commode de ne pas voir les honnêtes gens. Une belle invention, ma foi, que des hallebardes à la porte d'une noce! Que le bon Dieu protège la ville! il en sort

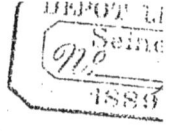

LORENZACCIO.

Page 290.

tous les jours de nouveaux, de ces chiens d'Allemands, de leur damnée forteresse.

LA FEMME.

Regarde donc le joli masque. Ah! la belle robe! Hélas! tout cela coûte très cher, et nous sommes bien pauvres à la maison.
Ils sortent.

UN SOLDAT, au marchand

Gare! canaille! laisse passer les chevaux.

LE MARCHAND.

Canaille toi-même, Allemand du diable!
Le soldat le frappe de sa pique.

LE MARCHAND, se retirant.

Voilà comme on suit la capitulation! Ces gredins-là maltraitent les citoyens.
Il rentre chez lui.

L'ÉCOLIER, à son camarade.

Vois-tu celui-là qui ôte son masque? C'est Palla Ruccellai. Un fier luron! Ce petit-là, à côté de lui, c'est Thomas Strozzi, Masaccio, comme on dit.

UN PAGE, criant.

Le cheval de Son Altesse!

LE SECOND ÉCOLIER.

Allons-nous-en, voilà le duc qui sort.

LE PREMIER ÉCOLIER

Crois-tu pas qu'il va te manger?
La foule s'augmente à la porte.

L'ÉCOLIER.

Celui-là, c'est Nicolini; celui-là, c'est le provéditeur.
Le duc sort, vêtu en religieuse, avec Julien Salviati, habillé de même, tous deux masqués

LE DUC, montant à cheval.

Viens-tu, Julien?

SALVIATI.

Non! Altesse, pas encore.
Il lui parle à l'oreille.

LE DUC.

Bien, bien, ferme!

SALVIATI.

Elle est belle comme un démon. — Laissez-moi faire; si je peux me débarrasser de ma femme...
Il rentre dans le bal.

LE DUC.

Tu es gris, Salviati; le diable m'emporte! tu vas de travers.
Il part avec sa suite.

L'ÉCOLIER.

Maintenant que voilà le duc parti, il n'y en a pas pour longtemps.
Les masques sortent de tous côtés.

LE SECOND ÉCOLIER.

Rose, vert, bleu, j'en ai plein les yeux; la tête me tourne.

UN BOURGEOIS.

Il paraît que le souper a duré longtemps : en voilà deux qui ne peuvent plus se tenir.
Le provéditeur monte à cheval; une bouteille cassée lui tombe sur l'épaule.

LE PROVÉDITEUR.

Eh! ventrebleu! quel est l'assommeur, ici?

UN MASQUE.

Eh! ne le voyez-vous pas, seigneur Corsini! Tenez! regardez à la fenêtre; c'est Lorenzo avec sa robe de nonne.

LE PROVÉDITEUR.

Lorenzaccio, le diable soit de toi! tu as blessé mon cheval.
La fenêtre se ferme
Peste soit de l'ivrogne et de ses farces silencieuses! un gredin qui n'a pas souri trois fois dans sa vie, et qui passe le temps à des espiègleries d'écolier en vacances!
Il sort. — Louise Strozzi sort de la maison, accompagnée de Julien Salviati; il lui tient l'étrier. Elle monte à cheval; un écuyer et une gouvernante la suivent.

SALVIATI.

La jolie jambe, chère fille! Tu es un rayon de soleil, et tu as brûlé la moelle de mes os.

LOUISE.

Seigneur, ce n'est pas là le langage d'un cavalier.

SALVIATI.

Quels yeux tu as, mon cher cœur! quelle belle épaule à essuyer, tout humide et si fraîche! Que faut-il te donner pour être ta camériste cette nuit? Le joli pied à déchausser!

LOUISE.

Lâche mon pied, Salviati.

SALVIATI.

Non, par le corps de Bacchus! jusqu'à ce que tu m'aies dit quand nous coucherons ensemble.
Louise frappe son cheval et part au galop.

UN MASQUE, à Salviati.

La petite Strozzi s'en va rouge comme la braise. — Vous l'avez fâchée, Salviati.

SALVIATI.

Baste! colère de jeune fille et pluie du matin...
Il sort.

SCÈNE III
Chez le marquis de Cibo.

LE MARQUIS, en habit de voyage; LA MARQUISE, ASCANIO, LE CARDINAL CIBO, assis

LE MARQUIS, embrassant son fils.

Je voudrais pouvoir t'emmener, petit, toi et ta grande épée qui te traîne entre les jambes. Prends patience : Massa n'est pas bien loin, et je t'apporterai un bon cadeau.

LA MARQUISE.

Adieu, Laurent; revenez, revenez!

LE CARDINAL.

Marquise, voilà des pleurs qui sont de trop. Ne dirait-on pas que mon frère part pour la Palestine? Il ne court pas grand danger dans ses terres, je crois.

LE MARQUIS.

Mon frère, ne dites pas de mal de ces belles larmes.
Il embrasse sa femme.

LE CARDINAL.

Je voudrais seulement que l'honnêteté n'eût pas cette apparence.

LA MARQUISE.

L'honnêteté n'a-t-elle point de larmes, monsieur le cardinal? sont-elles toutes au repentir ou à la crainte?

LE MARQUIS.

Non, par le ciel! car les meilleures sont à l'amour. N'essuyez pas celles-ci sur mon visage, le vent s'en chargera en route : qu'elles se sèchent lentement! Eh bien! ma chère, vous ne me dites rien pour vos favoris? n'emporterai-je pas, comme de coutume, quelque belle harangue sentimentale à faire de votre part aux roches et aux cascades de mon vieux patrimoine?

LA MARQUISE.

Ah! mes pauvres cascatelles!

LE MARQUIS.

C'est la vérité, ma chère âme, elles sont toutes tristes sans vous.
Plus bas.
Elles ont été joyeuses autrefois, n'est-il pas vrai, Ricciarda?

LA MARQUISE.

Emmenez-moi !

LE MARQUIS.

Je le ferais si j'étais fou, et je le suis presque, avec ma vieille mine de soldat. N'en parlons plus ; — ce sera l'affaire d'une semaine. Que ma chère Ricciarda voie ses jardins quand ils sont tranquilles et solitaires ; les pieds boueux de mes fermiers ne laisseront pas de trace dans ses allées chéries. C'est à moi de compter mes vieux troncs d'arbres qui me rappellent ton père Albéric, et tous les brins d'herbe de mes bois ; les métayers et leurs bœufs, tout cela me regarde. A la première fleur que je verrai pousser, je mets tout à la porte, et je vous emmène alors.

LA MARQUISE.

La première fleur de notre belle pelouse m'est toujours chère. L'hiver est si long ! Il me semble toujours que ces pauvres petites ne reviendront jamais.

ASCANIO.

Quel cheval as-tu, mon père, pour t'en aller?

LE MARQUIS.

Viens avec moi dans la cour, tu le verras.
Il sort. — La marquise reste seule avec le cardinal. — Un silence.

LE CARDINAL.

N'est-ce pas aujourd'hui que vous m'avez demandé d'entendre votre confession, marquise?

LA MARQUISE.

Dispensez-m'en, cardinal. Ce sera pour ce soir, si Votre Éminence est libre, ou demain, comme elle voudra. — Ce moment-ci n'est pas à moi.
Elle se met à la fenêtre et fait un signe d'adieu à son mari.

LE CARDINAL.

Si les regrets étaient permis à un fidèle serviteur de Dieu, j'envierais le sort de mon frère. — Un si court voyage, si simple, si tranquille ! une visite à une de ses terres qui n'est qu'à quelques pas d'ici ! — une absence d'une semaine, — et tant de tristesse, une si douce tristesse, veux-je dire, à son départ ! Heureux celui qui sait se faire aimer ainsi après sept années de mariage ! N'est-ce pas sept années, marquise ?

LA MARQUISE.

Oui, cardinal ; mon fils a six ans.

LE CARDINAL.

Étiez-vous hier à la noce des Nasi?

LA MARQUISE.

Oui, j'y étais.

LE CARDINAL.

Et le duc en religieuse?

LA MARQUISE.

Pourquoi le duc en religieuse?

LE CARDINAL.

On m'avait dit qu'il avait pris ce costume, il se peut qu'on m'ait trompé.

LA MARQUISE.

Il l'avait en effet. Ah! Malaspina, nous sommes dans un triste temps pour toutes les choses saintes!

LE CARDINAL.

On peut respecter les choses saintes, et, dans un jour de folie, prendre le costume de certains couvents, sans aucune intention hostile à la sainte Église catholique.

LA MARQUISE.

L'exemple est à craindre et non l'intention. Je ne suis pas comme vous; cela m'a révoltée. Il est vrai que je ne sais pas bien ce qui se peut et ce qui ne se peut pas, selon vos règles mystérieuses. Dieu sait où elles mènent! Ceux qui mettent les mots sur leur enclume, et qui les tordent avec un marteau et une lime, ne réfléchissent pas toujours que ces mots représentent des pensées, et ces pensées des actions.

LE CARDINAL.

Bon, bon! le duc est jeune, marquise, et gageons que cet habit coquet des nonnes lui allait à ravir.

LA MARQUISE.

On ne peut mieux; il n'y manquait que quelques gouttes de sang de son cousin, Hippolyte de Médicis.

LE CARDINAL.

Et le bonnet de la Liberté, n'est-il pas vrai, petite sœur? Quelle haine pour ce pauvre duc!

LA MARQUISE.

Et vous, son bras droit, cela vous est égal que le duc de Florence soit le préfet de Charles-Quint, le commissaire civil du pape, comme Baccio est son commissaire religieux? Cela vous est égal, à vous, frère de mon Laurent, que notre soleil, à nous, promène sur la citadelle des ombres allemandes?

que César parle ici dans toutes les bouches? que la débauche serve d'entremetteuse à l'esclavage, et secoue ses grelots sur les sanglots du peuple? Ah! le clergé sonnerait au besoin toutes ses cloches pour en étouffer le bruit et pour réveiller l'aigle impérial, s'il s'endormait sur nos pauvres toits.

Elle sort.

LE CARDINAL, *seul, soulève la tapisserie et appelle à voix basse.*

Agnolo!

Entre un page

Quoi de nouveau aujourd'hui?

AGNOLO.

Cette lettre, Monseigneur.

LE CARDINAL.

Donne-la-moi.

AGNOLO.

Hélas! Éminence, c'est un péché.

LE CARDINAL.

Rien n'est un péché quand on obéit à un prêtre de l'Église romaine.

Agnolo remet la lettre.

Cela est comique d'entendre les fureurs de cette pauvre marquise, et de la voir courir à un rendez-vous d'amour avec le cher tyran, toute baignée de larmes républicaines.

Il ouvre la lettre et lit.

« Ou vous serez à moi, ou vous aurez fait mon malheur, le vôtre et celui de nos deux maisons. »

Le style du duc est laconique, mais il ne manque pas d'énergie. Que la marquise soit convaincue ou non, voilà le difficile à savoir. Deux mois de cour presque assidue, c'est beaucoup pour Alexandre; ce doit être assez pour Ricciardia Cibo.

Il rend la lettre au page.

Remets cela chez ta maîtresse; tu es toujours muet, n'est-ce pas? Compte sur moi.

Il lui donne sa main à baiser et sort.

SCÈNE IV

Une cour du palais du duc.

LE DUC ALEXANDRE *sur une terrasse; des pages exercent des chevaux dans la cour. Entrent* VALORI *et* SIRE MAURICE.

LE DUC, à Valori.

Votre Éminence a-t-elle reçu ce matin des nouvelles de la cour de Rome?

VALORI.

Paul III envoie mille bénédictions à Votre Altesse, et fait les vœux les plus ardents pour sa prospérité.

LE DUC.

Rien que des vœux, Valori?

VALORI.

Sa Sainteté craint que le duc ne se crée de nouveaux dangers par trop d'indulgence. Le peuple est mal habitué à la domination absolue; et César, à son dernier voyage, en a dit autant, je crois, à Votre Altesse.

LE DUC.

Voilà, pardieu, un beau cheval, sire Maurice! Eh! quelle croupe de diable!

SIRE MAURICE.

Superbe, Altesse.

LE DUC.

Ainsi, monsieur le commissaire apostolique, il y a encore quelques mauvaises branches à élaguer. César et le pape ont fait de moi un roi ; mais, par Bacchus, ils m'ont mis dans la main une espèce de sceptre qui sent la hache d'une lieue. Allons! voyons, Valori, qu'est-ce que c'est?

VALORI.

Je suis un prêtre, Altesse; si les paroles que mon devoir me force à vous rapporter fidèlement doivent être interprétées d'une manière aussi sévère, mon cœur me défend d'y ajouter un mot.

LE DUC.

Oui, oui, je vous connais pour un brave. Vous êtes, pardieu! le seul prêtre honnête homme que j'aie vu de ma vie.

VALORI.

Monseigneur, l'honnêteté ne se perd ni ne se gagne sous aucun habit; et parmi les hommes il y a plus de bons que de méchants.

LE DUC.

Ainsi donc point d'explications?

SIRE MAURICE.

Voulez-vous que je parle, Monseigneur? tout est facile à expliquer.

LE DUC.

Eh bien ?

SIRE MAURICE.

Les désordres de la cour irritent le pape.

LE DUC.

Que dis-tu là, toi?

LORENZACCIO. Page 300.

Libl. Charpentier. LIV. 170.

SIRE MAURICE.

J'ai dit les désordres de la cour, Altesse; les actions du duc n'ont d'autre juge que lui-même. C'est Lorenzo de Médicis que le pape réclame comme transfuge de sa justice.

LE DUC.

De sa justice! il n'a jamais offensé de pape, à ma connaissance, que Clément VII, feu mon cousin, qui, à cette heure, est en enfer

SIRE MAURICE.

Clément VII a laissé sortir de ses États le libertin qui, un jour d'ivresse, avait décapité les statues de l'arc de Constantin. Paul III ne saurait pardonner au modèle titré de la débauche florentine.

LE DUC.

Ah parbleu! Alexandre Farnèse est un plaisant garçon! Si la débauche l'effarouche, que diable fait-il de son bâtard, le cher Pierre Farnèse, qui traite si joliment l'évêque de Fano? Cette mutilation revient toujours sur l'eau, à propos de ce pauvre Renzo. Moi, je trouve cela drôle, d'avoir coupé la tête à tous ces hommes de pierre. Je protège les arts comme un autre, et j'ai chez moi les premiers artistes de l'Italie; mais je n'entends rien au respect du pape pour ces statues qu'il excommunierait demain, si elles étaient en chair et en os.

SIRE MAURICE.

Lorenzo est un athée; il se moque de tout. Si le gouvernement de Votre Altesse n'est pas entouré d'un profond respect, il ne saurait être solide. Le peuple appelle Lorenzo Lorenzaccio : on sait qu'il dirige vos plaisirs, et cela suffit.

LE DUC.

Paix! tu oublies que Lorenzo de Médicis est cousin d'Alexandre.
Entre le cardinal Cibo.
Cardinal, écoutez un peu ces messieurs qui disent que le pape est scandalisé des désordres de ce pauvre Renzo, et qui prétendent que cela fait tort à mon gouvernement.

LE CARDINAL.

Messire Francesco Molza vient de débiter à l'Académie romaine une harangue en latin contre le mutilateur de l'arc de Constantin.

LE DUC.

Allons donc, vous me mettriez en colère! Renzo, un homme à craindre! le plus fieffé poltron! une femmelette, l'ombre d'un ruffian énervé! un rêveur qui marche nuit et jour sans épée, de peur d'en apercevoir l'ombre à son côté! d'ailleurs un philosophe, un gratteur de papier, un méchant poète qui ne sait seulement pas faire un sonnet! Non, non, je n'ai pas encore pour des ombres. Eh! corps de Bacchus! que me font les discours latins et les quolibets de ma canaille! J'aime Lorenzo, moi, et, par la mort de Dieu! il restera ici.

LE CARDINAL.

Si je craignais cet homme, ce ne serait pas pour votre cour, ni pour Florence, mais pour vous, duc.

LE DUC.

Plaisantez-vous, cardinal, et voulez-vous que je vous dise la vérité?
Il lui parle bas.
Tout ce que je sais de ces damnés bannis, de tous ces républicains entêtés qui complotent autour de moi, c'est par Lorenzo que je le sais. Il est glissant comme une anguille; il se fourre partout et me dit tout. N'a-t-il pas trouvé moyen d'établir une correspondance avec tous ces Strozzi de l'enfer? Oui, certes, c'est mon entremetteur; mais croyez que son entremise, si elle nuit à quelqu'un, ne me nuira pas. Tenez!
Lorenzo paraît au fond d'une galerie basse.
Regardez-moi ce petit corps maigre, ce lendemain d'orgie ambulant. Regardez-moi ces yeux plombés, ces mains fluettes et maladives, à peine assez fermes pour soutenir un éventail; ce visage morne, qui sourit quelquefois, mais qui n'a pas la force de rire. C'est là un homme à craindre? Allons, allons! vous vous moquez de lui. Hé! Renzo, viens donc ici; voilà sire Maurice qui te cherche dispute.

LORENZO, *montant l'escalier de la terrasse.*

Bonjour, messieurs les amis de mon cousin!

LE DUC.

Lorenzo, écoute ici. Voilà une heure que nous parlons de toi. Sais-tu la nouvelle? Mon ami, on t'excommunie en latin, et sire Maurice t'appelle un homme dangereux, le cardinal aussi; quant au bon Valori, il est trop honnête pour prononcer ton nom.

LORENZO.

Pour qui dangereux, Éminence? pour les filles de joie, ou pour les saints du paradis?

LE CARDINAL.

Les chiens de cour peuvent être pris de la rage comme les autres chiens.

LORENZO.

Une insulte de prêtre doit se faire en latin.

SIRE MAURICE.

Il s'en fait en toscan, auxquelles on peut répondre.

LORENZO.

Sire Maurice, je ne vous voyais pas ; excusez-moi, j'avais le soleil dans les yeux ; mais vous avez un bon visage et votre habit me paraît tout neuf.

SIRE MAURICE.

Comme votre esprit ; je l'ai fait faire d'un vieux pourpoint de mon grand-père.

LORENZO.

Cousin, quand vous aurez assez de quelque conquête des faubourgs, envoyez-la donc chez sire Maurice. Il est malsain de vivre sans femme, pour un homme qui a, comme lui, le cou court et les mains velues.

SIRE MAURICE.

Celui qui se croit le droit de plaisanter doit savoir se défendre. A votre place, je prendrais une épée.

LORENZO.

Si on vous a dit que j'étais un soldat, c'est une erreur ; je suis un pauvre amant de la science.

SIRE MAURICE.

Votre esprit est une épée acérée, mais flexible. C'est une arme trop vile ; chacun fait usage des siennes.

Il tire son épée.

VALORI.

Devant le duc, l'épée nue !

LE DUC, riant.

Laissez faire, laissez faire. Allons, Renzo, je veux te servir de témoin ; qu'on lui donne une épée !

LORENZO.

Monseigneur, que dites-vous là ?

LE DUC.

Eh bien ! ta gaieté s'évanouit si vite ? Tu trembles, cousin ? Fi donc ! tu fais honte au nom des Médicis. Je ne suis qu'un bâtard, et je le porterais mieux que toi, qui es légitime ! Une épée, une épée ! un Médicis ne se laisse point provoquer ainsi. Pages, montez ici ; toute la cour le verra, et je voudrais que Florence entière y fût.

LORENZO.

Son Altesse se rit de moi.

LE DUC.

J'ai ri tout à l'heure, mais maintenant je rougis de honte. Une épée !

Il prend l'épée d'un page et la présente à Lorenzo.

VALORI.

Monseigneur, c'est pousser trop loin les choses. Une épée tirée en présence de Votre Altesse est un crime punissable dans l'intérieur du palais.

LE DUC.

Qui parle ici, quand je parle?

VALORI.

Votre Altesse ne peut avoir eu d'autre dessein que celui de s'égayer un instant, et sire Maurice lui-même n'a point agi dans une autre pensée.

LE DUC.

Et vous ne voyez pas que je plaisante encore! Qui diable pense ici à une affaire sérieuse? Regardez Renzo, je vous en prie : ses genoux tremblent; il serait devenu pâle, s'il pouvait le devenir. Quelle contenance, juste Dieu! Je crois qu'il va tomber.

Lorenzo chancelle; il s'appuie sur la balustrade et glisse à terre tout d'un coup

LE DUC, riant aux éclats.

Quand je vous le disais! personne ne le sait mieux que moi; la seule vue d'une épée le fait trouver mal. Allons! chère Lorenzetta, fais-toi emporter chez ta mère.

Les pages relèvent Lorenzo.

SIRE MAURICE.

Double poltron! fils de catin.

LE DUC.

Silence! sire Maurice; pesez vos paroles, c'est moi qui vous le dis maintenant; pas de ces mots-là devant moi.

Sire Maurice sort.

VALORI.

Pauvre jeune homme!

LE CARDINAL, resté seul avec le duc.

Vous croyez à cela, Monseigneur?

LE DUC.

Je voudrais bien savoir comment je n'y croirais pas.

LE CARDINAL.

Hum! c'est bien fort.

LE DUC.

C'est justement pour cela que j'y crois. Vous figurez-vous qu'un Médicis se déshonore publiquement, par partie de plaisir? D'ailleurs ce n'est pas la première fois que cela lui arrive; jamais il n'a pu voir une épée.

LE CARDINAL.

C'est bien fort! c'est bien fort!

Ils sortent.

SCÈNE V

Devant l'église de Saint-Miniato à Montolivet. — La foule sort de l'église.

UNE FEMME, à sa voisine.

Retournez-vous ce soir à Florence?

Je ne reste jamais plus d'une heure ici, et je n'y viens jamais qu'un seul vendredi ; je ne suis pas assez riche pour m'arrêter à la foire ; ce n'est pour moi qu'une affaire de dévotion [1], et que cela suffise pour mon salut, c'est tout ce qu'il me faut.

UNE DAME DE LA COUR.

Comme il a bien prêché ! C'est le confesseur de ma fille.

Elle s'approche d'une boutique.

Blanc et or, cela fait bien le soir ; mais le jour, le moyen d'être propre avec cela?

Le marchand et l'orfèvre devant leurs boutiques avec quelques cavaliers.

L'ORFÈVRE.

La citadelle ! voilà ce que le peuple ne souffrira jamais, voir tout d'un coup s'élever sur la ville cette nouvelle tour de Babel, au milieu du plus maudit baragouin ; les Allemands ne pousseront jamais à Florence, et, pour les y greffer, il faudra un vigoureux lien.

LE MARCHAND.

Voyez, mesdames, que Vos Seigneuries acceptent un tabouret sous mon auvent.

UN CAVALIER.

Tu es du vieux sang florentin, père Mondella ; la haine de la tyrannie fait encore trembler tes doigts ridés sur tes ciselures précieuses, au fond de ton cabinet de travail.

L'ORFÈVRE.

C'est vrai, Excellence. Si j'étais un grand artiste, j'aimerais les princes, parce qu'eux seuls peuvent faire entreprendre de grands travaux ; les grands artistes n'ont pas de patrie ; moi, je fais des saints ciboires et des poignées d'épée.

UN AUTRE CAVALIER.

A propos d'artiste, ne voyez-vous pas, dans ce petit cabaret, ce grand

---

1. On allait à Montolivet tous les vendredis de certains mois ; c'était à Florence ce que Longchamps était autrefois à Paris : les marchands y trouvaient l'occasion d'une foire et y transportaient leurs boutiques.

(*Note de l'auteur.*)

gaillard qui gesticule devand des badauds ? Il frappe son verre sur la table; si je ne me trompe, c'est ce hâbleur de Cellini.

LE PREMIER CAVALIER.

Allons-y donc, et entrons; avec un verre de vin dans la tête, il est curieux à entendre, et probablement quelque bonne histoire est en train,

Ils sortent. — Deux bourgeois s'assoient.

PREMIER BOURGEOIS.

Il y a eu une émeute à Florence?

DEUXIÈME BOURGEOIS.

Presque rien. — Quelques pauvres jeunes gens ont été tués sur le Vieux-Marché.

PREMIER BOURGEOIS.

Quelle pitié pour les familles !

DEUXIÈME BOURGEOIS.

Voilà des malheurs inévitables. Que voulez-vous que fasse la jeunesse d'un gouvernement comme le nôtre? On vient crier à son de trompe que César est à Bologne, et les badauds répètent : « César est à Bologne, » en clignant des yeux d'un air d'importance, sans réfléchir à ce qu'on y fait Le jour suivant, ils sont plus heureux encore d'apprendre et de répéter : « Le pape est à Bologne avec César. » Que s'ensuit-il? Une réjouissance publique, ils n'en voient pas davantage; et puis un beau matin ils se réveillent tout endormis des fusées du vin impérial, et ils voient une figure sinistre à la grande fenêtre du palais des Pazzi. Ils demandent quel est ce personnage, on leur répond que c'est le roi. Le pape et l'empereur sont accouchés d'un bâtard qui a droit de vie et de mort sur nos enfants, et qui ne pourrait pas nommer sa mère.

L'ORFÈVRE, s'approchant.

Vous en parlez en patriote, ami ; je vous conseille de prendre garde à ce flandrin.

Passe un officier allemand.

L'OFFICIER.

Otez-vous de là, messieurs; des dames veulent s'asseoir.

Deux dames de la cour entrent et s'assoient..

PREMIÈRE DAME.

Cela est de Venise?

LE MARCHAND.

Oui, magnifique Seigneurie; vous en lèverai-je quelques aunes?

PREMIÈRE DAME.

Si tu veux. J'ai cru voir passer Julien Salviati.

L'OFFICIER.

Il va et vient à la porte de l'église; c'est un galant.

DEUXIÈME DAME.

C'est un insolent! Montrez-moi des bas de soie.

L'OFFICIER.

Il n'y en aura pas d'assez petits pour vous.

PREMIÈRE DAME.

Laissez donc, vous ne savez que dire. Puisque vous voyez Julien, allez lui dire que j'ai à lui parler.

L'OFFICIER.

J'y vais et je le ramène.
Il sort.

PREMIÈRE DAME.

Il est bête à faire plaisir ton officier; que peux-tu faire de cela?

DEUXIÈME DAME.

Tu sauras qu'il n'y a rien de mieux que cet homme-là.
Elles s'éloignent. — Entre le prieur de Capoue.

LE PRIEUR.

Donnez-moi un verre de limonade, brave homme.
Il s'assoit.

UN DES BOURGEOIS.

Voilà le prieur de Capoue; c'est là un patriote!
Les deux bourgeois se rassoient.

LE PRIEUR.

Vous venez de l'église, Messieurs! que dites-vous du sermon?

LE BOURGEOIS.

Il était beau, seigneur prieur.

DEUXIÈME BOURGEOIS, à l'orfèvre.

Cette noblesse des Strozzi est chère au peuple, parce qu'elle n'est pas fière. N'est-il pas agréable de voir un grand seigneur adresser librement la parole à ses voisins d'une manière affable? Tout cela fait plus qu'on ne pense.

LE PRIEUR.

S'il faut parler franchement, j'ai trouvé le sermon trop beau; j'ai prêché quelquefois, et je n'ai jamais tiré grande gloire du tremblement des vitres; mais une petite larme sur la joue d'un brave homme m'a toujours été d'un grand prix.
Entre Salviati.

SALVIATI.

On m'a dit qu'il y avait ici des femmes qui me demandaient tout à l'heure;

LORENZACCIO. Page 308.

Bibl. Charpentier. LIV. 171.

mais je ne vois de robe ici que la vôtre, prieur. Est-ce que je me trompe ?

LE MARCHAND.

Excellence, on ne vous a pas trompé. Elles se sont éloignées ; mais je pense qu'elles vont revenir. Voilà dix aunes d'étoffes et quatre paires de bas pour elles.

SALVIATI, s'asseyant.

Voilà une jolie femme qui passe. — Où diable l'ai-je donc vue ? — Ah ! parbleu ! c'est dans mon lit.

LE PRIEUR, au bourgeois.

Je crois avoir vu votre signature sur une lettre adressée au duc.

LE BOURGEOIS.

Je le dis tout haut ; c'est la supplique adressée par les bannis.

LE PRIEUR.

En avez-vous dans votre famille ?

LE BOURGEOIS.

Deux, Excellence : mon père et mon oncle ; il n'y a plus que moi d'homme à la maison.

LE DEUXIÈME BOURGEOIS, à l'orfèvre.

Comme ce Salviati a une méchante langue !

L'ORFÈVRE.

Cela n'est pas étonnant : un homme à moitié ruiné, vivant des générosités de ces Médicis et marié comme il l'est à une femme déshonorée partout ! Il voudrait qu'on dît de toutes les femmes possibles ce qu'on dit de la sienne.

SALVIATI.

N'est-ce pas Louise Strozzi qui passe sur ce tertre ?

LE MARCHAND.

Elle-même, Seigneurie. Peu des dames de notre noblesse me sont inconnues. Si je ne me trompe, elle donne la main à sa sœur cadette.

SALVIATI.

J'ai rencontré cette Louise la nuit dernière au bal de Nasi ; elle a, ma foi, une jolie jambe, et nous devons coucher ensemble au premier jour.

LE PRIEUR, se retournant.

Comment l'entendez-vous ?

SALVIATI.

Cela est clair, elle me l'a dit. Je lui tenais l'étrier, ne pensant guère à malice ; je ne sais par quelle distraction je lui pris la jambe, et voilà comme tout est venu.

LE PRIEUR.

Julien, je ne sais pas si tu sais que c'est de ma sœur que tu parles.

SALVIATI.

Je le sais très bien; toutes les femmes sont faites pour coucher avec les hommes, et ta sœur peut bien coucher avec moi.

LE PRIEUR se lève.

Vous dois-je quelque chose, brave homme?
Il jette une pièce de monnaie sur la table et sort.

SALVIATI.

J'aime beaucoup ce brave prieur, à qui un propos sur sa sœur fait oublier le reste de son argent. Ne dirait-on pas que toute la vertu de Florence s'est réfugiée chez ces Strozzi? Le voilà qui se retourne. Écarquille tes yeux tant que tu voudras, tu ne me feras pas peur.
Il sort.

SCÈNE VI
Le bord de l'Arno.
MARIE SODERINI, CATHERINE.

CATHERINE.

Le soleil commence à baisser. De larges bandes de pourpre traversent le feuillage, et la grenouille fait sonner sous les roseaux sa petite cloche de cristal. C'est une singulière chose que toutes les harmonies du soir avec le bruit lointain de cette ville.

MARIE.

Il est temps de rentrer; noue ton voile autour de ton cou.

CATHERINE.

Pas encore, à moins que vous n'ayez froid. Regardez, ma mère chérie[1]: que le ciel est beau! Que tout cela est vaste et tranquille! Comme Dieu est partout! Mais vous baissez la tête; vous êtes inquiète depuis ce matin.

MARIE.

Inquiète, non, mais affligée. N'as-tu pas entendu répéter cette fatale histoire de Lorenzo? La voilà la fable de Florence.

CATHERINE.

O ma mère! la lâcheté n'est point un crime; le courage n'est pas une

---

1. Catherine Ginori est belle-sœur de Marie; elle lui donne le nom de *mère*, parce qu'il y a entre elles une différence d'âge très grande : Catherine n'a guère que vingt-deux ans.
(*Note de l'auteur.*)

vertu : pourquoi la faiblesse est-elle blâmable? Répondre des battements de son cœur est un triste privilège; Dieu seul peut le rendre noble et digne d'admiration. Et pourquoi cet enfant n'aurait-il pas le droit que nous avons toutes, nous autres femmes? Une femme qui n'a peur de rien n'est pas aimable, dit-on.

MARIE.

Aimerais-tu un homme qui a peur? Tu rougis, Catherine; Lorenzo est ton neveu, tu ne peux pas l'aimer; mais figure-toi qu'il s'appelle de tout autre nom, qu'en penserais-tu? Quelle femme voudrait s'appuyer sur son bras pour monter à cheval? Quel homme lui serrerait la main?

CATHERINE.

Cela est triste, et cependant ce n'est pas de cela que je le plains. Son cœur n'est peut-être pas celui d'un Médicis; mais, hélas! c'est encore moins celui d'un honnête homme.

MARIE.

N'en parlons pas, Catherine; il est assez cruel pour une mère de ne pouvoir parler de son fils.

CATHERINE.

Ah! cette Florence! c'est là qu'on l'a perdu! N'ai-je pas vu briller quelquefois dans ses yeux le feu d'une noble ambition? Sa jeunesse n'a-t-elle pas été l'aurore d'un soleil levant? Et souvent encore aujourd'hui il me semble qu'un éclair rapide... — Je me dis malgré-moi que tout n'est pas mort en lui.

MARIE.

Ah! tout cela est un abîme! Tant de facilité, un si doux amour de la solitude! Ce ne sera jamais un guerrier que mon Renzo, disais-je en le voyant rentrer de son collège, tout baigné de sueur, avec ses gros livres sous le bras; mais un saint amour de la vérité brillait sur ses lèvres et dans ses yeux noirs. Il lui fallait s'inquiéter de tout, dire sans cesse : « Celui-là est pauvre, celui-là est ruiné; comment faire? » Et cette admiration pour les grands hommes de son Plutarque! Catherine, Catherine, que de fois je l'ai baisé au front en pensant au père de la patrie!

CATHERINE.

Ne vous affligez pas.

MARIE.

Je dis que je ne veux pas parler de lui, et j'en parle sans cesse. Il y a de certaines choses, vois-tu, les mères ne s'en taisent que dans le silence éternel. Que mon fils eût été un débauché vulgaire, que le sang des Soderini eût été pâle dans cette faible goutte tombée de mes veines, je ne me désespérerais pas; mais j'ai espéré et j'ai eu raison de le faire! Ah! Catherine, il n'est même plus beau; comme une fumée malfaisante, la souillure de son cœur lui est montée au visage. Le sourire, ce doux épanouissement qui rend la jeunesse semblable aux fleurs, s'est enfui de ses joues couleur de soufre, pour y laisser grommeler une ironie ignoble et le mépris de tout.

CATHERINE.

Il est encore beau quelquefois dans sa mélancolie étrange.

MARIE.

Sa naissance ne l'appelait-elle pas au trône? N'aurait-il pas pu y faire monter un jour avec lui la science d'un docteur, la plus belle jeunesse du monde, et couronner d'un diadème d'or tous mes songes chéris? ne devais-je pas m'attendre à cela? Ah! Cattina, pour dormir tranquille, il faut n'avoir jamais fait certains rêves. Cela est trop cruel d'avoir vécu dans un palais de fées, où murmuraient les cantiques des anges, de s'y être endormie, bercée par son fils, et de se réveiller dans une masure ensanglantée, pleine de débris d'orgie et de restes humains, dans les bras d'un spectre hideux qui vous tue en vous appelant encore du nom de mère.

CATHERINE.

Des ombres silencieuses commencent à marcher sur la route ; rentrons, Marie; tous ces bannis me font peur.

MARIE.

Pauvres gens! Ils ne doivent que faire pitié! Ah! ne puis-je voir un seul objet qu'il ne m'entre une épine dans le cœur? Ne puis-je plus ouvrir les yeux! Hélas! ma Cattina, ceci est encore l'ouvrage de Lorenzo. Tous ces pauvres bourgeois ont eu confiance en lui; il n'en est pas un, parmi tous ces pères de famille chassés de leur patrie, que mon fils n'ait pas trahi. Leurs lettres, signées de leur nom, sont montrées au duc. C'est ainsi qu'il fait tourner à un infâme usage jusqu'à la glorieuse mémoire de ses aïeux. Les républicains s'adressent à lui comme à l'antique rejeton de leur protecteur; sa maison leur est ouverte, les Strozzi eux-mêmes y viennent. Pauvre Philippe! Il y aura une triste fin pour tes cheveux gris! Ah! ne puis-je voir une fille sans pudeur, un malheureux privé de sa famille, sans que cela me crie : Tu es la mère de nos malheurs! Quand serai-je là?

Elle frappe la terre.

CATHERINE.

Ma pauvre mère, vos larmes se gagnent.

Elles s'éloignent. — Le soleil est couché. — Un groupe de bannis se forme au milieu d'un champ.

UN DES BANNIS.

Où allez-vous?

UN AUTRE.

A Pise; et vous?

LE PREMIER.

A Rome.

UN AUTRE.

Et moi à Venise; en voilà deux qui vont à Ferrare; que deviendrons-nous ainsi éloignés les uns des autres?

UN QUATRIÈME.

Adieu, voisin; à des temps meilleurs.
<small>Il s'en va.</small>

Adieu; pour nous, nous pouvons aller ensemble jusqu'à la croix de la Vierge.
<small>Il sort avec un autre. — Arrive Maffio.</small>

LE PREMIER BANNI.

C'est toi, Maffio? Par quel hasard es-tu ici?

MAFFIO.

Je suis des vôtres. Vous saurez que le duc a enlevé ma sœur; j'ai tiré l'épée; une espèce de tigre avec des membres de fer s'est jeté à mon cou et m'a désarmé; après quoi j'ai reçu l'ordre de sortir de la ville et une bourse pleine de ducats.

LE SECOND BANNI.

Et ta sœur, où est-elle?

MAFFIO.

On me l'a montrée ce soir sortant du spectacle dans une robe comme n'en a pas l'impératrice; que Dieu lui pardonne! Une vieille l'accompagnait, qui a laissé trois de ses dents à la sortie. Jamais je n'ai donné de ma vie un coup de poing qui m'ait fait ce plaisir-là.

LE TROISIÈME BANNI.

Qu'ils crèvent tous dans leur fange crapuleuse, et nous mourrons contents.

LE QUATRIÈME.

Philippe Strozzi nous écrira à Venise; quelque jour nous serons tous étonnés de trouver une armée à nos ordres.

LE TROISIÈME.

Que Philippe vive longtemps! Tant qu'il y aura un cheveu sur sa tête, la liberté de l'Italie n'est pas morte.
<small>Une partie du groupe se détache; tous les bannis s'embrassent.</small>

UNE VOIX.

A des temps meilleurs!

UNE AUTRE.

A des temps meilleurs!
<small>Deux bannis montent sur la plate-forme d'où l'on découvre la ville.</small>

LE PREMIER.

Adieu, Florence, peste de l'Italie ! Adieu, mère stérile, qui n'as plus de lait pour tes enfants !

LE SECOND.

Adieu, Florence la bâtarde, spectre hideux de l'antique Florence. Adieu, fange sans nom !

TOUS LES BANNIS.

Adieu, Florence ! Maudites soient les mamelles de tes femmes ! Maudits soient tes sanglots ! Maudites les prières de tes églises, le pain de tes blés, l'air de tes rues ! Malédiction sur la dernière goutte de ton sang corrompu !

ACTE DEUXIÈME

SCÈNE Ire

Chez les Strozzi.

PHILIPPE, dans son cabinet.

Dix citoyens bannis dans ce quartier-ci seulement ! Le vieux Galeazzo et le petit Maffio bannis, sa sœur corrompue, devenue une fille publique en une nuit ! Pauvre petite ! Quand l'éducation des basses classes sera-t-elle assez forte pour empêcher les petites filles de rire lorsque leurs parents pleurent ? La corruption est-elle donc une loi de nature ? Ce qu'on appelle la vertu, est-ce donc l'habit du dimanche qu'on met pour aller à la messe ? Le reste de la semaine, on est à la croisée, et, tout en tricotant, on regarde les jeunes gens passer. Pauvre humanité ! Quel nom portes-tu donc ? Celui de ta race, ou celui de ton baptême ? Et nous autres vieux rêveurs, quelle tache originelle avons-nous lavée sur la face humaine depuis quatre ou cinq mille ans que nous jaunissons avec nos livres ? Qu'il t'est facile à toi, dans le silence du cabinet, de tracer d'une main légère une ligne mince et pure comme un cheveu sur ce papier blanc ! Qu'il t'est facile de bâtir des palais et des villes avec ce petit compas et un peu d'encre ! Mais l'architecte qui a dans son pupitre des milliers de plans admirables ne peut soulever de terre le premier pavé de son édifice, quand il vient se mettre à l'ouvrage avec son dos voûté et ses idées obstinées. Que le bonheur des hommes ne soit qu'un rêve, cela est pourtant dur ; que le mal soit irrévocable, éternel, impossible à changer, non ! Pourquoi le philosophe qui travaille pour tous regarde-t-il autour de lui ? Voilà le tort. Le moindre insecte qui passe devant ses yeux lui cache le soleil ; allons-y donc plus hardiment ; la

République, il nous faut ce mot-là. Et quand ce ne serait qu'un mot, c'est quelque chose, puisque les peuples se lèvent quand il traverse l'air... Ah ! bonjour, Léon.

Entre le prieur de Capoue.

LE PRIEUR.

Je viens de la foire de Montolivet.

PHILIPPE.

Était-ce beau ? Te voilà aussi, Pierre. Assieds-toi donc, j'ai à te parler.

LE PRIEUR.

C'était très beau, et je me suis assez amusé, sauf certaine contrariété un peu trop forte que j'ai quelque peine à digérer.

PIERRE.

Bah ! qu'est-ce que c'est donc ?

LE PRIEUR.

Figurez-vous que j'étais entré dans une boutique pour prendre un verre de limonade... — Mais non, c'est inutile, je suis un sot de m'en souvenir.

PHILIPPE.

Que diable as-tu sur le cœur ? Tu parles comme une âme en peine.

LE PRIEUR.

Ce n'est rien ; un méchant propos, rien de plus. Il n'y a aucune importance à attacher à tout cela.

PIERRE.

Un propos ? Sur qui ? Sur toi ?

LE PRIEUR.

Non pas sur moi précisément. Je me soucierais bien d'un propos sur moi !

PIERRE.

Sur qui donc ? Allons ! parle, si tu veux.

LE PRIEUR.

J'ai tort ; on ne se souvient pas de ces choses-là quand on sait la différence d'un honnête homme à un Salviati.

PIERRE.

Salviati ? Qu'a dit cette canaille ?

LE PRIEUR.

C'est un misérable, tu as raison. Qu'importe ce qu'il peut dire ! Un homme sans pudeur, un valet de cour, qui, à ce qu'on raconte, a pour femme la plus grande dévergondée ! Allons ! voilà qui est fait, je n'y penserai pas davantage.

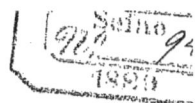

Lorenzaccio. Page 316.

Libl. Charpentier. LIV. 172.

PIERRE.

Penses-y et parle, Léon ; c'est-à-dire que cela me démange de lui couper les oreilles. De qui a-t-il médit? De nous? De mon père? Ah! sang du Christ, je ne l'aime guère, ce Salviati. Il faut que je sache cela, entends-tu?

LE PRIEUR.

Si tu y tiens, je te le dirai. Il s'est exprimé devant moi, dans une boutique, d'une manière vraiment offensante sur le compte de notre sœur.

PIERRE.

O mon Dieu! Dans quels termes? Allons! parle donc!

LE PRIEUR.

Dans les termes les plus grossiers.

PIERRE.

Diable de prêtre que tu es! tu me vois hors de moi d'impatience, et tu cherches tes mots! Dis les choses comme elles sont; parbleu! un mot est un mot; il n'y a pas de bon Dieu qui tienne.

PHILIPPE.

Pierre, Pierre! tu manques à ton frère.

LE PRIEUR.

Il a dit qu'il coucherait avec elle, voilà son mot, et qu'elle le lui avait promis.

PIERRE.

Qu'elle couch... Ah! mort de mort, de mille morts! Quelle heure est-il?

PHILIPPE.

Où vas-tu? Allons! es-tu fait de salpêtre? Qu'as-tu à faire de cette épée? tu en as une au côté.

PIERRE.

Je n'ai rien à faire; allons dîner; le dîner est servi.
Ils sortent.

SCÈNE II
Le portail d'une église.
Entrent LORENZO et VALORI.

VALORI.

Comment se fait-il que le duc n'y vienne pas? Ah! monsieur, quelle satisfaction pour un chrétien que ces pompes magnifiques de l'Église romaine! quel homme peut y être insensible? L'artiste ne trouverait-il pas là le paradis de son cœur? le guerrier, le prêtre et le marchand n'y rencontrent-ils pas tout ce qu'ils aiment! Cette admirable harmonie des orgues, ces tentures éclatantes de velours et de tapisseries, ces tableaux des premiers maîtres, les parfums tièdes et suaves que balancent les encensoirs, et les chants délicieux de ces voix argentines, tout cela peut choquer, par son ensemble mondain, le moine sévère et ennemi du plaisir; mais rien n'est plus beau, selon moi, qu'une religion qui se fait aimer par de pareils moyens. Pourquoi les prêtres voudraient-ils servir un Dieu jaloux? La religion n'est pas un oiseau de proie; c'est une colombe compatissante qui plane doucement sur tous les rêves et sur tous les amours.

LORENZO.

Sans doute; ce que vous dites là est parfaitement vrai, et parfaitement faux, comme tout au monde.

TEBALDEO FRECCIA, s'approchant de Valori.

Ah! monseigneur, qu'il est doux de voir un homme tel que Votre Éminence parler ainsi de la tolérance et de l'enthousiasme sacré! Pardonnez à un citoyen obscur, qui brûle de ce feu divin, de vous remercier de ce peu de paroles que je viens d'entendre. Trouver sur les lèvres d'un honnête homme ce qu'on a soi-même dans le cœur, c'est le plus grand des bonheurs qu'on puisse désirer.

VALORI.

N'êtes-vous pas le petit Freccia?

TEBALDEO.

Mes ouvrages ont peu de mérite; je sais mieux aimer les arts que je ne sais les exercer. Ma jeunesse tout entière s'est passée dans les églises. Il me semble que je ne puis admirer ailleurs Raphaël et notre divin Buonarotti. Je demeure alors durant des journées devant leurs ouvrages, dans une extase sans égale. Le chant de l'orgue me révèle leur pensée, et me fait pénétrer dans leur âme; je regarde les personnages de leurs tableaux si saintement agenouillés, et j'écoute, comme si les cantiques du chœur sortaient de leurs bouches entr'ouvertes, des bouffées d'encens aromatiques passent entre eux et moi dans une vapeur légère; je crois y voir la gloire de l'artiste; c'est aussi une triste et douce fumée, et qui ne serait qu'un parfum stérile si elle ne montait à Dieu.

VALORI.

Vous êtes un vrai cœur d'artiste; venez à mon palais, et ayez quelque chose sous votre manteau quand vous y viendrez. Je veux que vous travailliez pour moi.

TEBALDEO.

C'est trop d'honneur que me fait Votre Éminence. Je suis un desservant bien humble de la sainte religion de la peinture.

LORENZO.

Pourquoi remettre vos offres de service? Vous avez, il me semble, un cadre dans les mains.

TEBALDEO.

Il est vrai; mais je n'ose le montrer à de si grands connaisseurs. C'est une esquisse bien pauvre d'un rêve magnifique.

LORENZO.

Vous faites le portrait de vos rêves? Je ferai poser pour vous quelques-uns des miens.

TEBALDEO.

Réaliser des rêves, voilà la vie du peintre. Les plus grands ont représenté les leurs dans toute leur force et sans y rien changer. Leur imagination était un arbre plein de sève; les bourgeons s'y métamorphosaient sans peine en fleurs, et les fleurs en fruits; bientôt ces fruits mûrissaient à un soleil bienfaisant et, quand ils étaient mûrs, ils se détachaient d'eux-mêmes et tombaient sur la terre sans perdre un seul grain de leur poussière virginale. Hélas! les rêves des artistes médiocres sont des plantes difficiles à nourrir et qu'on arrose de larmes bien amères pour les faire bien peu prospérer.

Il montre son tableau.

VALORI.

Sans compliment, cela est beau; non pas du premier mérite, il est vrai: pourquoi flatterais-je un homme qui ne se flatte pas lui-même? Mais votre barbe n'est pas poussée, jeune homme.

LORENZO.

Est-ce un paysage ou un portrait? De quel côté faut-il le regarder, en long ou en large?

TEBALDEO.

Votre Seigneurie se rit de moi. C'est la vue du Campo-Santo.

LORENZO.

Combien y a-t-il d'ici à l'immortalité?

VALORI.

Il est mal à vous de plaisanter cet enfant. Voyez comme ses grands yeux s'attristent à chacune de vos paroles.

TEBALDEO.

L'immortalité, c'est la foi. Ceux à qui Dieu a donné des ailes y arrivent en souriant.

VALORI.

Tu parles comme un élève de Raphaël.

TEBALDEO.

Seigneur, c'était mon maître. Ce que j'ai appris vient de lui.

LORENZO.

Viens chez moi; je te ferai peindre la Mazzafirra toute nue.

TEBALDEO.

Je ne respecte point mon pinceau, mais je respecte mon art; je ne puis faire le portrait d'une courtisane.

LORENZO.

Ton Dieu s'est bien donné la peine de la faire; tu peux bien te donner celle de la peindre. Veux-tu me faire une vue de Florence?

TEBALDEO.

Oui, monseigneur.

LORENZO.

Comment t'y prendrais-tu?

TEBALDEO.

Je me placerais à l'orient, sur la rive gauche de l'Arno. C'est de cet endroit que la perspective est la plus large et la plus agréable.

LORENZO.

Tu peindrais Florence, les places, les maisons et les rues?

TEBALDEO.

Oui, monseigneur.

LORENZO.

Pourquoi donc ne peux-tu peindre une courtisane, si tu peux peindre un mauvais lieu?

TEBALDEO.

On ne m'a point encore appris à parler ainsi de ma mère.

LORENZO.

Qu'appelles-tu ta mère?

TEBALDEO.

Florence, seigneur.

LORENZO.

Alors tu n'es qu'un bâtard, car ta mère n'est qu'une catin.

TEBALDEO.

Une blessure sanglante peut engendrer la corruption dans le corps le plus sain; mais des gouttes précieuses du sang de ma mère sort une plante odorante qui guérit tous les maux. L'art, cette fleur divine, a quelquefois besoin de fumier pour engraisser le sol qui la porte.

LORENZO.

Comment entends-tu ceci?

TEBALDEO.

Les nations paisibles et heureuses ont quelquefois brillé d'une clarté pure, mais faible. Il y a plusieurs cordes à la harpe des anges ; le zéphyr peut murmurer sur les plus faibles, et tirer de leur accord une harmonie suave et délicieuse ; mais la corde d'argent ne s'ébranle qu'au passage du vent du nord. C'est la plus belle et la plus noble ; et cependant le toucher d'une rude main lui est favorable. L'enthousiasme est frère de la souffrance.

LORENZO.

C'est-à-dire qu'un peuple malheureux fait les grands artistes. Je me ferai volontiers l'alchimiste de ton alambic ; les larmes des peuples y retombent en perles. Par la mort du diable ! tu me plais. Les familles peuvent se désoler, les nations mourir de misère, cela échauffe la cervelle de monsieur ! Admirable poète ! comment arranges-tu tout cela avec ta piété ?

TEBALDEO.

Je ne ris point du malheur des familles : je dis que la poésie est la plus douce des souffrances, et qu'elle aime ses sœurs. Je plains les peuples malheureux ; mais je crois, en effet, qu'ils font les grands artistes ; les champs de bataille font pousser les moissons, les terres corrompues engendrent le blé céleste.

LORENZO.

Ton pourpoint est usé ; en veux-tu un à ma livrée ?

TEBALDEO.

Je n'appartiens à personne ; quand la pensée veut être libre, le corps doit l'être aussi.

LORENZO.

J'ai envie de dire à mon valet de chambre de te donner des coups de bâton.

TEBALDEO.

Pourquoi, monseigneur ?

LORENZO.

Parce que cela me passe par la tête. Es-tu boiteux de naissance ou par accident ?

TEBALDEO.

Je ne suis pas boiteux ; que voulez-vous dire par là ?

LORENZO.

Tu es boiteux ou tu es fou.

TEBALDEO.

Pourquoi, monseigneur ? Vous vous riez de moi.

LORENZO.

Si tu n'étais pas boiteux, comment resterais-tu, à moins d'être fou, dans une ville où, en l'honneur de tes idées de liberté, le premier valet d'un Médicis peut te faire assommer sans qu'on y trouve à redire ?

TEBALDEO.

J'aime ma mère Florence ; c'est pourquoi je reste chez elle. Je sais qu'un citoyen peut être assassiné en plein jour et en pleine rue, selon le caprice de ceux qui la gouvernent ; c'est pourquoi je porte ce stylet à ma ceinture.

LORENZO.

Frapperais-tu le duc si le duc te frappait, comme il lui est arrivé souvent de commettre, par partie de plaisir, des meurtres facétieux ?

TEBALDEO.

Je le tuerais s'il m'attaquait.

LORENZO.

Tu me dis cela, à moi !

TEBALDEO.

Pourquoi m'en voudrait-on ? je ne fais de mal à personne. Je passe les journées à l'atelier. Le dimanche, je vais à l'Annonciade ou à Sainte-Marie ; les moines trouvent que j'ai de la voix ; ils me mettent une robe blanche et une calotte rouge, et je fais ma partie dans les chœurs, quelquefois un petit solo : ce sont les seules occasions où je vais en public. Le soir, je vais chez ma maîtresse, et quand la nuit est belle, je la passe sur son balcon. Personne ne me connaît, et je ne connais personne : à qui ma vie ou ma mort peut-elle être utile ?

LORENZO.

Es-tu républicain ? aimes-tu les princes ?

TEBALDEO.

Je suis artiste ; j'aime ma mère et ma maîtresse.

LORENZO.

Viens demain à mon palais, je veux te faire faire un tableau d'importance pour le jour de mes noces.

Ils sortent.

SCÈNE III

Chez la marquise de Cibo.

LE CARDINAL, seul.

Oui, je suivrai tes ordres, Farnèse [1] ! Que ton commissaire apostolique s'enferme avec sa probité dans le cercle étroit de son office, je remuerai

---

1. Le pape Paul III. — *Note de l'auteur.*

d'une main ferme la terre glissante sur laquelle il n'ose marcher. Tu attends cela de moi ; je t'ai compris, et j'agirai sans parler, comme tu as commandé. Tu as deviné qui j'étais, lorsque tu m'as placé auprès d'Alexandre sans me revêtir d'aucun titre qui me donnât quelque pouvoir sur lui. C'est d'un autre qu'il se défiera, en m'obéissant à son insu. Qu'il épuise sa force contre des ombres d'hommes gonflés d'une ombre de puissance, je serai l'anneau invisible qui l'attachera, pieds et poings liés, à la chaîne de fer dont Rome et César tiennent les deux bouts. Si mes yeux ne me trompent pas, c'est dans cette maison qu'est le marteau dont je me servirai. Alexandre aime ma belle-sœur : que cet amour l'ait flattée, cela est croyable ; ce qui peut résulter est douteux ; mais ce qu'elle en veut faire, c'est là ce qui est certain pour moi. Qui sait jusqu'où pourrait aller l'influence d'une femme exaltée, même sur cet homme grossier, sur cette armure vivante ? Un si doux péché pour une si belle cause, cela est tentant, n'est-il pas vrai, Ricciarda ? Presser ce cœur de lion sur ton faible cœur tout percé de flèches saignantes, comme celui de saint Sébastien ; parler les yeux en pleurs, pendant que le tyran adoré passera ses rudes mains dans ta chevelure dénouée ; faire jaillir d'un rocher l'étincelle sacrée, cela valait bien le petit sacrifice de l'honneur conjugal, et de quelques autres bagatelles. Florence y gagnerait tant, et ces bons maris n'y perdent rien ! Mais il ne fallait pas me prendre pour confesseur.

La voici qui s'avance, son livre de prières à la main. Aujourd'hui donc tout va s'éclaircir ; laisse seulement tomber ton secret dans l'oreille du prêtre : le courtisan pourra bien en profiter ; mais, en conscience, il n'en dira rien.

Entre la marquise de Cibo.

LE CARDINAL, s'asseyant.

Me voilà prêt.

La marquise s'agenouille auprès de lui sur son prie-Dieu.

LA MARQUISE.

Bénissez-moi, mon père parce que j'ai péché.

LE CARDINAL.

Avez-vous dit votre *Confiteor?* Nous pouvons commencer, marquise.

LA MARQUISE.

Je m'accuse de mouvements de colère, de doutes irréligieux et injurieux pour notre saint-père le pape.

LE CARDINAL.

Continuez.

LA MARQUISE.

J'ai dit hier, dans une assemblée, à propos de l'évêque de Fano, que la sainte Église catholique était un lieu de débauche.

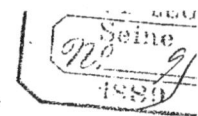

LORENZACCIO. Page 324.

LE CARDINAL.

Continuez.

LA MARQUISE.

J'ai écouté des discours contraires à la fidélité que j'ai jurée à mon mari.

LE CARDINAL.

Qui vous a tenu ces discours ?

LA MARQUISE.

J'ai lu une lettre écrite dans la même pensée.

LE CARDINAL.

Qui vous a écrit cette lettre ?

LA MARQUISE.

Je m'accuse de ce que j'ai fait, et non de ce qu'ont fait les autres.

LE CARDINAL.

Ma fille, vous devez me répondre, si vous voulez que je puisse vous donner l'absolution en toute sécurité. Avant tout, dites-moi si vous avez répondu à cette lettre.

LA MARQUISE.

J'y ai répondu de vive voix, mais non par écrit.

LE CARDINAL.

Qu'avez-vous répondu ?

LA MARQUISE.

J'ai accordé à la personne qui m'avait écrit la permission de me voir comme elle le demandait.

LE CARDINAL.

Comment s'est passée cette entrevue ?

LA MARQUISE.

Je me suis accusée déjà d'avoir écouté des discours contraires à mon honneur.

LE CARDINAL.

Comment y avez-vous répondu ?

LA MARQUISE.

Comme il convient à une femme qui se respecte.

LE CARDINAL.

N'avez-vous point laissé entrevoir qu'on finirait par vous persuader ?

LA MARQUISE

Non, mon père.

LE CARDINAL.

Avez-vous annoncé à la personne dont il s'agit la résolution de ne plus écouter de semblables discours à l'avenir?

LA MARQUISE.

Oui, mon père.

LE CARDINAL.

Cette personne vous plaît-elle?

LA MARQUISE.

Mon cœur n'en sait rien, j'espère.

LE CARDINAL.

Avez-vous averti votre mari?

LA MARQUISE.

Non, mon père. Une honnête femme ne doit point troubler son ménage par des récits de cette sorte.

LE CARDINAL.

Ne me cachez-vous rien? Ne s'est-il rien passé entre vous et la personne dont il s'agit, que vous hésitiez à me confier?

LA MARQUISE.

Rien, mon père.

LE CARDINAL.

Pas un regard tendre? pas un baiser à la dérobée?

LA MARQUISE.

Non, mon père.

LE CARDINAL.

Cela est-il sûr, ma fille?

LA MARQUISE.

Mon beau-frère, il me semble que je n'ai pas l'habitude de mentir devant Dieu.

LE CARDINAL.

Vous avez refusé de me dire le nom que je vous ai demandé tout à l'heure; je ne puis cependant pas vous donner l'absolution sans le savoir

LA MARQUISE.

Pourquoi cela? Lire une lettre peut être un péché, mais non pas une signature. Qu'importe le nom à la chose?

LE CARDINAL.

Il importe plus que vous ne pensez.

LA MARQUISE.

Malaspina, vous en voulez trop savoir. Refusez-moi l'absolution, si vous voulez; je prendrai pour confesseur le premier prêtre venu qui me la donnera.

Elle se lève.

LE CARDINAL.

Quelle violence, marquise ! Est-ce que je ne sais pas que c'est du duc que vous voulez parler ?

LA MARQUISE.

Du duc ! — Eh bien ! si vous le savez, pourquoi voulez-vous me le faire dire ?

LE CARDINAL.

Pourquoi refusez vous de me le dire ? Cela m'étonne.

LA MARQUISE.

Et qu'en voulez-vous faire, mon confesseur ? Est-ce pour le répéter à mon mari que vous tenez si fort à l'entendre ? Oui, cela est bien certain, c'est un tort d'avoir pour confesseur un de ses parents. Le ciel m'est témoin qu'en m'agenouillant devant vous, j'oublie que je suis votre belle-sœur; mais vous prenez soin de me le rappeler. Prenez garde, Cibo, prenez garde à votre salut éternel tout cardinal que vous êtes.

LE CARDINAL.

Revenez donc à cette place, marquise ; il n'y a pas tant de mal que vous croyez.

LA MARQUISE.

Que voulez-vous dire ?

LE CARDINAL.

Qu'un confesseur doit tout savoir, parce qu'il peut tout diriger, et qu'un beau-frère ne doit rien dire à certaines conditions.

LA MARQUISE.

Quelles conditions ?

LE CARDINAL.

Non, non, je me trompe; ce n'était pas ce mot-là que je voulais employer. Je voulais dire que le duc est puissant, qu'une rupture avec lui peut nuire aux plus riches familles ; mais qu'un secret d'importance entre des mains expérimentées peut devenir une source de biens abondante.

LA MARQUISE.

Une source de biens ! des mains expérimentées. — Je reste là, en vérité, comme une statue. Que couves-tu, prêtre, sous ces paroles ambiguës ? Il y a certains assemblages de mots qui passent par instants sur vos lèvres, à vous autres ; on ne sait qu'en penser.

LE CARDINAL.

Revenez donc vous asseoir là, Ricciarda. Je ne vous ai point encore donné l'absolution.

LA MARQUISE.

Parlez toujours ; il n'est pas prouvé que j'en veuille.

LE CARDINAL, se levant.

Prenez garde à vous, marquise ! Quand on veut me braver en face, il faut avoir une armure solide et sans défaut ; je ne veux point menacer ; je n'ai qu'un mot à vous dire : prenez un autre confesseur.

Il sort.

LA MARQUISE, seule.

Cela est inouï. S'en aller en serrant les poings, les yeux enflammés de colère ! Parler de mains expérimentées, de direction à donner à certaines choses ! Eh mais ! qu'y a-t-il donc ? Qu'il voulût pénétrer mon secret pour en informer mon mari, je le conçois ; mais, si ce n'est pas là son but, que veut-il donc faire de moi ? la maîtresse du duc ? Tout savoir, dit-il, et tout diriger ! cela n'est pas possible ; il y a quelque autre mystère plus sombre et plus inexplicable là-dessous ; Cibo ne ferait pas un pareil métier. Non ! cela est sûr ; je le connais. C'est bon pour Lorenzaccio ; mais lui ! il faut qu'il ait quelque sourde pensée, plus vaste que cela et plus profonde. Ah ! comme les hommes sortent d'eux-mêmes tout à coup après dix ans de silence ! Cela est effrayant.

Maintenant, que ferai-je ? Est-ce que j'aime Alexandre ? Non, je ne l'aime pas, non, assurément ; j'ai dit que non dans ma confession, et je n'ai pas menti. Pourquoi Laurent est-il à Massa ? Pourquoi le duc me presse-t-il ? Pourquoi ai-je répondu que je ne voulais plus le voir ? pourquoi ? — Ah ! pourquoi y a-t-il dans tout cela un aimant, un charme inexplicable qui m'attire ?

Elle ouvre sa fenêtre.

Que tu es belle, Florence, mais que tu es triste ! Il y a là plus d'une maison où Alexandre est entré la nuit, couvert de son manteau ; c'est un libertin, je le sais. — Et pourquoi est-ce que tu te mêles de tout cela, toi, Florence ? Qui est-ce donc que j'aime ? Est-ce toi, ou est-ce lui ?

AGNOLO, entrant.

Madame, Son Altesse vient d'entrer dans la cour.

LA MARQUISE.

Cela est singulier ; ce Malaspina m'a laissée toute tremblante.

SCÈNE IV

Au palais des Soderini.

MARIE SODERINI, CATHERINE, LORENZO, assis.

CATHERINE, tenant un livre.

Quelle histoire vous lirai-je, ma mère?

MARIE.

Ma Cattina se moque de sa pauvre mère. Est-ce que je comprends rien à tes livres latins?

CATHERINE.

Celui-ci n'est point en latin, mais il en est traduit. C'est l'histoire romaine.

LORENZO.

Je suis très fort sur l'histoire romaine. Il y avait une fois un jeune gentilhomme nommé Tarquin le fils.

CATHERINE.

Ah! c'est une histoire de sang.

LORENZO.

Pas du tout; c'est un conte de fées. Brutus était un fou, un monomane, et rien de plus. Tarquin était un duc plein de sagesse, qui allait voir en pantoufles si les petites filles dormaient.

CATHERINE.

Dites-vous aussi du mal de Lucrèce?

LORENZO.

Elle s'est donné le plaisir du péché et la gloire du trépas. Elle s'est laissé prendre toute vive comme une alouette au piège, et puis elle s'est fourré bien gentiment son petit couteau dans le ventre.

MARIE.

Si vous méprisez les femmes, pourquoi affectez-vous de les rabaisser devant votre mère et votre sœur?

LORENZO.

Je vous estime, vous et elle. Hors de là, le monde me fait horreur.

MARIE.

Sais-tu le rêve que j'ai eu cette nuit, mon enfant?

LORENZO.

Quel rêve?

MARIE.

Ce n'était point un rêve, car je ne dormais pas. J'étais seule dans cette grande salle; ma lampe était loin de moi, sur cette table auprès de la fenêtre. Je songeais aux jours où j'étais heureuse, aux jours de ton enfance, mon Lorenzino. Je regardais cette nuit obscure, et je me disais : il ne rentrera qu'au jour, lui qui passait autrefois les nuits à travailler. Mes yeux se remplissaient de larmes, et je secouais la tête, en les sentant couler. J'ai entendu tout d'un coup marcher lentement dans la galerie; je me suis retournée, un homme vêtu de noir venait à moi, un livre sous le bras : c'était toi, Renzo : « Comme tu reviens de bonne heure! » me suis-je écriée. Mais le spectre s'est assis auprès de la lampe sans me répondre; il a ouvert son livre, et j'ai reconnu mon Lorenzino d'autrefois.

LORENZO.

Vous l'avez vu?

MARIE.

Comme je te vois.

LORENZO.

Quand s'en est-il allé?

MARIE.

Quand tu as tiré la cloche ce matin en rentrant.

LORENZO.

Mon spectre, à moi ! Et il s'en est allé quand je suis rentré?

MARIE.

Il s'est levé d'un air mélancolique, et s'est effacé comme une vapeur du matin.

LORENZO.

Catherine, Catherine, lis-moi l'histoire de Brutus.

CATHERINE.

Qu'avez-vous? vous tremblez de la tête aux pieds.

LORENZO.

Ma mère, asseyez-vous ce soir à la place où vous étiez cette nuit, et si mon spectre revient, dites-lui qu'il verra bientôt quelque chose qui l'étonnera.

On frappe.

CATHERINE.

C'est mon oncle Bindo et Baptista Venturi.

Bindo et Venturi entrent.

BINDO, bas à Marie.

Je vais tenter un dernier effort.

MARIE.

Nous vous laissons ; puissiez-vous réussir !
Elle sort avec Catherine

BINDO.

Lorenzo, pourquoi ne démens-tu pas l'histoire scandaleuse qui court sur ton compte ?

LORENZO.

Quelle histoire ?

BINDO.

On dit que tu t'es évanoui à la vue d'une épée.

LORENZO.

Le croyez-vous, mon oncle ?

BINDO.

Je t'ai vu faire des armes à Rome ; mais cela ne m'étonnerait pas que tu devinsses plus vil qu'un chien, au métier que tu fais ici.

LORENZO.

L'histoire est vraie : je me suis évanoui. Bonjour, Venturi. A quel taux sont vos marchandises ? comment va le commerce ?

VENTURI.

Seigneur, je suis à la tête d'une fabrique de soie ; mais c'est me faire une injure que de m'appeler marchand.

LORENZO.

C'est vrai. Je voulais dire seulement que vous aviez contracté au collège l'habitude innocente de vendre de la soie.

BINDO.

J'ai confié au seigneur Venturi les projets qui occupent en ce moment tant de familles à Florence. C'est un digne ami de la liberté, et j'entends, Lorenzo, que vous le traitiez comme tel. Le temps de plaisanter est passé. Vous nous avez dit quelquefois que cette confiance extrême que le duc vous témoigne n'était qu'un piège de votre part. Cela est-il vrai ou faux ? Êtes-vous des nôtres, ou n'en êtes-vous pas ? voilà ce qu'il nous faut savoir. Toutes les grandes familles voient bien que le despotisme des Médicis n'est ni juste ni tolérable. De quel droit laisserions-nous s'élever paisiblement cette maison orgueilleuse sur les ruines de nos privilèges ? La capitulation n'est point observée. La puissance de l'Allemagne se fait sentir de jour en jour d'une manière absolue. Il est temps d'en finir et de rassembler les patriotes. Répondrez-vous à cet appel ?

LORENZO.

Qu'en dites-vous, seigneur Venturi ? Parlez, parlez, voilà mon oncle qui reprend haleine ; saisissez cette occasion, si vous aimez votre pays.

Lorenzaccio. Page 338.

VENTURI.

Seigneur, je pense de même, et n'ai pas un mot à ajouter.

LORENZO.

Pas un mot? pas un beau petit mot bien sonore? Vous ne connaissez pas la véritable éloquence. On tourne une grande période autour d'un beau petit mot, pas trop court ni trop long, et rond comme une toupie, on rejette son bras gauche en arrière de manière à faire faire à son manteau des plis pleins d'une dignité tempérée par la grâce ; on lâche sa période qui se déroule comme une corde ronflante, et la petite toupie s'échappe avec un murmure délicieux. On pourrait presque la ramasser dans le creux de la main, comme les enfants des rues.

BINDO.

Tu es un insolent! réponds ou sors d'ici.

LORENZO.

Je suis des vôtres, mon oncle. Ne voyez-vous pas à ma coiffure que je suis républicain dans l'âme? Regardez comme ma barbe est coupée. N'en doutez pas un seul instant, l'amour de la patrie respire dans mes vêtements les plus cachés.

On sonne à la porte d'entrée; la cour se remplit de pages et de chevaux.

UN PAGE, entrant.

Le duc!

Entre Alexandre.

LORENZO.

Quel excès de faveur, mon prince! vous daignez visiter un pauvre serviteur en personne?

LE DUC.

Quels sont ces hommes-là? J'ai à te parler.

LORENZO.

J'ai l'honneur de présenter à Votre Altesse mon oncle Bindo Altoviti, qui regrette qu'un long séjour à Naples ne lui ait pas permis de se jeter plus tôt à vos pieds. Cet autre seigneur est l'illustre Baptista Venturi, qui fabrique, il est vrai, de la soie, mais qui n'en vend point. Que la présence inattendue d'un si grand prince dans cette humble maison ne vous trouble pas, mon cher oncle, ni vous non plus, mon digne Venturi. Ce que vous demandez vous sera accordé, ou vous serez en droit de dire que mes supplications n'ont aucun crédit auprès de mon gracieux souverain.

LE DUC.

Que demandez-vous, Bindo?

BINDO

Altesse, je suis désolé que mon neveu...

LORENZO.

Le titre d'ambassadeur à Rome n'appartient à personne en ce moment. Mon oncle se flattait de l'obtenir de vos bontés. Il n'est pas dans Florence un seul homme qui puisse soutenir la comparaison avec lui, dès qu'il s'agit du dévouement et du respect qu'on doit aux Médicis.

LE DUC.

En vérité, Renzino? Eh bien! mon cher Bindo, voilà qui est dit. Viens demain matin au palais.

BINDO.

Altesse, je suis confondu. Comment reconnaître...

LORENZO.

Le seigneur Venturi, bien qu'il ne vende point de soie, demande un privilège pour ses fabriques.

LE DUC.

Quel privilège?

LORENZO.

Vos armoiries sur la porte, avec le brevet. Accordez-le-lui, monseigneur, si vous aimez ceux qui vous aiment.

LE DUC.

Voilà qui est bon. Est-ce fini? Allez, messieurs; la paix soit avec vous.

VENTURI.

Altesse!... vous me comblez de joie... je ne puis exprimer...

LE DUC, à ses gardes.

Qu'on laisse passer ces deux personnes.

BINDO, sortant, bas à Venturi.

C'est un tour infâme.

VENTURI, de même.

Qu'est-ce que vous ferez?

BINDO, de même.

Que diable veux-tu que je fasse? Je suis nommé.

VENTURI, de même.

Cela est terrible!
Ils sortent.

LE DUC.

La Cibo est à moi.

LORENZO.

J'en suis fâché.

LE DUC.

Pourquoi?

LORENZO.

Parce que cela fera tort aux autres.

LE DUC.

Ma foi, non, elle m'ennuie déjà. Dis-moi donc, mignon, quelle est donc cette belle femme qui arrange ses fleurs sur cette fenêtre? Voilà longtemps que je la vois sans cesse en passant.

LORENZO.

Où donc?

LE DUC.

Là-bas, en face, dans le palais.

LORENZO.

Oh! ce n'est rien.

LE DUC.

Rien? Appelles-tu rien ces bras-là! Quelle Vénus, entrailles du diable!

LORENZO.

C'est une voisine.

LE DUC.

Je veux parler à cette voisine-là. Eh, parbleu! si je ne me trompe, c'est Catherine Girori.

LORENZO.

Non.

LE DUC.

Je la reconnais très bien; c'est ta tante. Peste! j'avais oublié cette figure-là. Amène-la donc souper.

LORENZO.

Cela serait très difficile. C'est une vertu.

LE DUC.

Allons donc! Est-ce qu'il y en a pour nous autres?

LORENZO.

Je lui demanderai, si vous voulez; mais je vous avertis que c'est une pédante; elle parle latin.

LE DUC.

Bon! elle ne fait pas l'amour en latin. Viens donc par ici; nous la verrons mieux de cette galerie.

LORENZO.

Une autre fois, mignon; — à l'heure qu'il est, je n'ai pas de temps à perdre : — il faut que j'aille chez le Strozzi.

LE DUC.

Quoi! chez ce vieux fou?

LORENZO.

Oui, chez ce vieux misérable, chez cet infâme. Il paraît qu'il ne peut se guérir de cette singulière lubie d'ouvrir sa bourse à toutes ces viles créatures qu'on nomme bannis, et que ces meurt-de-faim se réunissent chez lui tous les jours, avant de mettre leurs souliers et de prendre leurs bâtons. Maintenant, mon projet est d'aller au plus vite manger le dîner de ce vieux gibier de potence, et de lui renouveler l'assurance de ma cordiale amitié. J'aurai ce soir quelque bonne histoire à vous conter, quelque charmante petite fredaine qui pourra faire lever de bonne heure demain matin quelques-unes de ces canailles.

LE DUC.

Que je suis heureux de t'avoir, mignon! J'avoue que je ne comprends pas comment ils te reçoivent.

LORENZO.

Bon! si vous saviez comme cela est aisé de mentir impudemment au nez d'un butor! Cela prouve bien que vous n'avez jamais essayé. A propos, ne m'avez-vous pas dit que vous vouliez donner votre portrait, je ne sais plus à qui? J'ai un peintre à vous amener; c'est un protégé.

LE DUC.

Bon, bon; mais pense à ta tante. C'est pour elle que je suis venu te voir; le diable m'emporte! tu as une tante qui me revient.

LORENZO.

Et la Cibo?

LE DUC.

Je te dis de parler de moi à ta tante.
Ils sortent.

SCÈNE V

Une salle du palais des Strozzi.

PHILIPPE STROZZI; LE PRIEUR; LOUISE, occupée à travailler; LORENZO, couché sur un sofa.

PHILIPPE.

Dieu veuille qu'il n'en soit rien! Que de haines inextinguibles, implacables, n'ont pas commencé autrement! Un propos! la fumée d'un repas jasant sur lèvres épaisses d'un débauché! voilà les guerres de famille, voilà comme les couteaux se tirent. On est insulté, et on tue; on a tué, et on est tué. Bientôt les haines s'enracinent; on berce les fils dans les cercueils de leurs aïeux, et des générations entières sortent de terre l'épée à la main.

LE PRIEUR.

J'ai peut-être eu tort de me souvenir de ce méchant propos et de ce maudit voyage à Montolivet; mais le moyen d'endurer ces Salviati?

PHILIPPE.

Ah! Léon, Léon, je te le demande, qu'y aurait-il de changé pour Louise et pour nous-mêmes, si tu n'avais rien dit à mes enfants? La vertu d'une Strozzi ne peut-elle oublier un mot d'un Salviati? L'habitant d'un palais de marbre doit-il savoir les obscénités que la populace écrit sur ses murs? Qu'importe le propos d'un Julien? Ma fille en trouvera-t-elle moins un honnête mari? ses enfants la respecteront-ils moins? M'en souviendrai-je, moi, son père, en lui donnant le baiser du soir? Où en sommes-nous, si l'insolence du premier venu tire du fourreau des épées comme les nôtres? Maintenant tout est perdu; voilà Pierre furieux de tout ce que tu nous as conté. Il s'est mis en campagne; il est allé chez les Pazzi. Dieu sait ce qui peut arriver! Qu'il rencontre Salviati, voilà le sang répandu, le mien, mon sang sur le pavé de Florence! Ah! pourquoi suis-je père!

LE PRIEUR.

Si on m'eût rapporté un propos sur ma sœur, quel qu'il fût, j'aurais tourné le dos, et tout aurait été fini là; mais celui-là m'était adressé; il était si grossier, que je me suis figuré que le rustre ne savait de qui il parlait; — mais il le savait bien.

PHILIPPE.

Oui, ils le savent, les infâmes! ils savent bien où ils frappent! Le vieux tronc d'arbre est d'un bois trop solide; ils ne viendraient pas l'entamer. Mais ils connaissent la fibre délicate qui tressaille dans ses entrailles lorsqu'on attaque son plus faible bourgeon. Ma Louise! ah! qu'est-ce donc que la raison? Les mains me tremblent à cette idée. Juste Dieu! la raison, est-ce donc la vieillesse?

LE PRIEUR.

Pierre est trop violent.

PHILIPPE.

Pauvre Pierre! comme le rouge lui est monté au front! comme il a frémi en t'écoutant raconter l'insulte faite à sa sœur! C'est moi qui suis un fou, car je t'ai laissé dire. Pierre se promenait par la chambre à grands pas, inquiet, furieux, la tête perdue; il allait, il venait, comme moi maintenant. Je le regardais en silence : c'est un si beau spectacle qu'un sang pur montant à un front sans reproche! O ma patrie! pensais-je, en voilà un, et c'est mon aîné. Ah! Léon, j'ai beau faire, je suis un Strozzi.

LE PRIEUR.

Il n'y a peut-être pas tant de danger que vous le pensez. — C'est un grand hasard s'il rencontre Salviati ce soir. — Demain, nous verrons tous les choses plus sagement.

PHILIPPE.

N'en doutez pas ; Pierre le tuera, ou il se fera tuer.
Il ouvre la fenêtre.

Où sont-ils maintenant ? Voilà la nuit ; la ville se couvre de profondes ténèbres ; ces rues sombres me font horreur ; — le sang coule quelque part ; j'en suis sûr.

LE PRIEUR.

Calmez-vous.

PHILIPPE.

A la manière dont mon Pierre est sorti, je suis sûr qu'il ne rentrera que vengé ou mort. Je l'ai vu décrocher son épée en fronçant le sourcil : il se mordait les lèvres, et les muscles de ses bras étaient tendus comme des arcs. Oui, oui, maintenant il meurt ou il est vengé ; cela n'est pas douteux.

LE PRIEUR.

Remettez-vous, fermez cette fenêtre.

PHILIPPE.

Eh bien ! Florence, apprends-la donc à tes pavés la couleur de mon noble sang ! Il y a quarante de tes fils qui l'ont dans les veines. Et moi, le chef de cette famille immense, plus d'une fois encore ma tête blanche se penchera du haut de ces fenêtres dans les angoisses paternelles ! plus d'une fois ce sang, que tu bois peut-être à cette heure avec indifférence, séchera au soleil de tes places ! Mais ne ris pas ce soir du vieux Strozzi, qui a peur pour son enfant. Sois avare de sa famille, car il viendra un jour où tu la compteras, où tu te mettras avec lui à la fenêtre, et où le cœur te battra aussi lorsque tu entendras le bruit de nos épées.

LOUISE.

Mon père ! mon père ! vous me faites peur.

LE PRIEUR, bas à Louise.

N'est-ce pas Thomas qui rôde sous ces lanternes ? Il m'a semblé le reconnaître à sa petite taille. Le voilà parti.

PHILIPPE.

Pauvre ville ! où les pères attendent ainsi le retour de leurs enfants ! Pauvre patrie ! pauvre patrie ! Il y en a bien d'autres à cette heure qui ont pris leur manteau et leur épée pour s'enfoncer dans cette nuit obscure ; et ceux qui les attendent ne sont point inquiets ; ils savent qu'ils mourront demain de misère, s'ils ne meurent de froid cette nuit. Et nous, dans ces palais somptueux, nous attendons qu'on nous insulte pour tirer nos épées ! Le propos d'un ivrogne nous transporte de colère, et disperse dans ces sombres rues nos fils et nos amis ! Mais les malheurs publics ne secouent pas la poussière de nos armes. On croit Philippe Strozzi un honnête homme, parce qu'il fait le bien sans empêcher le mal ; et maintenant, moi, père, que ne donnerais-je pas pour qu'il y eût au monde un être capable de me rendre mon fils et de punir juridiquement l'insulte faite à ma fille ! Mais pourquoi empêcherait-on le mal qui m'arrive, quand je n'ai pas empêché celui qui arrive aux autres, moi qui en avais le pouvoir ? Je me suis courbé sur des livres, et j'ai rêvé pour ma patrie ce que j'admirais dans l'antiquité. Les murs criaient vengeance autour de moi, et je me bouchais les oreilles pour m'enfoncer dans mes méditations ; il a fallu que la tyrannie vînt me frapper au visage pour me faire dire : Agissons ! et ma vengeance a des cheveux gris.

Entrent Pierre, Thomas et François Pazzi.

PIERRE.

C'est fait ; Salviati est mort.
Il embrasse sa sœur.

LOUISE.

Quelle horreur ! tu es couvert de sang.

PIERRE.

Nous l'avons attendu au coin de la rue des Archers ; François a arrêté son cheval ; Thomas l'a frappé à la jambe, et moi...

LOUISE.

Tais-toi ! tais-toi ! tu me fais frémir ; tes yeux sortent de leurs orbites ; tes mains sont hideuses ; tout ton corps tremble, et tu es pâle comme la mort.

LORENZO, se levant.

Tu es beau, Pierre, tu es grand comme la vengeance.

PIERRE.

Qui dit cela ? Te voilà ici, toi, Lorenzaccio !
Il s'approche de son père.

Quand donc fermerez-vous votre porte à ce misérable ? ne savez-vous donc pas ce que c'est, sans compter l'histoire de son duel avec Maurice ?

PHILIPPE.

C'est bon ; je sais tout cela. Si Lorenzo est ici, c'est que j'ai de bonnes raisons pour l'y recevoir. Nous en parlerons en temps et lieu.

PIERRE, en se levant.

Hum ! des raisons pour recevoir cette canaille ? Je pourrais bien en

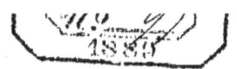

LORENZACCIO.   Page 342.

Bibl. Charpentier.   LIV. 175.

trouver, un de ces matins, une très bonne aussi pour le faire sauter par les fenêtres. Dites ce que vous voudrez, j'étouffe dans cette chambre de voir une pareille lèpre se traîner sur nos fauteuils.

PHILIPPE.

Allons, paix ! tu es un écervelé ! Dieu veuille que ton coup de ce soir n'ait pas de mauvaises suites pour nous ! Il faut commencer par te cacher.

PIERRE.

Me cacher ! Et au nom de tous les saints, pourquoi me cacherais-je ?

LORENZO, à Thomas.

En sorte que vous l'avez frappé à l'épaule?... Dites-moi donc un peu...
Il l'entraîne dans l'embrasure d'une fenêtre ; tous deux s'entretiennent à voix basse.

PIERRE.

Non, mon père, je ne me cacherai pas. L'insulte a été publique, il nous l'a faite au milieu d'une place. Moi, je l'ai assommé au milieu d'une rue, et il me convient demain matin de le raconter à toute la ville. Depuis quand se cache-t-on pour avoir vengé son honneur? Je me promènerais volontiers l'épée nue, et sans en essuyer une goutte de sang.

PHILIPPE.

Viens par ici, il faut que je te parle. Tu n'es pas blessé, mon enfant ? tu n'as rien reçu dans tout cela ?
Ils sortent.

SCENE VI
Au palais du duc.

LE DUC, à demi nu ; TEBALDEO, faisant son portrait ; GIOMO joue de la guitare.

GIOMO, chantant.

Quand je mourrai, mon échanson,
Porte mon cœur à ma maîtresse ;
Qu'elle envoie au diable la messe,
La prêtraille et les oraisons.
Les pleurs ne sont que de l'eau claire :
Dis-lui qu'elle éventre un tonneau ;
Qu'on entonne un chœur sur ma bière,
J'y répondrai du fond de mon tombeau.

LE DUC.

Je savais bien que j'avais quelque chose à te demander. Dis-moi, Hongrois, que t'avait donc fait ce garçon que je t'ai vu bâtonner d'une si joyeuse manière?

GIOMO.

Ma foi, je ne saurais le dire, ni lui non plus.

LE DUC.

Pourquoi? est-ce qu'il est mort?

GIOMO.

C'est un gamin d'une maison voisine ; tout à l'heure, en passant, il m'a semblé qu'on l'enterrait.

LE DUC.

Quand mon Giomo frappe, il frappe ferme.

GIOMO.

Cela vous plaît à dire ; je vous ai vu tuer un homme d'un coup plus d'une fois.

LE DUC.

Tu crois? J'étais donc gris ? Quand je suis en pointe de gaieté, tous mes moindres coups sont mortels. Qu'as-tu donc, petit ? est-ce que la main te tremble ? tu louches terriblement.

TEBALDEO.

Rien, Monseigneur, plaise à Votre Altesse.

Entre Lorenzo.

LORENZO.

Cela avance-t-il ? Êtes-vous content de mon protégé ?

Il prend la cotte de mailles du duc sur le sofa.

Vous avez là une jolie cotte de mailles, mignon! Mais cela doit être bien chaud.

LE DUC.

En vérité, si elle me gênait, je n'en porterais pas. Mais c'est du fil d'acier ; la lime la plus aiguë n'en pourrait ronger une maille, et en même temps c'est léger comme de la soie. Il n'y a peut-être pas la pareille dans toute l'Europe ; aussi je ne la quitte guère ; jamais, pour mieux dire.

LORENZO.

C'est très léger, mais très solide. Croyez-vous cela à l'épreuve du stylet?

LE DUC.

Assurément.

LORENZO.

Au fait, j'y réfléchis à présent ; vous la portez toujours sous votre pourpoint. L'autre jour, à la chasse, j'étais en croupe derrière vous, et en vous tenant à bras-le-corps, je la sentais très bien. C'est une prudente habitude.

LE DUC.

Ce n'est pas que je me défie de personne ; comme tu dis, c'est une habitude, — pure habitude de soldat.

LORENZO.

Votre habit est magnifique. Quel parfum que ces gants! Pourquoi donc posez-vous à moitié nu? Cette cotte de mailles aurait fait son effet dans votre portrait ; vous avez eu tort de la quitter.

LE DUC.

C'est le peintre qui l'a voulu ; cela vaut toujours mieux, d'ailleurs, de poser le cou découvert : regarde les antiques.

LORENZO.

Où diable est ma guitare? Il faut que je fasse un second dessus à Giomo.
Il sort.

TEBALDEO.

Altesse, je n'en ferai pas davantage aujourd'hui.

GIOMO, à la fenêtre.

Que fait donc Lorenzo? Le voilà en contemplation devant le puits qui est au milieu du jardin : ce n'est pas là, il me semble, qu'il devrait chercher sa guitare.

LE DUC.

Donne-moi mes habits. Où est donc ma cotte de mailles?

GIOMO.

Je ne la trouve pas ; j'ai beau chercher : elle s'est envolée.

LE DUC.

Renzino la tenait il n'y a pas cinq minutes ; il l'aura jetée dans un coin en s'en allant, selon sa louable coutume de paresseux.

GIOMO.

Cela est incroyable ; pas plus de cotte de mailles que sur ma main.

LE DUC.

Allons, tu rêves ! cela est impossible.

GIOMO.

Voyez vous-même, Altesse ; la chambre n'est pas si grande !

LE DUC.

Renzo la tenait là, sur ce sofa.
Rentre Lorenzo.
Qu'as-tu donc fait de ma cotte ? Nous ne pouvons plus la trouver.

LORENZO.

Je l'ai remise où elle était. Attendez ; non, je l'ai posée sur ce fau-

teuil ; non c'est sur le lit. Je n'en sais rien ; mais j'ai trouvé ma guitare
Il chante en s'accompagnant.
Bonjour, madame l'abbesse.....

GIOMO.

Dans le puits du jardin, apparemment ? car vous étiez penché dessus tout à l'heure d'un air tout à fait absorbé.

LORENZO.

Cracher dans un puits pour faire des ronds est mon plus grand bonheur. Après boire et dormir, je n'ai pas d'autre occupation.
Il continue à jouer.
Bonjour, bonjour, abbesse de mon cœur.

LE DUC.

Cela est inouï que cette cotte se trouve perdue ! Je crois que je ne l'ai pas ôtée deux fois dans ma vie, si ce n'est pour me coucher.

LORENZO.

Laissez donc, laissez donc. N'allez-vous pas faire un valet de chambre d'un fils de pape ? Vos gens la trouveront.

LE DUC.

Que le diable t'emporte ! c'est toi qui l'as égarée.

LORENZO.

Si j'étais duc de Florence, je m'inquiéterais d'autre chose que de mes cottes. A propos, j'ai parlé de vous à ma chère tante. Tout est au mieux ; venez donc vous asseoir un peu ici que je vous parle à l'oreille.

GIOMO, bas au duc.

Cela est singulier, au moins ; la cotte de mailles est enlevée.

LE DUC.

On la retrouvera.
Il s'assoit à côté de Lorenzo.

GIOMO, à part.

Quitter la compagnie pour aller cracher dans le puits, cela n'est pas naturel. Je voudrais retrouver cette cotte de mailles, pour m'ôter de la tête une vieille idée qui se rouille de temps en temps. Bah ! un Lorenzaccio ! La cotte est sur quelque fauteuil.

SCÈNE VII
Devant le palais.
Entre SALVIATI couvert de sang et boitant; deux hommes le soutiennent.

SALVIATI, criant.

Alexandre de Médicis ! ouvre ta fenêtre, et regarde un peu comme on traite tes serviteurs !

LE DUC, à la fenêtre.

Qui est là dans la boue ? Qui se traîne aux murs de mon palais avec ces cris épouvantables ?

SALVIATI.

Les Strozzi m'ont assassiné ; je vais mourir à ta porte.

LE DUC.

Lesquels des Strozzi, et pourquoi ?

SALVIATI.

Parce que j'ai dit que leur sœur était amoureuse de toi, mon noble duc. Les Strozzi ont trouvé leur sœur insultée parce que j'ai dit que tu lui plaisais; trois d'entre eux m'ont assassiné. J'ai reconnu Pierre et Thomas; je ne connais pas le troisième.

LE DUC.

Fais-toi monter ici; par Hercule ! les meurtriers passeront la nuit en prison, et on les pendra demain matin.

Salviati entre dans le palais.

ACTE TROISIÈME

SCÈNE Ire
La chambre à coucher de Lorenzo.
LORENZO, SCORONCONCOLO, faisant des armes.

SCORONCONCOLO.

Maître, as-tu assez de jeu ?

LORENZO.

Non; crie plus fort. Tiens, pare celle-ci ! tiens, meurs ! tiens, misérable !

SCORONCONCOLO.

A l'assassin ! on me tue ! on me coupe la gorge !

LORENZO.

Meurs! meurs! meurs! — Frappe donc du pied.

SCORONCONCOLO.

A moi, mes archers! au secours! on me tue! Lorenzo de l'enfer!

LORENZO.

Meurs, infâme! Je te saignerai, pourceau, je te saignerai! Au cœur, au au cœur! il est éventré. — Crie donc, frappe donc, tue donc! Ouvre-lui les entrailles! Coupons-le par morceaux, et mangeons, mangeons! J'en ai jusqu'au coude. Fouille dans la gorge, roule-le, roule! Mordons, mordons, et mangeons!

Il tombe épuisé.

SCORONCONCOLO, *s'essuyant le front.*

Tu as inventé un rude jeu, maître, et tu y vas en vrai tigre; mille millions de tonnerres! tu rugis comme une caverne pleine de panthères et de lions.

LORENZO.

O jour de sang, jour de mes noces! O soleil! soleil! il y a assez longtemps que tu es sec comme le plomb; tu te meurs de soif, soleil! son sang t'enivrera. O ma vengeance! qu'il y a longtemps que tes ongles poussent! O dents d'Ugolin! il vous faut le crâne, le crâne!

SCORONCONCOLO.

Es-tu en délire? As-tu la fièvre, ou es-tu toi-même un rêve?

LORENZO.

Lâche, lâche, — ruffian, — le petit maigre, les pères, les filles, — des adieux, des adieux sans fin, — les rives de l'Arno pleines d'adieux! — les gamins l'écrivent sur les murs. — Ris, vieillard, ris dans ton bonnet blanc; — tu ne vois pas que mes ongles poussent? — Ah! le crâne! le crâne!

Il s'évanouit.

CORONCONCOLO.

Maître, tu as un ennemi.

Il lui jette de l'eau à la figure.

Allons! maître, ce n'est pas la peine de tant te démener. On a des sentiments élevés ou on n'en a pas; je n'oublierai jamais que tu m'as fait avoir une certaine grâce sans laquelle je serais loin. Maître, si tu as un ennemi, dis-le, je t'en débarrasserai sans qu'il y paraisse autrement.

LORENZO.

Ce n'est rien; je te dis que mon seul plaisir est de faire peur à mes voisins.

SCORONCONCOLO.

Depuis que nous trépignons dans cette chambre, et que nous y mettons tout à l'envers, ils doivent être bien accoutumés à notre tapage. Je crois que tu pourrais égorger trente hommes dans ce corridor, et les rouler sur ton plancher, sans qu'on s'aperçût dans la maison qu'il s'il passe du nouveau. Si tu veux faire peur aux voisins, tu t'y prends mal. Ils ont eu peur la première fois, c'est vrai ; mais maintenant ils se contentent d'enrager, et ne s'en mettent pas en peine jusqu'au point de quitter leurs fauteuils ou d'ouvrir leurs fenêtres.

LORENZO.

Tu crois ?

SCORONCONCOLO.

Tu as un ennemi, maître. Ne t'ai-je pas vu frapper du pied la terre, et maudire le jour de ta naissance ? N'ai-je pas des oreilles ? Et, au milieu de toutes tes fureurs, n'ai-je pas entendu résonner distinctement un petit mot bien net : la vengeance ? Tiens, maître, crois-moi, tu maigris : — tu n'as plus le mot pour rire comme devant ; — crois-moi, il n'y a rien de si mauvaise digestion qu'une bonne haine. Est-ce que sur deux hommes au soleil il n'y en a pas toujours un dont l'ombre gêne l'autre ? Ton médecin est dans ma gaine ; laisse-moi te guérir.

Il tire son épée.

LORENZO.

Ce médecin-là t'a-t-il jamais guéri, toi ?

SCORONCONCOLO.

Quatre ou cinq fois. Il y avait un jour à Padoue une petite demoiselle qui me disait...

LORENZO.

Montre-moi cette épée. Ah ! garçon, c'est une brave lame.

SCORONCONCOLO.

Essaye-la, et tu verras.

LORENZO.

Tu as deviné mon mal, j'ai un ennemi. Mais pour lui je ne me servirai pas d'une épée qui ait servi pour d'autres. Celle qui le tuera n'aura ici-bas qu'un baptême ; elle gardera son nom.

SCORONCONCOLO.

Quel est le nom de l'homme ?

LORENZO.

Qu'importe ? M'es-tu dévoué ?

SCORONCONCOLO.

Pour toi, je remettrais le Christ en croix.

LORENZO.

Je te le dis en confidence, — je ferai le coup dans cette chambre.

LORENZACCIO. Page 349.

Écoute bien, et ne te trompe pas. Si je l'abats du premier coup, ne t'avise pas d'y toucher. Mais je ne suis pas plus gros qu'une puce, et c'est un sanglier. S'il se défend, je compte sur toi pour lui tenir les mains; rien de plus, entends-tu ? c'est à moi qu'il appartient. Je t'avertirai en temps et lieu.

SCORONCONCOLO.

Amen !

SCÈNE II
Au palais Strozzi.

Entrent PHILIPPE ET PIERRE.

PIERRE.

Quand je pense à cela, j'ai envie de me couper la main droite. Avoir manqué cette canaille ! Un coup si juste, et l'avoir manqué ! A qui n'était-ce pas rendre service que de faire dire aux gens : il y a un Salviati de moins dans les rues ? Mais le drôle a fait comme les araignées, — il s'est laissé tomber en repliant ses pattes crochues, et il a fait le mort de peur d'être achevé.

PHILIPPE.

Que t'importe qu'il vive ? ta vengeance n'en est que plus complète.

PIERRE.

Oui, je le sais bien, voilà comme vous voyez les choses. Tenez, mon père, vous êtes bon patriote, mais encore meilleur père de famille : ne vous mêlez pas de tout cela.

PHILIPPE.

Qu'as-tu encore en tête ? Ne saurais-tu vivre un quart d'heure sans penser à mal ?

PIERRE.

Non, par l'enfer ! je ne saurais vivre un quart d'heure tranquille dans cet air empoisonné, le ciel me pèse sur la tête comme une voûte de prison, et il me semble que je respire des quolibets et des hoquets d'ivrognes. Adieu, j'ai affaire à présent.

PHILIPPE.

Où vas-tu ?

PIERRE.

Pourquoi voulez-vous le savoir ? Je vais chez les Pazzi.

PHILIPPE.

Attends-moi donc, car j'y vais aussi.

PIERRE.

Pas à présent, mon père; ce n'est pas un bon moment pour vous.

PHILIPPE.

Parle-moi franchement.

PIERRE.

Cela est entre nous. Nous sommes là une cinquantaine, les Ruccellai et d'autres, qui ne portons pas le bâtard dans nos entrailles.

PHILIPPE.

Ainsi donc?

PIERRE.

Ainsi donc les avalanches se font quelquefois au moyen d'un caillou gros comme le bout du doigt.

PHILIPPE.

Mais vous n'avez rien d'arrêté? pas de plan, pas de mesures prises? O enfants, enfants! jouer avec la vie et la mort! Des questions qui ont remué le monde! des idées qui ont blanchi des milliers de têtes, et qui les ont fait rouler comme des grains de sable sur les pieds du bourreau! des projets que la Providence elle-même regarde en silence et avec terreur, et qu'elle laisse achever à l'homme, sans oser y toucher! Vous parlez de tout cela en faisant des armes et en buvant un verre de vin d'Espagne, comme s'il s'agissait d'un cheval ou d'une mascarade! Savez-vous ce que c'est qu'une république, que l'artisan au fond de son atelier, que le laboureur dans son champ, que le citoyen sur la place, que la vie entière d'un royaume? le bonheur des hommes, Dieu de justice! O enfants, enfants! savez-vous compter sur vos doigts?

PIERRE.

Un bon coup de lancette guérit tous les maux.

PHILIPPE.

Guérir! guérir! Savez-vous que le plus petit coup de lancette doit être donné par le médecin? Savez-vous qu'il faut une expérience longue comme la vie, et une science grande comme le monde, pour tirer du bras d'un malade une goutte de sang? N'étais-je pas offensé aussi, la nuit dernière, lorsque tu avais mis ton épée nue sous ton manteau? Ne suis-je pas le père de ma Louise, comme tu es son frère? N'était-ce pas une juste vengeance? Et cependant sais-tu ce qu'elle m'a coûté? Ah! les pères savent cela, mais les enfants! Si tu es père un jour, nous en parlerons.

PIERRE.

Vous qui savez aimer, vous devriez savoir haïr.

PHILIPPE.

Qu'ont donc fait à Dieu ces Pazzi? Ils invitent leurs amis à venir conspirer, comme on invite à jouer aux dés, et les amis, en entrant dans leur cour, glissent dans le sang de leurs grands-pères[1]. Quelle soif ont donc leurs épées? Que voulez-vous donc, que voulez-vous?

PIERRE.

Et pourquoi vous démentir vous-même? Ne vous ai-je pas entendu cent fois dire ce que nous disons? Ne savons-nous pas ce qui vous occupe, quand vos domestiques voient à leur lever vos fenêtres éclairées des flambeaux de la veille? Ceux qui passent les nuits sans dormir ne dorment pas silencieux.

PHILIPPE.

Où en viendrez-vous? réponds-moi.

PIERRE.

Les Médicis sont une peste. Celui qui est mordu par un serpent n'a que faire d'un médecin; il n'a qu'à se brûler la plaie.

PHILIPPE.

Et quand vous aurez renversé ce qui est, que voulez-vous mettre à la place?

PIERRE.

Nous sommes toujours sûrs de ne pas trouver pire.

PHILIPPE.

Je vous le dis, comptez sur vos doigts.

PIERRE.

Les têtes d'une hydre sont faciles à compter.

PHILIPPE.

Et vous voulez agir? cela est décidé?

PIERRE.

Nous voulons couper les jarrets aux meurtriers de Florence.

PHILIPPE.

Cela est irrévocable? vous voulez agir!

PIERRE.

Adieu, mon père; laissez-moi aller seul.

PHILIPPE.

Depuis quand le vieil aigle reste-t-il dans le nid, quand ses aiglons vont à la curée? O mes enfants! ma brave et belle jeunesse! vous qui avez la force que j'ai perdue, vous qui êtes aujourd'hui ce qu'était le jeune Philippe,

---

1. Voyez la conspiration des Pazzi. — *Note de l'auteur.*

laissez-le avoir vieilli pour vous! Emmène-moi, mon fils, je vois que vous allez agir. Je ne vous ferai pas de longs discours, je ne dirai que quelques mots; il peut y avoir quelque chose de bon dans cette tête grise : deux mots, et ce sera fait. Je ne radote pas encore; je ne vous serai pas à charge; ne pars pas sans moi, mon enfant; attends que je prenne mon manteau.

PIERRE.

Venez, mon noble père; nous baiserons le bas de votre robe. Vous êtes notre patriarche, venez voir marcher au soleil les rêves de votre vie. La liberté est mûre; venez, vieux jardinier de Florence, voir sortir de terre la plante que vous aimez.

<small>Ils sortent.</small>

SCÈNE III
Une rue.
UN OFFICIER ALLEMAND ET DES SOLDATS; THOMAS STROZZI, au milieu d'eux.

L'OFFICIER.

Si nous ne le trouvons pas chez lui, nous le trouverons chez les Pazzi.

THOMAS.

Va ton train, et ne sois pas en peine; tu sauras ce qu'il en coûte.

L'OFFICIER.

Pas de menace; j'exécute les ordres du duc, et n'ai rien à souffrir de personne.

THOMAS.

Imbécile! qui arrête un Strozzi sur la parole d'un Médicis!

<small>Il se forme un groupe autour d'eux.</small>

UN BOURGEOIS.

Pourquoi arrêtez-vous ce seigneur? nous le connaissons bien, c'est le fils de Philippe.

UN AUTRE.

Lâchez-le; nous répondons pour lui.

LE PREMIER.

Oui, oui, nous répondons pour les Strozzi. Laisse-le aller, ou prends garde à tes oreilles.

L'OFFICIER.

Hors de là, canaille! laisser passer la justice du duc, si vous n'aimez pas les coups de hallebarde.

<small>Pierre et Philippe arrivent.</small>

PIERRE.

Qu'y a-t-il? quel est ce tapage! Que fais-tu là, Thomas?

LE BOURGEOIS.

Empêche-le, Philippe, il veut emmener ton fils en prison.

PHILIPPE.

En prison? et sur quel ordre?

PIERRE.

En prison? sais-tu à qui tu as affaire?

L'OFFICIER.

Qu'on saisisse cet homme!
<small>Les soldats arrêtent Pierre.</small>

PIERRE.

Lâchez-moi, misérables, ou je vous éventre comme des pourceaux!

PHILIPPE.

Sur quel ordre agissez-vous, monsieur?

L'OFFICIER, <small>montrant l'ordre du duc.</small>

Voilà mon mandat. J'ai ordre d'arrêter Pierre et Thomas Strozzi.
<small>Les soldats repoussent le peuple, qui leur jette des cailloux.</small>

PIERRE.

De quoi nous accuse-t-on? qu'avons-nous fait? Aidez-moi, mes amis; rossons cette canaille.
<small>Il tire son épée. Un autre détachement de soldats arrive.</small>

L'OFFICIER.

Venez ici; prêtez-moi main-forte.
<small>Pierre est désarmé.</small>
En marche! et le premier qui approche de trop près, un coup de pique dans le ventre! Cela leur apprendra à se mêler de leurs affaires.

PIERRE.

On n'a pas le droit de m'arrêter sans un ordre des Huit. Je me soucie bien des ordres d'Alexandre! Où est l'ordre des Huit?

L'OFFICIER.

C'est devant eux que nous vous menons.

PIERRE.

Si c'est devant eux, je n'ai rien à dire. De quoi suis-je accusé?

UN HOMME DU PEUPLE.

Comment, Philippe, tu laisses emmener tes enfants au tribunal des Huit!

PIERRE.

Répondez donc, de quoi suis-je accusé?

L'OFFICIER.

Cela ne me regarde pas.
_{Les soldats sortent avec Pierre et Thomas.}

PIERRE, en sortant.

N'ayez aucune inquiétude, mon père; les Huit me renverront souper à la maison, et le bâtard en sera pour ses frais de justice.

PHILIPPE, seul, s'asseyant sur un banc.

J'ai beaucoup d'enfants, mais pas pour longtemps, si cela va si vite. Où en sommes-nous donc si une vengeance aussi juste que le ciel que voilà est clair est punie comme un crime! Eh quoi! les deux aînés d'une famille vieille comme la ville emprisonnés comme des voleurs de grand chemin! la plus grossière insulte châtiée, un Salviati frappé, et des hallebardes en jeu! Sors donc du fourreau, mon épée! Si le saint appareil des exécutions judiciaires devient la cuirasse des ruffians et des ivrognes, que la hache et le poignard, cette arme des assassins, protègent l'homme de bien. O Christ! la justice devenue une entremetteuse! l'honneur des Strozzi souffleté en place publique, et un tribunal répondant des quolibets d'un rustre! Un Salviati jetant à la plus noble famille de Florence son gant taché de vin et de sang, et lorsqu'on le châtie, tirant pour se défendre le coupe-tête du bourreau! Lumière du soleil! j'ai parlé, il n'y a pas un quart d'heure, contre les idées de révolte, et voilà le pain qu'on me donne à manger, avec mes paroles de paix sur les lèvres! Allons! mes bras, remuez; et toi, vieux corps courb par l'âge et par l'étude, redresse-toi pour l'action!

Entre Lorenzo.

LORENZO.

Demandes-tu l'aumône, Philippe, assis au coin de cette rue?

PHILIPPE.

Je demande l'aumône à la justice des hommes : je suis un mendiant affamé de justice, et mon honneur est en haillons.

LORENZO.

Quel changement va donc s'opérer dans le monde, et quelle nouvelle robe va revêtir la nature, si le masque de la colère s'est posé sur le visage auguste et paisible du vieux Philippe? O mon père! quelles sont ces plaintes? pour qui répands-tu sur la terre les joyaux les plus précieux qu'il y ait sous le soleil, les larmes d'un homme sans peur et sans reproche?

PHILIPPE.

Il faut nous délivrer des Médicis, Lorenzo. Tu es un Médicis toi-même, mais seulement par ton nom; si je t'ai bien connu, si la hideuse comédie que tu joues m'a trouvé impassible et fidèle spectateur, que l'homme sorte de l'histrion. Si tu as jamais été quelque chose d'honnête, sois-le aujourd'hui. Pierre et Thomas sont en prison.

LORENZO.

Oui, oui, je sais cela.

PHILIPPE.

Est-ce là ta réponse? Est-ce là ton visage, homme sans épée?

LORENZO.

Que veux-tu? dis-le, et tu auras alors ma réponse.

PHILIPPE.

Agir! comment? je n'en sais rien. Quel moyen employer, quel levier mettre sous cette citadelle de mort, pour la soulever et la pousser dans le fleuve? Que faire, que résoudre, quels hommes aller trouver? je ne puis le savoir encore. Mais agir, agir, agir. O Lorenzo! le temps est venu! N'es-tu pas diffamé, traité de chien et de sans cœur? Si j'ai tenu en dépit de tout ma porte ouverte, ma main ouverte, mon cœur ouvert, parle, et que je voie si je me suis trompé. Ne m'as-tu pas parlé d'un homme qui s'appelle aussi Lorenzo, et qui se cache derrière le Lorenzo que voilà? Cet homme n'aime-t-il pas sa patrie, n'est-il pas dévoué à ses amis? Tu le disais, et je l'ai cru. Parle, parle, le temps est venu.

LORENZO.

Si je ne suis pas tel que vous le désirez, que le soleil me tombe sur la tête!

PHILIPPE.

Ami, rire d'un vieillard désespéré, cela porte malheur; si tu dis vrai, à l'action! J'ai de toi des promesses qui engageraient Dieu lui-même, et c'est sur ces promesses que je t'ai reçu. Le rôle que tu joues est un rôle de boue et de lèpre, tel que l'enfant prodigue ne l'aurait pas joué dans un jour de démence, et cependant je t'ai reçu. Quand les pierres criaient à ton passage, quand chacun de tes pas faisait jaillir des mares de sang humain, je t'ai appelé du nom sacré d'ami, je me suis fait sourd pour te croire, aveugle pour t'aimer; j'ai laissé l'ombre de ta mauvaise réputation passer sur mon honneur, et mes enfants ont douté de moi en trouvant sur ma main la trace hideuse du contact de la tienne. Sois honnête, car je l'ai été; agis, car tu es jeune, et je suis vieux.

LORENZO.

Pierre et Thomas sont en prison; est-ce là tout?

PHILIPPE.

O ciel et terre! oui, c'est là tout. Presque rien, deux enfants de mes entrailles qui vont s'asseoir au banc des voleurs. Deux têtes que j'ai baisées

LORENZACCIO.   Page 356.

autant de fois que j'ai de cheveux gris, et que je vais trouver demain matin clouées sur la porte de la forteresse; oui, c'est là tout, rien de plus, en vérité.

LORENZO.

Ne me parle pas sur ce ton : je suis rongé d'une tristesse auprès de laquelle la nuit la plus sombre est une lumière éblouissante.
Il s'assoit près de lui.

PHILIPPE.

Que je laisse mourir mes enfants, cela est impossible, vois-tu? On m'arracherait les bras et les jambes, que, comme le serpent, les morceaux mutilés de Philippe se rejoindraient encore et se lèveraient pour la vengeance. Je connais si bien tout cela! Les Huit! un tribunal d'hommes de marbre; une forêt de spectres, sur laquelle passe de temps en temps le vent lugubre du doute qui les agite pendant une minute, pour se résoudre en un mot sans appel. Un mot, un mot, ô conscience! Ces hommes-là mangent, ils dorment, ils ont des femmes et des filles! Ah! qu'ils tuent et qu'ils égorgent, mais pas mes enfants, pas mes enfants!

LORENZO.

Pierre est un homme; il parlera, et il sera mis en liberté.

PHILIPPE.

O mon Pierre, mon premier-né!

LORENZO.

Rentrez chez vous, tenez-vous tranquille; ou faites mieux, quittez Florence. Je vous réponds de tout si vous quittez Florence.

PHILIPPE.

Moi, un banni! moi dans un lit d'auberge à mon heure dernière! O Dieu! tout cela pour une parole d'un Salviati!

LORENZO.

Sachez-le, Salviati voulait séduire votre fille, mais non pas pour lui seul. Alexandre a un pied dans le lit de cet homme; il y exerce le droit du seigneur sur la prostitution.

PHILIPPE.

Et nous n'agirons pas! O Lorenzo, Lorenzo! tu es un homme ferme, toi; parle-moi, je suis faible et mon cœur est trop intéressé dans tout cela. Je m'épuise, vois-tu! J'ai trop réfléchi ici-bas; j'ai trop tourné sur moi-même, comme un cheval de pressoir; je ne vaux plus rien pour la bataille. Dis-moi ce que tu penses; je le ferai.

LORENZO.

Rentrez chez vous, mon bon monsieur.

PHILIPPE.

Voilà qui est certain, je vais aller chez les Pazzi ; là sont cinquante jeunes gens tous déterminés. Ils ont juré d'agir; je leur parlerai noblement, comme un Strozzi et comme un père, et ils m'entendront. Ce soir, j'inviterai à souper les quarante membres de ma famille, je leur raconterai ce qui m'arrive. Nous verrons, nous verrons ! rien n'est encore fait. Que les Médicis prennent garde à eux ! Adieu, je vais chez les Pazzi ; aussi bien, j'y allais avec Pierre, quand on l'a arrêté.

LORENZO.

Il y a plusieurs démons, Philippe ! celui qui te tente en ce moment n'est pas le moins à craindre de tous.

PHILIPPE.

Que veux-tu dire ?

LORENZO.

Prends-y garde, c'est un démon plus beau que Gabriel : la liberté, la patrie, le bonheur des hommes, tous ces mots résonnent à son approche comme les cordes d'une lyre ; c'est le bruit des écailles d'argent de ses ailes flamboyantes. Les larmes de ses yeux fécondent la terre, et il tient à la main la palme des martyrs. Ses paroles épurent l'air autour de ses lèvres ; son vol est si rapide, que nul ne peut dire où il va. Prends-y garde ! une fois dans ma vie je l'ai vu traverser les cieux. J'étais courbé sur mes livres ; le toucher de sa main a fait frémir mes cheveux comme une plume légère. Que je l'aie écouté ou non, n'en parlons pas.

PHILIPPE.

Je ne te comprends qu'avec peine, et je ne sais pourquoi j'ai peur de te comprendre.

LORENZO.

N'avez-vous dans la tête que cela : délivrer vos fils ? Mettez la main sur la conscience ; quelque autre pensée plus vaste, plus terrible, ne vous entraîne-t-elle pas comme un chariot étourdissant au milieu de cette jeunesse ?

PHILIPPE.

Eh bien ! oui, que l'injustice faite à ma famille soit le signal de la liberté. Pour moi, et pour tous, j'irai !

LORENZO.

Prends garde à toi, Philippe, tu as pensé au bonheur de l'humanité.

PHILIPPE.

Que veut dire ceci ? Es-tu dedans comme dehors une vapeur infecte ? Toi qui m'as parlé d'une liqueur précieuse dont tu étais le flacon, est-ce là ce que tu renfermes !

LORENZO.

Je suis en effet précieux pour vous, car je tuerai Alexandre.

PHILIPPE.

Toi?

LORENZO.

Moi, demain ou après-demain. Rentrez chez vous, tâchez de délivrer vos enfants ; si vous ne le pouvez pas, laissez-leur subir une légère punition ; je sais pertinemment qu'il n'y a pas d'autres dangers pour eux, et je vous répète que d'ici à quelques jours il n'y aura pas plus d'Alexandre de Médicis à Florence qu'il n'y a de soleil à minuit.

PHILIPPE.

Quand cela serait vrai, pourquoi aurais-je tort de penser à la liberté ? Ne viendra-t-elle pas quand tu auras fait ton coup, si tu le fais ?

LORENZO.

Philippe, Philippe, prends garde à toi. Tu as soixante ans de vertu sur ta tête grise ; c'est un enjeu trop cher pour le jouer aux dés.

PHILIPPE.

Si tu caches sous ces sombres paroles quelque chose que je puisse entendre, parle ; tu m'irrites singulièrement.

LORENZO.

Tel que tu me vois, Philippe, j'ai été honnête. J'ai cru à la vertu, à la grandeur humaine, comme un martyr croit à son Dieu. J'ai versé plus de larmes sur la pauvre Italie que Niobé sur ses filles.

PHILIPPE.

Eh bien, Lorenzo ?

LORENZO.

Ma jeunesse a été pure comme l'or. Pendant vingt ans de silence, la foudre s'est amoncelée dans ma poitrine ; et il faut que je sois réellement une étincelle du tonnerre, car tout à coup, une certaine nuit que j'étais assis dans les ruines du colisée antique, je ne sais pourquoi je me levai ; je tendis vers le ciel mes bras trempés de rosée, et je jurai qu'un des tyrans de ma patrie mourrait de ma main. J'étais un étudiant paisible, et je ne m'occupais alors que des arts et des sciences, et il m'est impossible de dire comment cet étrange serment s'est fait en moi. Peut-être est-ce là ce qu'on éprouve quand on devient amoureux.

PHILIPPE.

J'ai toujours eu confiance en toi, et cependant je crois rêver.

LORENZO.

Et moi aussi. J'étais heureux alors ; j'avais le cœur et les mains tranquilles ; mon nom m'appelait au trône, et je n'avais qu'à laisser le soleil se lever et se coucher pour voir fleurir autour de moi toutes les espérances humaines. Les hommes ne m'avaient fait ni bien ni mal ; mais j'étais bon, et, pour mon malheur éternel, j'ai voulu être grand. Il faut que je l'avoue : si la Providence m'a poussé à la résolution de tuer un tyran, quel qu'il fût, l'orgueil m'y a poussé aussi. Que te dirais-je de plus ? Tous les Césars du monde me faisaient penser à Brutus.

PHILIPPE.

L'orgueil de la vertu est un noble orgueil. Pourquoi t'en défendrais-tu ?

LORENZO.

Tu ne sauras jamais, à moins d'être fou, de quelle nature est la pensée qui m'a travaillé. Pour comprendre l'exaltation fiévreuse qui a enfanté en moi le Lorenzo qui te parle, il faudrait que mon cerveau et mes entrailles fussent à nu sous un scalpel. Une statue qui descendrait de son piédestal pour marcher parmi les hommes sur la place publique, serait peut-être semblable à ce que j'ai été le jour où j'ai commencé à vivre avec cette idée : il faut que je sois un Brutus.

PHILIPPE.

Tu m'étonnes de plus en plus.

LORENZO.

J'ai voulu d'abord tuer Clément VII ; je n'ai pu le faire parce qu'on m'a banni de Rome avant le temps. J'ai recommencé mon ouvrage avec Alexandre. Je voulais agir seul, sans le secours d'aucun homme. Je travaillais pour l'humanité ; mais mon orgueil restait solitaire au milieu de tous mes rêves philanthropiques. Il fallait donc entamer par la ruse un combat singulier avec mon ennemi. Je ne voulais pas soulever les masses, ni conquérir la gloire bavarde d'un paralytique comme Cicéron ; je voulais arriver à l'homme, me prendre corps à corps avec la tyrannie vivante, la tuer, et après cela porter mon épée sanglante sur la tribune, et laisser la fumée du sang d'Alexandre monter au nez des harangueurs, pour réchauffer leur cervelle ampoulée.

PHILIPPE.

Quelle tête de fer as-tu, ami ! quelle tête de fer !

LORENZO.

La tâche que je m'imposais était rude avec Alexandre. Florence était, comme aujourd'hui, noyée de vin et de sang. L'empereur et le pape avaient fait un duc d'un garçon boucher. Pour plaire à mon cousin, il fallait arriver à lui porté par les larmes des familles ; pour devenir son ami et acquérir sa confiance, il fallait baiser sur ses lèvres épaisses tous les restes de ses orgies. J'étais pur comme un lis, et cependant je n'ai pas reculé devant cette tâche.

Ce que je suis devenu à cause de cela, n'en parlons pas. Tu dois comprendre ce que j'ai souffert, et il y a des blessures dont on ne lève pas l'appareil impunément. Je suis devenu vicieux, lâche, un objet de honte et d'opprobre; qu'importe? ce n'est pas de cela qu'il s'agit.

PHILIPPE.

Tu baisses la tête! tes yeux sont humides.

LORENZO.

Non, je ne rougis point; les masques de plâtre n'ont point de rougeur au service de la honte. J'ai fait ce que j'ai fait. Tu sauras seulement que j'ai réussi dans mon entreprise. Alexandre viendra bientôt dans un certain lieu d'où il ne sortira pas debout. Je suis au terme de ma peine, et sois certain, Philippe, que le buffle sauvage, quand le bouvier l'abat sur l'herbe, n'est pas entouré de plus de filets, de plus de nœuds coulants que je n'en ai tissu autour de mon bâtard. Ce cœur, jusques auquel une armée ne serait pas parvenue en un an, il est maintenant à nu sous ma main; je n'ai qu'à laisser tomber mon stylet pour qu'il y entre. Tout sera fait. Maintenant, sais-tu ce qui m'arrive, et ce dont je veux t'avertir?

PHILIPPE.

Tu es notre Brutus si tu dis vrai.

LORENZO.

Je me suis cru un Brutus, mon pauvre Philippe; je me suis souvenu du bâton d'or couvert d'écorce. Maintenant, je connais les hommes, et je te conseille de ne pas t'en mêler.

PHILIPPE.

Pourquoi?

LORENZO.

Ah! vous avez vécu tout seul, Philippe. Pareil à un fanal éclatant, vous êtes resté immobile au bord de l'océan des hommes, et vous avez regardé dans les eaux la réflexion de votre propre lumière; du fond de votre solitude, vous trouviez l'océan magnifique sous le dais splendide des cieux; vous ne comptiez pas chaque flot, vous ne jetiez pas la sonde; vous étiez plein de confiance dans l'ouvrage de Dieu. Mais moi, pendant ce temps-là, j'ai plongé; je me suis enfoncé dans cette mer houleuse de la vie; j'en ai parcouru toutes les profondeurs, couvert de ma cloche de verre; tandis que vous admiriez la surface, j'ai vu les débris des naufrages, les ossements et les Léviathans.

PHILIPPE.

Ta tristesse me fend le cœur.

LORENZO.

C'est parce que je vous vois tel que j'ai été, et sur le point de faire ce que j'ai fait, que je vous parle ainsi. Je ne méprise point les hommes; le tort des livres et des historiens est de nous les montrer différents de ce qu'ils sont. La vie est comme une cité, on peut y rester cinquante ou soixante ans sans voir autre chose que des promenades et des palais; mais il ne faut pas entrer dans les tripots, ni s'arrêter, en rentrant chez soi, aux fenêtres des mauvais quartiers. Voilà mon avis, Philippe; s'il s'agit de sauver tes enfants, je te dis de rester tranquille; c'est le meilleur moyen pour qu'on te les renvoie après une petite semonce. S'il s'agit de tenter quelque chose pour les hommes, je te conseille de te couper les bras, car tu ne seras pas longtemps à t'apercevoir qu'il n'y a que toi qui en aies.

PHILIPPE.

Je conçois que le rôle que tu joues t'ait donné de pareilles idées. Si je te comprends bien, tu as pris, dans un but sublime, une route hideuse, et tu crois que tout ressemble à ce que tu as vu.

LORENZO.

Je me suis réveillé de mes rêves, rien de plus. Je te dis le danger d'en faire. Je connais la vie, et c'est une vilaine cuisine, sois-en persuadé. Ne mets pas la main là dedans, si tu respectes quelque chose.

PHILIPPE.

Arrête; ne brise pas comme un roseau mon bâton de vieillesse. Je crois à tout ce que tu appelles des rêves; je crois à la vertu, à la pudeur et à la liberté.

LORENZO.

Et me voilà dans la rue, moi Lorenzaccio! et les enfants ne me jettent pas de la boue! Les lits des filles sont encore chauds de ma sueur, et les pères ne prennent pas, quand je passe, leurs couteaux et leurs balais pour m'assommer! Au fond de ces dix mille maisons que voilà, la septième génération parlera encore de la nuit où j'y suis entré, et pas une ne vomit à ma vue un valet de charrue qui me fende en deux comme une bûche pourrie! L'air que vous respirez, Philippe, je le respire; mon manteau de soie bariolé traîne paresseusement sur le sable fin des promenades; pas une goutte de poison ne tombe dans mon chocolat; que dis-je? ô Philippe! les mères pauvres soulèvent honteusement le voile de leurs filles quand je m'arrête au seuil de leurs portes; elles me laissent voir leur beauté avec un sourire plus vil que le baiser de Judas, tandis que moi, pinçant le menton de la petite, je serre les poings de rage en remuant dans ma poche quatre ou cinq méchantes pièces d'or.

PHILIPPE.

Que le tentateur ne méprise pas le faible; pourquoi tenter lorsque l'on doute?

LORENZO.

Suis-je un Satan ? Lumière du ciel ! je m'en souviens encore, j'aurais pleuré avec la première fille que j'ai séduite si elle ne s'était mise à rire. Quand j'ai commencé à jouer mon rôle de Brutus moderne, je marchais dans mes habits neufs de la grande confrérie du vice comme un enfant de dix ans dans l'armure d'un géant de la Fable. Je croyais que la corruption était un stigmate, et que les monstres seuls le portaient au front. J'avais commencé à dire tout haut que mes vingt années de vertu étaient un masque étouffant ; ô Philippe ! j'entrai alors dans la vie, et je vis qu'à mon approche tout le monde en faisait autant que moi ; tous les masques tombaient devant mon regard ; l'humanité souleva sa robe, et me montra, comme à un adepte digne d'elle, sa monstrueuse nudité. J'ai vu les hommes tels qu'ils sont, et je me suis dit : Pour qui est-ce donc que je travaille ? Lorsque je parcourais les rues de Florence, avec mon fantôme à mes côtés, je regardais autour de moi, je cherchais les visages qui me donnaient du cœur, et je me demandais : Quand j'aurai fait mon coup, celui-là en profitera-t-il ? J'ai vu les républicains dans leurs cabinets ; je suis entré dans les boutiques ; j'ai écouté et j'ai guetté. J'ai recueilli les discours des gens du peuple ; j'ai vu l'effet que produisait sur eux la tyrannie ; j'ai bu dans les banquets patriotiques le vin qui engendre la métaphore et la prosopopée ; j'ai avalé entre deux baisers les larmes les plus vertueuses ; j'attendais toujours que l'humanité me laissât voir sur sa face quelque chose d'honnête. J'observais comme un amant observe sa fiancée en attendant le jour des noces.

PHILIPPE.

Si tu n'as vu que le mal, je te plains ; mais je ne puis te croire. Le mal existe, mais non pas sans le bien ; comme l'ombre existe, mais non sans la lumière.

LORENZO.

Tu ne veux voir en moi qu'un mépriseur d'hommes : c'est me faire injure. Je sais parfaitement qu'il y en a de bons ; mais à quoi servent-ils ? que font-ils ? comment agissent-ils ? Qu'importe que la conscience soit vivante, si le bras est mort ? Il y a de certains côtés par où tout devient bon : un chien est un ami fidèle ; on peut trouver en lui le meilleur des serviteurs, comme on peut voir aussi qu'il se roule sur les cadavres, et que la langue avec laquelle il lèche son maître sent la charogne à une lieue. Tout ce que j'ai à voir, moi, c'est que je suis perdu, et que les hommes n'en profiteront pas plus qu'ils ne comprendront.

PHILIPPE.

Pauvre enfant, tu me navres le cœur ! Mais si tu es honnête, quand tu auras délivré ta patrie, tu le redeviendras. Cela réjouit mon vieux cœur,

LORENZACCIO. Page 365.

Bibl. Charpentier. LIV. 178.

Lorenzo, de penser que tu es honnête; alors tu jetteras ce déguisement hideux qui te défigure, et tu redeviendras d'un métal aussi pur que les statues de bronze d'Harmodius et d'Aristogiton.

LORENZO.

Philippe, Philippe, j'ai été honnête. La main qui a soulevé une fois le voile de la vérité ne peut plus le laisser retomber; elle reste immobile jusqu'à la mort, tenant toujours ce voile terrible, et l'élevant de plus en plus au-dessus de la tête de l'homme, jusqu'à ce que l'ange du sommeil éternel lui bouche les yeux.

PHILIPPE.

Toutes les maladies se guérissent; et le vice est une maladie aussi.

LORENZO.

Il est trop tard. Je me suis fait à mon métier. Le vice a été pour moi un vêtement; maintenant il est collé à ma peau. Je suis vraiment un ruffian, et quand je plaisante sur mes pareils, je me sens sérieux comme la mort au milieu de ma gaieté. Brutus a fait le fou pour tuer Tarquin, et ce qui m'étonne en lui, c'est qu'il n'y ait pas laissé sa raison. Profite de moi, Philippe, voilà ce que j'ai à te dire; ne travaille pas pour ta patrie.

PHILIPPE.

Si je te croyais, il me semble que le ciel s'obscurcirait pour toujours, et que ma vieillesse serait condamnée à marcher à tâtons. Que tu aies pris une route dangereuse, cela peut être; pourquoi ne pourrais-je en prendre une autre qui me mènerait au même point? Mon intention est d'en appeler au peuple, et d'agir ouvertement.

LORENZO.

Prends garde à toi, Philippe; celui qui te le dit sait pourquoi il le dit. Prends le chemin que tu voudras, tu auras toujours affaire aux hommes.

PHILIPPE.

Je crois à l'honnêteté des républicains.

LORENZO.

Je te fais une gageure. Je vais tuer Alexandre! une fois mon coup fait, si les républicains se comportent comme ils le doivent, il leur sera facile d'établir une république, la plus belle qui ait jamais fleuri sur la terre. Qu'ils aient pour eux le peuple, et tout est dit. Je te gage que ni eux ni le peuple ne feront rien. Tout ce que je te demande, c'est de ne pas t'en mêler; parle, si tu le veux, mais prends garde à tes paroles, et encore plus à tes actions. Laisse-moi faire mon coup : tu as les mains pures, et moi je n'ai rien à perdre.

PHILIPPE.

Fais-le, et tu verras.

LORENZO.

Soit, — mais souviens-toi de ceci. Vois-tu dans cette petite maison cette famille assemblée autour d'une table? ne dirait-on pas des hommes? Ils ont un corps, et une âme dans ce corps. Cependant, s'il me prenait envie d'entrer chez eux, tout seul, comme me voilà, et de poignarder leur fils aîné au milieu d'eux, il n'y aurait pas un couteau de levé sur moi.

PHILIPPE.

Tu me fais horreur. Comment le cœur peut-il rester grand avec des mains comme les tiennes?

LORENZO.

Viens, rentrons à ton palais, et tâchons de délivrer tes enfants.

PHILIPPE.

Mais pourquoi tueras-tu le duc, si tu as des idées pareilles?

LORENZO.

Pourquoi? tu le demandes?

PHILIPPE.

Si tu crois que c'est un meurtre inutile à ta patrie, comment le commets-tu?

LORENZO.

Tu me demandes cela en face? Regarde-moi un peu. J'ai été beau, tranquille et vertueux.

PHILIPPE.

Quel abîme! quel abîme tu m'ouvres!

LORENZO.

Tu me demandes pourquoi je tue Alexandre? Veux-tu donc que je m'empoisonne, ou que je saute dans l'Arno? veux-tu donc que je sois un spectre, et qu'en frappant sur ce squelette,

Il frappe sa poitrine.

il n'en sorte aucun son? Si je suis l'ombre de moi-même, veux-tu donc que je m'arrache le seul fil qui rattache aujourd'hui mon cœur à quelques fibres de mon cœur d'autrefois? Songes-tu que ce meurtre, c'est tout ce qui me reste de ma vertu? Songes-tu que je glisse depuis deux ans sur un mur taillé à pic, et que ce meurtre est le seul brin d'herbe où j'aie pu cramponner mes ongles? Crois-tu donc que je n'aie plus d'orgueil, parce que je n'ai plus de honte? et veux-tu que je laisse mourir en silence l'énigme de ma vie? Oui, cela est certain, si je pouvais revenir à la vertu, si mon apprentissage de vice pouvait s'évanouir, j'épargnerais peut-être ce conducteur de bœufs. Mais j'aime le vin, le jeu et les filles; comprends-tu cela? Si tu honores en moi quelque chose, toi qui me parles, c'est mon meurtre que tu honores peut-être justement parce que tu ne le ferais pas. Voilà assez longtemps, vois-tu, que les républicains me couvrent de boue et d'infamie; voilà assez longtemps que les oreilles me tintent, et que l'exécration des hommes empoisonne le pain que je mâche; j'en ai assez d'entendre brailler en plein vent le bavardage humain; il faut que le monde sache un peu qui je suis et qui il est. Dieu merci! c'est peut-être demain que je tue Alexandre; dans deux jours j'aurai fini. Ceux qui tournent autour de moi avec des yeux louches, comme autour d'une curiosité monstrueuse apportée d'Amérique, pourront satisfaire leur gosier et vider leur sac à paroles. Que les hommes me comprennent ou non, qu'ils agissent ou n'agissent pas, j'aurai dit tout ce que j'ai à dire; je leur ferai tailler leur plume, si je ne leur fais pas nettoyer leurs piques, et l'humanité gardera sur sa joue le soufflet de mon épée marqué en traits de sang. Qu'ils m'appellent comme ils voudront, Brutus ou Érostrate, il ne me plaît pas qu'ils m'oublient. Ma vie entière est au bout de ma dague, et que la Providence retourne ou non la tête, en m'entendant frapper, je jette la nature humaine à pile ou face sur la tombe d'Alexandre; dans deux jours les hommes comparaîtront devant le tribunal de ma volonté.

PHILIPPE.

Tout cela m'étonne, et il y a dans tout ce que tu m'as dit des choses qui me font peine, et d'autres qui me font plaisir. Mais Pierre et Thomas sont en prison, et je ne saurais là-dessus m'en fier à personne qu'à moi-même. C'est en vain que ma colère voudrait ronger son frein; mes entrailles sont émues trop vivement; tu peux avoir raison, mais il faut que j'agisse; je vais rassembler mes parents.

LORENZO.

Comme tu voudras; mais prends garde à toi. Garde-moi le secret, même avec tes amis, c'est tout ce que je demande.

Ils sortent.

SCÈNE IV

Au palais Soderini

Entre CATHERINE, lisant un billet.

« Lorenzo a dû vous parler de moi; mais qui pourrait vous parler dignement d'un amour pareil au mien? Que ma plume vous apprenne ce que ma bouche ne peut vous dire et ce que mon cœur voudrait signer de son sang.

« Alexandre DE MÉDICIS. »

Si mon nom n'était pas sur l'adresse, je croirais que le messager s'est trompé, et ce que je lis me fait douter de mes yeux.

Entre Marie.

O ma mère chérie! voyez ce qu'on m'écrit; expliquez-moi, si vous pouvez, ce mystère.

MARIE.

Malheureuse, malheureuse! il t'aime? Où t'a-t-il vue? où lui as-tu parlé?

CATHERINE.

Nulle part; un messager m'a apporté cela comme je sortais de l'église.

MARIE.

Lorenzo, dit-il, a dû te parler de lui? Ah! Catherine, avoir un fils pareil? Oui, faire de la sœur de sa mère la maîtresse du duc, non pas même la maîtresse, ô ma fille! Quels noms portent ces créatures! je ne puis le dire; oui, il manquait cela à Lorenzo. Viens, je veux lui porter cette lettre ouverte, et savoir devant Dieu comment il répondra.

CATHERINE.

Je croyais que le duc aimait... pardon, ma mère, mais je croyais que le duc aimait la marquise de Cibo; on me l'avait dit.

MARIE.

Cela est vrai, il l'a aimée, s'il peut aimer.

CATHERINE.

Il ne l'aime plus? Ah! comment peut-on offrir sans honte un cœur pareil? Venez, ma mère, venez chez Lorenzo.

MARIE.

Donne-moi ton bras. Je ne sais ce que j'éprouve depuis quelques jours; j'ai eu la fièvre toutes les nuits : il est vrai que depuis trois mois elle ne me quitte guère. J'ai trop souffert, ma pauvre Catherine; pourquoi m'as-tu lu cette lettre? je ne puis plus rien supporter. Je ne suis plus jeune, et cependant il me semble que je le redeviendrais à certaines conditions ; mais tout ce que je vois m'entraîne vers la tombe. Allons! soutiens-moi, pauvre enfant; je ne te donnerai pas longtemps cette peine.

Elles sortent.

SCÈNE V

Chez la marquise.

LA MARQUISE, parée, devant un miroir.

Quand je pense que cela est, cela me fait l'effet d'une nouvelle qu'on m'apprendrait tout à coup. Quel précipice que la vie! Comment, il est déjà neuf heures, et c'est le duc que j'attends dans cette toilette! Qu'il en soit ce qu'il pourra, je veux essayer mon pouvoir.

<small>Entre le cardinal.</small>

LE CARDINAL.

Quelle parure, marquise! voilà des fleurs qui embaument.

LA MARQUISE.

Je ne puis vous recevoir, cardinal; j'attends une amie : vous m'excuserez.

LE CARDINAL.

Je vous laisse, je vous laisse. Ce boudoir dont j'aperçois la porte entr'ouverte là-bas, c'est un petit paradis. Irai-je vous y attendre?

LA MARQUISE.

Je suis pressée, pardonnez-moi. Non, pas dans mon boudoir; où vous voudrez.

LE CARDINAL.

Je reviendrai dans un moment plus favorable.

<small>Il sort.</small>

LA MARQUISE.

Pourquoi toujours le visage de ce prêtre? Quels cercles décrit donc autour de moi ce vautour à tête chauve, pour que je le trouve sans cesse derrière moi quand je me retourne? Est-ce que l'heure de ma mort serait proche?

<small>Entre un page qui lui parle à l'oreille.</small>

C'est bon, j'y vais. Ah! ce métier de servante, tu n'y es pas fait, pauvre cœur orgueilleux.

<small>Elle sort.</small>

SCÈNE VI

<small>Le boudoir de la marquise.</small>

LA MARQUISE, LE DUC.

LA MARQUISE.

C'est ma façon de penser; je t'aimerais ainsi.

LE DUC.

Des mots, des mots, et rien de plus.

LA MARQUISE.

Vous autres hommes, cela est si peu pour vous! Sacrifier le repos de ses jours, la sainte chasteté de l'honneur! quelquefois ses enfants même; ne vivre que pour un seul être au monde; se donner, enfin, se donner, puisque cela s'appelle ainsi ! Mais cela n'en vaut pas la peine ; à quoi bon écouter une femme ? une femme qui parle d'autre chose que de chiffons et de libertinage, cela ne se voit pas.

LE DUC.

Vous rêvez tout éveillée.

LA MARQUISE.

Oui, par le ciel ! oui, j'ai fait un rêve ; hélas ! les rois seuls n'en font jamais : toutes les chimères de leurs caprices se transforment en réalités, et leurs cauchemars eux-mêmes se changent en marbre. Alexandre ! Alexandre ! quel mot que celui-là : Je peux si je veux ! Ah ! Dieu lui-même n'en sait pas plus ; devant ce mot, les mains des peuples se joignent dans une prière craintive, et le pâle troupeau des hommes retient son haleine pour écouter.

LE DUC.

N'en parlons plus, ma chère, cela est fatigant.

LA MARQUISE.

Être un roi, sais-tu ce que c'est ! Avoir au bout de son bras cent mille mains ! Être le rayon de soleil qui sèche les larmes des hommes ! Être le bonheur et le malheur ! Ah ! quel frisson mortel cela donne ! Comme il tremblerait, ce vieux du Vatican, si tu ouvrais tes ailes, toi, mon aiglon ! César est si loin ! la garnison t'est si dévouée ! Et, d'ailleurs, on égorge une armée et l'on n'égorge pas un peuple. Le jour où tu auras pour toi la nation tout entière, où tu seras la tête d'un corps libre, ou tu diras : Comme le doge de Venise épouse l'Adriatique, ainsi je mets mon anneau d'or au doigt de ma belle Florence, et ses enfants sont mes enfants... Ah ! sais-tu ce que c'est qu'un peuple qui prend son bienfaiteur dans ses bras ? Sais-tu ce que c'est que d'être porté comme un nourrisson chéri par le vaste océan des hommes ? Sais-tu ce que c'est que d'être montré par un père à son enfant ?

LE DUC.

Je me soucie de l'impôt ; pourvu qu'on le paye, que m'importe ?

LA MARQUISE.

Mais enfin on t'assassinera. — Les pavés sortiront de terre et t'écraseront. Ah ! la postérité ! N'as-tu jamais vu ce spectre-là au chevet de ton lit ? Ne t'es-tu jamais demandé ce que penseront de toi ceux qui sont dans le ventre des vivants ? Et tu vis, toi, il est encore temps ! tu n'as qu'un mot à dire. Te souviens-tu du père de la patrie ? Va, cela est facile d'être un grand roi quand on est roi. Déclare Florence indépendante ; réclame l'exécution du traité avec l'empire : tire ton épée et montre-la ; ils te diront de la remettre au fourreau, que ses éclairs leur font mal aux yeux. Songe donc comme tu es jeune ! Rien n'est décidé sur ton compte. — Il y a dans le cœur des peuples de larges indulgences pour les princes, et la reconnaissance publique est un profond fleuve d'oubli pour leurs fautes passées. On t'a mal conseillé, on t'a trompé. — Mais il est encore temps, tu n'as qu'à dire; tant que tu es vivant, la page n'est pas tournée dans le livre de Dieu.

LE DUC.

Assez, ma chère, assez.

LA MARQUISE.

Ah ! quand elle le sera ! quand un misérable jardinier, payé à la journée, viendra arroser à contre-cœur quelques chétives marguerites autour du tombeau d'Alexandre ; quand les pauvres respireront gaiement l'air du ciel, et n'y verront plus planer le sombre météore de ta puissance; — quand ils parleront de toi en secouant la tête; — quand ils compteront autour de ta tombe les tombes de leurs parents, — es-tu sûr de dormir tranquille dans ton dernier sommeil ? — Toi qui ne vas pas à la messe, et qui ne tiens qu'à l'impôt, es-tu sûr que l'éternité soit sourde, et qu'il n'y ait pas un écho de la vie dans le séjour hideux des trépassés ? Sais-tu où vont les larmes des peuples quand le vent les emporte ?

LE DUC.

Tu as une belle jambe.

LA MARQUISE.

Écoute-moi; tu es étourdi, je le sais; mais tu n'es pas méchant ; non, sur Dieu, tu ne l'es pas, tu ne peux pas l'être. Voyons ! fais-toi violence ; réfléchis un instant, un seul instant, à ce que je te dis. N'y a-t-il rien dans tout cela ? Suis-je décidément une folle ?

LE DUC.

Tout cela me passe bien par la tête ; mais qu'est-ce que je fais donc de si mal? Je vaux bien mes voisins ; je vaux, ma foi, mieux que le pape. Tu me fais penser aux Strozzi avec tous tes discours ; — et tu sais que je les déteste. Tu veux que je me révolte contre César ; César est mon beau-père, ma chère amie. Tu te figures que les Florentins ne m'aiment pas, je suis sûr qu'ils m'aiment, moi. Eh ! parbleu ! quand tu aurais raison, de qui veux-tu que j'aie peur ?

LA MARQUISE.

Tu n'as pas peur de ton peuple, — mais tu as peur de l'empereur; tu as tué ou déshonoré des centaines de citoyens, et tu crois avoir tout fait quand tu mets une cotte de mailles sous ton habit!

LE DUC.

Paix! point de ceci.

LA MARQUISE.

Ah! je m'emporte, je dis ce que je ne veux pas dire. Mon ami, qui ne

LORENZACCIO. Page 373.

Bibl. Charpentier. LIV. 179.

sait pas que tu es brave? Tu es brave comme tu es beau; ce que tu as fait de mal, c'est ta jeunesse, c'est ta tête, — que sais-je, moi? c'est le sang qui coule violemment dans ces veines brûlantes, c'est le soleil étouffant qui nous pèse. — Je t'en supplie, que je ne sois pas perdue sans ressource; que mon nom, que mon pauvre amour pour toi ne soit pas inscrit sur une liste infâme. Je suis une femme, c'est vrai, et si la beauté est tout pour les femmes, bien d'autres valent mieux que moi. Mais n'as-tu rien, dis-moi, — dis-moi donc, toi! voyons! n'as-tu donc rien, rien là!

<small>Elle lui frappe au cœur.</small>

LE DUC.

Quel démon! Assois-toi donc là, ma petite.

LA MARQUISE.

Eh bien! oui, je veux bien l'avouer; oui, j'ai de l'ambition, non pas pour moi; — mais pour toi! toi et ma chère Florence! O Dieu! tu m'es témoin de ce que je souffre.

LE DUC.

Tu souffres! qu'est-ce que tu as?

LA MARQUISE.

Non, je ne souffre pas. Écoute! écoute! Je vois que tu t'ennuies auprès de moi. Tu comptes les moments, tu détournes la tête; ne t'en va pas encore : c'est peut-être la dernière fois que je te vois. Écoute! je te dis que Florence t'appelle sa peste nouvelle, et qu'il n'y a pas une chaumière où ton portrait ne soit collé sur les murailles avec un coup de couteau dans le cœur. Que je sois folle, que tu me haïsse demain, que m'importe? tu sauras cela!

LE DUC.

Malheur à toi si tu joues avec ma colère!

LA MARQUISE.

Oui, malheur à moi! malheur à moi!

LE DUC.

Une autre fois, — demain matin, si tu veux, — nous pourrons nous revoir et parler de cela. Ne te fâche pas si je te quitte à présent : il faut que j'aille à la chasse.

LA MARQUISE.

Oui, malheur à moi! malheur à moi!

LE DUC.

Pourquoi? Tu as l'air sombre comme l'enfer. Pourquoi diable aussi te mêles-tu de politique? Allons, allons! ton petit rôle de femme, et de vraie femme, te va si bien! Tu es trop dévote; cela se formera. Aide-moi donc à remettre mon habit; je suis tout débraillé.

LA MARQUISE.

Adieu, Alexandre.
Le duc l'embrasse. — Entre le cardinal Cibo.

LE CARDINAL.

Ah! — Pardon, Altesse, je croyais ma sœur toute seule. Je suis un maladroit; c'est à moi d'en porter la peine. Je vous supplie de m'excuser.

LE DUC.

Comment l'entendez-vous? Allons donc! Malaspina, voilà qui sent le prêtre. Est-ce que vous devez voir ces choses-là? Venez donc, venez donc; que diable est-ce que cela vous fait?
Ils sortent ensemble.

LA MARQUISE, seule, tenant le portrait de son mari.

Où es-tu maintenant, Laurent? Il est midi passé; tu te promènes sur la terrasse, devant les grands marronniers. Autour de toi paissent tes génisses grasses; tes garçons de ferme dînent à l'ombre; la pelouse soulève son manteau blanchâtre aux rayons du soleil; les arbres entretenus par tes soins, murmurent religieusement sur la tête de leur vieux maître, tandis que l'écho de nos longues arcades répète avec respect le bruit de ton pas tranquille. O mon Laurent! j'ai perdu le trésor de ton honneur; j'ai voué au ridicule et au doute les dernières années de ta noble vie; tu ne presseras plus sur ta cuirasse un cœur digne du tien, ce sera une main tremblante qui t'apportera ton repas du soir quand tu rentreras de la chasse.

SCÈNE VII
Chez les Strozzi.
LES QUARANTE STROZZI, à souper.

PHILIPPE.

Mes enfants, mettons-nous à table.

LES CONVIVES.

Pourquoi reste-t-il deux sièges vides?

PHILIPPE.

Pierre et Thomas sont en prison.

LES CONVIVES.

Pourquoi?

PHILIPPE.

Parce que Salviati a insulté ma fille, que voilà, à la foire de Montolivet, publiquement, et devant son frère Léon. Pierre et Thomas ont tué Salviati, et Alexandre de Médicis les a fait arrêter pour venger la mort de son ruffian.

LES CONVIVES.

Meurent les Médicis!

PHILIPPE.

J'ai rassemblé ma famille pour lui raconter mes chagrins, et la prier de me secourir. Soupons et sortons ensuite l'épée à la main, pour redemander mes deux fils, si vous avez du cœur.

LES CONVIVES.

C'est dit; nous voulons bien.

PHILIPPE.

Il est temps que cela finisse, voyez-vous; on nous tuerait nos enfants et on déshonorerait nos filles. Il est temps que Florence apprenne à ces bâtards ce que c'est que le droit de vie et de mort. Les Huit n'ont pas le droit de condamner mes enfants; et moi, je n'y survivrai pas, voyez-vous!

LES CONVIVES.

N'aie pas peur, Philippe, nous sommes là.

PHILIPPE.

Je suis le chef de la famille : comment souffrirais-je qu'on m'insultât? Nous sommes tout autant que les Médicis, les Ruccellai tout autant, les Aldobrandini et vingt autres. Pourquoi ceux-là pourraient-ils faire égorger nos enfants plutôt que nous les leurs? Qu'on allume un tonneau de poudre dans les caves de la citadelle, et voilà la garnison allemande en déroute. Que reste-t-il à ces Médicis? Là est leur force; hors de là, ils ne sont rien. Sommes-nous des hommes? Est-ce à dire qu'on abattra d'un coup de hache les familles de Florence, et qu'on arrachera de la terre natale des racines aussi vieilles qu'elle? C'est par nous qu'on commence, c'est à nous de tenir ferme; notre premier cri d'alarme, comme le coup de sifflet de l'oiseleur, va rabattre sur Florence une armée tout entière d'aigles chassés du nid; ils ne sont pas loin; ils tournoient autour de la ville, les yeux fixés sur ses clochers. Nous y planterons le drapeau noir de la peste; ils accourront à ce signal de mort. Ce sont les couleurs de la colère céleste. Ce soir, allons d'abord délivrer nos fils; demain nous irons tous ensemble, l'épée nue, à la porte de toutes les grandes familles; il y a à Florence quatre-vingts palais, et de chacun d'eux sortira une troupe pareille à la nôtre quand la liberté y frappera.

LES CONVIVES.

Vive la liberté!

PHILIPPE.

Je prends Dieu à témoin que c'est la violence qui me force à tirer l'épée ; que je suis resté durant soixante ans bon et paisible citoyen ; que je n'ai jamais fait de mal à qui que ce soit au monde, et que la moitié de ma fortune a été employée à secourir les malheureux.

LES CONVIVES.

C'est vrai.

PHILIPPE.

C'est une juste vengeance qui me pousse à la révolte, et je me fais rebelle parce que Dieu m'a fait père. Je ne suis poussé par aucun motif d'ambition, ni d'intérêt ni d'orgueil. Ma cause est loyale, honorable et sacrée. Emplissez vos coupes et levez-vous. Notre vengeance est une hostie que nous pouvons briser sans crainte et nous partager devant Dieu. Je bois à la mort des Médicis !

LES CONVIVES, se levant et buvant.

A la mort des Médicis !

LOUISE, posant son verre.

Ah ! je vais mourir.

PHILIPPE.

Qu'as-tu ma fille, mon enfant bien-aimée ? qu'as-tu, mon Dieu ! que t'arrive-t-il ? Mon Dieu, mon Dieu ! comme tu pâlis ! parle, qu'as-tu ? parle à ton père. Au secours, au secours ! un médecin ! Vite, vite, il n'est plus temps.

LOUISE.

Je vais mourir, je vais mourir.

Elle meurt.

PHILIPPE.

Elle s'en va, mes amis, elle s'en va ! un médecin ! ma fille est empoisonnée !

Il tombe à genoux près de Louise.

UN CONVIVE.

Coupez son corset ! faites-lui boire de l'eau tiède ; si c'est du poison, il faut de l'eau tiède.

Les domestiques accourent.

UN AUTRE CONVIVE.

Frappez-lui dans les mains ; ouvrez les fenêtres et frappez-lui dans les mains.

UN AUTRE.

Ce n'est peut-être qu'un étourdissement ; elle aura bu avec trop de précipitation.

UN AUTRE.

Pauvre enfant ! comme ses traits sont calmes ! Elle ne peut pas être morte ainsi tout d'un coup.

PHILIPPE.

Mon enfant ! es-tu morte ? es-tu morte, Louise, ma fille bien-aimée ?

LE PREMIER CONVIVE.

Voilà le médecin qui accourt.
Un médecin entre.

LE SECOND CONVIVE.

Dépêchez-vous, monsieur ; dites-nous si c'est du poison.

PHILIPPE.

C'est un étourdissement, n'est-ce pas ?

LE MÉDECIN.

Pauvre jeune fille ! elle est morte.
Un profond silence règne dans la salle ; Philippe est toujours à genoux auprès de Louise et lui tient les mains.

UN DES CONVIVES.

C'est du poison des Médicis. Ne laissons pas Philippe dans l'état où il est. Cette immobilité est effrayante.

UN AUTRE.

Je suis sûr de ne pas me tromper. Il y avait autour de la table un domestique ayant appartenu à la femme de Salviati.

UN AUTRE.

C'est lui qui a fait le coup, sans aucun doute. Sortons et arrêtons-le.
Ils sortent.

LE PREMIER CONVIVE.

Philippe ne veut pas répondre à ce qu'on lui dit ; il est frappé de la foudre.

UN AUTRE.

C'est horrible ! c'est un meurtre inouï !

UN AUTRE.

Cela crie vengeance au ciel : sortons, et allons égorger Alexandre.

UN AUTRE.

Oui, sortons ; mort à Alexandre ! C'est lui qui a tout ordonné. Insensés que nous sommes ! ce n'est pas d'hier que date sa haine contre nous. Nous agissons trop tard.

UN AUTRE.

Salviati n'en voulait pas à cette pauvre Louise pour son propre compte ; c'est pour le duc qu'il travaillait. Allons, partons, quand on devrait nous tuer jusqu'au dernier.

PHILIPPE, se lève.

Mes amis, vous enterrerez ma pauvre fille, n'est-ce pas,
Il met son manteau.

dans mon jardin, derrière les figuiers? Adieu, mes bons amis; adieu, portez-vous bien.

UN CONVIVE.

Où vas-tu, Philippe?

PHILIPPE.

J'en ai assez, voyez-vous! j'en ai autant que j'en puis porter. J'ai mes deux fils en prison, et voilà ma fille morte. J'en ai assez, je m'en vais d'ici.

UN CONVIVE.

Tu t'en vas? tu t'en vas sans vengeance?

PHILIPPE.

Oui, oui. Ensevelissez seulement ma pauvre fille, mais ne l'enterrez pas; c'est à moi de l'enterrer; je le ferai à ma façon, chez de pauvres moines que je connais, et qui viendront la chercher demain. A quoi sert-il de la regarder? elle est morte; ainsi cela est inutile. Adieu, mes amis, rentrez chez vous; portez-vous bien.

UN CONVIVE.

Ne le laissez pas sortir, il a perdu la raison.

UN AUTRE.

Quelle horreur! je me sens prêt à m'évanouir dans cette salle.
Il sort.

PHILIPPE.

Ne me faites pas violence; ne m'enfermez pas dans une chambre où est le cadavre de ma fille; laissez-moi m'en aller.

UN CONVIVE.

Venge-toi, Philippe, laisse-nous te venger. Que ta Louise soit notre Lucrèce! Nous ferons boire à Alexandre le reste de son verre.

UN AUTRE.

La nouvelle Lucrèce! Nous allons jurer sur son corps de mourir pour la liberté! Rentre chez toi, Philippe, pense à ton pays. Ne rétracte pas tes paroles.

PHILIPPE.

Liberté, vengeance, voyez-vous, tout cela est beau; j'ai deux fils en prison, et voilà ma fille morte. Si je reste ici, tout va mourir autour de moi. L'important, c'est que je m'en aille, et que vous vous teniez tranquilles. Quand ma porte et mes fenêtres seront fermées, on ne pensera plus aux Strozzi. Si elles restent ouvertes, je m'en vais vous voir tomber tous les uns après les autres. Je suis vieux, voyez-vous, il est temps que je ferme ma boutique. Adieu, mes amis, restez tranquilles; si je n'y suis plus, on ne vous fera rien. Je m'en vais de ce pas à Venise.

UN CONVIVE.

Il fait un orage épouvantable; reste ici cette nuit.

PHILIPPE.

N'enterrez pas ma pauvre enfant; mes vieux moines viendront demain, et ils l'emporteront. Dieu de justice! Dieu de justice! que t'ai-je fait?
Il sort en courant.

ACTE QUATRIÈME

SCÈNE PREMIÈRE
Au palais du duc.
Entrent LE DUC et LORENZO.

LE DUC.

J'aurais voulu être là; il devait y avoir plus d'une face en colère. Mais je ne conçois pas qui a pu empoisonner cette Louise.

LORENZO.

Ni moi non plus; à moins que ce ne soit vous.

LE DUC.

Philippe doit être furieux! On dit qu'il est parti pour Venise. Dieu merci, me voilà délivré de ce vieillard insupportable. Quant à la chère famille, elle aura la bonté de se tenir tranquille. Sais-tu qu'ils ont failli faire une petite révolution dans leur quartier? On m'a tué deux Allemands.

LORENZO.

Ce qui me fâche le plus, c'est que cet honnête Salviati a une jambe coupée. Avez-vous retrouvé votre cotte de mailles?

LE DUC.

Non, en vérité; j'en suis plus mécontent que je ne puis le dire.

LORENZO.

Méfiez-vous de Giomo; c'est lui qui vous l'a volée. Que portez-vous à la place?

LE DUC.

Rien; je ne puis en supporter une autre; il n'y en a pas d'aussi légère que celle-là.

LORENZO.

Cela est fâcheux pour vous.

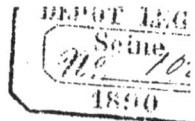

LORENZACCIO.

Page 380.

LE DUC.

Tu ne me parles pas de ta tante.

LORENZO.

C'est par oubli, car elle vous adore ; ses yeux ont perdu le repos depuis que l'astre de votre amour s'est levé dans son pauvre cœur. De grâce, seigneur, ayez quelque pitié pour elle ; dites quand vous voulez la recevoir, et à quelle heure il lui sera loisible de vous sacrifier le peu de vertu qu'elle a.

LE DUC.

Parles-tu sérieusement ?

LORENZO.

Aussi sérieusement que la Mort elle-même. Je voudrais voir qu'une tante à moi ne couchât pas avec vous !

LE DUC.

Où pourrai-je la voir ?

LORENZO.

Dans ma chambre, seigneur ; je ferai mettre des rideaux blancs à mon lit et un pot de réséda sur ma table ; après quoi je coucherai par écrit sur votre calepin que ma tante sera en chemise à minuit précis, afin que vous ne l'oubliiez pas après souper.

LE DUC.

Je n'en ai garde. Peste ! Catherine est un morceau de roi. Eh ! dis-moi, habile garçon, tu es vraiment sûr qu'elle viendra ? Comment t'y es-tu pris ?

LORENZO.

Je vous dirai cela.

LE DUC.

Je m'en vais voir un cheval que je viens d'acheter ; adieu et à ce soir. Viens me prendre après souper ; nous irons ensemble à ta maison ; quant à la Cibo, j'en ai par-dessus les oreilles ; hier encore, il a fallu l'avoir sur le dos pendant toute la chasse. Bonsoir, mignon.

Il sort.

LORENZO, seul.

Ainsi, c'est convenu. Ce soir je l'emmène chez moi, et demain les républicains verront ce qu'ils ont à faire, car le duc de Florence sera mort. Il faut que j'avertisse Scoronconcolo. Dépêche-toi, soleil, si tu es curieux des nouvelles que cette nuit te dira demain.

Il sort.

SCÈNE II
Une rue.
PIERRE ET THOMAS STROZZI, sortant de prison.

PIERRE.

J'étais bien sûr que les Huit me renverraient absous, et toi aussi. Viens, frappons à notre porte, et allons embrasser notre père. Cela est singulier; les volets sont fermés !

LE PORTIER, ouvrant.

Hélas ! seigneurs, vous savez les nouvelles ?

PIERRE.

Quelles nouvelles ? Tu as l'air d'un spectre qui sort d'un tombeau, à la porte de ce palais désert.

LE PORTIER.

Est-il possible que vous ne sachiez rien ?

Deux moines arrivent.

THOMAS.

Et que pourrions-nous savoir ? Nous sortons de prison. Parle; qu'est-il arrivé ?

LE PORTIER

Hélas ! mes pauvres seigneurs, cela est horrible à dire.

LES MOINES, s'approchant.

Est-ce ici le palais des Strozzi ?

LE PORTIER.

Oui ; que demandez-vous ?

LES MOINES.

Nous venons chercher le corps de Louise Strozzi. Voilà l'autorisation de Philippe, afin que vous nous laissiez l'emporter.

PIERRE.

Comment dites-vous ? Quel corps demandez-vous ?

LES MOINES.

Éloignez-vous, mon enfant, vous portez sur votre visage la ressemblance de Philippe ; il n'y a rien de bon à apprendre ici pour vous.

THOMAS.

Comment ? elle est morte ! morte, ô Dieu du ciel !

Il s'assoit à l'écart.

PIERRE.

Je suis plus ferme que vous ne pensez. Qui a tué ma sœur ? car on ne meurt pas à son âge dans l'espace d'une nuit, sans une cause surnaturelle. Qui l'a tuée, que je le tue ? Répondez-moi, ou vous êtes mort vous-même.

LE PORTIER.

Hélas, hélas ! qui peut le dire ? Personne n'en sait rien.

PIERRE.

Où est mon père ? Viens, Thomas ; point de larmes. Par le ciel ! mon cœur se serre comme s'il allait s'ossifier dans mes entrailles, et rester un rocher pour l'éternité.

LES MOINES.

Si vous êtes le fils de Philippe, venez avec nous, nous vous conduirons avec lui ; il est depuis hier à notre couvent.

PIERRE.

Et je ne saurai pas qui a tué ma sœur. Écoutez-moi, prêtres ; si vous êtes l'image de Dieu, vous pouvez recevoir un serment. Par tout ce qu'il y a d'instruments de supplice sous le ciel, par les tortures de l'enfer... Non ; je ne veux pas dire un mot. Dépêchons-nous, que je voie mon père. O Dieu ! ô Dieu ! faites que ce que je soupçonne soit la vérité, afin que je les broie sous mes pieds comme des grains de sable. Venez, venez, avant que je perde la force ; ne me dites pas un mot : il s'agit là d'une vengeance, voyez-vous ! telle que la colère céleste n'en a pas rêvé.

Ils sortent.

SCÈNE III
Une rue.
LORENZO, SCORONCONCOLO.

LORENZO.

Rentre chez toi, et ne manque pas de venir à minuit ; tu t'enfermeras dans mon cabinet jusqu'à ce qu'on vienne t'avertir.

SCORONCONCOLO.

Oui, Monseigneur.
Il sort.

LORENZO, seul.

De quel tigre a rêvé ma mère enceinte de moi ? Quand on pense que j'ai aimé les fleurs, les prairies et les sonnets de Pétrarque, le spectre de ma jeunesse se lève devant moi en frissonnant. O Dieu ! pourquoi ce seul mot : « A ce soir, » fait-il pénétrer jusque dans mes os cette joie brûlante comme un fer rouge? De quelles entrailles fauves, de quels velus embrassements suis-je donc sorti? Que m'avait fait cet homme? Quand je pose ma main là, et que je réfléchis, — qui donc m'entendra dire demain : « Je l'ai tué », sans me répondre : « Pourquoi l'as-tu tué? » Cela est étrange. Il a fait du mal aux autres, mais il a fait du bien, du moins à sa manière. Si j'étais resté tranquille au fond de mes solitudes de Cafaggiuolo, il ne serait pas venu m'y chercher, et moi je suis venu le chercher à Florence. Pourquoi cela? Le spectre de mon père me conduisait-il, comme Oreste, vers un nouvel Égiste? M'avait-il offensé alors? Cela est étrange, et cependant pour cette action j'ai tout quitté; la seule pensée de ce meurtre a fait tomber en poussière les rêves de ma vie; je n'ai plus été qu'une ruine, dès que ce meurre, comme un corbeau sinistre, s'est posé sur ma route et m'a appelé à lui. Que veut dire cela? Tout à l'heure, en passant sur la place, j'ai entendu deux hommes parler d'une comète. Sont-ce bien les battements d'un cœur humain que je sens là, sous les os de ma poitrine? Ah! pourquoi cette idée me vient-elle si souvent depuis quelque temps? Suis-je le bras de Dieu? Y a-t-il une nuée au-dessus de ma tête? Quand j'entrerai dans cette chambre, et que je voudrai tirer mon épée du fourreau, j'ai peur de tirer l'épée flamboyante de l'archange, et de tomber en cendres sur ma proie.

Il sort.

SCÈNE IV

Chez le marquis de Cibo.

Entrent LE CARDINAL ET LA MARQUISE.

LA MARQUISE.

Comme vous voudrez, Malaspina.

LE CARDINAL.

Oui, comme je voudrai. Pensez-y à deux fois, marquise, avant de vous jouer à moi. Êtes-vous une femme comme les autres, et faut-il qu'on ait une chaîne d'or au cou et un mandat à la main pour que vous compreniez qui on est? Attendez-vous qu'un valet crie à tue-tête en ouvrant une porte devant moi, pour savoir quelle est ma puissance? Apprenez-le : ce ne sont pas les titres qui font l'homme; je ne suis ni envoyé du pape ni capitaine de Charles-Quint, je suis plus que cela.

LA MARQUISE.

Oui, je le sais; César a vendu son ombre au diable : cette ombre impériale se promène, affublée d'une robe rouge, sous le nom de Cibo.

LE CARDINAL.

Vous êtes la maîtresse d'Alexandre, songez à cela; et votre secret est entre mes mains.

LA MARQUISE.

Faites-en ce qu'il vous plaira; nous verrons l'usage qu'un confesseur sait faire de sa conscience.

LE CARDINAL.

Vous vous trompez, ce n'est pas par votre confession que je l'ai appris; je l'ai vu de mes propres yeux : je vous ai vue embrasser le duc. Vous me l'auriez avoué au confessionnal que je pourrais encore en parler sans péché, puisque je l'ai vu hors du confessionnal.

LA MARQUISE.

Eh bien! après?

LE CARDINAL.

Pourquoi le duc vous quittait-il d'un pas si nonchalant, et en soupirant comme un écolier quand la cloche sonne? Vous l'avez rassasié de votre patriotisme, qui, comme une fade boisson, se mêle à tous les mets de votre table; quels livres avez-vous lus, et quelle sotte duègne était donc votre gouvernante, pour que vous ne sachiez pas que la maîtresse d'un roi parle ordinairement d'autre chose que de patriotisme?

LA MARQUISE.

J'avoue que l'on ne m'a jamais appris bien nettement de quoi devait parler la maîtresse d'un roi : j'ai négligé de m'instruire sur ce point, comme aussi, peut-être, de manger du riz pour m'engraisser, à la mode turque.

LE CARDINAL.

Il ne faut pas une grande science pour garder un amant un peu plus de trois jours.

LA MARQUISE.

Qu'un prêtre eût appris cette science à une femme, cela eût été fort simple : que ne m'avez-vous conseillée?

LE CARDINAL.

Voulez-vous que je vous conseille? Prenez votre manteau, et allez vous glisser dans l'alcôve du duc. S'il s'attend à des phrases en vous voyant, prouvez-lui que vous savez n'en pas faire à toutes les heures, soyez pareille à une somnambule, et faites en sorte que, s'il s'endort sur ce cœur républicain, ce ne soit pas d'ennui. Êtes-vous vierge? N'y a-t-il plus de vin de Chypre? N'avez-vous pas au fond de la mémoire quelque joyeuse chanson? N'avez-vous pas lu l'Arétin?

LA MARQUISE.

O ciel! j'ai entendu murmurer des mots comme ceux-là à de hideuses vieilles qui grelottent sur le Marché-Neuf. Si vous n'êtes pas un prêtre, êtes-vous un homme? Êtes-vous sûr que le ciel est vide, pour faire ainsi rougir votre pourpre elle-même?

LE CARDINAL.

Il n'y a rien de si vertueux que l'oreille d'une femme dépravée. Feignez ou non de me comprendre, mais souvenez-vous que mon frère est votre mari.

LA MARQUISE.

Quel intérêt avez-vous à me torturer ainsi, voilà ce que je ne puis comprendre que vaguement. Vous me faites horreur : que voulez-vous de moi?

LE CARDINAL.

Il y a des secrets qu'une femme ne doit pas savoir, mais qu'elle peut faire prospérer en en sachant les éléments.

LA MARQUISE.

Quel fil mystérieux de vos sombres pensées voudriez-vous me faire tenir? Si vos désirs sont aussi effrayants que vos menaces, parlez; montrez-moi du moins le cheveu qui suspend l'épée sur ma tête.

LE CARDINAL.

Je ne puis parler qu'en termes couverts, par la raison que je ne suis pas sûr de vous. Qu'il vous suffise de savoir que, si vous eussiez été une autre femme, vous seriez une reine à l'heure qu'il est. Puisque vous m'appelez l'ombre de César, vous auriez vu qu'elle est assez grande pour intercepter le soleil de Florence. Savez-vous où peut conduire un sourire féminin? Savez-vous où vont les fortunes dont les racines poussent dans les alcôves? Alexandre est fils d'un pape, apprenez-le; et quand ce pape était à Bologne... Mais je me laisse entraîner trop loin.

LA MARQUISE.

Prenez garde de vous confesser à votre tour. Si vous êtes frère de mon mari, je suis maîtresse d'Alexandre.

LE CARDINAL.

Vous l'avez été, marquise, et bien d'autres aussi.

LA MARQUISE.

Je l'ai été; oui, Dieu merci! je l'ai été.

LE CARDINAL.

J'étais sûr que vous commenceriez par vos rêves; il faudra cependant que vous en veniez quelque jour aux miens. Écoutez-moi, nous nous querellons assez mal à propos, mais en vérité, vous prenez tout au sérieux. Réconciliez-vous avec Alexandre, et puisque je vous ai blessée tout à l'heure en vous disant comment, je n'ai que faire de le répéter. Laissez-vous conduire; dans un an, dans deux ans, vous me remercierez. J'ai travaillé longtemps pour être ce que je suis, et je sais où l'on peut aller. Si j'étais sûr de vous, je vous dirais des choses que Dieu lui-même ne saura jamais.

LA MARQUISE.

N'espérez rien et soyez assuré de mon mépris.
Elle veut sortir.

LE CARDINAL.

Un instant! pas si vite! N'entendez-vous pas le bruit d'un cheval? mon frère ne doit-il pas venir aujourd'hui ou demain? me connaissez-vous pour un homme qui a deux paroles? Allez au palais ce soir, ou vous êtes perdue.

LA MARQUISE.

Mais enfin, que vous soyez ambitieux, et que tous les moyens vous soient bons, je le conçois; mais parlerez-vous plus clairement? Voyons, Malaspina, je ne veux pas désespérer tout à fait de ma perversion. Si vous pouvez me convaincre, faites-le, parlez-moi franchement. Quel est votre but?

LE CARDINAL.

Vous ne désespérez pas de vous laisser convaincre, n'est-il pas vrai? Me prenez-vous pour un enfant, et croyez-vous qu'il suffise de me frotter les lèvres de miel pour me les desserrer? Agissez d'abord, je parlerai après. Le jour où, comme femme, vous aurez pris l'empire nécessaire, non pas sur l'esprit d'Alexandre, duc de Florence, mais sur le cœur d'Alexandre votre amant, je vous apprendrai le reste, et vous saurez ce que j'attends.

LA MARQUISE.

Ainsi donc, quand j'aurai lu l'Arétin pour me donner une première expérience, j'aurai à lire, pour en acquérir une seconde, le livre secret de vos pensées? Voulez-vous que je vous dise, moi, ce que vous n'osez pas me dire? Vous servez le pape, jusqu'à ce que l'empereur trouve que vous êtes meilleur valet que le pape lui-même. Vous espérez qu'un jour César vous devra bien réellement, bien complètement l'esclavage de l'Italie, et ce jour-là, — oh! ce jour-là, n'est-il pas vrai? — celui qui est le roi de la moitié du monde pourrait bien vous donner en récompense le chétif héritage des cieux. Pour gouverner Florence en gouvernant le duc, vous vous feriez femme tout à l'heure, si vous pouviez. Quand la pauvre Ricciarda Cibo aura fait faire deux ou trois coups d'État à Alexandre, on aura bientôt ajouté que Ricciarda Cibo mène le duc, mais qu'elle est menée par son beau-frère; et, comme vous dites, qui sait jusqu'où les larmes des peuples, devenues un océan, pourraient lancer votre barque? Est-ce à peu près cela? Mon imagination ne peut aller aussi loin que la vôtre, sans doute; mais je crois que c'est à peu près cela.

LORENZACCIO. Page 338.

Bibl. Charpentier. LIV. 181.

LE CARDINAL.

Allez ce soir chez le duc, ou vous êtes perdue.

LA MARQUISE.

Perdue ? et comment ?

LE CARDINAL.

Ton mari saura tout.

LA MARQUISE.

Faites-le, faites-le, je me tuerai.

LE CARDINAL.

Menace de femme ! Écoutez, et ne vous jouez pas à moi. Que vous m'ayez compris bien ou mal, allez ce soir chez le duc.

LA MARQUISE.

Non.

LE CARDINAL.

Voilà votre mari qui entre dans la cour. Par tout ce qu'il y a de sacré au monde, je lui raconte tout, si vous dites non encore une fois.

LA MARQUISE.

Non, non, non !

Entre le marquis.

Laurent, pendant que vous étiez à Massa, je me suis livrée à Alexandre, je me suis livrée, sachant qui il était, et quel rôle misérable j'allais jouer. Mais voilà un prêtre qui veut m'en faire jouer un plus vil encore ; il me propose des horreurs pour m'assurer le titre de maîtresse du duc, et le tourner à son profit.

Elle se jette à genoux.

LE MARQUIS.

Êtes-vous folle ? Que veut-elle dire, Malaspina ? — Eh bien ! vous voilà comme une statue. Ceci est-il une comédie, cardinal ? Eh bien donc ! que faut-il que j'en pense ?

LE CARDINAL.

Ah ! corps du Christ !

Il sort.

LE MARQUIS.

Elle est évanouie. Holà ! qu'on apporte du vinaigre.

SCÈNE V
La chambre de Lorenzo.
LORENZO, DEUX DOMESTIQUES.

LORENZO.

Quand vous aurez placé ces fleurs sur la table et celles-ci au pied du lit, vous ferez un bon feu, mais de manière à ce que cette nuit la flamme ne flambe pas, et que les charbons échauffent sans éclairer. Vous me donnerez la clef, et vous irez vous coucher.

Entre Catherine.

CATHERINE.

Notre mère est malade; ne viens-tu pas la voir, Renzo?

LORENZO.

Ma mère est malade?

CATHERINE.

Hélas! je ne puis te cacher la vérité. J'ai reçu hier un billet du duc, dans lequel il me disait que tu avais dû me parler d'amour pour lui; cette lecture a fait bien du mal à Marie.

LORENZO.

Cependant je ne t'avais pas parlé de cela. N'as-tu pas pu lui dire que je n'étais pour rien là dedans?

CATHERINE.

Je le lui ai dit. Pourquoi ta chambre est-elle aujourd'hui si belle et en si bon état? je ne croyais pas que l'esprit d'ordre fût ton majordome.

LORENZO.

Le duc t'a donc écrit? Cela est singulier que je ne l'aie point su. Et, dis-moi, que penses-tu de sa lettre?

CATHERINE.

Ce que j'en pense?

LORENZO.

Oui, de la déclaration d'Alexandre. Qu'en pense ce petit cœur innocent?

CATHERINE.

Que veux-tu que j'en pense?

LORENZO.

N'as-tu pas été flattée? Un amour qui fait l'envie de tant de femmes! un titre si beau à conquérir, la maîtresse de... Va-t'en, Catherine, va dire à ma mère que je te suis. Sors d'ici. Laisse-moi!

Catherine sort.

Par le ciel! quel homme de cire suis-je donc! Le vice, comme la robe de Déjanire, s'est-il si profondément incorporé à mes fibres, que je ne puisse plus répondre de ma langue, et que l'air qui sort de mes lèvres se fasse ruffian malgré moi? J'allais corrompre Catherine ; je crois que je corromprais ma mère, si mon cerveau le prenait à tâche ; car Dieu sait quelle corde et quel arc les dieux ont tendus dans ma tête, et quelle force ont les flèches qui en partent. Si tous les hommes sont les parcelles d'un foyer immense, assurément l'être inconnu qui m'a pétri a laissé tomber un tison au lieu d'une étincelle dans ce corps faible et chancelant. Je puis délibérer et choisir, mais non revenir sur mes pas quand j'ai choisi. O Dieu! les jeunes gens à la mode ne se font-ils pas une gloire d'être vicieux, et les enfants qui sortent du collège ont-ils quelque chose de plus pressé que de se pervertir? Quel bourbier doit donc être l'espèce humaine qui se rue ainsi dans les tavernes avec des lèvres affamées de débauche, quand moi, qui n'ai voulu prendre qu'un masque pareil à leurs visages, et qui ai été aux mauvais lieux avec une résolution inébranlable de rester pur sous mes vêtements souillés, je ne puis ni me retrouver moi-même ni laver mes mains, même avec du sang! Pauvre Catherine! tu mourrais cependant comme Louise Strozzi, ou tu te laisserais tomber comme tant d'autres dans l'éternel abîme, si je n'étais pas là. O Alexandre! Je ne suis pas dévot, mais je voudrais, en vérité, que tu fisses ta prière avant de venir ce soir dans cette chambre. Catherine n'est-elle pas vertueuse, irréprochable? Combien faudrait-il pourtant de paroles pour faire de cette colombe ignorante la proie de ce gladiateur aux poils roux! Quand je pense que j'ai failli parler! Que de filles maudites par leurs pères rôdent au coin des bornes, ou regardent leur tête rasée dans le miroir cassé d'une cellule, qui ont valu tout autant que Catherine, et qui ont écouté un ruffian moins habile que moi! Eh bien! j'ai commis bien des crimes, et si ma vie est jamais dans la balance d'un juge quelconque, il y aura d'un côté une montagne de sanglots, mais il y aura peut-être de l'autre une goutte de lait pur tombée du sein de Catherine, et qui aura nourri d'honnêtes enfants.

Il sort.

SCÈNE VI

Une vallée; un couvent dans le fond.

Entrent PHILIPPE STROZZI ET DEUX MOINES ; des novices portent le cercueil de Louise; ils le posent dans un tombeau.

PHILIPPE.

Avant de la mettre dans son dernier lit, laissez-moi l'embrasser. Lorsqu'elle était couchée, c'est ainsi que je me penchais sur elle pour lui donner le baiser du soir. Ses yeux mélancoliques étaient ainsi fermés à demi ; mais ils se rouvraient au premier rayon du soleil, comme deux fleurs d'azur ; elle se levait doucement, le sourire sur les lèvres, et elle venait rendre à son vieux père son baiser de la veille. Sa figure céleste rendait délicieux un moment bien triste, le réveil d'un homme fatigué de la vie. Un jour de plus, pensais-je en voyant l'aurore, un sillon de plus dans mon champ ! Mais alors j'apercevais ma fille, la vie m'apparaissait sous la forme de sa beauté, et la clarté du jour était la bienvenue.

On ferme le tombeau.

PIERRE STROZZI, derrière la scène.

Par ici, venez, par ici.

PHILIPPE.

Tu ne te lèveras plus de ta couche ; tu ne poseras plus tes pieds nus sur ce gazon pour revenir trouver ton père. O ma Louise ! Il n'y a que Dieu qui a su qui tu étais, et moi, moi, moi !

PIERRE, entrant.

Ils sont cent à Sestino qui arrivent du Piémont. Venez, Philippe ; le temps des larmes est passé.

PHILIPPE.

Enfant, sais-tu ce que c'est que le temps des larmes ?

PIERRE.

Les bannis se sont rassemblés à Sestino ; il est temps de penser à la vengeance ; marchons franchement sur Florence avec notre petite armée. Si nous pouvons arriver à propos pendant la nuit et surprendre les postes de la citadelle, tout est dit. Par le ciel ! j'élèverai à ma sœur un autre mausolée que celui-là.

PHILIPPE.

Non pas moi ; allez sans moi, mes amis.

PIERRE.

Nous ne pouvons nous passer de vous ; sachez-le, les confédérés comptent sur votre nom ; François Ier lui-même attend de vous un mouvement en faveur de la liberté. Il vous écrit comme aux chefs des républicains florentins ; voilà sa lettre.

PHILIPPE ouvre la lettre.

Dis à celui qui t'a apporté cette lettre qu'il réponde ceci au roi de France : Le jour où Philippe portera les armes contre son pays, il sera devenu fou.

PIERRE.

Quelle est cette nouvelle sentence ?

PHILIPPE.

Celle qui me convient.

PIERRE.

Ainsi vous perdez la cause des bannis pour le plaisir de faire une phrase? Prenez garde, mon père, il ne s'agit pas là d'un passage de Pline; réfléchissez avant de dire non.

PHILIPPE.

Il y a soixante ans que je sais ce que je devais répondre à la lettre du roi de France.

PIERRE.

Cela passe toute idée! vous me forceriez à vous dire de certaines choses... Venez avec nous, mon père, je vous en supplie. Lorsque j'allais chez les Pazzi, ne m'avez-vous pas dit : Emmène-moi? Cela était-il différent alors?

PHILIPPE.

Très différent. Un père offensé qui sort de sa maison l'épée à la main, avec ses amis, pour aller réclamer justice est très différent d'un rebelle qui porte les armes contre son pays, en rase campagne et au mépris des lois.

PIERRE.

Il s'agissait bien de réclamer justice! il s'agissait d'assommer Alexandre! Qu'est-ce qu'il y a de changé aujourd'hui! Vous n'aimez pas votre pays, ou sans cela vous profiteriez d'une occasion comme celle-ci.

PHILIPPE.

Une occasion! mon Dieu! cela une occasion!
Il frappe le tombeau.

PIERRE.

Laissez-vous fléchir.

PHILIPPE.

Je n'ai pas une douleur ambitieuse. Laisse-moi seul, j'en ai assez dit.

PIERRE.

Vieillard obstiné! inexorable faiseur de sentences! vous serez cause de notre perte.

PHILIPPE.

Tais-toi, insolent! sors d'ici!

PIERRE.

Je ne puis dire ce qui se passe en moi. Allez où il vous plaira, nous agirons sans vous cette fois! Eh! mort de Dieu! il ne sera pas dit que tout soit perdu faute d'un traducteur de latin!
Il sort.

PHILIPPE.

Ton jour est venu, Philippe! tout cela signifie que ton jour est venu.
Il sort

SCÈNE VII

Le bord de l'Arno, un quai. On voit une longue suite de palais.

Entre LORENZO.

Voilà le soleil qui se couche; je n'ai pas de temps à perdre, et cependant tout ressemble ici à du temps perdu.

Il frappe à une porte.

Holà! seigneur Alamanno! holà!

ALAMANNO, sur sa terrasse.

Qui est là? que me voulez-vous?

LORENZO.

Je viens vous avertir que le duc doit être tué cette nuit; prenez vos mesures pour demain avec vos amis si vous aimez la liberté.

ALAMANNO.

Par qui doit être tué Alexandre?

LORENZO.

Par Lorenzo de Médicis.

ALAMANNO.

C'est toi, Renzinaccio? Eh! entre donc souper avec de bons vivants qui sont dans mon salon.

LORENZO.

Je n'ai pas le temps; préparez-vous à agir demain.

ALAMANNO.

Tu veux tuer le duc, toi? Allons donc! tu as un coup de vin dans la tête.

Il sort.

LORENZO, seul.

Peut-être que j'ai tort de leur dire que c'est moi qui tuerai Alexandre, car tout le monde refuse de me croire.

Il frappe à la porte.

Holà! seigneur Pazzi! holà!

PAZZI, sur sa terrasse.

Qui m'appelle?

LORENZO.

Je viens vous dire que le duc sera tué cette nuit; tâchez d'agir demain pour la liberté de Florence.

PAZZI.

Qui doit tuer le duc?

LORENZO.

Peu importe, agissez toujours, vous et vos amis. Je ne puis vous dire le nom de l'homme.

PAZZI.

Tu es fou, drôle, va-t'en au diable!
Il sort.

LORENZO, seul.

Il est clair que, si je ne dis pas que c'est moi, on me croira encore bien moins.
Il frappe à une porte.

Holà! seigneur Corsini!

LE PROVÉDITEUR, sur sa terrasse.

Qu'est-ce donc?

LORENZO.

Le duc Alexandre sera tué cette nuit.

LE PROVÉDITEUR.

Vraiment, Lorenzo! Si tu es gris, va plaisanter ailleurs. Tu m'as blessé bien mal à propos un cheval au bal des Nasi; que le diable te confonde!
Il sort.

LORENZO.

Pauvre Florence! pauvre Florence!
Il sort.

SCÈNE VIII
Une plaine.
Entrent PIERRE STROZZI ET DEUX BANNIS.

PIERRE.

Mon père ne veut pas venir. Il m'a été impossible de lui faire entendre raison.

PREMIER BANNI.

Je n'annoncerai pas cela à mes camarades : il y a de quoi les mettre en déroute.

PIERRE.

Pourquoi? Montez à cheval ce soir; allez bride abattue à Sestino; j'y serai demain matin. Dites que Philippe a refusé, mais que Pierre ne refuse pas.

PREMIER BANNI.

Les confédérés veulent le nom de Philippe : nous ne ferons rien sans cela.

LORENZACCIO.

Page 399.

PIERRE.

Le nom de famille de Philippe est le même que le mien; dites que Strozzi viendra, cela suffit.

PREMIER BANNI.

On me demandera lequel des Strozzi, et si je ne réponds pas : Philippe, rien ne se fera.

PIERRE.

Imbécile! fais ce qu'on te dit, et ne réponds que pour toi-même. Comment sais-tu d'avance que rien ne se fera !

PREMIER BANNI.

Seigneur, il ne faut pas maltraiter les gens.

PIERRE.

Allons! monte à cheval, et va à Sestino.

PREMIER BANNI.

Ma foi, monsieur, mon cheval est fatigué; j'ai fait douze lieues dans la nuit. Je n'ai pas envie de le seller à cette heure.

PIERRE.

Tu n'es qu'un sot.

A l'autre banni.

Allez-y, vous : vous vous y prendrez mieux.

DEUXIÈME BANNI.

Le camarade n'a pas tort pour ce qui regarde Philippe; il est certain que son nom ferait bien pour la cause.

PIERRE.

Lâches! manants sans cœur! ce qui fait bien pour la cause, ce sont vos femmes et vos enfants qui meurent de faim, entendez-vous? Le nom de Philippe leur remplira la bouche, mais il ne leur remplira pas le ventre. Quels pourceaux êtes-vous!

DEUXIÈME BANNI.

Il est impossible de s'entendre avec un homme aussi grossier; allons-nous-en, camarade.

PIERRE.

Va au diable, canaille! et dis à tes confédérés que, s'ils ne veulent pas de moi, le roi de France en veut, lui; et qu'ils prennent garde qu'on ne me donne la main haute sur vous tous !

DEUXIÈME BANNI, à l'autre.

Viens, camarade, allons souper; je suis, comme toi, excédé de fatigue.

Ils sortent.

SCÈNE IX
Une place; il est nuit.

Entre LORENZO:

Je lui dirai que c'est un motif de pudeur, et j'emporterai la lumière; — cela se fait tous les jours; — une nouvelle mariée, par exemple, exige cela de son mari pour entrer dans la chambre nuptiale, et Catherine passe pour très vertueuse. — Pauvre fille! qui l'est sous le soleil, si elle ne l'est pas? Que ma mère mourût de tout cela, voilà ce qui pourrait arriver.

Ainsi donc, voilà qui est fait. Patience! une heure est une heure, et l'horloge vient de sonner. Si vous y tenez, cependant? Mais non, pourquoi? Emporte le flambeau, si tu veux : la première fois qu'une femme se donne, cela est tout simple. — Entrez donc, chauffez-vous donc un peu. — Oh! mon Dieu, oui, pur caprice de jeune fille. — Et quel motif de croire à ce meurtre? Cela pourrait les étonner, même Philippe.

Te voilà, toi, face livide.

La lune paraît.

Si les républicains étaient des hommes, quelle révolution demain dans la ville! Mais Pierre est un ambitieux; les Ruccellai seuls valent quelque chose. — Ah! les mots, les mots, les éternelles paroles! S'il y a quelqu'un là-haut, il doit bien rire de nous tous; cela est très comique, vraiment. — O bavardage humain! ô grand tueur de corps morts! grand défonceur de portes ouvertes! ô homme sans bras!

Non! non! je n'emporterai pas la lumière. — J'irai droit au cœur; il se verra tuer... Sang du Christ! on se mettra demain aux fenêtres.

Pourvu qu'il n'ait pas imaginé quelque cuirasse nouvelle, quelque cotte de mailles. Maudite invention! Lutter avec Dieu et le diable, cela n'est rien; mais lutter avec des bouts de ferraille croisés les uns sur les autres par la main sale d'un armurier! — Je passerai le second pour entrer; il posera son épée là, — ou là, oui, sur le canapé. — Quant à l'affaire du baudrier à rouler autour de la garde, cela est aisé. S'il pouvait lui prendre fantaisie de se coucher, voilà où serait le vrai moyen. Couché, assis, ou debout? Assis plutôt. Je commencerai par sortir. Scoronconcolo est enfermé dans le cabinet. Alors nous venons, nous venons! Je ne voudrais pourtant pas qu'il tournât le dos. J'irai à lui tout droit. Allons! la paix, la paix! l'heure va venir. — Il faut que j'aille dans quelque cabaret; je ne m'aperçois pas que je prends du froid; je boirai une bouteille. — Non, je ne veux pas boire. Où diable vais-je donc? les cabarets sont fermés.

Est-elle bonne fille? — Oui, vraiment. — En chemise? Oh! non, non, je ne le pense pas. — Pauvre Catherine ! — Que ma mère mourût de tout cela, ce serait triste. Et quand je lui aurais dit mon projet, qu'aurais-je pu y faire? au lieu de la consoler, cela lui aurait fait dire : « Crime, crime ! » jusqu'à son dernier soupir.

Je ne sais pourquoi je marche, je tombe de lassitude.

Il s'assoit.

Pauvre Philippe ! une fille belle comme le jour ! Une seule fois, je me suis assis près d'elle sous le marronnier ; ces petites mains blanches, comme cela travaillait ! Que de journées j'ai passées, moi, assis sous les arbres ! Ah ! quelle tranquillité ! quel horizon à Cafaggiuolo ! Jeannette était jolie, la petite fille du concierge, en faisant sécher sa lessive. Comme elle chassait les chèvres qui venaient marcher sur son linge étendu sur le gazon ! la chèvre blanche revenait toujours avec ses grandes pattes menues.

Une horloge sonne.

Ah ! ah ! il faut que j'aille là-bas. — Bonsoir, mignon ; eh ! trinque donc avec Giomo. — Bon vin ! Cela serait plaisant qu'il lui vînt à l'idée de me dire : « Ta chambre est-elle retirée? entendra-t-on quelque chose du voisinage? » Cela serait plaisant. Ah ! on y a pourvu. Oui, cela serait drôle qu'il lui vînt cette idée.

Je me trompe d'heure ; ce n'est que la demie. Quelle est donc cette lumière sous le portique de l'église? on taille, on remue les pierres. Il paraît que ces hommes sont courageux avec les pierres. Comme ils coupent, comme ils enfoncent ! Ils font un crucifix ; avec quel courage ils le clouent ! Je voudrais voir que leur cadavre de marbre les prît tout d'un coup à la gorge.

Eh bien ! eh bien ! quoi donc ? j'ai des envies de danser qui sont incroyables. Je crois, si je m'y laissais aller, que je sauterais comme un moineau sur tous ces gros plâtras et sur toutes ces poutres. Eh, mignon ! eh, mignon ! mettez vos gants neufs, un plus bel habit que cela ; tra la la ! faites-vous beau, la mariée est belle. Mais, je vous le dis à l'oreille, prenez garde à son petit couteau.

Il sort en courant.

SCÈNE X

Chez le duc.

LE DUC, à souper; GIOMO. — Entre le cardinal CIBO.

LE CARDINAL.

Altesse, prenez garde à Lorenzo.

LE DUC.

Vous voilà, cardinal ! asseyez-vous donc, et prenez donc un verre.

LE CARDINAL.

Prenez garde à Lorenzo, duc. Il a été demander ce soir à l'évêque de Marzi la permission d'avoir des chevaux de poste cette nuit.

LE DUC.

Cela ne se peut pas.

LE CARDINAL.

Je le tiens de l'évêque lui-même.

LE DUC.

Allons donc! Je vous dis que j'ai de bonnes raisons pour savoir que cela ne se peut pas.

LE CARDINAL.

Me faire croire est peut-être impossible; je remplis mon devoir en vous avertissant.

LE DUC.

Quand cela serait vrai, que voyez-vous d'effrayant à cela? Il va peut-être à Cafaggiuolo.

LE CARDINAL.

Ce qu'il y a d'effrayant, monseigneur, c'est qu'en passant sur la place pour venir ici, je l'ai vu de mes yeux sauter sur des poutres et des pierres comme un fou. Je l'ai appelé, et, je suis forcé d'en convenir, son regard m'a fait peur. Soyez certain qu'il mûrit dans sa tête quelque projet pour cette nuit.

LE DUC.

Et pourquoi ces projets me seraient-ils dangereux?

LE CARDINAL.

Faut-il tout dire, même quand on parle d'un favori? Apprenez qu'il a dit ce soir à deux personnes de ma connaissance, publiquement sur leur terrasse, qu'il vous tuerait cette nuit.

LE DUC.

Buvez donc un verre de vin, cardinal. Est-ce que vous ne savez pas que Renzo est ordinairement gris au coucher du soleil?

Entre sire Maurice.

SIRE MAURICE.

Altesse, défiez-vous de Lorenzo. Il a dit à trois de mes amis, ce soir, qu'il voulait vous tuer cette nuit.

LE DUC.

Et vous aussi, brave Maurice, vous croyez aux fables? je vous croyais plus homme que cela.

SIRE MAURICE.

Votre Altesse sait si je m'effraie sans raison. Ce que je dis, je puis le prouver.

LE DUC.

Asseyez-vous donc, et trinquez avec le cardinal; vous ne trouverez pas mauvais que j'aille à mes affaires. Eh bien! mignon, est-il déjà temps?
Entre Lorenzo.

LORENZO.

Il est minuit tout à l'heure.

LE DUC.

Qu'on me donne mon pourpoint de zibeline!

LORENZO.

Dépêchons-nous; votre belle est peut-être déjà au rendez-vous.

LE DUC.

Quels gants faut-il prendre? ceux de guerre ou ceux d'amour?

LORENZO.

Ceux d'amour, Altesse.

LE DUC.

Soit, je veux être un vert galant.
Ils sortent.

SIRE MAURICE.

Que dites-vous de cela, cardinal?

LE CARDINAL.

Que la volonté de Dieu se fait malgré les hommes.
Ils sortent.

SCÈNE XI
La chambre de Lorenzo.
Entrent LE DUC et LORENZO.

LE DUC.

Je suis transi, — il fait vraiment froid.
Il ôte son épée.
Eh bien! mignon, qu'est-ce que tu fais donc?

LORENZO.

Je roule votre baudrier autour de votre épée, et je la mets sous votre chevet. Il est bon d'avoir toujours une arme sous la main.
Il entortille le baudrier de manière à empêcher l'épée de sortir du fourreau.

LE DUC.

Tu sais que je n'aime pas les bavardes, et il m'est revenu que la Catherine était une belle parleuse. Pour éviter les conversations, je vais me mettre au lit. A propos, pourquoi donc as-tu fait demander des chevaux de poste à l'évêque de Marzi?

LORENZO.

Pour aller voir mon frère, qui est très malade, à ce qu'il m'écrit.

LE DUC.

Va donc chercher ta tante.

LORENZO.

Dans un instant.
Il sort.

LE DUC, seul.

Faire la cour à une femme qui vous répond oui lorsqu'on lui demande oui ou non, cela m'a toujours paru très sot, et tout à fait digne d'un Français. Aujourd'hui surtout que j'ai soupé comme trois moines, je serais incapable de dire seulement : « Mon cœur », ou « Mes chères entrailles », à l'infante d'Espagne. Je veux faire semblant de dormir : ce sera peut-être un peu cavalier, mais ce sera commode.
Il se couche. — Lorenzo rentre l'épée à la main.

LORENZO.

Dormez-vous, seigneur?
Il le frappe.

LE DUC.

C'est toi, Renzo?

LORENZO.

Seigneur, n'en doutez pas.
Il le frappe de nouveau. — Entre Scoronconcolo.

SCORONCONCOLO.

Est-ce fait?

LORENZO.

Regarde, il m'a mordu au doigt. Je garderai jusqu'à la mort cette bague sanglante, inestimable diamant.

SCORONCONCOLO.

Ah! mon Dieu! c'est le duc de Florence!

LORENZO, s'asseyant sur la fenêtre

Que la nuit est belle! que l'air du ciel est pur! Respire, respire, cœur navré de joie!

SCORONCONCOLO.

Viens, maître, nous en avons trop fait; sauvons-nous.

LORENZO.

Que le vent du soir est doux et embaumé! comme les fleurs des prairies s'entr'ouvrent! O nature magnifique! ô éternel repos!

SCORONCONCOLO.

Le vent va glacer sur votre visage la sueur qui en découle. Venez, seigneur.

LORENZO.

Ah ! Dieu de bonté ! quel moment !

SCORONCONCOLO, à part.

Son âme se dilate singulièrement. Quant à moi, je prendrai les devants.
Il veut sortir.

LORENZO.

Attends, tire ces rideaux. Maintenant, donne-moi la clef de cette chambre.

SCORONCONCOLO.

Pourvu que les voisins n'aient rien entendu !

LORENZO.

Ne te souviens-tu pas qu'ils sont habitués à notre tapage ? Viens, partons.
Ils sortent.

ACTE CINQUIÈME

SCÈNE Ire

Au palais du duc.

Entrent VALORI, SIRE MAURICE ET GUICCIARDINI. Une foule de courtisans circulent dans la salle et dans les environs.

SIRE MAURICE.

Giomo n'est pas revenu encore de son message ; cela devient de plus en plus inquiétant.

GUICCIARDINI.

Le voilà qui entre dans la salle.
Entre Giomo.

SIRE MAURICE.

Eh bien ! qu'as-tu appris ?

GIOMO.

Rien du tout.
Il sort.

GUICCIARDINI.

Il ne veut pas répondre : le cardinal Cibo est enfermé dans le cabinet du duc ; c'est à lui seul que les nouvelles arrivent.
Entre un autre messager.

LORENZACCIO.

Page 402.

Bibl. Charpentier.

LIV. 183.

Eh bien! le duc est-il retrouvé? sait-on ce qu'il est devenu?

LE MESSAGER.

Je ne sais pas.
Il entre dans le cabinet.

VALORI.

Quel événement épouvantable, messieurs, que cette disparition! point de nouvelles du duc! Ne disiez-vous pas, sire Maurice, que vous l'aviez vu hier soir? Il ne paraissait pas malade?
Rentre Giomo.

GIOMO, à sire Maurice.

Je puis vous le dire à l'oreille, le duc est assassiné.

SIRE MAURICE.

Assassiné! par qui? Où l'avez-vous trouvé?

GIOMO.

Où vous nous aviez dit : — dans la chambre de Lorenzo.

SIRE MAURICE.

Ah! sang du diable! Le cardinal le sait-il?

GIOMO.

Oui, Excellence.

SIRE MAURICE

Que décide-t-il? qu'y a-t-il à faire? Déjà le peuple se porte en foule devant le palais; toute cette hideuse affaire a transpiré; nous sommes morts si elle se confirme; on nous massacrera.
Des valets portant des tonneaux pleins de vin et de comestibles passent dans le fond.

GUICCIARDINI.

Que signifie cela? va-t-on faire des distributions au peuple?
Entre un seigneur de la cour.

LE SEIGNEUR.

Le duc est-il visible, messieurs? Voilà un cousin à moi, nouvellement arrivé d'Allemagne, que je désire présenter à Son Altesse; soyez assez bons pour le voir d'un œil favorable.

GUICCIARDINI.

Répondez-lui, seigneur Valori; je ne sais que lui dire.

VALORI.

La salle se remplit à tout instant de ces complimenteurs du matin. Ils attendent tranquillement qu'on les admette.

SIRE MAURICE, à Giomo.

On l'a enterré là?

GIOMO.

Ma foi, oui, dans la sacristie. Que voulez-vous! si le peuple apprenait cette mort-là, elle pourrait en causer bien d'autres. Lorsqu'il en sera temps, on lui fera des obsèques publiques. En attendant nous l'avons emporté dans un tapis.

VALORI.

Qu'allons-nous devenir?

PLUSIEURS SEIGNEURS, s'approchant.

Nous sera-t-il bientôt permis de présenter nos devoirs à Son Altesse? qu'en pensez-vous, messieurs?

LE CARDINAL CIBO, entrant.

Oui, messieurs, vous pourrez entrer dans une heure ou deux; le duc a passé la nuit à une mascarade, et il repose dans ce moment.

Des valets suspendent des dominos aux croisées.

LES COURTISANS.

Retirons-nous; le duc est encore couché. Il a passé la nuit au bal.

Les courtisans se retirent. — Entrent les Huit.

NICCOLINI.

Eh bien! cardinal, qu'y a-t-il de décidé?

LE CARDINAL.

Primo avulso non deficit alter
Aureus, et simili frondescit virga metallo.

Il sort.

NICCOLINI.

Voilà qui est admirable! mais qu'y a-t-il de fait? Le duc est mort; il faut en élire un autre, et cela le plus vite possible. Si nous n'avons pas un duc ce soir ou demain, c'en est fait de nous. Le peuple est en ce moment comme l'eau qui va bouillir.

VETTORI.

Je propose Octavien de Médicis.

CAPPONI.

Pourquoi? Il n'est pas le premier par les droits du sang.

ACCIAIUOLI.

Si nous prenions le cardinal?

SIRE MAURICE.

Plaisantez-vous?

RUCCELLAI.

Pourquoi, en effet, ne prendriez-vous pas le cardinal, vous qui le laissez, au mépris de toutes les lois, se déclarer seul juge en cet affaire?

VETTORI.

C'est un homme capable de la bien diriger.

RUCCELLAI.

Qu'il se fasse donner l'ordre du pape.

VETTORI.

C'est ce qu'il a fait; le pape a envoyé l'autorisation par un courrier que le cardinal a fait partir dans la nuit.

RUCCELLAI.

Vous voulez dire par un oiseau, sans doute; car un courrier commence par prendre le temps d'aller, avant d'avoir celui de revenir. Nous traite-t-on comme des enfants?

CANIGIANI, s'approchant.

Messieurs, si vous m'en croyez, voilà ce que nous ferons : nous élirons duc de Florence son fils naturel Julien.

RUCCELLAI.

Bravo! un enfant de cinq ans! N'a-t-il pas cinq ans, Canigiani?

GUICCIARDINI, bas.

Ne voyez-vous pas le personnage? c'est le cardinal qui lui met dans la tête cette sotte proposition : Cibo serait régent, et l'enfant mangerait des gâteaux.

RUCCELLAI.

Cela est honteux; je sors de cette salle, si on y tient de pareils discours.

Entre CORSI.

Messieurs, le cardinal vient d'écrire à Côme de Médicis.

LES HUIT.

Sans nous consulter?

CORSI.

Le cardinal a écrit pareillement à Pise, à Arezzo et à Pistoie, aux commandants militaires. Jacques de Médicis sera demain ici avec le plus de monde possible; Alexandre Vitelli est déjà dans la forteresse avec la garnison entière. Quant à Lorenzo, il est parti trois courriers pour le joindre.

RUCCELLAI.

Qu'il se fasse duc tout de suite, votre cardinal; cela sera plus tôt fait.

CORSI.

Il m'est ordonné de vous prier de mettre aux voix l'élection de Côme de Médicis, sous le titre provisoire de gouverneur de la république florentine.

GIOMO, à des valets qui traversent la salle.

Répandez du sable autour de la porte, et n'épargnez pas le vin plus que le reste.

RUCCELLAI.

Pauvre peuple !... quel badaud on fait de toi !

SIRE MAURICE.

Allons ! messieurs, aux voix ! Voici vos billets.

VETTORI.

Côme est en effet le premier en droit après Alexandre ; c'est son plus proche parent.

ACCIAIUOLI.

Quel homme est-ce ? je le connais fort peu.

CORSI.

C'est le meilleur prince du monde.

GUICCIARDINI.

Hé ! hé ! pas tout à fait cela. Si vous disiez le plus diffus et le plus poli des princes, ce serait plus vrai.

SIRE MAURICE.

Vos voix, seigneurs.

RUCCELLAI.

Je m'oppose à ce vote formellement, et au nom de tous les citoyens.

VETTORI.

Pourquoi ?

RUCCELLAI.

Il ne faut plus à la république ni princes, ni ducs, ni seigneurs ; voici mon vote.
Il montre son billet blanc.

VETTORI.

Votre voix n'est qu'une voix. Nous nous passerons de vous.

RUCCELLAI.

Adieu donc ; je m'en lave les mains.

GUICCIARDINI, courant après lui.

Eh ! mon Dieu ! Palla, vous êtes trop violent.

RUCCELLAI.

Laissez-moi ; j'ai soixante-deux ans passés ; ainsi vous ne pouvez me faire grand mal désormais.
Il sort.

NICCOLINI.

Vos voix, messieurs !
Il déplie les billets jetés dans un bonnet.
Il y a unanimité. Le courrier est-il parti pour Trebbio ?

CORSI.

Oui. Excellence. Côme sera ici dans la matinée de demain, à moins qu'il ne refuse.

VETTORI.

Pourquoi refuserait-il ?

NICCOLINI.

Ah ! mon Dieu ! s'il allait refuser, que deviendrions-nous ? quinze lieues à faire d'ici à Trebbio pour trouver Côme, et autant pour revenir, ce serait une journée de perdue. Nous aurions dû choisir quelqu'un qui fût près de nous.

VETTORI.

Que voulez-vous ! notre vote est fait, et il est probable qu'il acceptera. Tout cela est étourdissant.

Ils sortent.

SCÈNE II
A Venise.

PHILIPPE STROZZI, dans son cabinet.

J'en étais sûr. — Pierre est en correspondance avec le roi de France; le voilà à la tête d'une espèce d'armée, et prêt à mettre le bourg à feu et à sang. C'est donc là ce qu'aura fait ce pauvre nom de Strozzi, qu'on a respecté si longtemps ! il aura produit un rebelle et deux ou trois massacres. O ma Louise ! tu dors en paix sous le gazon ; l'oubli du monde entier est autour de toi, comme en toi au fond de la triste vallée où je t'ai laissée.

On frappe à la porte.

Entrez.

Entre Lorenzo.

LORENZO.

Philippe ! je t'apporte le plus beau joyau de ta couronne.

PHILIPPE.

Qu'est-ce que tu jettes-là ? une clef ?

LORENZO.

Cette clef ouvre ma chambre, et dans ma chambre est Alexandre de Médicis, mort de la main que voilà.

PHILIPPE.

Vraiment ! vraiment ! cela est incroyable.

LORENZO.

Crois-le si tu veux. Tu le sauras par d'autres que par moi.

PHILIPPE, *prenant la clef.*

Alexandre est mort! cela est-il possible?

LORENZO.

Que dirais-tu si les républicains t'offraient d'être duc à sa place?

PHILIPPE.

Je refuserais, mon ami.

LORENZO.

Vraiment! vraiment! cela est incroyable.

PHILIPPE.

Pourquoi? cela est tout simple pour moi.

LORENZO.

Comme pour moi de tuer Alexandre. Pourquoi ne veux-tu pas me croire?

PHILIPPE.

O notre nouveau Brutus! je te crois et je t'embrasse. La liberté est donc sauvée! Oui, je te crois, tu es tel que tu me l'as dit. Donne-moi ta main. Le duc est mort! Ah! il n'y a pas de haine dans ma joie; il n'y a que l'amour le plus pur, le plus sacré pour la patrie; j'en prends Dieu à témoin.

LORENZO.

Allons! calme-toi; il n'y a rien de sauvé que moi, qui ai les reins brisés par les chevaux de l'évêque de Marzi.

PHILIPPE.

N'as-tu pas averti nos amis? n'ont-ils pas l'épée à la main à l'heure qu'il est?

LORENZO.

Je les ai avertis; j'ai frappé à toutes les portes républicaines avec la constance d'un frère quêteur; je leur ai dit de frotter leurs épées, qu'Alexandre serait mort quand ils s'éveilleraient. Je pense qu'à l'heure qu'il est, ils se sont éveillés plus d'une fois, et rendormis à l'avenant. Mais, en vérité, je ne pense pas autre chose.

PHILIPPE.

As-tu averti les Pazzi? l'as-tu dit à Corsini?

LORENZO.

A tout le monde; je l'aurais dit, je crois, à la lune, tant j'étais sûr de n'être pas écouté.

PHILIPPE.

Comment l'entends-tu?

LORENZO.

J'entends qu'ils ont haussé les épaules, et qu'ils sont retournés à leurs dîners, à leurs cornets et à leurs femmes.

PHILIPPE.

Tu ne leur as donc pas expliqué l'affaire?

LORENZO.

Que diantre voulez-vous que j'explique? croyez-vous que j'eusse une heure à perdre avec chacun d'eux? Je leur ai dit : Préparez-vous; et j'ai fait mon coup.

PHILIPPE.

Et tu crois que les Pazzi ne font rien? qu'en sais-tu? Tu n'as pas de nouvelles depuis ton départ, et il y a plusieurs jours que tu es en route.

LORENZO.

Je crois que les Pazzi font quelque chose; je crois qu'ils font des armes dans leur antichambre, en buvant du vin du Midi de temps à autre, quand ils ont le gosier sec.

PHILIPPE.

Tu soutiens ta gageure; ne m'as-tu pas voulu parier ce que tu me dis là? Sois tranquille; j'ai meilleure espérance.

LORENZO.

Je suis tranquille plus que je ne puis dire.

PHILIPPE.

Pourquoi n'es-tu pas sorti la tête du duc à la main? Le peuple t'aurait suivi comme son sauveur et son chef.

LORENZO.

J'ai laissé le cerf aux chiens; qu'ils fassent eux-mêmes la curée.

PHILIPPE.

Tu aurais déifié les hommes, si tu ne les méprisais.

LORENZO.

Je ne les méprise point; je les connais; je suis très persuadé qu'il y en a très peu de très méchants, beaucoup de lâches, et un grand nombre d'indifférents. Il y en a aussi de féroces, comme les habitants de Pistoie, qui ont trouvé dans cette affaire une petite occasion d'égorger tous leurs chanceliers en plein midi, au milieu des rues. J'ai appris cela il n'y a pas une heure.

PHILIPPE.

Je suis plein de joie et d'espoir; le cœur me bat malgré moi.

LORENZO.

Tant mieux pour vous.

PHILIPPE.

Puisque tu n'en sais rien, pourquoi en parles-tu ainsi? Assurément tous les hommes ne sont pas capables de grandes choses, mais tous sont sen-

LORENZACCIO.   Page 414.

Bibl. Charpentier.   LIV. 184.

sibles aux grandes choses : nies-tu l'histoire du monde entier? Il faut sans doute une étincelle pour allumer une forêt; mais l'étincelle peut sortir d'un caillou, et la forêt prend feu. C'est ainsi que l'éclair d'une seule épée peut illuminer tout un siècle.

LORENZO.

Je ne nie pas l'histoire, mais je n'y étais pas.

PHILIPPE.

Laisse-moi t'appeler Brutus; si je suis un rêveur, laisse-moi ce rêve-là. O mes amis, mes compatriotes! vous pouvez faire un beau lit de mort aux vieux Strozzi, si vous voulez.

LORENZO.

Pourquoi ouvrez-vous la fenêtre?

PHILIPPE.

Ne vois-tu pas un courrier qui arrive? Mon Brutus! mon grand Lorenzo! la liberté est dans le ciel; je la sens, je la respire.

LORENZO.

Philippe! Philippe! point de cela; fermez votre fenêtre; toutes ces paroles me font mal.

PHILIPPE.

Il me semble qu'il y a un attroupement dans la rue; un crieur lit une proclamation. Holà, Jean! allez acheter le papier de ce crieur.

LORENZO.

O Dieu! ô Dieu!

PHILIPPE.

Tu deviens pâle comme un mort. Qu'as-tu donc?

LORENZO.

N'as-tu rien entendu?

Entre un domestique apportant la proclamation.

PHILIPPE.

Non; lis donc un peu ce papier, qu'on criait dans la rue.

LORENZO, lisant.

« A tout homme, noble ou roturier, qui tuera Lorenzo de Médicis, traître
« à la patrie et assassin de son maître, en quelque lieu et de quelque ma-
« nière que ce soit, sur toute la surface de l'Italie, il est promis par le conseil
« des Huit à Florence : 1° quatre mille florins d'or sans aucune retenue;
« 2° une rente de cent florins d'or par an, pour lui durant sa vie et ses héri-
« tiers en ligne directe après sa mort; 3° la permission d'exercer toutes les
« magistratures, de posséder tous les bénéfices et privilèges de l'État, mal-

« gré sa naissance s'il est roturier; 4° grâces perpétuelles pour toutes ses
« fautes, passées et futures, ordinaires et extraordinaires. »

Signé de la main des Huit.

Eh bien, Philippe ! vous ne vouliez pas croire tout à l'heure que j'avais tué Alexandre ? Vous voyez bien que je l'ai tué.

PHILIPPE.

Silence ! quelqu'un monte l'escalier. Cache-toi dans cette chambre.
Ils sortent.

SCÈNE III

Florence. — Une rue.

Entrent DEUX GENTILSHOMMES.

PREMIER GENTILHOMME.

N'est-ce pas le marquis de Cibo qui passe là ? il me semble qu'il donne le bras à sa femme.
Le marquis et la marquise passent.

DEUXIÈME GENTILHOMME.

Il paraît que ce bon marquis n'est pas d'une nature vindicative. Qui ne sait pas à Florence que sa femme a été la maîtresse du feu duc ?

PREMIER GENTILHOMME.

Ils paraissent bien raccommodés. J'ai cru les voir se serrer la main.

DEUXIÈME GENTILHOMME.

La perle des maris, en vérité ! Avaler ainsi une couleuvre aussi longue que l'Arno, cela s'appelle avoir l'estomac bon.

PREMIER GENTILHOMME.

Je sais que cela fait parler, — cependant je ne te conseillerais pas d'aller lui en parler à lui-même ; il est de la première force à toutes les armes, et les faiseurs de calembours craignent l'odeur de son jardin.

DEUXIÈME GENTILHOMME.

Si c'est un original, il n'y a rien à dire.
Ils sortent

SCÈNE IV

Une auberge

Entrent PIERRE STROZZI ET UN MESSAGER.

PIERRE.

Ce sont ses propres paroles ?

LE MESSAGER.

Oui, Excellence ; les paroles du roi lui-même.

PIERRE.

C'est bon.

<small>Le messager sort.</small>

Le roi de France, protégeant la liberté de l'Italie, c'est justement comme un voleur protégeant contre un autre voleur une jolie femme en voyage. Il la défend jusqu'à ce qu'il la viole. Quoi qu'il en soit, une route s'ouvre devant moi, sur laquelle il y a plus de bons grains que de poussière. Maudit soit ce Lorenzaccio, qui s'avise de devenir quelque chose! Ma vengeance m'a glissé entre les doigts comme un oiseau effarouché ; je ne puis plus rien imaginer ici qui soit digne de moi. Allons faire une attaque vigoureuse au bourg, et puis laissons là ces femmelettes qui ne pensent qu'au nom de mon père et qui me toisent toute la journée pour chercher par où je lui ressemble. Je suis né pour autre chose que pour faire un chef de bandits.

<small>Il sort.</small>

SCÈNE V

<small>Une place. — Florence.</small>

L'ORFÈVRE ET LE MARCHAND DE SOIE <small>assis.</small>

LE MARCHAND.

Observez bien ce que je dis ; faites attention à mes paroles. Le feu duc Alexandre a été tué l'an 1536, qui est bien l'année où nous sommes. Suivez-moi toujours. Il a donc été tué l'an 1536 ; voilà qui est fait. Il avait vingt-six ans ; remarquez-vous cela? mais ce n'est encore rien. Il avait donc vingt-six ans ; bon. Il est mort le 6 du mois ; ah! ah! saviez-vous ceci? n'est-ce pas justement le 6 qu'il est mort? Écoutez maintenant. Il est mort à six heures de la nuit. Qu'en pensez-vous, père Mondella? Voilà de l'extraordinaire, ou je ne m'y connais pas. Il est donc mort à six heures de la nuit. Paix! ne dites rien encore. Il avait six blessures. Eh bien! cela vous frappe-t-il à présent? Il avait six blessures ; à six heures de la nuit, le 6 du mois, à l'âge de vingt-six ans, l'an 1536. Maintenant, un seul mot : il avait régné six ans.

L'ORFÈVRE.

Quel galimatias me faites-vous là, voisin?

LE MARCHAND.

Comment! comment! vous êtes donc absolument incapable de calculer? vous ne voyez pas ce qui résulte de ces combinaisons surnaturelles que j'ai l'honneur de vous expliquer?

L'ORFÈVRE.

Non, en vérité, je ne vois pas ce qui en résulte.

LE MARCHAND.

Vous ne le voyez pas? Est-ce possible, voisin, que vous ne le voyiez pas?

L'ORFÈVRE.

Je ne vois pas qu'il en résulte la moindre des choses. — A quoi cela peut-il nous être utile?

LE MARCHAND.

Il en résulte que six Six ont concouru à la mort d'Alexandre. Chut! ne répétez pas ceci comme venant de moi. Vous savez que je passe pour un homme sage et circonspect; ne me faites point de tort, au nom de tous les saints! La chose est plus grave qu'on ne pense; je vous le dis comme à un ami.

L'ORFÈVRE.

Allez vous promener, je suis un homme vieux, mais pas encore une vieille femme. Le Côme arrive aujourd'hui, voilà ce qui résulte le plus clairement de notre affaire; il nous est poussé un beau dévideur de paroles dans votre nuit de six Six. Ah! mort de ma vie! cela ne fait-il pas honte! Mes ouvriers, voisin, les derniers de mes ouvriers, frappaient avec leurs instruments sur les tables, en voyant passer les Huit, et ils leur criaient : « Si vous ne savez ni ne pouvez agir, appelez-nous, qui agirons. »

LE MARCHAND.

Il n'y a pas que les vôtres qui aient crié; c'est un vacarme de paroles dans la ville comme je n'en ai jamais entendu, même par ouï-dire.

L'ORFÈVRE.

On demande les boules [1]; les uns courent après les soldats, les autres après le vin qu'on distribue; ils s'en remplissent la bouche et la cervelle, afin de perdre le peu de sens commun et de bonnes paroles qui pourraient leur rester.

LE MARCHAND.

Il y en a qui voulaient rétablir le conseil, et élire librement un gonfalonier, comme jadis.

L'ORFÈVRE.

Il y en a qui voulaient, comme vous dites; mais il n'y en a pas qui aient agi. Tout vieux que je suis, j'ai été au Marché-Neuf, moi, et j'ai reçu dans la jambe un bon coup de hallebarde, parce que je demandais les boules. Pas une âme n'est venue à mon secours. Les étudiants seuls se sont montrés.

1. On comprend qu'il s'agit ici d'élections.

LE MARCHAND.

Je le crois bien. Savez-vous ce qu'on dit, voisin? On dit que le provéditeur, Roberto Corsini, est allé hier soir à l'assemblée des républicains, au palais Salviati.

L'ORFÈVRE.

Rien n'est plus vrai, il a offert de livrer la forteresse aux amis de la liberté, avec les provisions, les clefs, et tout le reste.

LE MARCHAND.

Et il l'a fait, voisin? est-ce qu'il l'a fait? c'est une trahison de haute justice.

L'ORFÈVRE.

Ah bien oui! on a braillé, bu du vin sucré, et cassé des carreaux ; mais la proposition de ce brave homme n'a seulement pas été écoutée. Comme on n'osait pas faire ce qu'il voulait, on a dit qu'on doutait de lui, et qu'on le soupçonnait de fausseté dans ses offres. Mille millions de diables! que j'enrage! Tenez, voilà les courriers de Trebbio qui arrivent; Côme n'est pas loin d'ici. Bonsoir, voisin, le sang me démange! il faut que j'aille au palais.

Il sort.

LE MARCHAND.

Attendez donc, voisin ; je vais avec vous.

Il sort. — Entre un précepteur avec le petit Salviati, et un autre avec le petit Strozzi.

LE PREMIER PRÉCEPTEUR.

Sapientissime doctor, comment se porte Votre Seigneurie? le trésor de votre précieuse santé est-il dans une assiette régulière, et votre équilibre se maintient-il convenable par ces tempêtes où nous voilà?

LE DEUXIÈME PRÉCEPTEUR.

C'est chose grave, seigneur docteur, qu'une rencontre aussi érudite et aussi fleurie que la vôtre, sur cette terre soucieuse et lézardée. Souffrez que je presse cette main gigantesque, d'où sont sortis les chefs-d'œuvre de notre langue. Avouez-le, vous avez fait depuis peu un sonnet.

LE PETIT SALVIATI.

Canaille de Strozzi que tu es!

LE PETIT STROZZI.

Ton père a été rossé, Salviati.

LE PREMIER PRÉCEPTEUR.

Ce pauvre ébat de notre muse serait-il allé jusqu'à vous, qui êtes un homme d'art si consciencieux, si large et si austère? Des yeux comme les vôtres, qui remuent des horizons si dentelés, si phosphorescents, auraient-ils consenti à s'occuper des fumées peut-être bizarres et osées d'une imagination chatoyante?

LE DEUXIÈME PRÉCEPTEUR.

Oh! si vous aimez l'art, et si vous nous aimez, dites-nous, de grâce, votre sonnet. La ville ne s'occupe que de votre sonnet.

LE PREMIER PRÉCEPTEUR.

Vous serez peut-être étonné que moi, qui ai commencé par chanter la monarchie en quelque sorte, je semble cette fois chanter la république.

LE PETIT SALVIATI.

Ne me donne pas de coups de pieds, Strozzi.

LE PETIT STROZZI.

Tiens, chien de Salviati, en voilà encore deux.

LE PREMIER PRÉCEPTEUR.

Voici les vers :

Chantons la liberté, qui refleurit plus âpre...

LE PETIT SALVIATI.

Faites donc finir ce gamin-là, monsieur ; c'est un coupe-jarret. Tous les Strozzi sont des coupe-jarrets.

LE DEUXIÈME PRÉCEPTEUR.

Allons! petit, tiens-toi tranquille.

LE PETIT STROZZI.

Tu y reviens en sournois! Tiens! canaille, porte cela à ton père, et dis-lui qu'il le mette avec l'estafilade qu'il a reçue de Pierre Strozzi, empoisonneur que tu es! Vous êtes tous des empoisonneurs.

LE PREMIER PRÉCEPTEUR.

Veux-tu te taire, polisson !
Il le frappe

LE PETIT STROZZI.

Aïe! aïe! il m'a frappé.

LE PREMIER PRÉCEPTEUR.

Chantons la liberté, qui refleurit plus âpre,
Sous des soleils plus mûrs et des cieux plus vermeils.

LE PETIT STROZZI.

Aïe! aïe! il m'a écorché l'oreille.

LE DEUXIÈME PRÉCEPTEUR.

Vous avez frappé trop fort, mon ami.
Le petit Strozzi rosse le petit Salviati.

LE PREMIER PRÉCEPTEUR.

Eh bien! qu'est-ce à dire?

LE DEUXIÈME PRÉCEPTEUR.

Continuez, je vous en supplie.

LE PREMIER PRÉCEPTEUR.

Avec plaisir; mais ces enfants ne cessent pas de se battre.
Les enfants sortent en se battant; — ils les suivent.

SCÈNE VI
Florence. — Une rue.
Entrent DES ÉTUDIANTS *et* DES SOLDATS.

UN ÉTUDIANT.

Puisque les grands seigneurs n'ont que des langues, ayons des bras. Holà! les boules! les boules! Citoyens de Florence, ne laissons pas élire un duc sans voter.

UN SOLDAT.

Vous n'aurez pas les boules; retirez-vous.

L'ÉTUDIANT.

Citoyens, venez ici; on méconnaît vos droits, on insulte le peuple.
Un grand tumulte.

LES SOLDATS.

Gare! retirez-vous.

UN AUTRE ÉTUDIANT.

Nous voulons mourir pour nos droits.

UN SOLDAT.

Meurs donc.
Il le frappe.

L'ÉTUDIANT.

Venge-moi, Roberto, et console ma mère.
Il meurt. — Les étudiants attaquent les soldats; — ils sortent en se battant.

SCÈNE VII
Venise. — Le cabinet de Strozzi.
Entrent PHILIPPE ET LORENZO, *tenant une lettre.*

LORENZO.

Voilà une lettre qui m'apprend que ma mère est morte. Venez donc faire un tour de promenade, Philippe.

PHILIPPE.

Je vous en supplie, mon ami, ne tentez pas la destinée. Vous allez et

LORENZACCIO.

Page 420.

venez continuellement, comme si cette proclamation de mort n'existait pas contre vous.

LORENZO.

Au moment où j'allais tuer Clément VII, ma tête a été mise à prix à Rome ; il est naturel qu'elle le soit dans toute l'Italie, aujourd'hui que j'ai tué Alexandre; si je sortais de l'Italie, je serais bientôt sonné à son de trompe dans toute l'Europe, et à ma mort, le bon Dieu ne manquera pas de faire placarder ma condamnation éternelle dans tous les carrefours de l'immensité.

PHILIPPE.

Votre gaieté est triste comme la nuit; vous n'êtes pas changé, Lorenzo.

LORENZO.

Non, en vérité; je porte les mêmes habits, je marche toujours sur mes jambes, et je bâille avec ma bouche; il n'y a de changé en moi qu'une misère : c'est que je suis plus creux et plus vide qu'une statue de fer-blanc.

PHILIPPE.

Partons ensemble; redevenez un homme; vous avez beaucoup fait, mais vous êtes jeune.

LORENZO.

Je suis plus vieux que le bisaïeul de Saturne; je vous en prie, venez faire un tour de promenade.

PHILIPPE.

Votre esprit se torture dans l'inaction, c'est là votre malheur. Vous avez des travers, mon ami.

LORENZO.

J'en conviens; que les républicains n'aient rien fait à Florence, c'est là un grand travers de ma part. Qu'une centaine de jeunes étudiants, braves et déterminés, se soient fait massacrer en vain; que Côme, un planteur de choux, ait été élu à l'unanimité, oh! je l'avoue, je l'avoue, ce sont là des travers impardonnables, et qui me font le plus grand tort.

PHILIPPE.

Ne raisonnons pas sur un événement qui n'est pas achevé. L'important est de sortir d'Italie; vous n'avez pas encore fini sur la terre.

LORENZO.

J'étais une machine à meurtre, mais à un meurtre seulement.

PHILIPPE.

N'avez-vous pas été heureux autrement que par ce meurtre? Quand vous ne devriez faire désormais qu'un honnête homme, qu'un artiste, pourquoi voudriez-vous mourir?

LORENZO.

Je ne puis que vous répéter mes propres paroles : Philippe, j'ai été honnête. Peut-être le redeviendrais-je sans l'ennui qui me prend. J'aime encore le vin et les femmes; c'est assez, il est vrai, pour faire de moi un débauché, mais ce n'est pas assez pour me donner envie de l'être. Sortons, je vous en prie.

PHILIPPE.

Tu te feras tuer dans toutes ces promenades.

LORENZO.

Cela m'amuse de les voir. La récompense est si grosse, qu'elle les rend presque courageux. Hier, un grand gaillard à jambes nues m'a suivi un gros quart d'heure au bord de l'eau, sans pouvoir se déterminer à m'assommer. Le pauvre homme portait une espèce de couteau long comme une broche ; il le regardait d'un air si penaud qu'il me faisait pitié ; c'était peut-être un père de famille qui mourait de faim.

PHILIPPE.

O Lorenzo, Lorenzo! ton cœur est très malade. C'était sans doute un honnête homme : pourquoi attribuer à la lâcheté du peuple le respect pour les malheureux?

LORENZO.

Attribuez cela à ce que vous voudrez. Je vais faire un tour au Rialto.
Il sort.

PHILIPPE, seul.

Il faut que je le fasse suivre par quelqu'un de mes gens. Holà! Jean! Pippo! holà!
Entre un domestique.

Prenez une épée, vous et un autre de vos camarades, et tenez-vous à une distance convenable du seigneur Lorenzo, de manière à pouvoir le secourir si on l'attaque.

JEAN.

Oui, monseigneur.
Entre Pippo.

PIPPO.

Monseigneur, Lorenzo est mort. Un homme était caché derrière la porte, qui l'a frappé par derrière comme il sortait.

PHILIPPE.

Courons vite ; il n'est peut-être que blessé.

PIPPO.

Ne voyez-vous pas tout ce monde? Le peuple s'est jeté sur lui. Dieu de miséricorde! on le pousse dans la lagune.

PHILIPPE.

Quelle horreur! quelle horreur! Eh quoi! pas même un tombeau!
_{Il sort.}

SCÈNE VIII

_{Florence. — La grande place; des tribunes publiques sont remplies de monde.}

DES GENS DU PEUPLE, _{courant de tous côtés.}

Les boules! les boules! Il est duc, duc; les boules, il est duc.

LES SOLDATS.

Gare, canaille!

LE CARDINAL CIBO, _{sur une estrade, à Côme de Médicis.}

Seigneur, vous êtes duc de Florence. Avant de recevoir de mes mains la couronne que le pape et César m'ont chargé de vous confier, il m'est ordonné de vous faire jurer quatre choses.

COME.

Lesquelles, cardinal?

LE CARDINAL.

Faire la justice sans restriction; ne jamais rien tenter contre l'autorité de Charles-Quint; venger la mort d'Alexandre, et bien traiter le seigneur Jules et la signora Julia, ses enfants naturels.

COME.

Comment faut-il que je prononce ce serment?

LE CARDINAL.

Sur l'Évangile.
_{Il lui présente l'Évangile.}

Je le jure à Dieu et à vous, cardinal. Maintenant donnez-moi la main.
_{Ils s'avancent vers le peuple. On entend Côme parler dans l'éloignement.}

COME.

« Très nobles et très puissants seigneurs,

« Le remercîment que je veux faire à Vos très illustres et très gracieuses Seigneuries, pour le bienfait si haut que je leur dois, n'est pas autre que l'engagement qui m'est bien doux, à moi si jeune comme je suis, d'avoir toujours devant les yeux, en même temps que la crainte de Dieu, l'honnêteté et la justice, et le dessein de n'offenser personne, ni dans les biens ni dans l'honneur, et, quant au gouvernement des affaires, de ne jamais m'écarter du conseil et du jugement des très prudentes et très judicieuses Seigneuries auxquelles je m'offre en tout, et recommande bien dévotement. »

FIN DE LORENZACCIO.

LE CHANDELIER

COMÉDIE EN TROIS ACTES

PUBLIÉE EN 1835, REPRÉSENTÉE EN 1848

PERSONNAGES :

MAITRE ANDRÉ, notaire.
JACQUELINE, sa femme.
CLAVAROCHE, officier de dragons.
FORTUNIO, clerc.

GUILLAUME, } clercs.
LANDRY,
UNE SERVANTE.
UN JARDINIER.

Une petite ville.

ACTE PREMIER

SCÈNE Ire

Une chambre à coucher.

JACQUELINE, dans son lit. Entre MAITRE ANDRÉ, en robe de chambre.

MAITRE ANDRÉ.

Holà! ma femme! hé! Jacqueline! hé! holà! Jacqueline! ma femme! La peste soit de l'endormie! Hé, hé! ma femme, éveillez-vous! Holà! holà! levez-vous, Jacqueline. — Comme elle dort! Holà! holà! holà! hé, hé, hé! ma femme, ma femme! c'est moi, André, votre mari, qui ai à vous parler de choses sérieuses. Hé, hé! pstt, pstt! hem! brum, brum! pstt! Jacqueline, êtes-vous morte? Si vous ne vous éveillez tout à l'heure, je vous coiffe du pot à l'eau.

JACQUELINE.

Qu'est-ce que c'est, mon bon ami?

MAITRE ANDRÉ.

Vertu de ma vie! ce n'est pas malheureux. Finirez-vous de vous tirer les bras? c'est affaire à vous de dormir. Écoutez-moi, j'ai à vous parler. Hier au soir, Landry, mon clerc...

JACQUELINE.

Eh mais, mon Dieu! il ne fait pas jour. Devenez-vous fou, maître André, de m'éveiller ainsi sans raison? De grâce, allez vous recoucher. Est-ce que vous êtes malade?

MAITRE ANDRÉ.

Je ne suis ni fou ni malade, et vous éveille à bon escient. J'ai à vous parler maintenant; songez d'abord à m'écouter, et ensuite à me répondre. Voilà ce qui est arrivé à Landry, mon clerc; vous le connaissez bien...

JACQUELINE.

Quelle heure est-il donc, s'il vous plaît?

MAITRE ANDRÉ.

Il est six heures du matin. Faites attention à ce que je vous dis; il ne s'agit de rien de plaisant, et je n'ai pas sujet de rire. Mon honneur, madame, le vôtre, et notre vie peut-être à tous deux, dépendent de l'explication que je vais avoir avec vous. Landry, mon clerc, a vu, cette nuit...

JACQUELINE.

Mais, maître André, si vous êtes malade, il fallait m'avertir tantôt. N'est-ce pas à moi, mon cher cœur, de vous soigner et de vous veiller?

MAITRE ANDRÉ.

Je me porte bien, vous dis-je; êtes-vous d'humeur à m'écouter?

JACQUELINE.

Eh, mon Dieu! vous me faites peur; est-ce qu'on nous aurait volés?

MAITRE ANDRÉ.

Non, on ne nous a pas volés. Mettez-vous là, sur votre séant, et écoutez de vos deux oreilles. Landry, mon clerc, vient de m'éveiller pour me remettre certain travail qu'il s'était chargé de finir cette nuit. Comme il était dans mon étude...

JACQUELINE.

Ah, sainte Vierge! j'en suis sûre, vous aurez eu quelque querelle à ce café où vous allez.

MAITRE ANDRÉ.

Non, non, je n'ai point eu de querelle, et il ne m'est rien arrivé. Ne voulez-vous pas m'écouter? Je vous dis que Landry, mon clerc, a vu un homme cette nuit se glisser par votre fenêtre.

JACQUELINE.

Je devine à votre visage que vous avez perdu au jeu.

MAITRE ANDRÉ.

Ah çà! ma femme, êtes-vous sourde? Vous avez un amant, madame; cela est-il clair? Vous me trompez. Un homme, cette nuit, a escaladé nos murailles. Qu'est-ce que cela signifie?

JACQUELINE.

Faites-moi le plaisir d'ouvrir le volet.

MAITRE ANDRÉ.

Le voilà ouvert; vous bâillerez après dîner; Dieu merci, vous n'y manquez guère. Prenez garde à vous, Jacqueline! Je suis un homme d'humeur paisible, et qui ai pris grand soin de vous. J'étais l'ami de votre père, et vous êtes ma fille presque autant que ma femme. J'ai résolu, en venant ici, de vous traiter avec douceur; et vous voyez que je le fais, puisque, avant de vous condamner, je veux m'en rapporter à vous, et vous donner sujet de vous défendre et de vous expliquer catégoriquement. Si vous refusez, prenez garde. Il y a garnison dans la ville, et vous voyez, Dieu me pardonne! bonne quantité de hussards. Votre silence peut confirmer des doutes que je nourris depuis longtemps.

JACQUELINE.

Ah! maître André, vous ne m'aimez plus. C'est vainement que vous dissimulez par des paroles bienveillantes la mortelle froideur qui a remplacé tant d'amour. Il n'en eût pas été ainsi jadis; vous ne parliez pas de ce ton; ce n'est pas alors sur un mot que vous m'eussiez condamnée sans m'entendre. Deux ans de paix, d'amour et de bonheur ne se seraient pas, sur un mot, évanouis comme des ombres. Mais quoi! la jalousie vous pousse; depuis longtemps la froide indifférence lui a ouvert la porte de votre cœur. De quoi servirait l'évidence? l'innocence même aurait tort devant vous. Vous ne m'aimez plus, puisque vous m'accusez.

MAITRE ANDRÉ.

Voilà qui est bon, Jacqueline; il ne s'agit pas de cela. Landry, mon clerc, a vu un homme...

JACQUELINE.

Eh, mon Dieu! j'ai bien entendu. Me prenez-vous pour une brute, de me rebattre ainsi la tête? C'est une fatigue qui n'est pas supportable.

MAITRE ANDRÉ.

A quoi tient-il que vous ne répondiez?

JACQUELINE, Pleurant.

Seigneur mon Dieu, que je suis malheureuse! qu'est-ce que je vais devenir? Je le vois bien, vous avez résolu ma mort, vous ferez de moi ce qui vous plaira; vous êtes homme, et je suis femme; la force est de votre côté. Je suis résignée; je m'y attendais; vous saisissez le premier prétexte pour justifier votre violence. Je n'ai plus qu'à partir d'ici; je m'en irai avec ma fille dans un couvent, dans un désert, s'il est possible; j'y emporterai avec moi, j'y ensevelirai dans mon cœur le souvenir du temps qui n'est plus.

MAITRE ANDRÉ.

Ma femme, ma femme! pour l'amour de Dieu et des saints, est-ce que vous vous moquez de moi?

JACQUELINE.

Ah çà! tout de bon, maître André, est-ce sérieux ce que vous dites?

MAITRE ANDRÉ.

Si ce que je dis est sérieux? Jour de Dieu! la patience m'échappe, et je ne sais à quoi il tient que je ne vous mène en justice.

JACQUELINE.

Vous, en justice?

MAITRE ANDRÉ.

Moi, en justice; il y a de quoi faire damner un homme, d'avoir affaire à une telle mule; je n'avais jamais ouï dire qu'on pût être aussi entêté.

JACQUELINE, sautant à bas du lit.

Vous avez vu un homme entrer par la fenêtre? l'avez-vous vu, monsieur, oui ou non?

MAITRE ANDRÉ.

Je ne l'ai pas vu de mes yeux.

JACQUELINE.

Vous ne l'avez pas vu de vos yeux, et vous voulez me mener en justice?

MAITRE ANDRÉ.

Oui, par le ciel! si vous ne répondez.

JACQUELINE.

Savez-vous une chose, maître André, que ma grand'mère a apprise de la sienne? Quand un mari se fie à sa femme, il garde pour lui les mauvais propos, et quand il est sûr de son fait, il n'a que faire de la consulter. Quand on a des doutes, on les lève; quand on manque de preuves, on se tait; et quand on ne peut pas démontrer qu'on a raison, on a tort. Allons! venez; sortons d'ici.

MAITRE ANDRÉ.

C'est donc ainsi que vous le prenez?

JACQUELINE.

Oui, c'est ainsi; marchez, je vous suis.

MAITRE ANDRÉ.

Et où veux-tu que j'aille à cette heure?

JACQUELINE.

En justice.

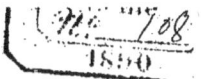

LE CHANDELIER.

Bibl. Charpentier.

Page 427.

LIV. 186.

MAITRE ANDRÉ.

Mais, Jacqueline...

JACQUELINE.

Marchez, marchez; quand on menace, il ne faut pas menacer en vain.

MAITRE ANDRÉ.

Allons, voyons! calme-toi un peu.

JACQUELINE.

Non; vous voulez me mener en justice, et j'y veux aller de ce pas.

MAITRE ANDRÉ.

Que diras-tu pour ta défense? dis-le-moi aussi bien maintenant.

JACQUELINE.

Non, je ne veux rien dire ici.

MAITRE ANDRÉ.

Pourquoi?

JACQUELINE.

Parce que je veux aller en justice.

MAITRE ANDRÉ.

Vous êtes capable de me rendre fou, et il me semble que je rêve. Éternel Dieu, créateur du monde! je m'en vais faire une maladie. Comment? quoi? cela est possible? J'étais dans mon lit; je dormais, et je prends les murs à témoin que c'était de toute mon âme. Landry, mon clerc, un enfant de seize ans, qui de sa vie n'a médit de personne, le plus candide garçon du monde, qui venait de passer la nuit à copier un inventaire, voit entrer un homme par la fenêtre; il me le dit, je prends ma robe de chambre, je viens vous trouver en ami, je vous demande pour toute grâce de m'expliquer ce que cela signifie, et vous me dites des injures! vous me traitez de furieux, jusqu'à vous élancer du lit et à me saisir à la gorge! Non, cela passe toute idée; je serai hors d'état pour huit jours de faire une addition qui ait le sens commun. Jacqueline, ma petite femme! c'est vous qui me traitez ainsi!

JACQUELINE.

Allez, allez! vous êtes un pauvre homme.

MAITRE ANDRÉ.

Mais enfin, ma chère petite, qu'est-ce que cela te fait de me répondre? Crois-tu que je puisse penser que tu me trompes réellement? Hélas, mon Dieu! un mot te suffit: Pourquoi ne veux-tu pas le dire? C'était peut-être quelque voleur qui se glissait par notre fenêtre; ce quartier-ci n'est pas des plus sûrs, et nous ferions bien d'en changer. Tous ces soldats me déplaisent fort, ma toute belle, mon bijou chéri. Quand nous allons à la promenade, au spectacle, au bal, et jusque chez nous, ces gens-là ne nous quittent pas;

je ne saurais te dire un mot de près sans me heurter à leurs épaulettes, et sans qu'un grand sabre crochu ne s'embarrasse dans mes jambes. Qui sait si leur impertinence ne pourrait aller jusqu'à escalader nos fenêtres ? Tu n'en sais rien, je le vois bien ; ce n'est pas toi qui les encourages ; ces vilaines gens sont capables de tout. Allons, voyons ! donne la main ; est-ce que tu m'en veux, Jacqueline ?

JACQUELINE.

Assurément, je vous en veux. Me menacer d'aller en justice ! Lorsque ma mère le saura, elle vous fera bon visage !

MAITRE ANDRÉ.

Eh ! mon enfant, ne le lui dis pas. A quoi bon faire part aux autres de nos petites brouilleries ? ce sont quelques légers nuages qui passent un instant dans le ciel, pour le laisser plus tranquille et plus pur.

JACQUELINE.

A la bonne heure ! Touchez là.

MAITRE ANDRÉ.

Est-ce que je ne sais pas que tu m'aimes ? Est-ce que je n'ai pas en toi la plus aveugle confiance ? Est-ce que depuis deux ans tu ne m'as pas donné toutes les preuves de la terre que tu es toute à moi, Jacqueline ? Cette fenêtre, dont parle Landry, ne donne pas tout à fait dans ta chambre ; en traversant le péristyle, on va par là au potager ; je ne serais pas étonné que notre voisin, maître Pierre, ne vînt braconner dans mes espaliers. Va, va ! je ferai mettre notre jardinier ce soir en sentinelle, et le piège à loup dans l'allée ; nous rirons demain tous les deux.

JACQUELINE.

Je tombe de fatigue, et vous m'avez éveillée bien mal à propos.

MAITRE ANDRÉ.

Recouche-toi, ma chère petite, je m'en vais. Je te laisse ici. Allons ! adieu, n'y pensons plus. Tu le vois, mon enfant, je ne fais pas la moindre recherche dans ton appartement ; je n'ai pas ouvert une armoire ; je t'en crois sur parole. Il me semble que je t'en aime cent fois plus de t'avoir soupçonnée à tort et de te savoir innocente. Tantôt je réparerai tout cela ; nous irons à la campagne et je te ferai un cadeau. Adieu, adieu, je te reverrai.

Il sort. — Jacqueline, seule, ouvre une armoire ; on y aperçoit accroupi le capitaine Clavaroche.

CLAVAROCHE, sortant de l'armoire.

Ouf !

JACQUELINE.

Vite, sortez ! mon mari est jaloux ; on vous a vu, mais non reconnu ; vous ne pouvez pas revenir ici. Comment étiez-vous là dedans ?

CLAVAROCHE.

A merveille.

JACQUELINE.

Nous n'avons pas de temps à perdre; qu'allons-nous faire? Il faut nous voir, et échapper à tous les yeux. Quel parti prendre? le jardinier y sera ce soir; je ne suis pas sûre de ma femme de chambre; d'aller ailleurs, impossible ici; tout est à jour dans une petite ville. Vous êtes couvert de poussière, et il me semble que vous boitez.

CLAVAROCHE.

J'ai le genou et la tête brisés. La poignée de mon sabre m'est entrée dans les côtes. Pouah! c'est à croire que je sors d'un moulin.

JACQUELINE.

Brûlez mes lettres en rentrant chez vous. Si on les trouvait, je serais perdue; ma mère me mettrait au couvent. Landry, un clerc, vous a vu passer; il me le payera. Que faire? quel moyen? répondez! Vous êtes pâle comme la mort.

CLAVAROCHE.

J'avais une position fausse quand vous avez poussé le battant, en sorte que je me suis trouvé, une heure durant, comme une curiosité d'histoire naturelle dans un bocal d'esprit-de-vin.

JACQUELINE.

Eh bien! voyons! que ferons-nous?

CLAVAROCHE.

Bon! il n'y a rien de si facile.

JACQUELINE.

Mais encore?

CLAVAROCHE.

Je n'en sais rien; mais rien n'est plus aisé. M'en croyez-vous à ma première affaire? Je suis rompu; donnez-moi un verre d'eau.

JACQUELINE.

Je crois que le meilleur parti serait de nous voir à la ferme.

CLAVAROCHE.

Que ces maris, quand ils s'éveillent, sont d'incommodes animaux! Voilà un uniforme dans un joli état, et je serai beau à la parade!
Il boit.
Avez-vous une brosse ici? Le diable m'emporte! avec cette poussière, il m'a fallu un courage d'enfer pour m'empêcher d'éternuer.

JACQUELINE.

Voilà ma toilette, prenez ce qu'il vous faut.

CLAVAROCHE, se brossant la tête.

A quoi bon aller à la ferme? Votre mari est, à tout prendre, d'assez douce composition. Est-ce que c'est une habitude que ces apparitions nocturnes?

JACQUELINE.

Non, Dieu merci! J'en suis encore tremblante. Mais songez donc qu'avec les idées qu'il a maintenant dans la tête, tous les soupçons vont tomber sur vous.

CLAVAROCHE.

Pourquoi, sur moi?

JACQUELINE.

Pourquoi? Mais... je ne sais... il me semble que cela doit être. Tenez! Clavaroche, la vérité est une chose étrange, elle a quelque chose des spectres : on la pressent sans la toucher.

CLAVAROCHE, ajustant son uniforme.

Bah! ce sont les grands parents et les juges de paix qui disent que tout se sait. Ils ont pour cela une bonne raison, c'est que tout ce qui ne se sait pas s'ignore, et par conséquent n'existe pas. J'ai l'air de dire une bêtise ; réfléchissez, vous verrez que c'est vrai.

JACQUELINE.

Tout ce que vous voudrez. Les mains me tremblent, et j'ai une peur qui est pire que le mal.

CLAVAROCHE.

Patience, nous arrangerons cela.

JACQUELINE.

Comment? Partez, voilà le jour.

CLAVAROCHE.

Eh, bon Dieu! quelle tête folle! Vous êtes jolie comme un ange avec vos grands airs effarés. Voyons un peu, mettez-vous là, et raisonnons de nos affaires. Me voilà presque présentable, et ce désordre réparé. La cruelle armoire que vous avez là! il ne fait pas bon être de vos nippes.

JACQUELINE.

Ne riez donc pas, vous me faites frémir.

CLAVAROCHE.

Eh bien! ma chère, écoutez-moi, je vais vous dire mes principes. Quand on rencontre sur sa route l'espèce de bête malfaisante qui s'appelle un mari jaloux...

JACQUELINE.

Ah! Clavaroche, par égard pour moi!

CLAVAROCHE.

Je vous ai choquée?
<small>Il l'embrasse.</small>

JACQUELINE.

Au moins, parlez plus bas.

CLAVAROCHE.

Il y a trois moyens certains d'éviter tout inconvénient. Le premier, c'est de se quitter; mais celui-là nous n'en voulons guère.

JACQUELINE.

Vous me ferez mourir de peur.

CLAVAROCHE.

Le second, le meilleur incontestablement, c'est de n'y pas prendre garde, et au besoin…

JACQUELINE.

Eh bien?

CLAVAROCHE.

Non, celui-là ne vaut rien non plus; vous avez un mari de plume; il faut garder l'épée au fourreau. Reste donc alors le troisième; c'est de trouver un *chandelier*.

JACQUELINE.

Un chandelier? Qu'est-ce que vous voulez dire?

CLAVAROCHE.

Nous appelions ainsi, au régiment, un grand garçon de bonne mine qui est chargé de porter un châle ou un parapluie au besoin; qui, lorsqu'une femme se lève pour danser, va gravement s'asseoir sur sa chaise et la suit dans la foule d'un œil mélancolique, en jouant avec son éventail; qui lui donne la main pour sortir de sa loge, et pose avec fierté sur la console voisine le verre où elle vient de boire; l'accompagne à la promenade; lui fait la lecture le soir; bourdonne sans cesse autour d'elle; assiège son oreille d'une pluie de fadaises. Admire-t-on la dame, il se rengorge, et si on l'insulte, il se bat. Un coussin manque à la causeuse, c'est lui qui court, se précipite, et va le chercher là où il est; car il connaît la maison et les êtres, il fait partie du mobilier, et traverse les corridors sans lumière. Il joue le soir avec les tantes au reversi et au piquet. Comme il circonvient le mari, en politique habile et empressé, il s'est bientôt fait prendre en grippe. Y a-t-il fête quelque part, où la belle ait envie d'aller? il s'est rasé au point du jour, il est depuis midi sur la place ou sur la chaussée, et il a marqué les chaises avec ses gants. Demandez-lui pourquoi il s'est fait ombre, il n'en sait rien et n'en peut rien dire. Ce n'est pas que parfois la dame ne l'encourage d'un sourire, et ne lui abandonne en valsant le bout de ses doigts, qu'il serre avec amour; il est comme ces grands seigneurs qui ont une charge honoraire et les entrées aux jours de gala; mais le cabinet leur est clos; ce ne sont pas leurs affaires. En un mot, sa faveur expire là où commencent les véritables; il a tout ce qu'on voit des femmes, et rien de ce qu'on en désire. Derrière ce mannequin commode se cache le mystère heureux; il sert de paravent à tout ce qui se passe sous le manteau de la cheminée. Si le mari est jaloux, c'est de lui; tient-on des propos? c'est sur son compte, c'est lui qu'on mettra à la porte un beau matin que les valets auront entendu marcher la nuit dans l'appartement de madame; c'est lui qu'on épie en secret; ses lettres, pleines de respect et de tendresse, sont décachetées par la belle-mère; il va, il vient, il s'inquiète, on le laisse ramer, c'est son œuvre; moyennant quoi, l'amant discret et la très innocente amie, couverts d'un voile imperméable, se rient de lui et des curieux.

JACQUELINE.

Je ne puis m'empêcher de rire, malgré le peu d'envie que j'en ai. Et pourquoi donne-t-on à ce personnage ce nom baroque de *chandelier?*

CLAVAROCHE.

Eh, mais! c'est que c'est lui qui porte la...

JACQUELINE.

C'est bon, c'est bon, je vous comprends.

CLAVAROCHE.

Voyez, ma chère: parmi vos amis, n'auriez-vous point quelque bonne âme capable de remplir ce rôle important, qui, de bonne foi, n'est pas sans douceur? Cherchez, voyez, pensez à cela.

Il regarde sa montre.

Sept heures! il faut que je vous quitte. Je suis de semaine aujourd'hui.

JACQUELINE.

Mais, Clavaroche, en vérité, je ne connais ici personne; et puis c'est une tromperie dont je n'aurais pas le courage. Quoi! encourager un jeune homme; l'attirer à soi, le laisser espérer, le rendre peut-être amoureux tout de bon, et se jouer de ce qu'il peut souffrir? C'est une rouerie que vous me proposez.

CLAVAROCHE.

Aimez-vous mieux que je vous perde? et dans l'embarras où nous sommes, ne voyez-vous pas qu'à tout prix il faut détourner les soupçons.

JACQUELINE.

Pourquoi les faire tomber sur un autre?

CLAVAROCHE.

Eh! pour qu'ils tombent. Les soupçons, ma chère, les soupçons d'un mari jaloux ne sauraient planer dans l'espace; ce ne sont pas des hirondelles. Il faut qu'ils se posent tôt ou tard, et le plus sûr est de leur faire un nid.

JACQUELINE.

Non, décidément, je ne puis. Ne faudrait-il pas pour cela me compromettre très réellement?

CLAVAROCHE.

Plaisantez-vous? Est-ce que, le jour des preuves, vous n'êtes pas toujours à même de démontrer votre innocence? Un amoureux n'est pas un amant!

JACQUELINE.

Eh bien!... mais le temps presse. Qui voulez-vous?... Désignez-moi quelqu'un.

CLAVAROCHE, à la fenêtre.

Tenez! voilà, dans votre cour, trois jeunes gens assis au pied d'un arbre; ce sont les clercs de votre mari. Je vous laisse le choix entre eux; quand je reviendrai, qu'il y en ait un amoureux fou de vous.

JACQUELINE.

Comment cela serait-il possible? Je ne leur ai jamais dit un mot.

CLAVAROCHE.

Est-ce que tu n'es pas une fille d'Ève! Allons! Jacqueline, consentez.

JACQUELINE.

N'y comptez pas; je n'en ferai rien.

CLAVAROCHE.

Touchez là; je vous remercie. Adieu, la très craintive blonde; vous êtes fine, jeune et jolie, amoureuse... un peu, n'est-il pas vrai, madame? A l'ouvrage! un coup de filet!

JACQUELINE.

Vous êtes hardi, Clavaroche.

CLAVAROCHE.

Fier et hardi; fier de vous plaire, et hardi pour vous conserver.
Il sort.

SCÈNE II
Un petit jardin.
FORTUNIO, LANDRY et GUILLAUME, assis.

FORTUNIO.

Vraiment, cela est singulier, et cette aventure est étrange.

Le Chandelier. Page 437.

LANDRY.

N'allez pas en jaser, au moins ; vous me feriez mettre dehors.

FORTUNIO.

Bien étrange et bien admirable. Oui, quel qu'il soit, c'est un homme heureux.

LANDRY.

Promettez-moi de n'en rien dire; maître André me l'a fait jurer.

GUILLAUME.

De son prochain, du roi et des femmes, il n'en faut pas souffler le mot.

FORTUNIO.

Que de pareilles choses existent, cela me fait bondir le cœur. Vraiment, Landry, tu as vu cela?

LANDRY.

C'est bon ; qu'il n'en soit plus question.

FORTUNIO.

Tu as entendu marcher doucement?

LANDRY.

A pas de loup, derrière le mur.

FORTUNIO.

Craquer doucement la fenêtre?

LANDRY.

Comme un grain de sable sous le pied.

FORTUNIO.

Puis sur le mur, l'ombre d'un homme, quand il a franchi la poterne?

LANDRY.

Comme un spectre, dans son manteau.

FORTUNIO.

Et une main derrière le volet?

LANDRY.

Tremblante comme la feuille.

FORTUNIO.

Une lueur dans la galerie, puis un baiser, puis quelques pas lointains?

LANDRY.

Puis le silence, les rideaux qui se tirent, et la lueur qui disparaît.

FORTUNIO.

Si j'avais été à ta place, je serais resté jusqu'au jour.

GUILLAUME.

Est-ce que tu es amoureux de Jacqueline? Tu aurais fait là un joli métier!

FORTUNIO.

Je jure devant Dieu, Guillaume, qu'en présence de Jacqueline je n'ai jamais levé les yeux. Pas même en songe, je n'oserais l'aimer. Je l'ai rencontrée au bal une fois; ma main n'a pas touché la sienne, ses lèvres ne m'ont jamais parlé. De ce qu'elle fait ou de ce qu'elle pense, je n'en ai de ma vie rien su, sinon qu'elle se promène ici l'après-midi, et que j'ai soufflé sur nos vitres pour la voir marcher dans l'allée.

GUILLAUME.

Si tu n'es pas amoureux d'elle, pourquoi dis-tu que tu serais resté? Il n'y avait rien de mieux à faire que ce qu'a fait justement Landry : aller conter nettement la chose à maître André, notre patron.

FORTUNIO.

Landry a fait comme il lui a plu. Que Roméo possède Juliette! je voudrais être l'oiseau matinal qui les avertit du danger.

GUILLAUME.

Te voilà bien avec tes fredaines! Quel bien cela peut-il te faire que Jacqueline ait un amant? C'est quelque officier de la garnison.

FORTUNIO.

J'aurais voulu être dans l'étude; j'aurais voulu voir tout cela.

GUILLAUME.

Dieu soit béni! c'est notre libraire qui t'empoisonne avec ses romans. Que te revient-il de ce conte? D'être Gros-Jean comme devant. N'espères-tu pas, par hasard, que tu pourras avoir ton tour? Eh oui, sans doute, monsieur se figure qu'on pensera quelque jour à lui. Pauvre garçon! tu ne connais guère nos belles dames de province. Nous autres, avec nos habits noirs, nous ne sommes que du fretin, bon tout au plus pour les couturières. Elles ne tâtent que du pantalon rouge, et une fois qu'elles y ont mordu, qu'importe que la garnison change! Tous les militaires se ressemblent; qui en aime un en aime un cent. Il n'y a que le revers de l'habit qui change, et qui de jaune devient vert ou blanc. Du reste, ne retrouvent-elles pas la moustache retroussée de même, la même allure de corps de garde, le même langage et le même plaisir? Ils sont tous faits sur un modèle; à la rigueur, elles peuvent s'y tromper.

FORTUNIO.

Il n'y a pas à causer avec toi : tu passes tes fêtes et dimanches à regarder des joueurs de boule.

GUILLAUME.

Et toi, tout seul à ta fenêtre, le nez fourré dans tes giroflées. Voyez la belle différence! Avec tes idées romanesques tu deviendras fou à lier. Allons! rentrons; à quoi penses-tu? il est l'heure de travailler.

FORTUNIO.

Je voudrais bien avoir été avec Landry cette nuit dans l'étude.

Ils sortent. Entrent Jacqueline et sa servante.

JACQUELINE.

Nos prunes seront belles cette année et nos espaliers ont bonne mine. Viens donc un peu de ce côté-ci, et asseyons-nous sur ce banc.

LA SERVANTE.

C'est donc que madame ne craint pas l'air, car il ne fait pas chaud ce matin.

JACQUELINE.

En vérité, depuis deux ans que j'habite cette maison, je ne crois pas être venue deux fois dans cette partie du jardin. Regarde donc ce pied de chèvrefeuille. Voilà des treillis bien plantés pour faire grimper les clématites.

LA SERVANTE.

Avec cela que madame n'est pas couverte; elle a voulu descendre en cheveux.

JACQUELINE.

Dis-moi, puisque te voilà : qu'est-ce que c'est donc que ces jeunes gens qui sont là dans la salle basse? Est-ce que je me trompe? Je crois qu'ils nous regardent; ils étaient tout à l'heure ici.

LA SERVANTE.

Madame ne les connaît donc pas! Ce sont les clercs de maître André.

JACQUELINE.

Ah! est-ce que tu les connais, toi, Madelon? Tu as l'air de rougir en disant cela.

LA SERVANTE.

Moi, madame! pourquoi donc faire? Je les connais de les voir tous les jours; et encore je dis tous les jours. Je n'en sais rien, si je les connais.

JACQUELINE.

Allons! avoue que tu as rougi. Et au fait, pourquoi t'en défendre? Autant que je puis en juger d'ici, ces garçons ne sont pas si mal. Voyons! lequel préfères-tu? fais-moi un peu tes confidences. Tu es belle fille, Madelon; que ces jeunes gens te fassent la cour, qu'y a-t-il de mal à cela?

LA SERVANTE.

Je ne dis pas qu'il y ait du mal; ces jeunes gens ne manquent pas de bien, et leurs familles sont honorables. Il y a là un petit blond; les grisettes de la Grand'Rue ne font pas fi de son coup de chapeau.

JACQUELINE, s'approchant de la maison.

Qui? celui-là avec sa moustache?

LA SERVANTE.

Oh! que non. C'est M. Landry, un grand flandrin qui ne sait que dire.

JACQUELINE.

C'est donc cet autre qui écrit?

LA SERVANTE.

Nenni, nenni; c'est M. Guillaume, un honnête garçon bien rangé; mais ses cheveux ne frisent guère, et ça fait pitié, le dimanche, quand il veut se mettre à danser.

JACQUELINE.

De qui veux-tu donc parler? Je ne crois pas qu'il y en ait d'autres que ceux-là dans l'étude.

LA SERVANTE.

Vous ne voyez pas à la fenêtre ce jeune homme propre et bien peigné? Tenez! le voilà qui se penche; c'est le petit Fortunio.

JACQUELINE.

Oui-dà, je le vois maintenant. Il n'est pas mal tourné, ma foi, avec ses cheveux sur l'oreille et son petit air innocent. Prenez garde à vous, Madelon; ces anges-là font déchoir les filles. Et il fait la cour aux grisettes, ce monsieur-là, avec ses yeux bleus? Eh bien! Madelon, il ne faut pas pour cela baisser les vôtres d'un air si renchéri. Vraiment, on peut moins bien choisir. Il sait donc que dire, celui-là, et il a un maître à danser?

LA SERVANTE.

Révérence parler, madame, si je le croyais amoureux, ici, ce ne serait pas de si peu de chose. Si vous aviez tourné la tête quand vous passiez dans le quinconce, vous l'auriez vu plus d'une fois, les bras croisés, la plume à l'oreille, vous regarder tant qu'il pouvait.

JACQUELINE.

Plaisantez-vous, Mademoiselle, et pensez-vous à qui vous parlez?

LA SERVANTE.

Un chien regarde bien un évêque, et il y en a qui disent que l'évêque n'est pas fâché d'être regardé du chien. Il n'est pas si sot, ce garçon, et son père est un riche orfèvre. Je ne crois pas qu'il y ait d'insulte à regarder passer les gens?

JACQUELINE.

Qui vous a dit que c'est moi qu'il regarde? Il ne vous a pas, j'imagine, fait de confidences là-dessus.

LA SERVANTE.

Quand un garçon tourne la tête, allez! Madame, il ne faut guère être femme pour ne pas deviner où les yeux s'en vont. Je n'ai que faire de ses confidences, et on ne m'apprendra que ce que j'en sais.

JACQUELINE.

J'ai froid. Allez me chercher un châle, et faites-moi grâce de vos propos.
La servante sort.

JACQUELINE, seule.

Si je ne me trompe, c'est le jardinier que j'ai aperçu entre ces arbres. Holà! Pierre, écoutez.

LE JARDINIER, entrant.

Vous m'avez appelé, Madame?

JACQUELINE.

Oui, entrez là; demandez un clerc qui s'appelle Fortunio. Qu'il vienne ici; j'ai à lui parler.
Le jardinier sort. Un instant après entre Fortunio.

FORTUNIO.

Madame, on se trompe sans doute; on vient de me dire que vous me demandiez.

JACQUELINE.

Asseyez-vous, on ne se trompe pas. — Vous me voyez, monsieur Fortunio, fort embarrassée, fort en peine. Je ne sais trop comment vous dire ce que j'ai à vous demander, ni pourquoi je m'adresse à vous.

FORTUNIO.

Je ne suis que troisième clerc; s'il s'agit d'une affaire d'importance, Guillaume, notre premier clerc, est là; souhaitez-vous que je l'appelle?

JACQUELINE.

Mais non. Si c'était une affaire, est-ce que je n'ai pas mon mari?

FORTUNIO.

Puis-je être bon à quelque chose? Veuillez parler avec confiance. Quoique bien jeune, je mourrais de bon cœur pour vous rendre service.

JACQUELINE.

C'est galamment et vaillamment parler; et cependant, si je ne me trompe, je ne suis pas connue de vous.

FORTUNIO.

L'étoile qui brille à l'horizon ne connaît pas les yeux qui la regardent; mais elle est connue du moindre pâtre qui chemine sur le coteau.

JACQUELINE.

C'est un secret que j'ai à vous dire, et j'hésite par deux motifs : d'abord vous pouvez me trahir, et en second lieu, même en me servant, prendre de moi mauvaise opinion.

FORTUNIO.

Puis-je me soumettre à quelque épreuve? Je vous supplie de croire en moi.

JACQUELINE.

Mais, comme vous dites, vous êtes bien jeune. Vous-même, vous pouvez croire en vous, et ne pas toujours en répondre.

FORTUNIO.

Vous êtes plus belle que je ne suis jeune ; de ce que mon cœur sent, j'en réponds.

JACQUELINE.

La nécessité est imprudente. Voyez si personne n'écoute.

FORTUNIO.

Personne; ce jardin est désert, et j'ai fermé la porte de l'étude.

JACQUELINE.

Non, décidément je ne puis parler; pardonnez-moi cette démarche inutile, et qu'il n'en soit jamais question.

FORTUNIO.

Hélas ! Madame, je suis bien malheureux ! il en sera comme il vous plaira.

JACQUELINE.

C'est que la position où je suis n'a vraiment pas le sens commun. J'aurais besoin, vous l'avouerais-je ? non pas tout à fait d'un ami, et cependant d'une action d'ami. Je ne sais à quoi me résoudre. Je me promenais dans ce jardin, en regardant ces espaliers; et je vous dis, je ne sais pourquoi, je vous ai vu à cette fenêtre, j'ai eu l'idée de vous faire appeler.

FORTUNIO.

Quel que soit le caprice du hasard à qui je dois cette faveur, permettez-moi d'en profiter. Je ne puis que répéter mes paroles : je mourrais de bon cœur pour vous.

JACQUELINE.

Ne me le répétez pas trop; c'est le moyen de me faire taire.

FORTUNIO.

Pourquoi? c'est le fond de mon cœur...

JACQUELINE.

Pourquoi? pourquoi? vous n'en savez rien, et je n'y veux seulement pas penser. Non; ce que j'ai à vous demander ne peut avoir de suite aussi grave. Dieu merci! c'est un rien, une bagatelle. Vous êtes un enfant, n'est-ce pas? Vous me trouvez peut-être jolie, et vous m'adressez légèrement quelques paroles de galanterie. Je les prends ainsi, c'est tout simple; tout homme à votre place en pourrait dire autant.

FORTUNIO.

Madame, je n'ai jamais menti. Il est bien vrai que je suis un enfant, et qu'on peut douter de mes paroles; mais, telles qu'elles sont, Dieu peut les juger.

JACQUELINE.

C'est bon, vous savez votre rôle, et vous ne vous dédisez pas. En voilà assez là-dessus; prenez donc ce siège et mettez-vous là.

FORTUNIO.

Je le ferai pour vous obéir.

JACQUELINE.

Pardonnez-moi une question qui pourra vous sembler étrange. Madeleine, ma femme de chambre, m'a dit que votre père était joaillier. Il doit se trouver en rapport avec les marchands de la ville.

FORTUNIO.

Oui, madame; je puis dire qu'il n'en est guère d'un peu considérable qui ne connaisse notre maison.

JACQUELINE.

Par conséquent, vous avez occasion d'aller et de venir dans le quartier marchand, et on connaît votre visage dans les boutiques de la Grand'Rue?

FORTUNIO.

Oui, madame, pour vous servir.

JACQUELINE.

Une femme de mes amies a un mari avare et jaloux. Elle ne manque pas de fortune, mais elle ne peut en disposer. Ses plaisirs, ses goûts, sa parure, ses caprices, si vous voulez, quelle femme vit sans caprice? tout est réglé et contrôlé. Ce n'est pas qu'au bout de l'année elle ne se trouve en position de faire face à de grosses dépenses; mais chaque mois, presque chaque semaine, il lui faut compter, disputer, calculer tout ce qu'elle achète. Vous comprenez que la morale, tous les sermons d'économie possibles, toutes les raisons des avares, ne font pas faute aux échéances; enfin, avec

LE CHANDELIER.   Page 442.

Bibl. Charpentier.   LIV. 188.

beaucoup d'aisance, elle mène la vie la plus gênée. Elle est plus pauvre que son tiroir, et son argent ne lui sert de rien. Qui dit toilette, en parlant des femmes, dit un grand mot, vous le savez. Il a donc fallu, à tout prix, user de quelque stratagème. Les mémoires des fournisseurs ne portent que ces dépenses banales que le mari appelle « de première nécessité »; ces choses-là se payent au grand jour; mais, à certaines époques convenues, certains autres mémoires secrets font mention de quelques bagatelles que la femme appelle à son tour « de seconde nécessité », qui est la vraie, et que les esprits mal faits pourraient nommer du superflu. Moyennant quoi, tout s'arrange à merveille; chacun y peut trouver son compte, et le mari, sûr de ses quittances, ne se connaît pas assez en chiffons pour deviner qu'il n'a pas payé tout ce qu'il voit sur l'épaule de sa femme.

FORTUNIO.

Je ne vois pas grand mal à cela.

JACQUELINE.

Maintenant donc, voilà ce qui arrive : le mari, un peu soupçonneux, a fini par s'apercevoir, non du chiffon de trop, mais de l'argent en moins. Il a menacé ses domestiques, frappé sur sa cassette et grondé ses marchands. La pauvre femme abandonnée n'y a pas perdu un louis; mais elle se trouve, comme un nouveau Tantale, dévorée du matin au soir de la soif des chiffons. Plus de confidents, plus de mémoires secrets, plus de dépenses ignorées. Cette soif pourtant la tourmente; à tout hasard elle cherche à l'apaiser. Il faudrait qu'un jeune homme adroit, discret surtout, et d'assez haut rang dans la ville pour n'éveiller aucun soupçon, voulût aller visiter les boutiques, et y acheter, comme pour lui-même, ce dont elle peut et veut avoir besoin. Il faudrait qu'il eût, tout d'abord, facile accès dans la maison; qu'il pût entrer et sortir avec assurance; qu'il eût bon goût, cela est clair, et qu'il sût choisir à propos. Peut-être serait-ce un heureux hasard s'il se trouvait par là, dans la ville, quelque jolie et coquette fille à qui on sût qu'il fit sa cour. N'êtes-vous pas dans ce cas, je suppose? ce hasard-là justifierait tout. Ce serait alors pour la belle que les emplettes seraient censées se faire. Voilà ce qu'il faudrait trouver.

FORTUNIO.

Dites à votre amie que je m'offre à elle; je la servirai de mon mieux.

JACQUELINE.

Mais si cela se pouvait ainsi, vous comprenez, n'est-il pas vrai, que, pour avoir dans la maison le libre accès dont je vous parle, le confident devrait s'y montrer autre part qu'à la salle basse? Vous comprenez qu'il faudrait que sa place fût à la table et au salon? Vous comprenez que la discrétion est une vertu trop difficile pour qu'on lui manque de reconnaissance, mais qu'en outre du bon vouloir, le savoir-faire n'y gâterait rien ? Il faudrait qu'un soir, je suppose comme ce soir, s'il faisait beau, il sût trouver la porte entr'ouverte et apporter un bijou furtif comme un hardi contrebandier. Il faudrait qu'un air de mystère ne trahît jamais son adresse ; qu'il fût prudent, leste et avisé ; qu'il se souvînt d'un proverbe espagnol qui mène loin ceux qui le suivent : « Aux audacieux Dieu prête la main. »

FORTUNIO.

Je vous en supplie, servez-vous de moi.

JACQUELINE.

Toutes ces conditions remplies, pour peu qu'on fût sûre du silence, on pourrait dire au confident le nom de sa nouvelle amie. Il recevrait alors sans scrupule, adroitement comme une jeune soubrette, une bourse dont il saurait l'emploi. Preste ! j'aperçois Madeleine qui vient m'apporter mon manteau. Discrétion et prudence, adieu. L'amie, c'est moi ; le confident, c'est vous ; la bourse est là au pied de la chaise.

Elle sort. — Guillaume et Landry, sur le pas de la porte.

GUILLAUME.

Holà ! Fortunio ; maître André est là qui t'appelle.

LANDRY.

Il y a de l'ouvrage sur ton bureau, que fais-tu là hors de l'étude ?

FORTUNIO.

Hein ? Plaît-il ? Que me voulez-vous ?

GUILLAUME.

Nous te disons que le patron te demande.

LANDRY.

Arrive ici ; on a besoin de toi. A quoi songe donc ce rêveur ?

FORTUNIO.

En vérité, cela est singulier, et cette aventure est étrange.

Ils sortent.

ACTE DEUXIÈME

SCÈNE Ire

Un salon.

CLAVAROCHE, devant une glace.

En conscience, ces belles dames, si on les aimait tout de bon, ce serait une pauvre affaire, et le métier des bonnes fortunes est, à tout prendre, un ruineux travail. Tantôt c'est au plus bel endroit qu'un valet qui gratte à la porte vous oblige à vous esquiver. La femme qui se perd pour vous ne se livre que d'une oreille, et au milieu du plus doux transport on vous pousse dans une armoire. Tantôt c'est lorsqu'on est chez soi, étendu sur un canapé et fatigué de la manœuvre, qu'un messager envoyé à la hâte vient vous faire ressouvenir qu'on vous adore à une lieue de distance. Vite, un barbier, le valet de chambre! On court, on vole; il n'est plus temps, le mari est rentré; la pluie tombe : il faut faire le pied de grue une heure durant. Avisez-vous d'être malade ou seulement de mauvaise humeur! Point; le soleil, le froid, la tempête, l'incertitude, le danger, cela est fait pour rendre gaillard. La difficulté est en possession, depuis qu'il y a des proverbes, du privilège d'augmenter le plaisir, et le vent de bise se fâcherait si, en vous coupant le visage, il ne croyait vous donner du cœur. En vérité, on représente l'amour avec des ailes et un carquois; on ferait mieux de nous le peindre comme un chasseur de canards sauvages, avec une veste imperméable et une perruque de laine frisée pour lui garantir l'occiput. Quelles sottes bêtes que les hommes, de se refuser leurs franches lippées pour courir après quoi, de grâce? Après l'ombre de leur orgueil! Mais la garnison dure six mois; on ne peut pas toujours aller au café; les comédiens de province ennuient, on se regarde dans un miroir, et on ne veut pas être beau pour rien. Jacqueline a la taille fine; c'est ainsi qu'on prend patience, et qu'on s'accommode de tout sans trop faire le difficile.

Entre Jacqueline.

Eh bien! ma chère, qu'avez-vous fait? Avez-vous suivi mes conseils, et sommes-nous hors de danger?

JACQUELINE.

Oui.

CLAVAROCHE.

Comment vous y êtes-vous prise? vous allez me conter cela. Est-ce un des clercs de maître André qui s'est chargé de notre salut?

JACQUELINE.

Oui.

CLAVAROCHE.

Vous êtes une femme incomparable, et on n'a pas plus d'esprit que vous. Vous avez fait venir, n'est-ce pas, le bon jeune homme à votre boudoir? Je le vois d'ici, les mains jointes, tournant son chapeau dans ses doigts. Mais quel conte lui avez-vous fait pour réussir en si peu de temps?

JACQUELINE.

Le premier venu; je n'en sais rien.

CLAVAROCHE.

Voyez un peu ce que c'est que de nous, et quels pauvres diables nous sommes, quand il vous plaît de nous endiabler! Et notre mari, comment voit-il la chose? La foudre qui nous menaçait sent-elle déjà l'aiguille aimantée? commence-t-elle à se détourner?

JACQUELINE.

Oui.

CLAVAROCHE.

Parbleu! nous nous divertirons, et je me fais une vraie fête d'examiner cette comédie, d'en observer les ressorts et les gestes, et d'y jouer moi-même mon rôle. Et l'humble esclave, je vous prie, depuis que je vous ai quittée, est-il déjà amoureux de vous? Je parierais que je l'ai rencontré comme je montais : un visage affairé et une encolure à cela. Est-il déjà installé dans sa charge? s'acquitte-t-il des soins indispensables avec quelque facilité? porte-t-il déjà vos couleurs? met-il l'écran devant le feu? a-t-il hasardé quelques mots d'amour craintif et de respectueuse tendresse! êtes-vous contente de lui?

JACQUELINE.

Oui.

CLAVAROCHE.

Et, comme acompte sur ces futurs services, ces beaux yeux pleins d'une flamme noire lui ont-ils déjà laissé deviner qu'il est permis de soupirer pour eux? a-t-il déjà obtenu quelque grâce? Voyons, franchement, où en êtes-vous? Avez-vous croisé le regard? avez-vous engagé le fer? C'est bien le moins qu'on l'encourage pour le service qu'il nous rend.

JACQUELINE.

Oui.

CLAVAROCHE.

Qu'avez-vous donc? Vous êtes rêveuse et vous répondez à demi.

JACQUELINE.

J'ai fait ce que vous m'avez dit.

CLAVAROCHE.

En avez-vous quelque regret?

JACQUELINE.

Non.

CLAVAROCHE.

Verriez-vous quelque sérieux dans une pareille plaisanterie? Laissez donc, tout cela n'est rien.

JACQUELINE.

Si l'on savait ce qui s'est passé, pourquoi le monde me donnerait-il tort, et à vous peut-être raison?

CLAVAROCHE.

Bon! c'est un jeu, c'est une misère; ne m'aimez-vous pas, Jacqueline?

JACQUELINE.

Oui.

CLAVAROCHE.

Eh bien donc! qui peut vous fâcher? N'est-ce donc pas pour sauver notre amour que vous avez fait tout cela?

JACQUELINE.

Oui.

CLAVAROCHE.

Je vous assure que cela m'amuse et que je n'y regarde pas de si près.

JACQUELINE.

Silence! l'heure du dîner approche, et voici maître André qui vient.

CLAVAROCHE.

Est-ce notre homme qui est avec lui?

JACQUELINE.

C'est lui. Mon mari l'a prié, et il reste ce soir ici.

Entrent maître André et Fortunio.

MAÎTRE ANDRÉ.

Non! je ne veux pas d'aujourd'hui entendre parler d'une affaire. Je veux qu'on s'évertue à danser et qu'il ne soit question que de rire. Je suis ravi, je nage dans la joie, et je n'entends qu'à bien dîner.

CLAVAROCHE.

Peste! vous êtes en belle humeur, maître André, à ce que je vois.

MAÎTRE ANDRÉ.

Il faut que je vous dise à tous ce qui m'est arrivé hier. J'ai soupçonné injustement ma femme; j'ai fait mettre le piège à loup devant la porte de mon jardin, j'y ai trouvé mon chat ce matin; c'est bien fait, je l'ai mérité. Mais je veux rendre justice à Jacqueline, et que vous appreniez de moi que notre paix est faite et qu'elle m'a pardonné.

JACQUELINE.

C'est bon, je n'ai pas de rancune; obligez-moi de n'en plus parler.

MAÎTRE ANDRÉ.

Non, je veux que tout le monde le sache. Je l'ai dit partout dans la ville, et j'ai rapporté dans ma poche un petit Napoléon en sucre; je veux le mettre sur ma cheminée en signe de réconciliation, et, toutes les fois que je le regarderai, j'en aimerai cent fois plus ma femme. Ce sera pour me garantir de toute défiance à l'avenir.

CLAVAROCHE.

Voilà agir en digne mari ; je reconnais là maître André.

MAITRE ANDRÉ.

Capitaine, je vous salue. Voulez-vous dîner avec nous? Nous avons aujourd'hui au logis une façon de petite fête, et vous êtes le bienvenu.

CLAVAROCHE.

C'est trop d'honneur que vous me faites.

MAITRE ANDRÉ.

Je vous présente un nouvel hôte; c'est un de mes clercs, capitaine. Hé! hé! *cedant arma togæ*. Ce n'est pas pour vous faire injure; le petit drôle a de l'esprit; il vient faire la cour à ma femme.

CLAVAROCHE.

Monsieur, peut-on vous demander votre nom? Je suis ravi de faire votre connaisance.

Fortunio salue.

MAITRE ANDRÉ.

Fortunio. C'est un nom heureux. A vous dire vrai, voilà tantôt un an qu'il travaille à mon étude, et je ne m'étais pas aperçu de tout le mérite qu'il a. Je crois même que, sans Jacqueline, je n'y aurais jamais songé. Son écriture n'est pas très nette, et il me fait des accolades qui ne sont pas exemptes de reproche; mais ma femme a besoin de lui pour quelques petites affaires, et elle se loue fort de son zèle. C'est leur secret; nous autres maris nous ne mettons point le nez là. Un hôte aimable, dans une petite ville, n'est pas une chose de peu de prix; aussi Dieu veuille qu'il s'y plaise! nous le recevrons de notre mieux.

FORTUNIO.

Je ferai tout pour m'en rendre digne.

MAITRE ANDRÉ, à Clavaroche.

Mon travail, comme vous le savez, me retient chez moi la semaine. Je ne suis pas fâché que Jacqueline s'amuse sans moi comme elle l'entend. Il lui fallait quelquefois un bras pour se promener par la ville; le médecin veut qu'elle marche, et le grand air lui fait du bien. Ce garçon-là sait les nouvelles, il lit fort bien à haute voix; il est, d'ailleurs, de bonne famille, et ses parents l'ont bien élevé; c'est un cavalier pour ma femme, et je vous demande votre amitié pour lui.

CLAVAROCHE.

Mon amitié, digne maître André, est tout entière à son service; c'est une chose qui vous est acquise et dont vous pouvez disposer.

FORTUNIO.

Monsieur le capitaine est bien honnête; et je ne sais comment le remercier.

CLAVAROCHE.

Touchez là ! L'honneur est pour moi si vous me comptez pour un ami.

MAITRE ANDRÉ.

Allons ! voilà qui est à merveille. Vive la joie ! La nappe nous attend ; donnez la main à Jacqueline, et venez goûter de mon vin.

CLAVAROCHE, bas à Jacqueline.

Maître André ne me paraît pas envisager tout à fait les choses comme je m'y attendais.

JACQUELINE, bas.

Sa confiance et sa jalousie dépendent d'un mot et du vent qui souffle.

CLAVAROCHE, de même.

Mais ce n'est pas cela qu'il vous faut. Si cela prend cette tournure, nous n'avons que faire de votre clerc.

JACQUELINE, de même.

J'ai fait ce que vous m'avez dit.

Ils sortent.

SCÈNE II

A l'étude.

GUILLAUME ET LANDRY, travaillant.

GUILLAUME.

Il me semble que Fortunio n'est pas resté longtemps à l'étude.

LANDRY.

Il y a gala ce soir à la maison, et maître André l'a invité.

GUILLAUME.

Oui; de façon que l'ouvrage nous reste. J'ai la main droite paralysée.

LANDRY.

Il n'est pourtant que troisième clerc; on aurait pu nous inviter aussi.

GUILLAUME.

Après tout, c'est un bon garçon; il n'y a pas grand mal à cela.

LANDRY.

Non. Il n'y en aurait pas non plus si on nous eût mis de la noce.

ŒUVRES D'ALFRED DE MUSSET

LE CHANDELIER.   Page 448.

Bibl. Charpentier.   LIV. 189.

GUILLAUME.

Hum! hum! quelle odeur de cuisine! On fait un bruit là-haut, c'est à ne pas s'entendre.

LANDRY.

Je crois qu'on danse; j'ai vu des violons.

GUILLAUME.

Au diable les paperasses! Je n'en ferai pas davantage aujourd'hui.

LANDRY.

Sais-tu une chose? J'ai quelque idée qu'il se passe du mystère ici.

GUILLAUME.

Bah! Comment cela?

LANDRY.

Oui, oui. Tout n'est pas clair, et si je voulais un peu jaser...

GUILLAUME.

N'aie pas peur, je n'en dirai rien.

LANDRY.

Tu te souviens que j'ai vu l'autre jour un homme escalader la fenêtre : qui c'était, on n'en a rien su. Mais aujourd'hui, pas plus tard que ce soir, j'ai vu quelque chose, moi qui te parle, et ce que c'était, je le sais bien.

GUILLAUME.

Qu'est-ce que c'était? Conte-moi cela.

LANDRY.

J'ai vu Jacqueline, entre chien et loup, ouvrir la porte du jardin. Un homme était derrière elle, qui s'est glissé contre le mur, et qui lui a baisé la main; après quoi, il a pris le large, et j'ai entendu qu'il disait : Ne craignez rien, je reviendrai tantôt.

GUILLAUME.

Vraiment! Cela n'est pas possible.

LANDRY.

Je l'ai vu comme je te vois.

GUILLAUME.

Ma foi, s'il en était ainsi, je sais ce que je ferais à ta place. J'en avertirais maître André, comme l'autre fois, ni plus ni moins.

LANDRY.

Cela demande réflexion. Avec un homme comme maître André, il y a des chances à courir. Il change d'avis tous les matins.

GUILLAUME.

Entends-tu le carillon qu'ils font? Paf, les portes! Clip-clap, les assiettes, les plats, les fourchettes, les bouteilles ! Il me semble que j'entends chanter.

LANDRY.

Oui, c'est la voix de maître André lui-même. Pauvre bonhomme ! on se rit bien de lui.

GUILLAUME.

Viens donc un peu sur la promenade ; nous jaserons tout à notre aise. Ma foi ! quand le patron s'amuse, c'est bien le moins que les clercs se reposent.
<small>Ils sortent.</small>

SCÈNE III
<small>La salle à manger.</small>
MAITRE ANDRÉ, CLAVAROCHE, FORTUNIO ET JACQUELINE, <small>à table. — On est au dessert.</small>

CLAVAROCHE.

Allons, monsieur Fortunio, servez donc à boire à madame.

FORTUNIO.

De tout mon cœur, monsieur le capitaine, et je bois à votre santé.

CLAVAROCHE.

Fi donc ! vous n'êtes pas galant. A la santé de votre voisine.

MAITRE ANDRÉ.

Eh oui ! à la santé de ma femme. Je suis enchanté, capitaine, que vous trouviez ce vin de votre goût.
<small>Il chante.</small>
<small>Amis, buvons, buvons sans cesse...</small>

CLAVAROCHE.

Cette chanson-là est trop vieille. Chantez donc, monsieur Fortunio.

FORTUNIO.

Si madame veut l'ordonner.

MAITRE ANDRÉ.

Hé ! hé ! le garçon sait son monde.

JACQUELINE.

Eh bien ! chantez, je vous en prie.

CLAVAROCHE.

Un instant. Avant de chanter, mangez un peu de ce biscuit ; cela vous ouvrira la voix et vous donnera du montant.

MAITRE ANDRÉ

Le capitaine a le mot pour rire.

FORTUNIO.

Je vous remercie, cela m'étoufferait.

CLAVAROCHE.

Bon, bon ! demandez à Madame de vous en donner un morceau. Je suis sûr que de sa blanche main cela vous paraîtra léger.
Regardant sous la table.
O ciel ! que vois-je ? Vos pieds sur le carreau ! Souffrez, Madame, qu'on apporte un coussin.

FORTUNIO, *se levant.*

En voilà un sous cette chaise.
Il le place sous les pieds de Jacqueline.

CLAVAROCHE.

A la bonne heure, monsieur Fortunio. Je pensais que vous m'eussiez laissé faire. Un jeune homme qui fait sa cour ne doit pas permettre qu'on le prévienne.

MAITRE ANDRÉ.

Oh ! oh ! le garçon ira loin ; il n'y a qu'à lui dire un mot.

CLAVAROCHE.

Maintenant donc, chantez, s'il vous plaît ; nous écoutons de toutes nos oreilles.

FORTUNIO.

Je n'ose devant des connaisseurs. Je ne sais pas de chanson de table.

CLAVAROCHE.

Puisque Madame l'a ordonné, vous ne pouvez vous en dispenser.

FORTUNIO.

Je ferai donc comme je pourrai.

CLAVAROCHE.

N'avez-vous pas encore, monsieur Fortunio, adressé des vers à Madame ? Voyez, l'occasion se présente.

MAITRE ANDRÉ.

Silence, silence ! Laissez-le chanter.

CLAVAROCHE.

Une chanson d'amour surtout, n'est-il pas vrai, monsieur Fortunio ? Pas autre chose, je vous en conjure. Madame, priez-le, s'il vous plaît, qu'il nous chante une chanson d'amour. On ne saurait vivre sans cela.

JACQUELINE.

Je vous en prie, Fortunio.

FORTUNIO, chante.

Si vous croyez que je vais dire
    Qui j'ose aimer,
Je ne saurais pour un empire
    Vous la nommer.

Nous allons chanter à la ronde,
    Si vous voulez,
Que je l'adore et qu'elle est blonde
    Comme les blés.

Je fais ce que sa fantaisie
    Veut m'ordonner,
Et je puis, s'il lui faut ma vie,
    La lui donner.

Du mal qu'une amour ignorée
    Nous fait souffrir,
J'en porte l'âme déchirée
    Jusqu'à mourir.

Mais j'aime trop pour que je die
    Qui j'ose aimer,
Et je veux mourir pour ma mie
    Sans la nommer.

MAITRE ANDRÉ.

En vérité, le petit gaillard est amoureux comme il le dit, il en a les larmes aux yeux. Allons ! garçon, bois pour te remettre. C'est quelque grisette de la ville qui t'aura fait ce méchant cadeau-là.

CLAVAROCHE.

Je ne crois pas à M. Fortunio l'ambition si roturière ; sa chanson vaut mieux qu'une grisette. Qu'en dit Madame, et quel est son avis ?

JACQUELINE.

Très bien. Donnez-moi le bras et allons prendre le café.

CLAVAROCHE.

Vite, monsieur Fortunio, offrez votre bras à Madame.

JACQUELINE prend le bras de Fortunio ; bas, en sortant.

Avez-vous fait ma commission ?

FORTUNIO.

Oui, Madame ; tout est dans l'étude.

JACQUELINE.

Allez m'attendre dans ma chambre, je vous y rejoins dans un instant.
Ils sortent.

SCÈNE IV
La chambre de Jacqueline.
FORTUNIO entre.

Est-il un homme plus heureux que moi ? J'en suis certain, Jacqueline m'aime, et à tous les signes qu'elle m'en donne, il n'y a pas à s'y tromper. Déjà me voilà bien reçu, fêté, choyé dans la maison. Elle m'a fait mettre à table à côté d'elle; si elle sort, je l'accompagnerai. Quelle douceur, quelle voix, quel sourire ! Quand son regard se fixe sur moi, je ne sais ce qui me passe par le corps; j'ai une joie qui me prend à la gorge; je lui sauterais au cou si je ne me retenais. Non; — plus j'y pense, plus j'y réfléchis, les moindres signes, les plus légères faveurs, tout est certain; elle m'aime, elle m'aime, et je serais un sot fieffé si je feignais de ne pas le voir. Lorsque j'ai chanté tout à l'heure, comme j'ai vu briller ses yeux ! Allons ! ne perdons pas de temps. Déposons ici cette boîte qui renferme quelques bijoux ; c'est une commission secrète, et Jacqueline, sûrement, ne tardera pas à venir.
Entre Jacqueline.

JACQUELINE.

Êtes-vous là, Fortunio ?

FORTUNIO.

Oui. Voilà votre écrin, Madame, et ce que vous avez demandé.

JACQUELINE.

Vous êtes homme de parole, et je suis contente de vous.

FORTUNIO.

Comment vous dire ce que j'éprouve ? Un regard de vos yeux a changé mon sort, et je ne vis que pour vous servir.

JACQUELINE.

Vous nous avez chanté, à table, une jolie chanson tout à l'heure. Pour qui est-ce donc qu'elle était faite ? Me la voulez-vous donner par écrit ?

FORTUNIO.

Elle est faite pour vous, Madame ; je meurs d'amour et ma vie est à vous.
Il se jette à genoux.

JACQUELINE.

Vraiment ! je croyais que votre refrain défendait de dire qui on aime.

FORTUNIO.

Ah ! Jacqueline, ayez pitié de moi; ce n'est pas d'hier que je souffre. Depuis deux ans, à travers ces charmilles, je suis la trace de vos pas. Depuis deux ans, sans que jamais peut-être vous ayez su mon existence, vous n'êtes pas sortie ou rentrée, votre ombre tremblante et légère n'a pas paru derrière vos rideaux, vous n'avez pas ouvert votre fenêtre, vous n'avez pas remué dans l'air, que je ne fusse là, que je ne vous aie vue; je ne pouvais approcher de vous, mais votre beauté, grâce à Dieu, m'appartenait comme le soleil à tous; je la cherchais, je la respirais, je vivais de l'ombre de votre vie. Vous passiez le matin sur le seuil de la porte, la nuit j'y revenais pleurer. Quelques mots, tombés de vos lèvres, avaient pu venir jusqu'à moi, je les répétais tout un jour. Vous cultiviez des fleurs, ma chambre en était pleine. Vous chantiez le soir au piano, je savais par cœur vos romances. Tout ce que vous aimiez, je l'aimais; je m'enivrais de ce qui avait passé par votre bouche et dans votre cœur. Hélas! je vois que vous souriez. Dieu sait que ma douleur est vraie, et que je vous aime à en mourir.

JACQUELINE.

Je ne souris pas de vous entendre dire qu'il y a deux ans que vous m'aimez, mais je souris de ce que je pense qu'il y aura deux jours demain.

FORTUNIO.

Que je vous perde si la vérité ne m'est aussi chère que mon amour! que je vous perde s'il n'y a deux ans que je n'existe que pour vous!

JACQUELINE.

Levez-vous donc; si on venait, qu'est-ce qu'on penserait de moi?

FORTUNIO.

Non! je ne me lèverai pas, je ne quitterai pas cette place, que vous ne croyiez à mes paroles. Si vous repoussez mon amour, du moins, n'en douterez-vous pas.

JACQUELINE.

Est-ce une entreprise que vous faites?

FORTUNIO.

Une entreprise pleine de crainte, pleine de misère et d'espérance. Je ne sais si je vis ou si je meurs; comment j'ai osé vous parler, je n'en sais rien. Ma raison est perdue; j'aime, je souffre; il faut que vous le sachiez, que vous le voyiez, que vous me plaigniez.

JACQUELINE.

Ne va-t-il pas rester là une heure, ce méchant enfant obstiné! Allons! levez-vous, je le veux.

FORTUNIO.

Vous croyez donc à mon amour?

JACQUELINE.

Non, je n'y crois pas; cela m'arrange de n'y pas croire.

FORTUNIO.

C'est impossible! vous n'en pouvez douter.

JACQUELINE.

Bah! on ne se prend pas si vite à trois mots de galanterie.

FORTUNIO.

De grâce! jetez les yeux sur moi. Qui m'aurait appris à tromper? Je suis un enfant né d'hier, et je n'ai jamais aimé personne, si ce n'est vous qui l'ignoriez.

JACQUELINE.

Vous faites la cour aux grisettes, je le sais comme si je l'avais vu.

FORTUNIO.

Vous vous moquez. Qui a pu vous le dire?

JACQUELINE.

Oui, oui, vous allez à la danse et aux dîners sur le gazon.

FORTUNIO.

Avec mes amis, le dimanche. Quel mal y a-t-il à cela?

JACQUELINE.

Je vous l'ai déjà dit hier, cela se conçoit : vous êtes jeune, et à l'âge où le cœur est riche, on n'a pas les lèvres avares.

FORTUNIO.

Que faut-il faire pour vous convaincre? Je vous en prie, dites-le-moi.

JACQUELINE.

Vous demandez un joli conseil. Eh bien! il faudrait le prouver.

FORTUNIO.

Seigneur mon Dieu, je n'ai que des larmes. Les larmes prouvent-elles qu'on aime? Quoi, me voilà à genoux devant vous; mon cœur à chaque battement voudrait s'élancer sur vos lèvres; ce qui m'a jeté à vos pieds, c'est une douleur qui m'écrase, que je combats depuis deux ans, que je ne peux plus contenir, et vous restez froide et incrédule? Je ne puis faire passer en vous une étincelle du feu qui me dévore? Vous niez même ce que je souffre quand je suis prêt à mourir devant vous? Ah! c'est plus cruel qu'un refus! c'est plus affreux que le mépris! L'indifférence elle-même peut croire, et je n'ai pas mérité cela.

JACQUELINE.

Debout! on vient. Je vous crois, je vous aime, sortez par le petit escalier, revenez en bas, j'y serai.

Elle sort.

FORTUNIO, seul.

Elle m'aime! Jacqueline m'aime! elle s'éloigne, elle me quitte ainsi!

LE CHANDELIER. Page 453.

Non! je ne puis descendre encore. Silence! on approche; quelqu'un l'a arrêtée; on vient ici. Vite, sortons!

Il lève la tapisserie.

Ah! la porte est fermée en dehors, je ne puis sortir; comment faire? Si je descends par l'autre côté, je vais rencontrer ceux qui viennent.

CLAVAROCHE, en dehors.

Venez donc, venez donc un peu.

FORTUNIO.

C'est le capitaine qui monte avec elle. Cachons-nous vite et attendons; il ne faut pas qu'on me voie ici.

Il se cache dans le fond de l'alcôve. — Entrent Clavaroche et Jacqueline.

CLAVAROCHE, se jetant sur un sofa.

Parbleu! Madame, je vous cherchais partout; que faisiez-vous donc toute seule?

JACQUELINE, à part.

Dieu soit loué, Fortunio est parti!

CLAVAROCHE.

Vous me laissez dans un tête-à-tête qui n'est vraiment pas supportable. Qu'ai-je à faire avec maître André, je vous prie? Et justement vous nous laissez ensemble quand le vin joyeux de l'époux doit me rendre plus précieux l'aimable entretien de la femme.

FORTUNIO, caché.

C'est singulier; que veut dire ceci?

CLAVAROCHE, ouvrant l'écrin qui est sur la table.

Voyons un peu. Sont-ce des anneaux? Et dites-moi, qu'en voulez-vous faire? Est-ce que vous faites un cadeau?

JACQUELINE.

Vous savez bien que c'est notre fable.

CLAVAROCHE.

Mais, en conscience, c'est de l'or! Si vous comptez tous les matins user du même stratagème, notre jeu finira bientôt par ne pas valoir... A propos, que ce dîner m'a amusé, et quelle curieuse figure a notre jeune initié!

FORTUNIO, caché.

Initié! à quel mystère? est-ce de moi qu'il veut parler?

CLAVAROCHE.

La chaîne est belle; c'est un bijou de prix. Vous avez eu là une singulière idée.

FORTUNIO, de même.

Ah! il paraît qu'il est aussi dans la confidence de Jacqueline.

CLAVAROCHE.

Comme il tremblait, le pauvre garçon, lorsqu'il a soulevé son verre! Qu'il m'a réjoui avec ses coussins, et qu'il faisait plaisir à voir!

FORTUNIO, de même.

Assurément, c'est de moi qu'il parle, et il s'agit du dîner de tantôt.

CLAVAROCHE.

Vous rendrez cela, je suppose, au bijoutier qui l'a fourni.

FORTUNIO, de même.

Rendre la chaîne! et pourquoi donc?

CLAVAROCHE.

La chanson surtout m'a ravi, et maître André l'a bien remarqué; il en avait, Dieu me pardonne, la larme à l'œil pour tout de bon.

FORTUNIO, de même.

Je n'ose croire ni comprendre encore. Est-ce un rêve? suis-je éveillé? Qu'est-ce donc que ce Clavaroche?

CLAVAROCHE.

Du reste, il devient inutile de pousser les choses plus loin. A quoi bon un tiers incommode, si les soupçons ne reviennent plus? Ces maris ne manquent jamais d'adorer les amoureux de leurs femmes. Voyez ce qui est arrivé! Du moment qu'on se fie à vous, il faut souffler sur le chandelier.

JACQUELINE.

Qui peut savoir ce qui arrivera? Avec ce caractère-là il n'y a jamais rien de sûr, et il faut garder sous la main de quoi se tirer d'embarras.

FORTUNIO, de même.

Qu'ils fassent de moi leur jouet, ce ne peut être sans motif. Toutes ces paroles sont des énigmes.

CLAVAROCHE.

Je suis d'avis de le congédier.

JACQUELINE.

Comme vous voudrez. Dans tout cela, ce n'est pas moi que je consulte. Quand le mal serait nécessaire, croyez-vous qu'il serait de mon choix? Mais qui sait si demain, ce soir, dans une heure, ne viendra pas une bourrasque? Il ne faut pas compter sur le calme avec trop de sécurité.

CLAVAROCHE.

Tu crois?

FORTUNIO, de même.

Sang du Christ! il est son amant.

CLAVAROCHE.

Faites-en, du reste, ce que vous voudrez. Sans évincer tout à fait le jeune homme, on peut le tenir en haleine, mais d'un peu loin, et le mettre aux lisières. Si les soupçons de maître André lui revenaient jamais en tête, eh bien! alors on aurait à portée votre M. Fortunio, pour les détourner de nouveau. Je le tiens pour poisson d'eau vive; il est friand de l'hameçon

JACQUELINE.

Il me semble qu'on a remué.

CLAVAROCHE.

Oui, j'ai cru entendre un soupir.

JACQUELINE.

C'est probablement Madeleine; elle range dans le cabinet.

ACTE TROISIEME

SCÈNE Ire
Le jardin.
Entrent JACQUELINE et LA SERVANTE

LA SERVANTE.

Madame, un danger vous menace. Comme j'étais tout à l'heure dans la salle, je viens d'entendre maître André qui causait avec un de ses clercs. Autant que j'ai pu deviner, il s'agissait d'une embuscade qui doit avoir lieu cette nuit.

JACQUELINE.

Une embuscade! en quel lieu? pour quoi faire?

LA SERVANTE.

Dans l'étude; le clerc affirmait que la nuit dernière il vous avait vue, vous, Madame, et un homme avec vous, dans le jardin. Maître André jurait ses grands dieux qu'il voulait vous surprendre, et qu'il vous ferait un procès.

JACQUELINE.

Tu ne te trompes pas, Madelon?

LA SERVANTE.

Madame fera ce qu'elle voudra. Je n'ai pas l'honneur de ses confidences;

cela n'empêche pas qu'on ne rende un service. J'ai mon ouvrage qui m'attend.

JACQUELINE.

C'est bien, et vous pouvez compter que je ne serai pas ingrate. Avez-vous vu Fortunio ce matin? où est-il? j'ai à lui parler.

LA SERVANTE.

Il n'est pas venu à l'étude; le jardinier, à ce que je crois, l'a aperçu; mais on est en peine de lui, et on le cherchait tout à l'heure de tous les côtés du jardin. Tenez! voilà M. Guillaume, le premier clerc, qui le cherche encore; le voyez-vous passer là-bas?

GUILLAUME, au fond du théâtre.

Holà! Fortunio! Fortunio! holà! où es-tu?

JACQUELINE.

Va, Madelon, tâche de le trouver.
Madelon sort. — Entre Clavaroche.

CLAVAROCHE.

Que diantre se passe-t-il donc ici? Comment! moi qui ai quelques droits, je pense, à l'amitié de maître André, il me rencontre et ne me salue pas; les clercs me regardent de travers, et je ne sais si le chien lui-même ne voulait me prendre aux talons. Qu'est-il advenu, je vous prie? et à quel propos maltraite-t-on les gens?

JACQUELINE.

Nous n'avons pas sujet de rire; ce que j'avais prévu arrive, et sérieusement cette fois: nous n'en sommes plus aux paroles, mais à l'action.

CLAVAROCHE.

A l'action? que voulez-vous dire?

JACQUELINE.

Que ces maudits clercs font le métier d'espions, qu'on nous a vus, que maître André le sait, qu'il veut se cacher dans l'étude, et que nous courons les plus grands dangers.

CLAVAROCHE.

N'est-ce que cela qui vous inquiète?

JACQUELINE.

Assurément; que voulez-vous de pire? Qu'aujourd'hui nous leur échappions, puisque nous sommes avertis, ce n'est pas là le difficile; mais du moment que maître André agit sans rien dire, nous avons tout à craindre de lui.

CLAVAROCHE.

Vraiment! c'est là toute l'affaire, et il n'y a pas plus de mal que cela?

JACQUELINE.

Êtes-vous fou ? comment est-il possible que vous en plaisantiez ?

CLAVAROCHE.

C'est qu'il n'y a rien de si simple que de nous tirer d'embarras. Maître André, dites-vous, est furieux ? eh bien ! qu'il crie; quel inconvénient ? Il veut se mettre en embuscade ? qu'il s'y mette, il n'y a rien de mieux. Les clercs sont-ils de la partie ? qu'ils en soient avec toute la ville, si cela les peut divertir. Ils veulent surprendre la belle Jacqueline et son très humble serviteur ! eh ! qu'ils surprennent, je ne m'y oppose pas. Que voyez-vous là qui nous gêne ?

JACQUELINE.

Je ne comprends rien à ce que vous dites.

CLAVAROCHE.

Faites-moi venir Fortunio. Où est-il fourré, ce monsieur ? Comment ! nous sommes en péril, et le drôle nous abandonne ! Allons ! avertissez-le.

JACQUELINE.

J'y ai pensé; on ne sait où il est, et il n'a pas paru ce matin.

CLAVAROCHE.

Bon ! cela est impossible, il est par là quelque part dans vos jupes ; vous l'avez oublié dans une armoire, et votre servante l'aura par mégarde accroché au porte-manteau.

JACQUELINE.

Mais encore, en quelle façon peut-il nous être utile ? J'ai demandé où il était sans trop savoir pourquoi moi-même; je ne vois pas, en y réfléchissant, à quoi il peut nous être bon.

CLAVAROCHE.

Hé ! ne voyez-vous pas que je m'apprête à lui faire le plus grand sacrifice ! Il ne s'agit pas d'autre chose que de lui céder pour ce soir tous les privilèges de l'amour.

JACQUELINE.

Pour ce soir ? et dans quel dessein ?

CLAVAROCHE.

Dans le dessein positif et formel que ce digne maître André ne passe pas inutilement une nuit à la belle étoile. Ne voudriez-vous pas que ces pauvres clercs qui se vont donner bien du mal ne trouvent personne au logis ? Fi donc ! nous ne pouvons permettre que ces honnêtes gens restent les mains vides ; il faut leur dépêcher quelqu'un.

JACQUELINE.

Cela ne sera pas; trouvez autre chose; vous avez là une idée horrible, et je ne puis y consentir.

CLAVAROCHE.

Pourquoi horrible? Rien n'est plus innocent. Vous écrivez un mot à Fortunio, si vous ne pouvez le trouver vous-même ; car le moindre mot en ce monde vaut mieux que le plus gros écrit. Vous le faites venir ce soir, sous prétexte d'un rendez-vous. Le voilà entré ; les clercs le surprennent, et maître André le prend au collet. Que voulez-vous qu'il lui arrive ? Vous descendez là-dessus en cornette, et demandez pourquoi on fait du bruit, le plus naturellement du monde. On vous l'explique. Maître André en fureur vous demande à son tour pourquoi son jeune clerc se glisse dans son jardin. Vous rougissez d'abord quelque peu, puis vous avouez sincèrement tout ce qu'il vous plaira d'avouer : que ce garçon visite vos marchands, qu'il vous apporte en secret des bijoux, en un mot la vérité pure. Qu'y a-t-il là de si effrayant ?

JACQUELINE.

On ne me croira pas. La belle apparence que je donne des rendez-vous pour payer des mémoires !

CLAVAROCHE.

On croit toujours ce qui est vrai. La vérité a un accent impossible à méconnaître, et les cœurs bien nés ne s'y trompent jamais. N'est-ce donc pas, en effet, à vos commissions que vous employez ce jeune homme ?

JACQUELINE.

Oui.

CLAVAROCHE.

Eh bien donc ! puisque vous le faites, vous le direz, et on le verra bien. Qu'il ait les preuves dans sa poche, un écrin, comme hier, la première chose venue, cela suffira. Songez donc que, si nous n'employons ce moyen, nous en avons pour une année entière. Maître André s'embusque aujourd'hui, il se rembusquera demain, et ainsi de suite jusqu'à ce qu'il nous surprenne. Moins il vous trouvera, plus il cherchera ; mais qu'il trouve une fois pour toutes, et nous en voilà délivrés.

JACQUELINE.

Cela est impossible ! il n'y faut pas songer.

CLAVAROCHE.

Un rendez-vous dans un jardin n'est pas d'ailleurs un si gros péché. A la rigueur, si vous craignez l'air, vous n'avez qu'à ne pas descendre. On ne trouvera que le jeune homme, et il s'en tirera toujours. Il serait plaisant qu'une femme ne puisse prouver qu'elle est innocente quand elle l'est. Allons ! vos tablettes, et prenez-moi le crayon que voici.

JACQUELINE.

Vous n'y pensez pas, Clavaroche ; c'est un guet-apens que vous faites là.

CLAVAROCHE, lui présentant un crayon et du papier.

Écrivez donc, je vous en prie : « A minuit, ce soir, au jardin. »

JACQUELINE.

C'est envoyer cet enfant dans un piège, c'est le livrer à l'ennemi.

CLAVAROCHE.

Ne signez pas, c'est inutile.

Il prend le papier.

Franchement, ma chère, la nuit sera fraîche, et vous ferez mieux de rester chez vous. Laissez ce jeune homme se promener seul, et profiter du temps qu'il fait. Je pense, comme vous, qu'on aurait peine à croire que c'est pour vos marchands qu'il vient. Vous ferez mieux, si on vous interroge, de dire que vous ignorez tout, et que vous n'êtes pour rien dans l'affaire.

JACQUELINE.

Ce mot d'écrit sera un témoin.

CLAVAROCHE.

Fi donc ! nous autres gens de cœur, pensez-vous que nous allions montrer à un mari de l'écriture de sa femme ? Que pourrions-nous y gagner ? en serions-nous donc moins coupables de ce qu'un crime serait partagé ? D'ailleurs vous voyez bien que votre main tremblait un peu sans doute, et que ces caractères sont presque déguisés. Allons ! je vais donner cette lettre au jardinier, Fortunio l'aura tout de suite. Venez ; les vautours ont leur proie, et l'oiseau de Vénus, la pâle tourterelle, peut dormir en paix sur son nid.

Ils sortent.

SCÈNE II

Une charmille.

FORTUNIO, seul assis sur l'herbe.

Rendre un jeune homme amoureux de soi, uniquement pour détourner sur lui les soupçons tombés sur un autre ; lui laisser croire qu'on l'aime, le lui dire au besoin ; troubler peut-être bien des nuits tranquilles ; remplir de doute et d'espérance un cœur jeune et prêt à souffrir ; jeter une pierre dans un lac qui n'avait jamais eu encore une seule ride à sa surface ; exposer un homme aux soupçons, à tous les dangers de l'amour heureux, et cependant ne lui rien accorder ; rester immobile et inanimée dans une œuvre de vie et de mort ; tromper, mentir, — mentir du fond du cœur ; faire de son corps un appât ; jouer avec tout ce qu'il y a de sacré sous le ciel, comme un voleur avec des dés pipés ; voilà ce qui fait sourire une femme ! voilà ce qu'elle fait d'un petit air distrait.

Il se lève.

LE CHANDELIER. Page 470.

C'est ton premier pas, Fortunio, dans l'apprentissage du monde. Pense, réfléchis, compare, examine, ne te presse pas de juger. Cette femme-là a un amant qu'elle aime ; on la soupçonne, on la tourmente, on la menace ; elle est effrayée, elle va perdre l'homme qui remplit sa vie, qui est pour elle plus que le monde entier. Son mari se lève en sursaut, averti par un espion ; il la réveille ; il veut la traîner à la barre d'un tribunal. Sa famille va la renier, une ville entière va la maudire ; elle est perdue et déshonorée, et cependant elle aime et ne peut cesser d'aimer. A tout prix il faut qu'elle sauve l'unique objet de ses inquiétudes, de ses angoisses et de ses douleurs ; il faut qu'elle aime pour continuer de vivre, et qu'elle trompe pour aimer. Elle se penche à sa fenêtre, elle voit un jeune homme au bas ; qui est-ce ? elle ne le connaît point, elle n'a jamais rencontré son visage ; est-il bon ou méchant, discret ou perfide, sensible ou insouciant ? elle n'en sait rien ; elle a besoin de lui, elle l'appelle, elle lui fait signe, elle ajoute une fleur à sa parure, elle parle, elle a mis sur une carte le bonheur de sa vie, et elle joue à rouge ou noir. Si elle s'était aussi bien adressée à Guillaume qu'à moi, que serait-il arrivé de cela ? Guillaume est un garçon honnête, mais qui ne s'est jamais aperçu que son cœur lui servît à autre chose qu'à respirer. Guillaume aurait été ravi d'aller dîner chez son patron, d'être à côté de Jacqueline à table, tout comme j'en ai été ravi moi-même ; mais il n'en aurait pas vu davantage ; il ne serait devenu amoureux que de la cave de maître André ; il ne se serait point jeté à genoux, il n'aurait point écouté aux portes ; c'eût été pour lui tout profit. Quel mal y eût-il eu alors qu'on se servît de lui à l'insu, pour détourner les soupçons d'un mari ? Aucun. Il eût paisiblement rempli l'office qu'on lui eût demandé ; il eût vécu heureux, tranquille, dix ans sans s'en apercevoir. Jacqueline aussi eût été heureuse, tranquille, dix ans sans lui dire un mot. Elle lui aurait fait des coquetteries, et il y aurait répondu ; mais rien n'eût tiré à conséquence. Tout se serait passé à merveille, et personne ne pourrait se plaindre le jour où la vérité viendrait.

Il se rassoit.

Pourquoi s'est-elle adressée à moi ? Savait-elle donc que je l'aimais ? Pourquoi à moi plutôt qu'à Guillaume ? Est-ce hasard ? est-ce calcul ? Peut-être au fond se doutait-elle que je n'étais pas indifférent. M'avait-elle vu à cette fenêtre ? S'était-elle jamais retournée le soir quand je l'observais dans le jardin ? Mais si elle savait que je l'aimais, pourquoi alors ? Parce que cet amour rendait son projet plus facile, et que j'allais, dès le premier mot, me prendre au piège qu'elle me tendait. Mon amour n'était qu'une chance favorable ; elle n'y a vu qu'une occasion.

Est-ce bien sûr ? N'y a-t-il rien autre chose ? Quoi ! elle voit que je vais souffrir et elle ne pense qu'à en profiter ! Quoi ! elle me trouve sur ses traces, l'amour dans le cœur, le désir dans les yeux, jeune et ardent, prêt à mourir pour elle, et lorsque, me voyant à ses pieds, elle me sourit et me dit qu'elle m'aime, c'est un calcul, et rien de plus! Rien, rien de vrai dans ce sourire, dans cette main qui m'effleure la main, dans ce son de voix qui m'enivre? O Dieu juste! s'il en est ainsi, à quel monstre ai-je donc affaire, et dans quel abîme suis-je tombé?

Il se lève.

Non, tant d'horreur n'est pas possible! Non, une femme ne saurait être une statue malfaisante, à la fois vivante et glacée! Non, quand je le verrais de mes yeux, quand je l'entendrais de sa bouche, je ne croirais pas à un pareil métier. Non, quand elle me souriait, elle ne m'aimait pas pour cela, mais elle souriait de voir que je l'aimais. Quand elle me tendait la main, elle ne me donnait pas son cœur, mais elle laissait le mien se donner. Quand elle me disait : « Je vous aime », elle voulait dire : « Aimez-moi ». Non, Jacqueline n'est pas méchante; il n'y a là ni calcul, ni froideur. Elle ment, elle trompe, elle est femme; elle est coquette, railleuse, joyeuse, audacieuse, mais non infâme, non insensible. Ah! insensé, tu l'aimes! tu l'aimes! tu pries, tu pleures, et elle se rit de toi!

Entre Madelon

MADELON.

Ah! Dieu merci! je vous trouve enfin ; madame vous demande, elle est dans sa chambre. Venez vite, elle vous attend.

FORTUNIO.

Sais-tu ce qu'elle a à me dire? Je ne saurais y aller maintenant.

MADELON.

Vous avez donc affaire aux arbres? Elle est bien inquiète, allez! toute la maison est en colère.

LE JARDINIER, entrant.

Vous voilà donc, monsieur? on vous cherche partout; voilà un mot d'écrit pour vous, que notre maîtresse m'a donné tantôt.

FORTUNIO, lisant.

« A minuit, ce soir, au jardin. »

Haut.

C'est de la part de Jacqueline?

LE JARDINIER.

Oui, monsieur; y a-t-il une réponse?

GUILLAUME, entrant.

Que fais-tu donc, Fortunio? on te demande dans l'étude

FORTUNIO.

J'y vais, j'y vais.

Bas à Madelon.

Qu'est-ce que tu disais tout à l'heure? Quelle inquiétude a ta maîtresse?

MADELON, bas.

C'est un secret; maître André s'est fâché.

FORTUNIO, de même.

Il s'est fâché? Pour quelle raison?

MADELON, de même.

Il s'est mis en tête que madame recevait quelqu'un en secret. Vous n'en direz rien, n'est-ce pas? Il veut se cacher cette nuit dans l'étude; c'est moi qui ai découvert cela, et si je vous le dis, dame! c'est que je pense que vous n'y êtes pas indifférent.

FORTUNIO.

Pourquoi se cacher dans l'étude?

MADELON.

Pour tout surprendre et faire son procès.

FORTUNIO.

En vérité, est-ce possible?

LE JARDINIER.

Y a-t-il réponse, monsieur?

FORTUNIO.

J'y vais moi-même; allons, partons.

Ils sortent.

SCENE III
Une chambre.

JACQUELINE, seule.

Non, cela ne se fera pas. Qui sait ce qu'un homme comme maître André, une fois poussé à la violence, peut inventer pour se venger? Je n'enverrai pas ce jeune homme à un péril si affreux. Ce Clavaroche est sans pitié; tout est pour lui champ de bataille, et il n'a d'entrailles pour rien. A quoi bon exposer Fortunio, lorsqu'il n'y a rien de si simple que de n'exposer ni soi ni personne? Je veux croire que tout soupçon s'évanouirait par ce moyen; mais le moyen lui-même est un mal, et je ne veux pas l'employer. Non, cela me coûte et me déplaît; je ne veux pas que ce garçon soit maltraité; puisqu'il dit qu'il m'aime, eh bien! soit; je ne rends pas le mal pour le bien.

Entre Fortunio.

On a dû vous remettre un billet de ma part; l'avez-vous lu?

FORTUNIO.

On me l'a remis, et je l'ai lu ; vous pouvez disposer de moi.

JACQUELINE.

C'est inutile, j'ai changé d'avis ; déchirez-le, et n'en parlons plus.

FORTUNIO.

Puis-je vous servir à quelque autre chose ?

JACQUÉLINE, à part.

C'est singulier, il n'insiste pas.
Haut.
Mais non, je n'ai pas besoin de vous. Je vous avais demandé votre chanson.

FORTUNIO.

La voilà. Sont-ce tous vos ordres ?

JACQUELINE.

Oui, — je crois que oui. Qu'avez-vous donc ? Vous êtes pâle, ce me semble.

FORTUNIO.

Si ma présence vous est inutile, permettez-moi de me retirer.

JACQUELINE.

Je l'aime beaucoup, cette chanson, elle a un petit air naïf qui va avec votre coiffure, et elle est bien faite par vous.

FORTUNIO.

Vous avez beaucoup d'indulgence.

JACQUELINE.

Oui, voyez-vous ! j'avais eu d'abord l'idée de vous faire venir ; mais j'ai réfléchi, c'est une folie ; je vous ai trop vite écouté. — Mettez-vous donc au piano, et chantez-moi votre romance.

FORTUNIO.

Excusez-moi, je ne saurais maintenant.

JACQUELINE.

Et pourquoi donc ? Êtes-vous souffrant, ou si c'est un méchant caprice ? J'ai presque envie de vouloir que vous chantiez bon gré mal gré. Est-ce que je n'ai pas quelque droit de seigneur sur cette feuille de papier-là ?
Elle place la chanson sur le piano.

FORTUNIO.

Ce n'est pas mauvaise volonté ; je ne puis rester plus longtemps, et maître André à besoin de moi.

JACQUELINE.

Il me plaît assez que vous soyez grondé ; asseyez-vous là et chantez

FORTUNIO.

Si vous l'exigez, j'obéis.
Il s'assoit.

JACQUELINE.

Eh bien! à quoi pensez-vous donc? Est-ce que vous attendez qu'on vienne?

FORTUNIO.

Je souffre, ne me retenez pas.

JACQUELINE.

Chantez d'abord, nous verrons ensuite si vous souffrez et si je vous retiens. Chantez, vous dis-je, je le veux. Vous ne chantez pas? Eh bien! que fait-il donc? Allons, voyons! si vous chantez, je vous donne le bout de ma mitaine.

FORTUNIO.

Tenez! Jacqueline, écoutez-moi : vous auriez mieux fait de me le dire, et j'aurais consenti à tout.

JACQUELINE.

Qu'est-ce que vous dites, de quoi parlez-vous?

FORTUNIO.

Oui, vous auriez mieux fait de me le dire; oui, devant Dieu, j'aurais tout fait pour vous.

JACQUELINE.

Tout fait pour moi? qu'entendez-vous par là?

FORTUNIO.

Ah! Jacqueline, Jacqueline! il faut que vous l'aimiez beaucoup : il doit vous en coûter de mentir et de railler ainsi sans pitié.

JACQUELINE.

Moi, je vous raille! Qui vous l'a dit?

FORTUNIO.

Je vous en supplie, ne mentez pas davantage; en voilà assez; je sais tout.

JACQUELINE.

Mais enfin, qu'est-ce que vous savez?

FORTUNIO.

J'étais hier dans votre chambre lorsque Clavaroche était là.

JACQUELINE.

Est-ce possible? Vous étiez dans l'alcôve?

FORTUNIO.

Oui, j'y étais ; au nom du ciel ! ne dites pas un mot là-dessus.
Un silence.

JACQUELINE.

Puisque vous savez tout, monsieur, il ne me reste maintenant qu'à vous prier de garder le silence. Je sens assez mes torts envers vous pour ne pas même vouloir tenter de les affaiblir à vos yeux. Ce que la nécessité commande, et ce à quoi elle peut entraîner, un autre que vous le comprendrait peut-être, et pourrait, sinon pardonner, du moins excuser ma conduite ; mais vous êtes malheureusement une partie trop intéressée pour en juger avec indulgence. Je suis résignée et j'attends.

FORTUNIO.

N'ayez aucune espèce de crainte. Si je fais rien qui puisse vous nuire, je me coupe cette main-là.

JACQUELINE.

Il me suffit de votre parole, et je n'ai pas le droit d'en douter. Je dois même dire que, si vous l'oubliiez, j'aurais encore moins le droit de m'en plaindre. Mon imprudence doit porter sa peine. C'est sans vous connaître, monsieur, que je me suis adressée à vous. Si cette circonstance rend ma faute moindre, elle rendait mon danger plus grand. Puisque je m'y suis exposée, traitez-moi donc comme vous l'entendrez. Quelques paroles échangées hier voudraient peut-être une explication. Ne pouvant tout justifier, j'aime mieux me taire sur tout. Laissez-moi croire que votre orgueil est la seule personne offensée. Si cela est, que ces deux jours s'oublient ; plus tard, nous en reparlerons.

FORTUNIO.

Jamais ; c'est le souhait de mon cœur.

JACQUELINE.

Comme vous voudrez ; je dois obéir. Si cependant je ne dois plus vous voir, j'aurais un mot à ajouter. De vous à moi, je suis sans crainte, puisque vous me promettez le silence ; mais il existe une autre personne dont la présence dans cette maison peut avoir des suites fâcheuses.

FORTUNIO.

Je n'ai rien à dire à ce sujet.

JACQUELINE.

Je vous demande de m'écouter. Un éclat entre vous et lui, vous le sentez, est fait pour me perdre. Je ferai tout pour le prévenir. Quoi que vous puissiez exiger, je m'y soumettrai sans murmure. Ne me quittez pas sans y réfléchir ; dictez vous-même les conditions. Faut-il que la personne dont je parle s'éloigne d'ici pendant quelque temps ? Faut-il qu'elle s'excuse près de vous? Ce que vous jugerez convenable sera reçu par moi comme une grâce, et par elle comme un devoir. Le souvenir de quelques plaisanteries m'oblige à vous interroger sur ce point. Que décidez-vous? répondez.

FORTUNIO.

Je n'exige rien; vous l'aimez, soyez en paix tant qu'il vous aimera.

JACQUELINE.

Je vous remercie de ces deux promesses. Si vous veniez à vous en repentir, je vous répète que toute condition sera reçue, imposée par vous. Comptez sur ma reconnaissance. Puis-je dès à présent réparer autrement mes torts? Est-il à ma disposition quelque moyen de vous obliger? Quand vous ne devriez pas me croire, je vous avoue que je ferais tout au monde pour vous laisser de moi un souvenir moins désavantageux. Que puis-je faire? je suis à vos ordres.

FORTUNIO.

Rien. Adieu, madame. Soyez sans crainte; vous n'aurez jamais à vous plaindre de moi.

Il va pour sortir et prend sa romance.

JACQUELINE.

Ah! Fortunio, laissez-moi cela.

FORTUNIO.

Et qu'en ferez-vous, cruelle que vous êtes? Vous me parlez depuis un quart d'heure, et rien du cœur ne vous sort des lèvres. Il s'agit bien de vos excuses, de sacrifices et de réparations! il s'agit bien de votre Clavaroche et de sa sotte vanité! il s'agit bien de mon orgueil! Vous croyez donc l'avoir blessé? Vous croyez donc que ce qui m'afflige, c'est d'avoir été pris pour dupe et plaisanté à ce dîner? Je ne m'en souviens seulement pas. Quand je dis que je vous aime, vous croyez donc que je n'en sens rien? Quand je vous parle de deux ans de souffrances, vous croyez donc que je fais comme vous? Eh quoi! vous me brisez le cœur, vous prétendez vous en repentir, et c'est ainsi que vous me quittez! La nécessité, dites-vous, vous a fait commettre une faute, et vous en avez du regret; vous rougissez, vous détournez la tête; ce que je souffre vous fait pitié; vous me voyez, vous comprenez votre œuvre; et la blessure que vous m'avez faite, voilà comme vous la guérissez! Ah! elle est au cœur, Jacqueline, et vous n'aviez qu'à tendre la main. Je vous le jure, si vous l'aviez voulu, quelque honteux qu'il soit de le dire, quand vous en souririez vous-même, j'étais capable de consentir à tout. O Dieu! la force m'abandonne; je ne peux pas sortir d'ici.

Il s'appuie sur un meuble.

FORTUNIO.

LE CHANDELIER.

JACQUELINE.

Pauvre enfant! je suis bien coupable. Tenez, respirez ce flacon.

FORTUNIO.

Ah! gardez-les, gardez-les pour lui, ces soins dont je ne suis pas digne; ce n'est pas pour moi qu'ils sont faits. Je n'ai pas l'esprit inventif, je ne suis ni heureux ni habile; je ne saurais à l'occasion forger un profond stratagème. Insensé! j'ai cru être aimé! oui, parce que vous m'aviez souri, parce que votre main tremblait dans la mienne, parce que vos yeux semblaient chercher mes yeux et m'inviter comme deux anges à un festin de joie et de vie; parce que vos lèvres s'étaient ouvertes, et qu'un vain son en était sorti; oui, je l'avoue, j'avais fait un rêve, j'avais cru qu'on aimait ainsi! Quelle misère! Est-ce à une parade que votre sourire m'a félicité de la beauté de mon cheval? Est-ce le soleil, dardant sur mon casque, qui vous avait ébloui les yeux? Je sortais d'une salle obscure, d'où je suivais depuis deux ans vos promenades dans une allée; j'étais un pauvre clerc qui s'ingérait de pleurer en silence. C'était bien là ce qu'on pouvait aimer!

JACQUELINE.

Pauvre enfant!

FORTUNIO.

Oui, pauvre enfant! dites-le encore, car je ne sais si je rêve ou si je veille, et, malgré tout, si vous ne m'aimez pas. Depuis hier je suis assis à terre, je me frappe le cœur et le front; je me rappelle ce que mes yeux ont vu, ce que mes oreilles ont entendu, et je me demande si c'est possible. A l'heure qu'il est, vous me le dites, je le sens j'en souffre, j'en meurs, et je n'y crois ni ne le comprends. Que vous avais-je fait, Jacqueline? Comment se peut-il que, sans aucun motif, sans avoir pour moi ni amour, ni haine, sans me connaître, sans m'avoir jamais vu; comment se peut-il que vous que tout le monde aime, que j'ai vue faire la charité et arroser ces fleurs que voilà, qui êtes bonne, qui croyez en Dieu, à qui jamais... Ah! je vous accuse, vous que j'aime plus que ma vie! ô ciel! vous ai-je fait un reproche? Jacqueline, pardonnez-moi.

JACQUELINE.

Calmez-vous, venez, calmez-vous.

FORTUNIO.

Et à quoi suis-je bon, grand Dieu! sinon à vous donner ma vie? sinon au plus chétif usage que vous voudrez faire de moi? sinon à vous suivre, à vous préserver, à écarter de vos pieds une épine! J'ose me plaindre, et vous m'aviez choisi! ma place était à votre table, j'allais compter dans votre existence. Vous alliez dire à la nature entière, à ces jardins, à ces prairies, de me sourire comme vous; votre belle et radieuse image commençait à marcher devant moi, et je la suivais; j'allais vivre... Est-ce que je vous perds, Jacqueline? est-ce que j'ai fait quelque chose pour que vous me chassiez? pourquoi donc ne voulez-vous pas faire encore semblant de m'aimer?

Il tombe sans connaissance.

JACQUELINE, *courant à lui.*

Seigneur mon Dieu! qu'est-ce que j'ai fait? Fortunio, revenez à vous.

FORTUNIO.

Qui êtes-vous? laissez-moi partir.

JACQUELINE.

Appuyez-vous, venez à la fenêtre; de grâce, appuyez-vous sur moi; posez ce bras sur mon épaule, je vous en supplie, Fortunio.

FORTUNIO.

Ce n'est rien; me voilà remis.

JACQUELINE.

Comme il est pâle, comme son cœur bat! Voulez-vous vous mouiller les tempes? prenez ce coussin, prenez ce mouchoir; vous suis-je tellement odieuse que vous me refusiez cela!

FORTUNIO.

Je me sens mieux, je vous remercie.

JACQUELINE.

Comme ces mains-là sont glacées! Où allez-vous? vous ne pouvez sortir. Attendez du moins un instant. Puisque je vous fais tant souffrir, laissez-moi, du moins, vous soigner.

FORTUNIO.

C'est inutile, il faut que je descende. Pardonnez-moi ce que j'ai pu vous dire; je n'étais pas maître de mes paroles.

JACQUELINE.

Que voulez-vous que je vous pardonne? Hélas! c'est vous qui ne pardonnez pas. Mais qui vous presse? pourquoi me quitter? vos regards cherchent quelque chose. Ne me reconnaissez-vous pas? Restez en repos, je vous en conjure. Pour l'amour de moi, Fortunio, vous ne pouvez sortir encore.

FORTUNIO.

Non! adieu, je ne puis rester.

JACQUELINE.

Ah! je vous ai fait bien du mal.

FORTUNIO.

On me demandait quand je suis monté; adieu, madame, comptez sur moi.

JACQUELINE.

Vous reverrai-je?

FORTUNIO.

Si vous voulez.

JACQUELINE.

Monterez-vous ce soir au salon?

FORTUNIO.

Si cela vous plaît.

JACQUELINE.

Vous partez donc? — encore un instant!

FORTUNIO.

Adieu! adieu! je ne puis rester.
Il sort.

JACQUELINE appelle.

Fortunio! écoutez-moi!

FORTUNIO, rentrant

Que me voulez-vous, Jacqueline?

JACQUELINE.

Écoutez-moi, il faut que je vous parle. Je ne veux pas vous demander pardon; je ne veux revenir sur rien; je ne veux pas me justifier. Vous êtes bon, brave et sincère; j'ai été fausse et déloyale : je ne veux pas vous quitter ainsi.

FORTUNIO.

Je vous pardonne de tout mon cœur.

JACQUELINE.

Non, vous souffrez, le mal est fait. Où allez-vous? que voulez-vous faire? comment se peut-il, sachant tout, que vous soyez revenu ici?

FORTUNIO.

Vous m'aviez fait demander.

JACQUELINE.

Mais, vous veniez pour me dire que je vous verrais à ce rendez-vous? Est-ce que vous y seriez venu?

FORTUNIO.

Oui, si c'était pour vous rendre service, et je vous avoue que je le croyais.

JACQUELINE.

Pourquoi me rendre service?

FORTUNIO.

Madelon m'a dit quelques mots...

JACQUELINE.

Vous le saviez, malheureux, et vous veniez à ce jardin !

FORTUNIO.

Le premier mot que je vous aie dit de ma vie, c'est que je mourrais de bon cœur pour vous, et le second, c'est que je ne mentais jamais.

JACQUELINE.

Vous le saviez et vous veniez? Songez-vous à ce que vous dites? Il s'agissait d'un guet-apens.

FORTUNIO.

Je savais tout.

JACQUELINE.

Il s'agissait d'être surpris, d'être tué peut-être, traîné en prison; que sais-je? c'est horrible à dire.

FORTUNIO.

Je savais tout.

JACQUELINE.

Vous saviez tout? vous saviez tout? Vous étiez caché là, hier, dans cette alcôve, derrière ce rideau. Vous écoutiez, n'est-il pas vrai? vous saviez encore tout, n'est-ce pas?

FORTUNIO.

Oui.

JACQUELINE.

Vous saviez que je mens, que je trompe, que je vous raille et que je vous tue? vous saviez que j'aime Clavaroche et qu'il me fait faire tout ce qu'il veut? que je joue une comédie? que là, hier, je vous ai pris pour dupe? que je suis lâche et méprisable? que je vous expose à la mort par plaisir? Vous saviez tout; vous en étiez sûr? Eh bien ! eh bien... qu'est-ce que vous savez maintenant?

FORTUNIO.

Mais, Jacqueline, je crois... je sais...

JACQUELINE.

Sais-tu que je t'aime, enfant que tu es? qu'il faut que tu me pardonnes ou que je meure; et que je te le demande à genoux?

SCÈNE IV

La salle à manger.

MAITRE ANDRÉ, CLAVAROCHE, FORTUNIO et JACQUELINE, à table.

MAITRE ANDRÉ.

Grâces au ciel, nous voilà tous joyeux, tous réunis et tous amis. Si je doute jamais de ma femme, puisse mon vin m'empoisonner !

JACQUELINE.

Donnez-moi donc à boire, monsieur Fortunio.

CLAVAROCHE, bas.

Je vous répète que votre clerc m'ennuie; faites-moi la grâce de le renvoyer.

JACQUELINE, bas.

Je fais ce que vous m'avez dit.

MAITRE ANDRÉ.

Quand je pense qu'hier j'ai passé la nuit dans l'étude à me morfondre sur un maudit soupçon, je ne sais de quel nom m'appeler.

JACQUELINE.

Monsieur Fortunio, donnez-moi ce coussin.

CLAVAROCHE, bas.

Me croyez-vous un autre maître André? Si votre clerc ne sort de la maison, je sortirai tantôt moi-même.

JACQUELINE.

Je fais ce que vous m'avez dit.

MAITRE ANDRÉ.

Mais je l'ai conté à tout le monde; il faut que justice se fasse ici-bas. Toute la ville saura qui je suis; et désormais, pour pénitence, je ne douterai de quoi que ce soit.

JACQUELINE.

Monsieur Fortunio, je bois à vos amours.

CLAVAROCHE, bas.

En voilà assez, Jacqueline, et je comprends ce que cela signifie. Ce n'est pas là ce que je vous ai dit.

MAITRE ANDRÉ.

Oui! aux amours de Fortunio!
Il chante.
    Amis, buvons, buvons sans cesse.

FORTUNIO.

Cette chanson-là est bien vieille; chantez donc, monsieur Clavaroche!

FIN DU CHANDELIER

IL NE FAUT JURER DE RIEN

COMÉDIE EN TROIS ACTES

PUBLIÉE EN 1836, REPRÉSENTÉE EN 1848

PERSONNAGES

VAN BUCK, négociant.
VALENTIN VAN BUCK, son neveu.
Un Abbé.
Un Maitre de danse.

Un Aubergiste.
Un Garçon.
LA BARONNE DE MANTES.
CÉCILE, sa fille.

La scène est à Paris dans la première partie de l'acte premier et ensuite au château de la baronne.

ACTE PREMIER

SCÈNE Ire

La chambre de Valentin.

VAN BUCK, VALENTIN.

VAN BUCK.

Monsieur mon neveu, je vous souhaite le bonjour.

VALENTIN.

Monsieur mon oncle, votre serviteur.

VAN BUCK.

Restez assis; j'ai à vous parler.

VALENTIN.

Asseyez-vous; j'ai donc à vous entendre. Veuillez vous mettre dans la bergère, et poser là votre chapeau.

VAN BUCK, s'asseyant.

Monsieur mon neveu, la plus longue patience et la plus robuste obstination doivent, l'une ou l'autre, finir tôt ou tard. Ce qu'on tolère devient intolérable, incorrigible ce qu'on ne corrige pas; et qui vingt fois a jeté la perche à un fou qui veut se noyer, peut être forcé un jour ou l'autre de l'abandonner ou de périr avec lui.

VALENTIN.

Oh! oh! voilà qui est débuter, et vous avez là des métaphores qui se sont levées de grand matin.

VAN BUCK.

Monsieur, veuillez garder le silence, et ne pas vous permettre de me plaisanter. C'est vainement que les plus sages conseils, depuis trois ans, tentent de mordre sur vous. Une insouciance ou une fureur aveugle, des résolutions sans effet, mille prétextes inventés à plaisir, une maudite condescendance, tout ce que j'ai pu ou puis faire encore (mais, par ma barbe! je ne ferai plus rien!)... Où me menez-vous à votre suite? Vous êtes aussi entêté...

VALENTIN.

Mon oncle Van Buck, vous êtes en colère.

VAN BUCK.

Non, monsieur; n'interrompez pas. Vous êtes aussi obstiné que je me suis, pour mon malheur, montré crédule et patient. Est-il croyable, je vous le demande, qu'un jeune homme de vingt-cinq ans passe son temps comme vous le faites? De quoi servent mes remontrances; et quand prendrez-vous un état? Vous êtes pauvre, puisqu'au bout du compte vous n'avez de fortune que la mienne; mais finalement, je ne suis pas moribond, et je digère encore vertement. Que comptez-vous faire d'ici à ma mort?

VALENTIN.

Mon oncle Van Buck, vous êtes en colère, et vous allez vous oublier.

VAN BUCK.

Non, monsieur; je sais ce que je fais. Si je suis le seul de la famille qui se soit mis dans le commerce, c'est grâce à moi, ne l'oubliez pas, que les débris d'une fortune détruite ont pu encore se relever. Il vous sied bien de sourire quand je parle! Si je n'avais pas vendu du guingan à Anvers, vous seriez maintenant à l'hôpital avec votre robe de chambre à fleurs. Mais, Dieu merci, vos chiennes de bouillottes...

VALENTIN.

Mon oncle Van Buck, voilà le trivial; vous changez de ton, vous vous oubliez; vous aviez mieux débuté que cela.

VAN BUCK.

Sacrebleu! tu te moques de moi? Je ne suis bon apparemment qu'à payer tes lettres de change? J'en ai reçu une ce matin : soixante louis! te railles-tu des gens? il te sied bien de faire le fashionable (que le diable soit des mots anglais!), quand tu ne peux pas payer ton tailleur! C'est autre chose de descendre d'un beau cheval pour retrouver au fond d'un

OEUVRES D'ALFRED DE MUSSET

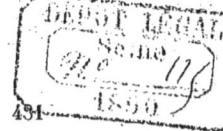

IL NE FAUT JURER DE RIEN.   Page 483.

Bibl. Charpentier.   LIV. 193.

hôtel une bonne famille opulente, ou de sauter à bas d'un carrosse de louage pour grimper deux ou trois étages. Avec tes gilets de satin, tu demandes, en rentrant du bal, ta chandelle à ton portier, et il regimbe quand il n'a pas eu ses étrennes. Dieu sait si tu les lui donnes tous les ans! Lancé dans un monde plus riche que toi, tu puises, chez tes amis, le dédain de toi-même; tu portes ta barbe en pointe et tes cheveux sur les épaules, comme si tu n'avais pas seulement de quoi acheter un ruban pour te faire une queue. Tu écrivailles dans les gazettes; tu es capable de te faire saint-simonien quand tu n'auras plus ni sou ni maille, et cela viendra, je t'en réponds. Va, va! un écrivain public est plus estimable que toi. Je finirai par te couper les vivres, et tu mourras dans un grenier.

VALENTIN.

Mon bon oncle Van Buck, je vous respecte et je vous aime. Faites-moi la grâce de m'écouter. Vous avez payé une lettre de change à mon intention. Quand vous êtes venu, j'étais à la fenêtre et je vous ai vu arriver; vous méditiez un sermon juste aussi long qu'il y a d'ici chez vous. Épargnez, de grâce, vos paroles. Ce que vous pensez, je le sais; ce que vous faites, je vous en remercie. Que j'aie des dettes et que je ne sois bon à rien, cela se peut; qu'y voulez-vous faire? Vous avez soixante mille livres de rente...

VAN BUCK.

Cinquante.

VALENTIN.

Soixante, mon oncle; vous n'avez pas d'enfants, et vous êtes plein de bonté pour moi. Si j'en profite, où est le mal? Avec soixante bonnes mille livres de rente...

VAN BUCK.

Cinquante, cinquante; pas un denier de plus.

VALENTIN.

Soixante; vous me l'avez dit vous-même.

VAN BUCK.

Jamais. Où as-tu pris cela?

VALENTIN.

Mettons cinquante. Vous êtes jeune, gaillard encore, et bon vivant. Croyez-vous que cela me fâche, et que j'aie soif de votre bien? Vous ne me faites pas tant d'injure; et vous savez que les mauvaises têtes n'ont pas toujours les plus mauvais cœurs. Vous me querellez de ma robe de chambre: vous en avez porté bien d'autres. Ma barbe en pointe ne veut pas dire que je sois un saint-simonien: je respecte trop l'héritage. Vous vous plaignez de mes gilets: voulez-vous qu'on sorte en chemise? Vous me dites que je suis pauvre et que mes amis ne le sont pas : tant mieux pour eux, ce n'est pas ma faute. Vous imaginez qu'ils me gâtent et que leur exemple me rend dédaigneux : je ne le suis que de ce qui m'ennuie, et puisque vous payez mes dettes, vous voyez bien que je n'emprunte pas. Vous me reprochez d'aller en fiacre : c'est que je n'ai pas de voiture. Je prends, dites-vous, en rentrant, ma chandelle chez mon portier : c'est pour ne pas monter sans lumière ; à quoi bon se casser le cou ? Vous voudriez me voir un état : faites-moi nommer premier ministre, et vous verrez comme je ferai mon chemin. Mais quand je serai surnuméraire dans l'entresol d'un avoué, je vous demande ce que j'y apprendrai, sinon que tout est vanité. Vous dites que je joue à la bouillotte : c'est que j'y gagne quand j'ai brelan ; mais soyez sûr que je n'y perds pas plus tôt que je me repens de ma sottise. Ce serait, dites-vous, autre chose si je descendais d'un beau cheval pour entrer dans un bon hôtel : je le crois bien ! vous en parlez à votre aise. Vous ajoutez que vous êtes fier, quoique vous ayez vendu du guingan ; et plût à Dieu que j'en vendisse ! ce serait la preuve que je pourrais en acheter. Pour ma noblesse, elle m'est aussi chère qu'elle peut vous l'être à vous-même ; mais c'est pourquoi je ne m'attelle pas, ni plus que moi les chevaux de pur sang. Tenez ! mon oncle, ou je me trompe, ou vous n'avez pas déjeuné. Vous êtes resté le cœur à jeun sur cette maudite lettre de change ; avalons-la de compagnie ; je vais demander le chocolat.

Il sonne. On sert à déjeuner.

VAN BUCK.

Quel déjeuner ! Le diable m'emporte ! tu vis comme un prince.

VALENTIN.

Eh, que voulez-vous ! quand on meurt de faim, il faut bien tâcher de se distraire.

Ils s'attablent.

VAN BUCK.

Je suis sûr que parce que je me mets là, tu te figures que je te pardonne.

VALENTIN.

Moi ? Pas du tout. Ce qui me chagrine, lorsque vous êtes irrité, c'est qu'il vous échappe malgré vous des expressions d'arrière-boutique. Oui, sans le savoir, vous vous écartez de cette fleur de politesse, qui vous distingue particulièrement ; mais quand ce n'est pas devant témoins, vous comprenez que je ne vais pas le dire.

VAN BUCK.

C'est bon, c'est bon ; il ne m'échappe rien. Mais brisons là, et parlons d'autre chose. Tu devrais bien te marier.

VALENTIN.

Seigneur, mon Dieu! qu'est-ce que vous dites?

VAN BUCK.

Donne-moi à boire. Je dis que tu prends de l'âge et que tu devrais te marier.

VALENTIN.

Mais, mon oncle, qu'est-ce que je vous ai fait?

VAN BUCK.

Tu m'as fait des lettres de change. Mais quand tu ne m'aurais rien fait, qu'a donc le mariage de si effroyable? Voyons, parlons sérieusement. Tu serais, parbleu! bien à plaindre quand on te mettrait ce soir dans les bras une jolie fille bien élevée, avec cinquante mille écus sur la table pour t'égayer demain au réveil! Voyez un peu le grand malheur, et comme il y a de quoi faire l'ombrageux! Tu as des dettes, je te les payerai; une fois marié, tu te rangeras. Mlle de Mantes a tout ce qu'il faut...

VALENTIN.

Mademoiselle de Mantes! Vous plaisantez!

VAN BUCK.

Puisque son nom m'est échappé, je ne plaisante pas. C'est d'elle qu'il s'agit, et si tu veux.

VALENTIN.

Et si elle veut. C'est comme dit la chanson :

> Je sais bien qu'il ne tiendrait qu'à moi
> De l'épouser si elle voulait.

VAN BUCK.

Non; c'est de toi que cela dépend. Tu es agréé, tu lui plais.

VALENTIN.

Je ne l'ai jamais vue de ma vie.

VAN BUCK.

Cela ne fait rien; je te dis que tu lui plais.

VALENTIN.

En vérité?

VAN BUCK.

Je t'en donne ma parole.

VALENTIN.

Eh bien donc! elle me déplaît.

VAN BUCK.

Pourquoi?

VALENTIN.

Par la même raison que je lui plais.

VAN BUCK.

Cela n'a pas le sens commun, de dire que les gens nous déplaisent quand nous ne les connaissons pas.

VALENTIN.

Comme de dire qu'ils nous plaisent. Je vous en prie, ne parlons plus de cela.

VAN BUCK.

Mais, mon ami, en y réfléchissant (donne-moi à boire), il faut faire une fin.

VALENTIN.

Assurément, il faut mourir une fois dans sa vie.

VAN BUCK.

J'entends qu'il faut prendre un parti, et se caser. Que deviendras-tu? Je t'en avertis, un jour ou l'autre, je te laisserai là malgré moi. Je n'entends pas que tu me ruines, et si tu veux être mon héritier, encore faut-il que tu puisses m'attendre. Ton mariage me coûterait, c'est vrai, mais une fois pour toutes, et moins, en somme, que tes folies. Enfin, j'aime mieux me débarrasser de toi; pense à cela : veux-tu une jolie femme, tes dettes payées et vivre en repos?

VALENTIN.

Puisque vous y tenez, mon oncle, et que vous parlez sérieusement, sérieusement je vais vous répondre : prenez du pâté et écoutez-moi.

VAN BUCK.

Voyons, quel est ton sentiment?

VALENTIN.

Sans vouloir remonter bien haut, ni vous lasser par trop de préambules, je commencerai par l'antiquité. Est-il besoin de vous rappeler la manière dont fut traité un homme qui ne l'avait mérité en rien; qui, toute sa vie, fut d'humeur douce, jusqu'à reprendre, même après sa faute, celle qui l'avait si outrageusement trompé? Frère d'ailleurs d'un puissant monarque, et couronné bien mal à propos...

VAN BUCK.

De qui diantre me parles-tu?

VALENTIN.

De Ménélas, mon oncle.

VAN BUCK.

Que le diable t'emporte et moi avec! Je suis bien sot de l'écouter.

VALENTIN.

Pourquoi? Il me semble tout simple...

VAN BUCK.

Maudit gamin! cervelle fêlée! il n'y a pas moyen de te faire dire un mot qui ait le sens commun.
Il se lève.
Allons! Finissons! en voilà assez. Aujourd'hui la jeunesse ne respecte rien.

VALENTIN.

Mon oncle Van Buck, vous allez vous mettre en colère.

VAN BUCK.

Non, monsieur; mais, en vérité, c'est une chose inconcevable. Imagine-t-on qu'un homme de mon âge serve de jouet à un bambin? Me prends-tu pour ton camarade, et faudra-t-il te répéter...

VALENTIN.

Comment! mon oncle, est-il possible que vous n'ayez jamais lu Homère?

VAN BUCK, *se rasseyant.*

Eh bien! Quand je l'aurais lu?

VALENTIN.

Vous me parlez de mariage; il est tout simple que je vous cite le plus grand mari de l'antiquité.

VAN BUCK.

Je me soucie bien de tes proverbes. Veux-tu répondre sérieusement?

VALENTIN.

Soit; trinquons à cœur ouvert; je ne serai compris de vous que si vous voulez bien ne pas m'interrompre. Je ne vous ai pas cité Ménélas pour faire parade de ma science, mais pour ne pas nommer beaucoup d'honnêtes gens. Faut-il m'expliquer sans réserve?

VAN BUCK.

Oui, sur-le-champ, ou je m'en vais.

VALENTIN.

J'avais seize ans, et je sortais du collège, quand une belle dame de notre connaissance me distingua pour la première fois. A cet âge-là, peut-on savoir ce qui est innocent ou criminel? J'étais un soir chez ma maîtresse, au coin du feu, son mari en tiers. Le mari se lève et dit qu'il va sortir. A ce mot, un regard rapide échangé entre ma belle et moi me fait bondir le cœur de joie : nous allions être seuls! Je me retourne, et vois le pauvre homme mettant ses gants. Ils étaient en daim, de couleur verdâtre, trop larges et décousus au pouce. Tandis qu'il y enfonçait ses mains, debout au milieu de la chambre, un imperceptible sourire passa sur le coin des lèvres de la femme, et dessina comme une ombre légère les deux fossettes de ses joues. L'œil d'un amant voit seul de tels sourires, car on les sent plus qu'on ne les voit. Celui-ci m'alla jusqu'à l'âme, et je l'avalai comme un sorbet. Mais, par une bizarrerie étrange, le souvenir de ce moment de délices se lia invinciblement dans ma tête à celui de deux grosses mains rouges se débattant dans des gants verdâtres ; et je ne sais ce que ces mains, dans leur opération confiante, avaient de triste et de piteux, mais je n'y ai jamais pensé depuis sans que le féminin sourire vînt me chatouiller le coin des lèvres, et j'ai juré que jamais femme au monde ne me ganterait de ces gants-là.

VAN BUCK.

C'est-à-dire qu'en franc libertin tu doutes de la vertu des femmes, et que tu as peur que les autres te rendent le mal que tu leur as fait.

VALENTIN.

Vous l'avez dit : j'ai peur du diable, et je ne veux pas être ganté.

VAN BUCK.

Bah ! c'est une idée de jeune homme.

VALENTIN.

Comme il vous plaira ; c'est la mienne ; dans une trentaine d'années, si j'y suis, ce sera une idée de vieillard, car je ne me marierai jamais.

VAN BUCK.

Prétends-tu que toutes les femmes soient fausses, et que tous les maris soit trompés?

VALENTIN.

Je ne prétends rien, et je n'en sais rien. Je prétends, quand je vais dans la rue, ne pas me jeter sous les roues des voitures ; quand je dîne, ne pas manger de merlan ; quand j'ai soif, ne pas boire dans un verre cassé, et, quand je vois une femme, ne pas l'épouser ; et encore je ne suis pas sûr de n'être ni écrasé, ni étranglé, ni brèche-dent, ni...

VAN BUCK.

Fi donc! Mlle de Mantes est sage et bien élevée ; c'est une bonne petite fille.

VALENTIN.

A Dieu ne plaise que j'en dise du mal! Elle est sans doute la meilleure du monde. Elle est bien élevée, dites-vous. Quelle éducation a-t-elle reçue? La conduit-on au bal, au spectacle, aux courses de chevaux? Sort-elle seule en fiacre, le matin, à midi, pour revenir à six heures? A-t-elle une femme de chambre adroite, un escalier dérobé? A-t-elle vu la *Tour de Nesles*, et lit-elle les romans de M. de Balzac? La mène-t-on, après un bon dîner, les soirs d'été, quand le vent est au sud, voir lutter aux Champs-Élysées dix ou douze gaillards nus, aux épaules carrées? A-t-elle pour maître un beau valseur, grave et frisé, au jarret prussien, qui lui serre les doigts quand elle a bu du punch? Reçoit-elle des visites en tête-à-tête, l'après-midi, sur un sofa élastique, sous le demi-jour d'un rideau rose? A-t-elle à sa porte un verrou doré, qu'on pousse du petit doigt en tournant la tête, et sur lequel retombe mollement une tapisserie sourde et muette? Met-elle son gant dans son verre lorsqu'on commence à passer le champagne? Fait-elle semblant d'aller au bal de l'Opéra, pour s'éclipser un quart d'heure, courir chez Musard et revenir bâiller? Lui a-t-on appris, quand Rubini chante, à ne montrer que le blanc de ses yeux, comme une colombe amoureuse? Passe-t-elle l'été à la campagne chez une amie pleine d'expérience, qui en répond à sa famille, et qui, le soir, la laisse au piano pour se promener sous les charmilles en chuchotant avec un hussard? Va-t-elle aux eaux? A-t-elle des migraines?

VAN BUCK.

Jour de Dieu! qu'est-ce que tu dis là?

VALENTIN.

C'est que, si elle ne sait rien de tout cela, on ne lui a pas appris grand'-chose; car, dès qu'elle sera femme, elle le saura, et alors, qui peut rien prévoir?

VAN BUCK.

Tu as de singulières idées sur l'éducation des femmes. Voudrais-tu qu'on les suivît?

VALENTIN.

Non; mais je voudrais qu'une jeune fille fût une herbe dans un bois, et non une plante dans une caisse. Allons! mon oncle, venez aux Tuileries, et ne parlons plus de tout cela.

VAN BUCK.

Tu refuses Mlle de Mantes?

VALENTIN.

Pas plus qu'une autre, mais ni plus ni moins.

VAN BUCK.

Tu me feras damner; tu es incorrigible. J'avais les plus belles espérances; cette fille-là sera très riche un jour. Tu me ruineras et tu iras au diable; voilà tout ce qui arrivera. — Qu'est-ce que c'est? Qu'est-ce que tu veux?

VALENTIN.

Vous donner votre canne et votre chapeau, pour prendre l'air si cela vous convient.

VAN BUCK.

Je me soucie bien de prendre l'air! Je te déshérite si tu refuses de te marier.

ŒUVRES D'ALFRED DE MUSSET

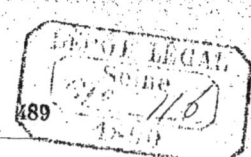

IL NE FAUT JURER DE RIEN. Page 493.

Bibl. Charpentier. LIV. 194.

VALENTIN.

Vous me déshéritez, mon oncle?

VAN BUCK.

Oui, par le ciel! j'en fais serment! Je serai aussi obstiné que toi, et nous verrons qui des deux cédera.

VALENTIN.

Vous me déshéritez par écrit, ou seulement de vive voix?

VAN BUCK.

Par écrit, insolent que tu es.

VALENTIN.

Et à qui laisserez-vous votre bien? Vous fonderez donc un prix de vertu ou un concours de grammaire latine?

VAN BUCK.

Plutôt que de me laisser ruiner par toi, je me ruinerai tout seul et à mon plaisir.

VALENTIN.

Il n'y a plus de loterie ni de jeu; vous ne pourrez jamais tout boire.

VAN BUCK.

Je quitterai Paris; je retournerai à Anvers; je me marierai moi-même, s'il le faut, et je te ferai six cousins germains.

VALENTIN.

Et moi, je m'en irai à Alger; je me ferai trompette de dragons, j'épouserai une Éthiopienne, et je vous ferai vingt-quatre petits-neveux noirs comme de l'encre et bêtes comme des pots.

VAN BUCK.

Jour de ma vie! si je prends ma canne...

VALENTIN.

Tout beau, mon oncle; prenez garde, en frappant, de casser votre bâton de vieillesse.

VAN BUCK, l'embrassant.

Ah! malheureux! tu abuses de moi.

VALENTIN.

Écoutez-moi : le mariage me répugne; mais pour vous, mon bon oncle, je me déciderai à tout. Quelque bizarre que puisse vous sembler ce que je vais vous proposer, promettez-moi d'y souscrire sans réserve, et, de mon côté, j'engage ma parole.

VAN BUCK.

De quoi s'agit-il? dépêche-toi.

VALENTIN.

Promettez-moi d'abord, je parlerai ensuite.

VAN BUCK.

Je ne le puis sans rien savoir.

VALENTIN.

Il le faut, mon oncle; c'est indispensable.

VAN BUCK.

Eh bien! soit, je te le promets.

VALENTIN.

Si vous voulez que j'épouse Mlle de Mantes, il n'y a pour cela qu'un moyen : c'est de me donner la certitude qu'elle ne me mettra jamais aux mains la paire de gants dont nous parlions.

VAN BUCK.

Et que veux-tu que j'en sache?

VALENTIN.

Il y a pour cela des probabilités qu'on peut calculer aisément. Convenez-vous que, si j'avais l'assurance qu'on peut la séduire en huit jours, j'aurais grand tort de l'épouser?

VAN BUCK.

Certainement. Quelle apparence...

VALENTIN.

Je ne vous demande pas un plus long délai. La baronne ne m'a jamais vu, non plus que sa fille; vous allez faire atteler, et vous irez leur faire visite. Vous leur direz qu'à votre grand regret, votre neveu reste garçon : j'arriverai au château une heure après vous, et vous aurez soin de ne pas me reconnaître; voilà tout ce que je vous demande; le reste ne regarde que moi.

VAN BUCK.

Mais tu m'effrayes. Qu'est-ce que tu veux faire? A quel titre te présenter?

VALENTIN.

C'est mon affaire; ne me reconnaissez pas, voilà tout ce dont je vous charge. Je passerai huit jours au château; j'ai besoin d'air, et cela me fera du bien. Vous y resterez si vous voulez.

VAN BUCK.

Deviens-tu fou? et que prétends-tu faire? Séduire une jeune fille en huit jours? Faire le galant sous un nom supposé? La belle trouvaille! il n'y a pas de conte de fées où ces niaiseries ne soient rebattues. Me prends-tu pour un oncle du Gymnase?

VALENTIN.

Il est deux heures, allez-vous-en chez vous.
Ils sortent.

SCÈNE II
Au château.

LA BARONNE, CÉCILE, UN ABBÉ, UN MAITRE DE DANSE. — La baronne, assise, cause avec l'abbé en faisant de la tapisserie. Cécile prend sa leçon de danse.

LA BARONNE.

C'est une chose assez singulière que je ne trouve pas mon peloton bleu.

L'ABBÉ.

Vous le teniez il y a un quart d'heure; il aura roulé quelque part.

LE MAITRE DE DANSE.

Si mademoiselle veut encore faire la poule, nous nous reposerons après cela.

CÉCILE.

Je veux apprendre la valse à deux temps.

LE MAITRE DE DANSE.

Madame la baronne s'y oppose. Ayez la bonté de tourner la tête, et de me faire des oppositions.

L'ABBÉ.

Que pensez-vous, Madame, du dernier sermon? ne l'avez-vous pas entendu?

LA BARONNE.

C'est vert et rose, sur fond noir, pareil au petit meuble d'en haut.

L'ABBÉ.

Plaît-il?

LA BARONNE.

Ah! pardon, je n'y étais pas.

L'ABBÉ.

J'ai cru vous y apercevoir.

LA BARONNE.

Où donc?

L'ABBÉ.

A Saint-Roch, dimanche dernier.

LA BARONNE.

Mais oui, très bien. Tout le monde pleurait; le baron ne faisait que se moucher. Je m'en suis allée à la moitié, parce que ma voisine avait des odeurs, et que je suis en ce moment-ci entre les bras des homéopathes.

LE MAITRE DE DANSE.

Mademoiselle, j'ai beau vous le dire, vous ne faites pas d'oppositions. Détournez donc légèrement la tête, et arrondissez-moi les bras.

CÉCILE.

Mais, Monsieur, quand on ne veut pas tomber, il faut bien regarder devant soi.

LE MAITRE DE DANSE.

Fi donc! c'est une chose horrible. Tenez, voyez; y a-t-il rien de plus simple? Regardez-moi; est-ce que je tombe? Vous allez à droite, vous regardez à gauche; vous allez à gauche, vous regardez à droite; il n'y a rien de plus naturel.

LA BARONNE.

C'est une chose inconcevable que je ne trouve plus mon peloton bleu.

CÉCILE.

Maman, pourquoi ne voulez-vous donc pas que j'apprenne la valse à deux temps?

LA BARONNE.

Parce que c'est indécent. — Avez-vous lu *Jocelyn*?

L'ABBÉ.

Oui, Madame; il y a de beaux vers; mais le fond, je vous l'avouerai...

LA BARONNE.

Le fond est noir; tout le petit meuble l'est; vous verrez cela sur du palissandre.

CÉCILE.

Mais, maman, miss Clary valse bien, et mesdemoiselles de Raimbaut aussi.

LA BARONNE.

Miss Clary est Anglaise, Mademoiselle. Je suis sûre, l'abbé, que vous êtes assis dessus.

L'ABBÉ.

Moi, Madame, sur miss Clary?

LA BARONNE.

Eh! c'est mon peloton, le voilà. Non, c'est du rouge, où est-il passé?

L'ABBÉ.

Je trouve la scène de l'évêque fort belle; il y a certainement du génie, beaucoup de talent et de facilité.

CÉCILE.

Mais, maman, de ce qu'on est Anglaise, pourquoi est-ce décent de valser?

LA BARONNE.

Il y a aussi un roman que j'ai lu, qu'on m'a envoyé de chez Mongie. Je ne sais plus le nom, ni de qui c'était. L'avez-vous lu? C'est assez bien écrit.

L'ABBÉ.

Oui, Madame. Il semble qu'on ouvre la grille. Attendez-vous quelque visite?

LA BARONNE.

Ah! c'est vrai; Cécile, écoutez.

LE MAITRE DE DANSE.

Madame la baronne veut vous parler, Mademoiselle.

L'ABBÉ.

Je ne vois pas entrer de voiture; ce sont des chevaux qui vont sortir.

CÉCILE, s'approchant.

Vous m'avez appelée, maman?

LA BARONNE.

Non. Ah! oui. Il va venir quelqu'un; baissez-vous donc que je vous parle à l'oreille. — C'est un parti. Êtes-vous coiffée?

CÉCILE.

Un parti?

LA BARONNE.

Oui, très convenable. Vingt-cinq à trente ans, ou plus jeune; — non, je ne sais rien; très bien; allez danser.

CÉCILE.

Mais, maman, je voulais vous dire.

LA BARONNE.

C'est incroyable où est allé ce peloton. Je n'en ai qu'un de bleu, et il faut qu'il s'envole.

Entre Van Buck.

VAN BUCK.

Madame la baronne, je vous souhaite le bonjour. Mon neveu n'a pu venir avec moi; il m'a chargé de vous présenter ses regrets, et d'excuser son manque de parole.

LA BARONNE.

Ah bah! vraiment il ne vient pas? Voilà ma fille qui prend sa leçon; permettez-vous qu'elle continue? Je l'ai fait descendre, parce que c'est trop petit chez elle.

VAN BUCK.

J'espère bien ne déranger personne. Si mon écervelé de neveu...

LA BARONNE.

Vous ne voulez pas boire quelque chose? Asseyez-vous donc. Comment allez-vous?

VAN BUCK.

Mon neveu, Madame, est bien fâché...

LA BARONNE.

Écoutez donc que je vous dise. L'abbé, vous nous restez, pas vrai? Eh bien! Cécile, qu'est-ce qui t'arrive?

LE MAITRE DE DANSE.

Mademoiselle est lasse, Madame.

LA BARONNE.

Chansons! si elle était au bal et qu'il fût quatre heures du matin, elle ne serait pas lasse, c'est clair comme le jour. — Dites-moi donc, vous,
Bas à Van Buck.
est-ce que c'est manqué?

VAN BUCK.

J'en ai peur; et s'il faut tout dire...

LA BARONNE.

Ah bah! il refuse! Eh bien! c'est joli!

VAN BUCK.

Mon Dieu, Madame, n'allez pas croire qu'il y ait là de ma faute en rien. Je vous jure bien par l'âme de mon père...

LA BARONNE.

Enfin, il refuse, pas vrai? C'est manqué?

VAN BUCK.

Mais, Madame, si je pouvais sans mentir...
On entend un grand tumulte au dehors.

LA BARONNE.

Qu'est-ce que c'est? regardez donc, l'abbé.

L'ABBÉ.

Madame, c'est une voiture versée devant la porte du château. On apporte ici un jeune homme qui semble privé de sentiment.

LA BARONNE.

Ah! mon Dieu! un mort qui m'arrive! Qu'on arrange vite la chambre verte. Venez, Van Buck, donnez-moi le bras.

Ils sortent.

ACTE DEUXIÈME

SCÈNE Ire

Une allée sous une charmille.

Entrent VAN BUCK ET VALENTIN, qui a le bras en écharpe.

VAN BUCK.

Est-il possible, malheureux garçon, que tu te sois réellement démis le bras?

VALENTIN.

Il n'y a rien de plus possible; c'est même probable, et, qui pis est, assez douloureusement réel.

VAN BUCK.

Je ne sais lequel, dans cette affaire, est le plus à blâmer de nous deux. Vit-on jamais pareille extravagance!

VALENTIN.

Il fallait bien trouver un prétexte pour m'introduire convenablement. Quelle raison voulez-vous qu'on ait de se présenter ainsi incognito à une famille respectable? J'avais donné un louis à mon postillon en lui demandant sa parole de me verser devant le château. C'est un honnête homme, il n'y a rien à lui dire, et son argent est parfaitement gagné : il a mis sa roue dans le fossé avec une constance héroïque. Je me suis démis le bras, c'est ma faute, mais j'ai versé, et je ne me plains pas. Au contraire, j'en suis bien aise; cela donne aux choses un air de vérité qui intéresse en ma faveur.

VAN BUCK.

Que vas-tu faire? et quel est ton dessein?

VALENTIN.

Je ne viens pas du tout ici pour épouser Mlle de Mantes, mais uniquement pour vous prouver que j'aurais tort de l'épouser. Mon plan est fait, ma batterie pointée, et jusqu'ici tout va à merveille. Vous avez tenu votre promesse comme Régulus ou Hernani. Vous ne m'avez pas appelé mon neveu, c'est le principal et le plus difficile; me voilà reçu, hébergé,

IL NE FAUT JURER DE RIEN.

couché dans une belle chambre verte, de la fleur d'oranger sur ma table, et des rideaux blancs à mon lit. C'est une justice à rendre à votre baronne, elle m'a aussi bien recueilli que mon postillon m'a versé. Maintenant il s'agit de savoir si tout le reste ira à l'avenant. Je compte d'abord faire ma déclaration, secondement écrire un billet...

VAN BUCK.

C'est inutile, je ne souffrirai pas que cette mauvaise plaisanterie s'achève.

VALENTIN.

Vous dédire! Comme vous voudrez; je me dédis aussi sur-le-champ.

VAN BUCK.

Mais, mon neveu...

VALENTIN.

Dites un mot, je reprends la poste et retourne à Paris; plus de parole, plus de mariage; vous me déshériterez si vous voulez.

VAN BUCK

C'est un guêpier incompréhensible, et il est inouï que je sois fourré là. Mais enfin voyons, explique-toi!

VALENTIN.

Songez, mon oncle, à notre traité. Vous m'avez dit et accordé que, s'il était prouvé que ma future devait me ganter de certains gants, je serais un fou d'en faire ma femme. Par conséquent, l'épreuve étant admise, vous trouverez bon, juste et convenable qu'elle soit aussi complète que possible. Ce que je dirai sera bien dit, ce que j'essayerai, bien essayé; et ce que je pourrai faire, bien fait : vous ne me chercherez pas chicane, et j'ai carte blanche en tout cas.

VAN BUCK.

Mais, Monsieur, il y a pourtant de certaines bornes, de certaines choses... — Je vous prie de remarquer que, si vous allez vous prévaloir... — Miséricorde! comme tu y vas!

VALENTIN.

Si notre future est telle que vous la croyez et que vous me l'avez représentée, il n'y a pas le moindre danger, et elle ne peut que s'en trouver plus digne. Figurez-vous que je suis le premier venu; je suis amoureux de Melle de Mantes, vertueuse épouse de Valentin Van Buck; songez comme la jeunesse du jour est entreprenante et hardie! que ne fait-on pas, d'ailleurs, quand on aime? Quelles escalades, quelles lettres de quatre pages, quels torrents de larmes, quels cornets de dragées! Devant quoi recule un amant? De quoi peut-on lui demander compte? Quel mal fait-il, et de quoi s'offenser? il aime, ô mon oncle Van Buck! rappelez-vous le temps où vous aimiez.

VAN BUCK.

De tout temps j'ai été décent, et j'espère que vous le serez, sinon je dis tout à la baronne.

VALENTIN.

Je ne compte rien faire qui puisse choquer personne. Je compte d'abord faire ma déclaration ; secondement, écrire plusieurs billets ; troisièmement, gagner la fille de chambre ; quatrièmement, rôder dans les petits coins ; cinquièmement, prendre l'empreinte des serrures avec de la cire à cacheter ; sixièmement, faire une échelle de cordes, et couper les vitres avec ma bague ; septièmement, me mettre à genoux par terre en récitant la *Nouvelle Héloïse* ; et huitièmement, si je ne réussis pas, m'aller noyer dans la pièce d'eau. Mais je vous jure d'être décent, et de ne pas dire un seul gros mot, ni rien qui blesse les convenances.

VAN BUCK.

Tu es un roué et un impudent ; je ne souffrirai rien de pareil.

VALENTIN.

Mais pensez donc que tout ce que je vous dis là, dans quatre ans d'ici un autre le fera, si j'épouse Mlle de Mantes ; et comment voulez-vous que je sache de quelle résistance elle est capable, si je ne l'ai d'abord essayé moi-même? Un autre tentera bien plus encore, et aura devant lui un bien autre délai ; en ne demandant que huit jours, j'ai fait un acte de grande humilité.

VAN BUCK.

C'est un piège que tu m'as tendu ; jamais je n'ai prévu cela.

VALENTIN.

Et que pensiez-vous donc prévoir quand vous avez accepté la gageure?

VAN BUCK.

Mais, mon ami, je pensais, je croyais, — je croyais que tu allais faire ta cour... mais poliment... à cette jeune personne, comme, par exemple, de lui... de lui dire... Ou si par hasard... et encore je n'en sais rien... Mais que diable! tu es effrayant.

VALENTIN.

Tenez! voilà la blanche Cécile qui nous arrive à petits pas. Entendez-vous craquer le bois sec? La mère tapisse avec son abbé. Vite, fourrez-vous dans la charmille. Vous serez témoin de la première escarmouche, et vous m'en direz votre avis.

VAN BUCK.

Tu l'épouseras si elle te reçoit mal?

Il se cache dans la charmille.

VALENTIN.

Laissez-moi faire, et ne bougez pas. Je suis ravi de vous avoir pour spectateur, et l'ennemi détourne l'allée. Puisque vous m'avez appelé fou, je veux vous montrer qu'en fait d'extravagances, les plus fortes sont les meilleures. Vous allez voir, avec un peu d'adresse, ce que rapportent les blessures honorables reçues pour plaire à la beauté. Considérez cette démarche pensive, et faites-moi la grâce de me dire si ce bras estropié ne me sied pas. Eh! que voulez-vous! c'est qu'on est pâle; il n'y a au monde que cela :
Un jeune malade à pas lents...
Surtout pas de bruit; voici l'instant critique; respectez la foi des serments. Je vais m'asseoir au pied d'un arbre, comme un pasteur des temps passés.

Entre Cécile, un livre à la main.

VALENTIN.

Déjà levée, Mademoiselle, et seule à cette heure dans le bois?

CÉCILE.

C'est vous, Monsieur? je ne vous reconnaissais pas. Comment se porte votre foulure?

VALENTIN, à part.

Foulure! voilà un vilain mot.
Haut.
C'est trop de grâce que vous me faites, et il y a de certaines blessures qu'on ne sent jamais qu'à demi.

CÉCILE.

Vous a-t-on servi à déjeuner?

VALENTIN.

Vous êtes trop bonne; de toutes les vertus de votre sexe, l'hospitalité est la moins connue, et on ne la trouve nulle part aussi douce, aussi précieuse que chez vous; et si l'intérêt qu'on m'y témoigne...

CÉCILE.

Je vais dire qu'on vous monte un bouillon.
Elle sort.

VAN BUCK, rentrant.

Tu l'épouseras! tu l'épouseras! Avoue qu'elle a été parfaite. Quelle naïveté! quelle pudeur divine! On ne peut pas faire un meilleur choix.

VALENTIN.

Un moment, mon oncle, un moment; vous allez bien vite en besogne.

VAN BUCK.

Pourquoi pas? il n'en faut pas plus; tu vois clairement à qui tu as affaire, et ce sera toujours de même. Que tu seras heureux avec cette femme-là! Allons tout dire à la baronne; je me charge de l'apaiser.

VALENTIN.

Bouillon! Comment une jeune fille peut-elle prononcer ce mot-là? Elle me déplaît; elle est laide et sotte. Adieu, mon oncle, je retourne à Paris.

VAN BUCK.

Plaisantez-vous? où est votre parole? Est-ce ainsi qu'on se joue de moi? Que signifient ces yeux baissés, et cette contenance défaite? Est-ce à dire que vous me prenez pour un libertin de votre espèce, et que vous vous servez de ma folle complaisance comme d'un manteau pour vos méchants desseins? N'est-ce donc vraiment qu'une séduction que vous venez tenter ici sous le masque de cette épreuve? Jour de Dieu! si je le croyais!...

VALENTIN.

Elle me déplaît, ce n'est pas ma faute, et je n'en ai pas répondu.

VAN BUCK.

En quoi peut-elle vous déplaire? Elle est jolie, ou je ne m'y connais pas. Elle a les yeux longs et bien fendus, des cheveux superbes, une taille passable. Elle est parfaitement bien élevée; elle sait l'anglais et l'italien; elle aura trente mille livres de rente, et, en attendant, une très belle dot. Quel reproche pouvez-vous lui faire, et pour quelle raison n'en voulez-vous pas?

VALENTIN.

Il n'y a jamais de raison à donner pourquoi les gens plaisent ou déplaisent. Il est certain qu'elle me déplaît, elle, sa foulure et son bouillon.

VAN BUCK.

C'est votre amour-propre qui souffre. Si je n'avais pas été là, vous seriez venu me faire cent contes sur votre premier entretien, et vous targuer de belles espérances. Vous vous étiez imaginé faire sa conquête en un clin d'œil, et c'est là que le bât vous blesse. Elle vous plaisait hier au soir, quand vous ne l'aviez encore qu'entrevue, et qu'elle s'empressait avec sa mère à vous soigner de votre sot accident. Maintenant vous la trouvez laide, parce qu'elle fait à peine attention à vous. Je vous connais mieux que vous ne pensez, et je ne céderai pas si vite. Je vous défends de vous en aller.

VALENTIN.

Comme vous voudrez. Je ne veux pas d'elle; je vous répète que je la trouve laide; elle a un air niais qui est révoltant. Ses yeux sont grands, c'est vrai, mais ils ne veulent rien dire; ses cheveux sont beaux, mais elle a le front plat; quant à la taille, c'est peut-être ce qu'elle a de mieux, quoique vous ne la trouviez que passable. Je la félicite de savoir l'italien, elle y a peut-être plus d'esprit qu'en français; pour ce qui est de sa dot, qu'elle la garde, je n'en veux pas plus que de son bouillon.

VAN BUCK.

A-t-on idée d'une pareille tête, et peut-on s'attendre à rien de semblable? Va, va! ce que je disais hier n'est que la pure vérité. Tu n'es capable que de rêver de balivernes, et je ne veux plus m'occuper de toi. Épouse une blanchisseuse si tu veux. Puisque tu refuses ta fortune, lorsque tu l'as entre les mains, que le hasard décide du reste; cherche-le au fond de tes cornets. Dieu m'est témoin que ma patience a été telle, depuis trois ans, que nul autre peut-être à ma place...

VALENTIN.

Est-ce que je me trompe? Regardez donc, mon oncle, il me semble qu'elle revient par ici. Oui, je l'aperçois entre les arbres; elle va repasser dans le taillis.

VAN BUCK.

Où donc? quoi? qu'est-ce que tu dis?

VALENTIN.

Ne voyez-vous pas une robe blanche derrière ces touffes de lilas? Je ne me trompe pas, c'est bien elle. Vite, mon oncle, entrez dans la charmille, qu'on ne nous surprenne pas ensemble.

VAN BUCK.

A quoi bon, puisqu'elle te déplaît?

VALENTIN.

Il n'importe, je veux l'aborder, pour que vous ne puissiez pas dire que je l'ai jugée trop légèrement.

VAN BUCK.

Tu l'épouseras si elle persévère?
Il se cache de nouveau.

VALENTIN.

Chut! pas de bruit; la voici qui arrive.

CÉCILE, entrant.

Monsieur, ma mère m'a chargée de vous demander si vous comptiez partir aujourd'hui?

VALENTIN.

Oui, Mademoiselle, c'est mon intention, et j'ai demandé des chevaux.

CÉCILE.

C'est qu'on fait un whist au salon, et que ma mère vous serait bien obligée si vous vouliez faire le quatrième.

VALENTIN.

J'en suis fâché, mais je ne sais pas jouer.

CÉCILE.

Et si vous vouliez rester à dîner, nous avons un faisan truffé.

VALENTIN.

Je vous remercie; je n'en mange pas.

CÉCILE.

Après dîner, il nous vient du monde, et nous danserons la mazourke.

VALENTIN.

Excusez-moi, je ne danse jamais.

CÉCILE.

C'est bien dommage. Adieu, Monsieur.
Elle sort.

VAN BUCK, rentrant.

Ah çà! voyons, l'épouseras-tu? Qu'est-ce que tout cela signifie? Tu dis que tu as demandé des chevaux : est-ce que c'est vrai? ou si tu te moques de moi?

VALENTIN.

Vous aviez raison, elle est agréable; je la trouve mieux que la première fois; elle a un petit signe au coin de la bouche que je n'avais pas remarqué.

VAN BUCK.

Où vas-tu? Qu'est-ce qui t'arrive? Veux-tu me répondre sérieusement?

VALENTIN.

Je ne vais nulle part, je me promène avec vous. Est-ce que vous la trouvez mal faite?

VAN BUCK.

Moi? Dieu m'en garde! je la trouve complète en tout.

VALENTIN.

Il me semble qu'il est bien matin pour jouer au whist; y jouez-vous, mon oncle? Vous devriez rentrer au château.

VAN BUCK.

Certainement, je devrais y rentrer; j'attends que vous daigniez me répondre. Restez-vous ici, oui ou non?

VALENTIN.

Si je reste, c'est pour notre gageure, je n'en voudrais pas avoir le démenti; mais ne comptez sur rien jusqu'à tantôt; mon bras malade me met au supplice.

VAN BUCK.

Rentrons; tu te reposeras.

VALENTIN.

Oui, j'ai envie de prendre ce bouillon qui est là-haut; il faut que j'écrive; je vous reverrai à dîner.

VAN BUCK.

Écrire! j'espère que ce n'est pas à elle que tu écriras.

VALENTIN.

Si je lui écris, c'est pour notre gageure. Vous savez que c'est convenu.

VAN BUCK.

Je m'y oppose formellement, à moins que tu ne me montres ta lettre.

VALENTIN.

Tant que vous voudrez. Je vous dis et je vous répète qu'elle me plaît médiocrement.

VAN BUCK.

Quelle nécessité de lui écrire? Pourquoi ne lui as-tu pas fait tout à l'heure ta déclaration de vive voix, comme tu te l'étais promis?

VALENTIN.

Pourquoi?

VAN BUCK.

Sans doute; qu'est-ce qui t'en empêchait? Tu avais le plus beau courage du monde.

VALENTIN.

C'est que mon bras me faisait souffrir. Tenez! la voilà qui repasse une troisième fois; la voyez-vous là-bas dans l'allée?

VAN BUCK.

Elle tourne autour de la plate-bande, et la charmille est circulaire. Il n'y a rien là que de très convenable.

VALENTIN.

Ah! coquette fille! c'est autour du feu qu'elle tourne, comme un papillon ébloui. Je veux jeter cette pièce à pile ou face pour savoir si je l'aimerai.

VAN BUCK.

Tâche donc qu'elle t'aime auparavant; le reste est le moins difficile.

VALENTIN.

Soit. Regardons-la bien tous les deux. Elle va passer entre ces deux touffes d'arbres. Si elle tourne la tête de notre côté, je l'aime; sinon, je m'en vais à Paris.

VAN BUCK.

Gageons qu'elle ne se retourne pas.

IL NE FAUT JURER DE RIEN. Page 507.

VALENTIN.

Oh, que si! Ne la perdons pas de vue.

VAN BUCK.

Tu as raison. — Non, pas encore : elle paraît lire attentivement.

VALENTIN.

Je suis sûr qu'elle va se retourner.

VAN BUCK.

Non, elle avance; la touffe d'arbres approche. Je suis convaincu qu'elle n'en fera rien.

VALENTIN.

Elle doit pourtant nous voir, rien ne nous cache; je vous dis qu'elle se retournera.

VAN BUCK.

Elle a passé. Tu as perdu.

VALENTIN.

Je vais lui écrire, ou que le ciel m'écrase! Il faut que je sache à quoi m'en tenir. C'est incroyable qu'une petite fille traite les gens aussi légèrement. Pure hypocrisie! pur manège! Je vais lui dépêcher un billet en règle; je lui dirai que je meurs d'amour pour elle, que je me suis cassé le bras pour la voir, que si elle me repousse, je me brûle la cervelle, et que si elle veut de moi, je l'enlève demain matin. Venez, rentrons, je veux écrire devant vous.

VAN BUCK.

Tout beau, mon neveu! quelle mouche vous pique? Vous nous ferez quelque mauvais tour ici.

VALENTIN.

Croyez-vous donc que deux mots en l'air puissent signifier quelque chose? Que lui ai-je dit que d'indifférent, et que m'a-t-elle dit elle-même? Il est tout simple qu'elle ne se retourne pas. Elle ne sait rien, et je n'ai rien su lui dire. Je ne suis qu'un sot, si vous voulez; il est possible que je me pique d'orgueil et que mon amour-propre soit en jeu. Belle ou laide, peu m'importe, je veux voir clair dans son âme. Il a là-dessous quelque ruse, quelque parti pris que nous ignorons; laissez-moi faire, tout s'éclaircira.

VAN BUCK.

Le diable m'emporte! tu parles en amoureux. Est-ce que tu le serais, par hasard?

VALENTIN.

Non; je vous ai dit qu'elle me déplaît. Faut-il vous rebattre cent fois la même chose? Dépêchons-nous, rentrons au château.

VAN BUCK.

Je vous ai dit que je ne veux pas de lettre, et surtout de celle dont vous parlez.

VALENTIN.

Venez toujours, nous nous déciderons.
Ils sortent.

SCÈNE II
Un salon.

LA BARONNE ET L'ABBÉ devant une table de jeu préparée.

LA BARONNE.

Vous direz ce que vous voudrez, c'est désolant de jouer avec un mort. Je déteste la campagne à cause de cela.

L'ABBÉ.

Mais où est donc M. Van Buck ? est-ce qu'il n'est pas encore descendu ?

LA BARONNE.

Je l'ai vu tout à l'heure dans le parc avec ce monsieur de la chaise, qui, par parenthèse, n'est guère poli de ne pas vouloir nous rester à dîner.

L'ABBÉ.

S'il a des affaires pressées...

LA BARONNE.

Bah ! des affaires, tout le monde en a. La belle excuse ! Si on ne pensait qu'aux affaires, on ne serait jamais à rien. Tenez ! l'abbé, jouons au piquet ; je me sens d'une humeur massacrante.

L'ABBÉ, mêlant les cartes.

Il est certain que les jeunes gens du jour ne se piquent pas d'être polis.

LA BARONNE.

Polis ! je crois bien. Est-ce qu'ils s'en doutent ? et qu'est-ce que c'est que d'être poli ? Mon cocher est poli. De mon temps, l'abbé, on était galant.

L'ABBÉ.

C'était le bon, madame la baronne, et plût au ciel que j'y fusse né !

LA BARONNE.

J'aurais voulu voir que mon frère, qui était à Monsieur, tombât de carrosse à la porte d'un château, et qu'on l'y eût gardé à coucher. Il aurait plutôt perdu sa fortune que de refuser de faire un quatrième. Tenez ! ne

parlons plus de ces choses-là. C'est à vous de prendre ; vous n'en laissez pas ?
L'ABBÉ.

Je n'ai pas un as ; voilà M. Van Buck.
Entre Van Buck.
LA BARONNE.

Continuons ; c'est à vous de parler.
VAN BUCK, bas à la baronne

Madame, j'ai deux mots à vous dire qui sont de la dernière importance.
LA BARONNE.

Eh bien ! après le marqué.
L'ABBÉ.

Cinq cartes, valant quarante-cinq.
LA BARONNE.

Cela ne vaut pas.
A Van Buck.
Qu'est-ce donc ?
VAN BUCK.

Je vous supplie de m'accorder un moment ; je ne puis parler devant un tiers, et ce que j'ai à vous dire ne souffre aucun retard.
LA BARONNE, se levant.

Vous me faites peur ; de quoi s'agit-il ?
VAN BUCK.

Madame, c'est une grave affaire, et vous allez peut-être vous fâcher contre moi. La nécessité me force de manquer à une promesse que mon imprudence m'a fait accorder. Le jeune homme à qui vous avez donné l'hospitalité cette nuit est mon neveu.
LA BARONNE.

Ah bah ! quelle idée !
VAN BUCK.

Il désirait approcher de vous sans être connu ; je n'ai pas cru mal faire en me prêtant à une fantaisie qui en pareil cas n'est pas nouvelle.
LA BARONNE.

Ah ! mon Dieu ! j'en ai vu bien d'autres !
VAN BUCK.

Mais je dois vous avertir qu'à l'heure qu'il est, il vient d'écrire à Mlle de Mantes, et dans les termes les moins retenus. Ni mes menaces ni mes prières n'ont pu le dissuader de sa folie ; et un de vos gens, je le dis à regret, s'est chargé de remettre le billet à son adresse. Il s'agit d'une déclaration d'amour, et je dois ajouter, des plus extravagantes.

LA BARONNE.

Vraiment? eh bien? ce n'est pas si mal. Il a de la tête, votre petit bonhomme.

VAN BUCK.

Jour de Dieu! je vous en réponds! ce n'est pas d'hier que j'en sais quelque chose. Enfin, Madame, c'est à vous d'aviser aux moyens de détourner les suites de cette affaire. Vous êtes chez vous; et, quant à moi, je vous avouerai que je suffoque et que les jambes vont me manquer. Ouf!
Il tombe dans une chaise.

LA BARONNE.

Ah ciel! qu'est-ce que vous avez donc! Vous êtes pâle comme un linge! Vite! racontez-moi tout ce qui s'est passé, et faites-moi confidence entière.

VAN BUCK.

Je vous ai tout dit : je n'ai rien à ajouter.

LA BARONNE.

Ah bah! ce n'est que ça? Soyez donc sans crainte : si votre neveu a écrit à Cécile, la petite me montrera le billet.

VAN BUCK.

En êtes-vous sûre, baronne? Cela est dangereux.

LA BARONNE.

Belle question! Où en serions-nous si une fille ne montrait pas à sa mère une lettre qu'on lui écrit?

VAN BUCK.

Hum! je n'en mettrais pas ma main au feu.

LA BARONNE.

Qu'est-ce à dire, monsieur Van Buck? Savez-vous à qui vous parlez? Dans quel monde avez-vous vécu pour élever un pareil doute? Je ne sais pas trop comme on fait aujourd'hui, ni de quel train va votre bourgeoisie; mais, vertu de ma vie! en voilà assez; j'aperçois justement ma fille, et vous verrez qu'elle m'apporte sa lettre. Venez, l'abbé, continuons.
Elle se remet au jeu. — Entre Cécile, qui va à la fenêtre, prend son ouvrage et s'assoit à l'écart.

L'ABBÉ.

Quarante-cinq ne valent pas?

LA BARONNE.

Non, vous n'avez rien; quatorze d'as, six et quinze, c'est quatre-vingt-quinze. A vous de jouer.

L'ABBÉ.

Trèfle. Je crois que je suis capot.

VAN BUCK, bas à la baronne.

Je ne vois pas que Mlle Cécile vous fasse encore de confidence...

LA BARONNE, bas à Van Buck.

Vous ne savez ce que vous dites; c'est l'abbé qui la gêne; je suis sûre d'elle comme de moi. Je fais repic seulement. Cent, et dix-sept de reste. A vous à faire.

UN DOMESTIQUE, entrant.

Monsieur l'abbé, on vous demande, c'est le sacristain et le bedeau du village.

L'ABBÉ.

Qu'est-ce qu'ils me veulent? je suis occupé.

LA BARONNE.

Donnez vos cartes à Van Buck; il jouera ce coup-ci pour vous.

L'abbé sort. Van Buck prend sa place.

LA BARONNE.

C'est vous qui faites, et j'ai coupé. Vous êtes marqué, selon toute apparence. Qu'est-ce que vous avez donc dans les doigts?

VAN BUCK, bas.

Je vous confesse que je ne suis pas tranquille : votre fille ne dit mot, et je ne vois pas mon neveu.

LA BARONNE.

Je vous dis que j'en réponds; c'est vous qui la gênez; je la vois d'ici qui me fait des signes.

VAN BUCK.

Vous croyez? moi je ne vois rien.

LA BARONNE.

Cécile, venez donc un peu ici; vous vous mettez à une lieue.

Cécile approche son fauteuil.

Est-ce que vous n'avez rien à me dire, ma chère?

CÉCILE.

Moi! Non, maman.

LA BARONNE.

Ah bah! Je n'ai que quatre cartes, Van Buck; le point est à vous. J'ai trois valets.

VAN BUCK.

Voulez-vous que je vous laisse seules?

LA BARONNE.

Non; restez donc, ça ne fait rien. Cécile, tu peux parler devant monsieur.

CÉCILE.

Moi, maman? je n'ai rien de secret à dire.

LA BARONNE.

Vous n'avez pas à me parler?

CÉCILE.

Non, maman.

LA BARONNE.

C'est inconcevable; qu'est-ce que vous venez donc me conter, Van Buck?

VAN BUCK.

Madame, j'ai dit la vérité.

LA BARONNE.

Ça ne se peut pas : Cécile n'a rien à me dire; il est clair qu'elle n'a rien reçu.

VAN BUCK, se levant.

Eh, morbleu! je l'ai vu de mes yeux.

LA BARONNE, se levant aussi.

Ma fille, qu'est-ce que cela signifie? levez-vous droite, et regardez-moi. Qu'est-ce que vous avez dans vos poches?

CÉCILE, pleurant.

Mais, maman, ce n'est pas ma faute; c'est ce monsieur qui m'a écrit.

LA BARONNE.

Voyons cela.

Cécile donne la lettre.

Je suis curieuse de lire son style, à ce monsieur, comme vous l'appelez.

Elle lit.

« Mademoiselle, je meurs d'amour pour vous. Je vous ai vue l'hiver passé, et, vous sachant à la campagne, j'ai résolu de vous revoir ou de mourir. J'ai donné un louis à mon postillon... »

Ne voudrait-il pas qu'on le lui rendît? Nous avons bien affaire de le savoir!

« à mon postillon, pour me verser devant la porte. Je vous ai rencontrée deux fois ce matin, et je n'ai rien pu vous dire, tant votre présence m'a troublé! Cependant la crainte de vous perdre, et l'obligation de quitter le château... »

J'aime beaucoup ça! Qui est-ce qui le priait de partir? C'est lui qui refuse de rester à dîner.

« me déterminent à vous demander de m'accorder un rendez-vous. Je sais que je n'ai aucun titre à votre confiance... »

La belle remarque, et faite à propos!

« mais l'amour peut tout excuser; ce soir, à neuf heures, pendant le bal, je serai caché dans le bois; tout le monde ici me croira parti, car je sortirai du château en voiture avant dîner, mais seulement pour faire quatre pas et descendre. »

Quatre pas! quatre pas! l'avenue est longue; ne dirait-on pas qu'il n'y a qu'à enjamber?

« ... et descendre. Si dans la soirée vous pouvez vous échapper, je vous attends; sinon je me brûle la cervelle. »

Bien.

« ... la cervelle. Je ne crois pas que votre mère... »

Ah! que votre mère? voyons un peu cela.

« fasse grande attention à vous Elle a une tête de gir... »

Monsieur Van Buck, qu'est-ce que cela signifie?

VAN BUCK.

Je n'ai pas entendu, Madame.

LA BARONNE.

Lisez vous-même, et faites-moi le plaisir de dire à votre neveu qu'il sorte de ma maison tout à l'heure, et qu'il n'y mette jamais les pieds.

VAN BUCK.

Il y a *girouette*, c'est positif; je ne m'en étais pas aperçu. Il m'avait cependant lu sa lettre avant que de la cacheter.

LA BARONNE.

Il vous avait lu cette lettre, et vous l'avez laissé la donner à mes gens! Allez! vous êtes un vieux sot, et je ne vous reverrai de ma vie.

Elle sort. On entend le bruit d'une voiture.

VAN BUCK.

Qu'est-ce que c'est? mon neveu qui part sans moi? Eh! comment veut-il que je m'en aille? j'ai renvoyé mes chevaux. Il faut que je coure après lui.

Il sort en courant.

CÉCILE, seule.

C'est singulier; pourquoi m'écrit-il, quand tout le monde veut bien qu'il m'épouse?

IL NE FAUT JURER DE RIEN.

ACTE TROISIÈME

SCÈNE Ire

Un chemin.

Entrent VAN BUCK ET VALENTIN, qui frappe à une auberge

VALENTIN.

Holà! hé! y a-t-il quelqu'un capable de me faire une commission?

UN GARÇON, sortant.

Oui, Monsieur, si ce n'est pas trop loin; car vous voyez qu'il pleut à verse.

VAN BUCK.

Je m'y oppose de toute mon autorité, et au nom des lois du royaume.

VALENTIN.

Connaissez-vous le château de Mantes, ici près?

LE GARÇON.

Que oui, Monsieur! nous y allons tous les jours. C'est à main gauche; on le voit d'ici.

VAN BUCK.

Mon ami, je vous défends d'y aller, si vous avez quelque notion du bien et du mal.

VALENTIN.

Il y a deux louis à gagner pour vous. Voilà une lettre pour Mlle de Mantes, que vous remettrez à sa femme de chambre, et non à d'autres, et en secret. Dépêchez-vous et revenez.

LE GARÇON.

Oh! Monsieur! n'ayez pas peur.

VAN BUCK.

Voilà quatre louis si vous refusez.

LE GARÇON.

Monseigneur! il n'y a pas de danger.

VALENTIN.

En voilà dix; et si vous n'y allez pas, je vous casse ma canne sur le dos!

LE GARÇON.

O mon prince! soyez tranquille! je serai bientôt revenu.

VALENTIN.

Maintenant, mon oncle, mettons-nous à l'abri; et si vous m'en croyez, buvons un verre de bière. Cette course à pied doit vous avoir fatigué.

VAN BUCK.

Sois-en certain, je ne te quitterai pas! J'en jure par l'âme de feu mon frère et par la lumière du soleil. Tant que mes pieds pourront me porter, tant que ma tête sera sur mes épaules, je m'opposerai à cette action infâme et à ses horribles conséquences.

VALENTIN.

Soyez-en sûr, je n'en démordrai pas; j'en jure par ma juste colère et par la nuit qui me protégera. Tant que j'aurai du papier et de l'encre, et qu'il me restera un louis dans ma poche, je poursuivrai et achèverai mon dessein, quelque chose qui puisse en arriver.

VAN BUCK.

N'as-tu donc plus ni foi ni vergogne, et se peut-il que tu sois mon sang? Quoi! ni le respect pour l'innocence, ni le sentiment du convenable, ni la certitude de me donner la fièvre, rien n'est capable de le toucher!

VALENTIN.

N'avez-vous donc ni orgueil ni honte, et se peut-il que vous soyez mon oncle? Quoi! ni l'insulte que l'on nous fait, ni la manière dont on nous chasse, ni les injures qu'on vous a dites à votre barbe, rien n'est capable de vous donner du cœur!

VAN BUCK.

Encore si tu étais amoureux! si je pouvais croire que tant d'extravagances partent d'un motif qui eût quelque chose d'humain! Mais non, tu n'es qu'un Lovelace, tu ne respires que trahison, et la plus exécrable vengeance est ta seule soif et ton seul amour.

VALENTIN.

Encore si je vous voyais pester! si je pouvais me dire qu'au fond de l'âme vous envoyez cette baronne et son monde à tous les diables! Mais non, vous ne craignez que la pluie, vous ne pensez qu'au mauvais temps qu'il fait, et le soin de vos bas chinés est votre seule peur et votre seul tourment.

VAN BUCK.

Ah! qu'on a bien raison de dire qu'une première faute mène à un précipice! Qui m'eût pu prédire ce matin, lorsque le barbier m'a rasé, et que j'ai mis mon habit neuf, que je serais ce soir dans une grange, crotté et trempé jusqu'aux os! Quoi! c'est moi! Dieu juste! à mon âge, il faut que je quitte ma chaise de poste où nous étions si bien installés, il faut que je coure à la suite d'un fou à travers champs, en rase campagne! Il faut que je me traîne, à ses talons, comme un confident de tragédie, et le résultat de tant de sueurs sera le déshonneur de mon nom !

VALENTIN.

C'est au contraire par la retraite que nous pourrions nous déshonorer, et non par une glorieuse campagne dont nous ne sortirons que vainqueurs. Rougissez, mon oncle Van Buck, mais que ce soit d'une noble indignation. Vous me traitez de Lovelace : oui, par le ciel ! ce nom me convient. Comme à lui, on me ferme une porte surmontée de fières armoiries ; comme lui, une famille odieuse croit m'abattre par un affront ; comme lui, comme l'épervier, j'erre et je tournoie aux environs, mais comme lui je saisirai ma proie, et, comme Clarisse, la sublime bégueule, ma bien-aimée m'appartiendra.

VAN BUCK.

Au ciel ! que ne suis-je à Anvers, assis devant mon comptoir, sur mon fauteuil de cuir, et dépliant mon taffetas ! Que mon frère n'est-il mort garçon, au lieu de se marier à quarante ans passés ! Ou plutôt que ne suis-je mort moi-même le premier jour que la baronne de Mantes m'a invité à déjeuner !

VALENTIN.

Ne regrettez que le moment où, par une fatale faiblesse, vous avez révélé à cette femme le secret de notre traité. C'est vous qui avez causé le mal ; cessez de m'injurier, moi qui le réparerai. Doutez-vous que cette petite fille, qui cache si bien les billets doux dans les poches de son tablier, ne fût venue au rendez-vous donné ? Oui, à coup sûr elle y serait venue ; donc elle viendra encore mieux cette fois. Par mon patron ! je me fais une fête de la voir descendre en peignoir, en cornette et en petits souliers, de cette grande caserne de briques rouillées ! Je ne l'aime pas ; mais je l'aimerais, que la vengeance serait la plus forte, et tuerait l'amour dans mon cœur. Je jure qu'elle sera ma maîtresse, mais qu'elle ne sera jamais ma femme ; il n'y a maintenant ni épreuve, ni promesse ni alternative ; je veux qu'on se souvienne à jamais dans cette famille du jour où l'on m'en a chassé.

L'AUBERGISTE, sortant de la maison.

Messieurs, le soleil commence à baisser : est-ce que vous ne me ferez pas l'honneur de dîner chez moi ?

VALENTIN.

Si fait : apportez-nous la carte, et faites-nous allumer du feu. Dès que votre garçon sera revenu, vous lui direz qu'il me donne réponse. Allons ! mon oncle, un peu de fermeté ; venez et commandez le dîner.

VAN BUCK.

Ils auront du vin détestable, je connais le pays : c'est un vinaigre affreux.

L'AUBERGISTE.

Pardonnez-moi ; nous avons du champagne, du chambertin, et tout ce que vous pouvez désirer.

VAN BUCK.

En vérité, dans un trou pareil! c'est impossible ; vous nous en imposez.

L'AUBERGISTE.

C'est ici que descendent les messageries, et vous verrez si nous manquons de rien.

VAN BUCK.

Allons! tâchons donc de dîner ; je sens que ma mort est prochaine, et que dans peu je ne dînerai plus.

<small>Ils sortent.</small>

SCÈNE II

<small>Au château. Un salon.</small>

<small>Entrent</small> LA BARONNE <small>et</small> L'ABBÉ.

LA BARONNE.

Dieu soit loué, ma fille est enfermée! Je crois que j'en ferai une maladie.

L'ABBÉ.

Madame, s'il m'est permis de vous donner un conseil, je vous dirai que j'ai grandement peur. Je crois avoir vu, en traversant la cour, un homme en blouse et d'assez mauvaise mine, qui avait une lettre à la main.

LA BARONNE.

Le verrou est mis ; il n'y a rien à craindre. Aidez-moi un peu à ce bal, je n'ai pas la force de m'en occuper.

L'ABBÉ.

Dans une circonstance aussi grave, ne pourriez-vous pas retarder vos projets?

LA BARONNE.

Êtes-vous fou? vous verrez que j'aurai fait venir tout le faubourg Saint-Germain de Paris, pour le remercier et le mettre à la porte! Réfléchissez donc à ce que vous dites !

L'ABBÉ.

Je croyais qu'en telle occasion on aurait pu, sans blesser personne...

LA BARONNE.

Et au milieu de ça, je n'ai pas de bougie ! Voyez donc un peu si Dupré est là.

L'ABBÉ.

Je pense qu'il s'occupe des sirops.

LA BARONNE.

Vous avez raison : ces maudits sirops, voilà encore de quoi mourir. Il y a huit jours que j'ai écrit moi-même, et ils ne sont arrivés qu'il y a une heure. Je vous demande si on va boire ça !

L'ABBÉ.

Cet homme en blouse, madame la baronne, est quelque émissaire, n'en doutez pas. Il m'a semblé, autant que je me le rappelle, qu'une de vos femmes causait avec lui. Ce jeune homme d'hier est mauvaise tête, et il faut songer que la manière assez verte dont vous vous en êtes délivrée....

LA BARONNE.

Bah ! des Van Buck ? des marchands de toile ? qu'est-ce que vous voulez donc que ça fasse ? Quand ils crieraient, est-ce qu'ils ont voix ? Il faut que je démeuble le petit salon ; jamais je n'aurai de quoi asseoir mon monde.

L'ABBÉ.

Est-ce dans sa chambre, Madame, que votre fille est enfermée ?

LA BARONNE.

Dix et dix font vingt ; les Raimbault sont quatre ; vingt, trente. Qu'est-ce que vous dites, l'abbé ?

L'ABBÉ.

Je demande, madame la baronne, si c'est dans sa belle chambre jaune que M{*lle*} Cécile est enfermée ?

LA BARONNE.

Non ; c'est là, dans la bibliothèque ; c'est encore mieux, je l'ai sous la main. Je ne sais ce qu'elle fait, ni si on l'habille, et voilà la migraine qui me prend.

L'ABBÉ.

Désirez-vous que je l'entretienne ?

LA BARONNE.

Je vous dis que le verrou est mis ; ce qui est fait est fait ; nous n'y pouvons rien.

L'ABBÉ.

Je pense que c'était sa femme de chambre qui causait avec ce lourdaud. Veuillez me croire, je vous en supplie ; il s'agit là de quelque anguille sous roche qu'il importe de ne pas négliger.

LA BARONNE.

Décidément il faut que j'aille à l'office ; c'est la dernière fois que je reçois ici.

<small>Elle sort.</small>

L'ABBÉ, seul.

Il me semble que j'entends du bruit dans la pièce attenante à ce salon. Ne serait-ce point la jeune fille ? Hélas ! ceci est inconsidéré !

CÉCILE, en dedans.

Monsieur l'abbé, voulez-vous m'ouvrir ?

L'ABBÉ.

Mademoiselle, je ne le puis sans autorisation préalable.

CÉCILE, de même.

La clef est là, sous le coussin de la causeuse ; vous n'avez qu'à la prendre et vous m'ouvrirez.

L'ABBÉ, prenant la clef.

Vous avez raison, mademoiselle, la clef s'y trouve effectivement ; mais je ne puis m'en servir d'aucune façon, bien contrairement à mon vouloir.

CÉCILE, de même.

Ah, mon Dieu ! je me trouve mal !

L'ABBÉ.

Grand Dieu ! rappelez vos esprits. Je vais quérir madame la baronne. Est-il possible qu'un accident funeste vous ait frappée si subitement ? Au nom du ciel ! mademoiselle, répondez-moi, que ressentez-vous ?

CÉCILE, de même.

Je me trouve mal ! Je me trouve mal !

L'ABBÉ.

Je ne puis laisser expirer ainsi une si charmante personne. Ma foi ! je prends sur moi d'ouvrir, on en dira ce qu'on voudra.

<small>Il ouvre la porte.</small>

CÉCILE.

Ma foi, l'abbé, je prends sur moi de m'en aller ; on en dira ce qu'on voudra.

<small>Elle sort en courant.</small>

SCÈNE III

Un petit bois.

Entrent VAN BUCK et VALENTIN.

VALENTIN.

La lune se lève et l'orage passe. Voyez ces perles sur les feuilles : comme ce vent tiède les fait rouler ! A peine si le sable garde l'empreinte de nos pas ; le gravier sec a déjà bu la pluie.

VAN BUCK.

Pour une auberge de hasard, nous n'avons pas trop mal dîné. J'avais besoin de ce fagot flambant : mes vieilles jambes sont regaillardies. Eh bien ! garçon, arrivons-nous ?

VALENTIN.

Voici le terme de notre promenade, mais si vous m'en croyez, à présent vous pousserez jusqu'à cette ferme dont les fenêtres brillent là-bas. Vous vous mettrez au coin du feu, et vous nous commanderez un grand bol de vin chaud avec du sucre et de la cannelle.

VAN BUCK.

Ne te feras-tu pas trop attendre ? Combien de temps vas-tu rester ici ? songe du moins à tes promesses, et à être prêt en même temps que les chevaux.

VALENTIN.

Je vous jure de n'entreprendre ni plus ni moins que ce dont nous sommes convenus. Voyez, mon oncle, comme je vous cède, et comme en tout je fais vos volontés. Au fait, dîner porte conseil, et je sens bien que la colère est quelquefois mauvaise amie. Capitulation de part et d'autre. Vous me permettez un quart d'heure d'amourette, et je renonce à toute espèce de vengeance. La petite retournera chez elle, nous à Paris, et tout sera dit. Quant à la détestée baronne, je lui pardonne en l'oubliant.

VAN BUCK.

C'est à merveille ! et n'aie pas de crainte que tu manques de femmes pour cela. Il n'est pas dit qu'une vieille folle fera tort à d'honnêtes gens, qui ont amassé un bien considérable, et qui ne sont point mal tournés. Vrai Dieu ! il fait beau clair de lune ; cela me rappelle mon jeune temps.

VALENTIN.

Ce billet doux que je viens de recevoir n'est pas si niais, savez-vous ? cette petite fille a de l'esprit, et même quelque chose de mieux ; oui, il y a du cœur dans ces trois lignes ; je ne sais quoi de tendre et de hardi, de

IL NE FAUT JURER DE RIEN.

virginal et de brave en même temps ; le rendez-vous qu'elle m'assigne est, du reste, comme son billet. Regardez ce bosquet, ce ciel, ce coin de verdure dans un lieu si sauvage. Ah! que le cœur est un grand maître! on n'invente rien de ce qu'il trouve, et c'est lui seul qui choisit tout.

VAN BUCK.

Je me souviens qu'étant à la Haye, j'eus une équipée de ce genre. C'était, ma foi, un beau brin de fille : elle avait cinq pieds et quelques pouces, et une vraie moisson d'appas. Quelles Vénus que ces Flamandes ! On ne sait ce que c'est qu'une femme à présent ; dans toutes vos beautés parisiennes, il y a moitié chair et moitié coton.

VALENTIN.

Il me semble que j'aperçois des lueurs qui errent là-bas dans la forêt. Qu'est-ce que cela voudrait dire? nous traquerait-on à l'heure qu'il est?

VAN BUCK.

C'est sans doute le bal qu'on prépare ; il y a fête ce soir au château.

VALENTIN.

Séparons-nous pour plus de sûreté ; dans une demi-heure, à la ferme.

VAN BUCK.

C'est dit. Bonne chance, garçon ; tu me conteras ton affaire, et nous en ferons quelque chanson ; c'était notre ancienne manière ; pas de fredaine dont on ne fît un couplet.

Il chante.

  Eh ! vraiment, oui, mademoiselle,
  Eh ! vraiment, oui, nous serons trois.

Valentin sort. On voit des hommes qui portent des torches rôder à travers la forêt. Entrent la baronne et l'abbé.

LA BARONNE.

C'est clair comme le jour, elle est folle. C'est un vertige qui lui a pris.

L'ABBÉ.

Elle me crie : « Je me trouve mal » ; vous concevez ma position.

VAN BUCK, chantant.

  Il est donc bien vrai,
  Charmante Colette,
  Il est donc bien vrai
  Que, pour votre fête,
  Colin vous a fait...
  Présent d'un bouquet.

LA BARONNE.

Et justement, dans ce moment-là, je vois arriver une voiture. Je n'ai eu que le temps d'appeler Dupré. Dupré n'y était pas. On entre, on descend. C'était la marquise de Valangoujar et le baron de Villebouzin.

L'ABBÉ.

Quand j'ai entendu ce premier cri, j'ai hésité; mais que voulez-vous faire? Je la voyais là, sans connaissance, étendue à terre; elle criait à tue-tête, j'avais la clef sous la main.

VAN BUCK, chantant.

Quand il vous l'offrit,
Charmante brunette,
Quand il vous l'offrit,
Petite Colette,
On dit qu'il vous prit...
Un frisson subit.

LA BARONNE.

Conçoit-on ça? je vous le demande. Ma fille qui se sauve à travers champs, et trente voitures qui entrent ensemble! Je ne survivrai jamais à un pareil moment.

L'ABBÉ.

Encore si j'avais eu le temps, je l'aurais peut-être retenue par son châle... ou du moins... enfin, par mes prières, par mes justes observations.

VAN BUCK.

Dites à présent,
Charmante bergère,
Dites à présent
Que vous n'aimez guère
Qu'un amant constant...
Vous fasse un présent.

LA BARONNE.

C'est vous, Van Buck? Ah! mon cher ami, nous sommes perdus; qu'est-ce que ça veut dire? Ma fille est folle, elle court les champs! Avez-vous idée d'une chose pareille? J'ai quarante personnes chez moi; me voilà à pied par le temps qu'il fait. Vous ne l'avez pas vue dans le bois? Elle s'est sauvée, c'est comme un rêve; elle était coiffée et poudrée d'un côté, c'est sa fille de chambre qui me l'a dit. Elle est partie en souliers de satin blanc; elle a renversé l'abbé qui était là, et lui a passé sur le corps. J'en vais mourir! Mes gens ne trouvent rien; et il n'y a pas à dire, il faut que je rentre. Ce n'est pas votre neveu, par hasard, qui nous jouerait un tour pareil? Je vous ai brusqué; n'en parlons plus. Tenez! aidez-moi et faisons la paix. Vous êtes mon vieil ami, pas vrai? Je suis mère, Van Buck. Ah! cruelle fortune! cruel hasard! que t'ai-je donc fait?

Elle se met à pleurer.

VAN BUCK.

Est-il possible, madame la baronne? vous, seule à pied! vous, cherchant votre fille! Grand Dieu! vous pleurez! Ah! malheureux que je suis!

L'ABBÉ.

Sauriez-vous quelque chose, Monsieur? De grâce, prêtez-nous vos lumières.

VAN BUCK.

Venez, baronne, prenez mon bras, et Dieu veuille que nous les trouvions! Je vous dirai tout; soyez sans crainte. Mon neveu est homme d'honneur, et tout peut encore se réparer.

LA BARONNE.

Ah bah! c'était un rendez-vous? Voyez-vous la petite masque! A qui se fier désormais?

Ils sortent.

SCÈNE IV

Une clairière dans le bois.

CÉCILE et VALENTIN

VALENTIN.

Qui est là? Cécile, est-ce vous?

CÉCILE.

C'est moi. Que veulent dire ces torches et ces clartés dans la forêt?

VALENTIN.

Je ne sais; qu'importe? Ce n'est pas pour nous.

CÉCILE.

Venez là, où la lune éclaire; là, où vous voyez ce rocher.

VALENTIN.

Non, venez là, où il fait sombre; là, sous l'ombre de ces bouleaux. Il est possible qu'on vous cherche, et il faut échapper aux yeux.

CÉCILE.

Je ne verrais pas votre visage; venez, Valentin, obéissez.

VALENTIN.

Où tu voudras, charmante fille; où tu iras, je te suivrai. Ne m'ôte pas cette main tremblante, laisse mes lèvres la rassurer.

CÉCILE.

Je n'ai pas pu venir plus vite. Y a-t-il longtemps que vous m'attendez?

VALENTIN.

Depuis que la lune est dans le ciel; regarde cette lettre trempée de larmes; c'est le billet que tu m'as écrit.

CÉCILE.

Menteur ! C'est le vent et la pluie qui ont pleuré sur ce papier.

VALENTIN.

Non, ma Cécile, c'est la joie et l'amour, c'est le bonheur et le désir. Qui t'inquiète? Pourquoi ces regards? que cherches-tu autour de toi?

CÉCILE.

C'est singulier ! je ne me reconnais pas. Où est votre oncle? Je croyais le voir ici.

VALENTIN.

Mon oncle est gris de chambertin; ta mère est loin, et tout est tranquille. Ce lieu est celui que tu as choisi et que ta lettre m'indiquait.

CÉCILE.

Votre oncle est gris? — Pourquoi, ce matin, se cachait-il dans la charmille?

VALENTIN.

Ce matin?. où donc? que veux-tu dire? Je me promenais seul dans le jardin.

CÉCILE.

Ce matin, quand je vous ai parlé, votre oncle était derrière un arbre. Est-ce que vous ne le saviez pas? Je l'ai vu en détournant l'allée.

VALENTIN.

Il faut que tu te sois trompée; je ne me suis aperçu de rien.

CÉCILE.

Oh ! je l'ai bien vu; il écartait les branches; c'était peut-être pour nous épier.

VALENTIN.

Quelle folie! tu as fait un rêve. N'en parlons plus. Donne-moi un baiser.

CÉCILE.

Oui, mon ami, et de tout mon cœur; asseyez-vous là près de moi. — Pourquoi donc, dans votre lettre d'hier, avez-vous dit du mal de ma mère?

VALENTIN.

Pardonne-moi : c'est un moment de délire, et je n'étais pas maître de moi.

CÉCILE.

Elle m'a demandé cette lettre, et je n'osais la lui montrer; je savais ce qui allait arriver. Mais qui est-ce donc qui l'avait avertie? Elle n'a pourtant rien pu deviner; la lettre était là, dans ma poche.

VALENTIN.

Pauvre enfant! on t'a maltraitée; c'est ta femme de chambre qui t'aura trahie. A qui se fier en pareil cas?

CÉCILE.

Oh non! ma femme de chambre est sûre; il n'y avait que faire de lui donner de l'argent. Mais en manquant de respect pour ma mère, vous deviez penser que vous en manquiez pour moi.

VALENTIN.

N'en parlons plus, puisque tu me pardonnes. Ne gâtons pas un si précieux moment. O ma Cécile! que tu es belle, et quel bonheur repose en toi! Par quels serments, par quels trésors puis-je payer tes douces caresses! Ah! la vie n'y suffirait pas. Viens sur mon cœur; que le tien le sente battre, et que ce beau ciel les emporte à Dieu!

CÉCILE.

Oui, Valentin, mon cœur est sincère. Sentez mes cheveux comme ils sont doux; j'ai de l'iris de ce côté-là, mais je n'ai pas pris le temps d'en mettre de l'autre. — Pourquoi donc, pour venir chez nous, avez-vous caché votre nom?

VALENTIN.

Je ne puis le dire : c'est un caprice, une gageure que j'avais faite.

CÉCILE.

Une gageure! Avec qui donc?

VALENTIN.

Je n'en sais plus rien. Qu'importent ces folies?

CÉCILE.

Avec votre oncle peut-être; n'est-ce pas?

VALENTIN.

Oui. Je t'aimais, et je voulais te connaître, et que personne ne fût entre nous.

CÉCILE.

Vous avez raison. A votre place, j'aurais voulu faire comme vous.

VALENTIN.

Pourquoi es-tu si curieuse, et à quoi bon toutes ces questions? Ne m'aimes-tu pas, ma belle Cécile? Réponds-moi oui, et que tout soit oublié.

CÉCILE.

Oui, mon ami, Cécile vous aime, et elle voudrait être plus digne d'être aimée; mais c'est assez qu'elle le soit pour vous. Mettez vos deux mains dans les miennes. — Pourquoi donc m'avez-vous refusée tantôt quand je vous ai prié à dîner?

VALENTIN.

Je voulais partir : j'avais affaire ce soir.

CÉCILE.

Pas grande affaire, ni bien loin, il me semble; car vous êtes descendu au bout de l'avenue.

VALENTIN.

Tu m'as vu? Comment le sais-tu?

CÉCILE.

Oh! je guettais. Pourquoi m'avez-vous dit que vous ne dansiez pas la mazourke? Je vous l'ai vu danser l'autre hiver.

VALENTIN.

Où donc? Je ne m'en souviens pas.

CÉCILE.

Chez Mme de Gesvres, au bal déguisé. Comment ne vous en souvenez-vous pas? Vous me disiez dans votre lettre d'hier que vous m'aviez vue cet hiver; c'était là.

VALENTIN.

Tu as raison; je m'en souviens. Regarde comme cette nuit est pure! Comme ce vent soulève sur tes épaules cette gaze avare qui les entoure! Prête l'oreille : c'est la voix de la nuit, c'est le chant de l'oiseau qui invite au bonheur. Derrière cette roche élevée, personne ne peut nous découvrir. Tout dort, excepté ce qui s'aime. Laisse ma main écarter ce voile, et mes deux bras le remplacer.

CÉCILE.

Oui, mon ami. Puissé-je vous sembler belle! Mais ne m'ôtez pas votre main; je sens que mon cœur est dans la mienne, et qu'il va au vôtre par là. — Pourquoi donc vouliez-vous partir, et faire semblant d'aller à Paris?

VALENTIN.

Il le fallait; c'était pour mon oncle. Osais-je, d'ailleurs, prévoir que tu viendrais à ce rendez-vous? Oh! que je tremblais en écrivant cette lettre, et que j'ai souffert en t'attendant!

CÉCILE.

Pourquoi ne serais-je pas venue, puisque je sais que vous m'épouserez?

Valentin se lève et fait quelques pas.

Qu'avez-vous donc? Qui vous chagrine? Venez vous rasseoir près de moi.

VALENTIN.

Ce n'est rien : j'ai cru, — j'ai cru entendre, j'ai cru voir quelqu'un de ce côté.

CÉCILE.

Nous sommes seuls : soyez sans crainte. Venez donc. Faut-il me lever? Ai-je dit quelque chose qui vous ait blessé? Votre visage n'est plus le même. Est-ce parce que j'ai gardé mon châle, quoique vous vouliez que je l'ôtasse? C'est qu'il fait froid ; je suis en toilette de bal. Regardez donc mes souliers de satin. Qu'est-ce que cette pauvre Henriette va penser? Mais qu'avez-vous? Vous ne répondez pas ; vous êtes triste. Qu'ai-je donc pu vous dire? C'est par ma faute, je le vois.

VALENTIN.

Non, je vous le jure, vous vous trompez ; c'est une pensée involontaire, qui vient de me traverser l'esprit.

CÉCILE.

Vous me disiez « tu » tout à l'heure, et même, je crois, un peu légèrement. Quelle est donc cette mauvaise pensée qui vous a frappé tout à coup? Vous ai-je déplu? Je serais bien à plaindre. Il me semble pourtant que je n'ai rien dit de mal. Mais si vous aimez mieux marcher, je ne veux pas rester assise.

Elle se lève.

Donnez-moi le bras, et promenons-nous. Savez-vous une chose? Ce matin, je vous avais fait monter dans votre chambre un bon bouillon qu'Henriette avait fait. Quand je vous ai rencontré, je vous l'ai dit ; j'ai cru que vous ne vouliez pas le prendre, et que cela vous déplaisait. J'ai repassé trois fois dans l'allée, m'avez-vous vue? Alors vous êtes monté ; je suis allée me mettre devant le parterre, et je vous ai vu par votre croisée ; vous teniez la tasse à deux mains, et vous avez bu tout d'un trait. Est-ce vrai? L'avez-vous trouvé bon?

VALENTIN.

Oui, chère enfant, le meilleur du monde, bon comme ton cœur et comme toi.

CÉCILE.

Ah! quand nous serons mari et femme, je vous soignerai mieux que cela. Mais, dites-moi, qu'est-ce que cela veut dire, de s'aller jeter dans un fossé, risquer de se tuer, et pourquoi faire? Vous saviez bien être reçu chez nous. Que vous ayez voulu arriver tout seul, je le comprends ; mais à quoi bon le reste? Est-ce que vous aimez les romans?

VALENTIN.

Quelquefois. Allons donc nous rasseoir.

Ils se rasseoient.

IL NE FAUT JURER DE RIEN.   Page 533.

CÉCILE.

Je vous avoue qu'ils ne me plaisent guère ; ceux que j'ai lus ne signifient rien. Il me semble que ce ne sont que des mensonges, et que tout s'y invente à plaisir. On n'y parle que de séductions, de ruses, d'intrigues, de mille choses impossibles. Il n'y a que les sites qui m'en plaisent ; j'en aime les paysages et non les tableaux. Tenez, par exemple, ce soir, quand j'ai reçu votre lettre et que j'ai vu qu'il s'agissait d'un rendez-vous dans le bois, c'est vrai que j'ai cédé à une envie d'y venir qui tient bien un peu du roman ; mais c'est que j'y ai trouvé aussi un peu de réel à mon avantage. Si ma mère le savait, et elle le saura, vous comprenez qu'il faut qu'on nous marie. Que votre oncle soit brouillé ou non avec elle, il faudra bien se raccommoder. J'étais honteuse d'être enfermée, et, au fait, pourquoi l'ai-je été ? L'abbé est venu, j'ai fait la morte ; il m'a ouvert, et je me suis sauvée : voilà ma ruse ; je vous la donne pour ce qu'elle vaut.

VALENTIN, à part.

Suis-je un renard pris à son piège, ou un fou qui revient à la raison ?

CÉCILE.

Eh bien ! vous ne me répondez pas. Est-ce que cette tristesse va durer toujours ?

VALENTIN.

Vous me paraissez savante pour votre âge, et en même temps aussi étourdie que moi, qui le suis comme le premier coup de matines.

CÉCILE.

Pour étourdie, j'en dois convenir ici ; mais, mon ami, c'est que je vous aime. Vous le dirai-je ? Je savais que vous m'aimiez, et ce n'est pas d'hier que je m'en doutais. Je ne vous ai vu que trois fois à ce bal ; mais j'ai du cœur et je m'en souviens. Vous avez valsé avec Mlle de Gesvres, et, en passant contre la porte, son épingle italienne a rencontré le panneau, et ses cheveux se sont déroulés sur elle. Vous en souvenez-vous maintenant ? Ingrat ! Le premier mot de votre lettre disait que vous vous en souveniez. Aussi comme le cœur m'a battu ! Tenez ! croyez-moi, c'est là ce qui prouve qu'on aime, et c'est pour cela que je suis ici.

VALENTIN, à part.

Ou j'ai sous le bras le plus rusé démon que l'enfer ait jamais vomi, ou la voix qui me parle est celle d'un ange, et elle m'ouvre le chemin des cieux.

CÉCILE.

Pour savante, c'est une autre affaire ; mais je veux répondre, puisque vous ne dites rien. Voyons ! savez-vous ce que c'est que cela ?

VALENTIN.

Quoi ? cette étoile à droite de cet arbre ?

CÉCILE.

Non ; celle-là qui se montre à peine et qui brille comme une larme.

VALENTIN.

Vous avez lu Mme de Staël.

CÉCILE.

Oui, et ce mot de larme me plaît, je ne sais pourquoi, comme les étoiles. Un beau ciel pur me donne envie de pleurer.

VALENTIN.

Et à moi envie de t'aimer, de te le dire et de vivre pour toi. Cécile, sais-tu à qui tu parles, et quel est l'homme qui ose t'embrasser ?

CÉCILE.

Dites-moi donc le nom de mon étoile. Vous n'en êtes pas quitte à si bon marché.

VALENTIN.

Eh bien ! c'est Vénus, l'astre de l'amour, la plus belle perle de l'océan des nuits.

CÉCILE.

Non pas; c'en est une plus chaste et bien plus digne de respect; vous apprendrez à l'aimer un jour, quand vous vivrez dans les métairies et que vous aurez des pauvres à vous : admirez-la, et gardez-vous de sourire ; c'est Cérès, déesse du pain.

VALENTIN.

Tendre enfant ! je devine ton cœur ; tu fais la charité, n'est-ce pas ?

CÉCILE.

C'est ma mère qui me l'a appris; il n'y a pas de meilleure femme au monde.

VALENTIN.

Vraiment ? Je ne l'aurais pas cru.

CÉCILE.

Ah ! mon ami, ni vous ni bien d'autres, vous ne vous doutez de ce qu'elle vaut. Qui a vu ma mère un quart d'heure croit la juger sur quelques mots au hasard. Elle passe le jour à jouer aux cartes, et le soir à faire du tapis; elle ne quitterait pas son piquet pour un prince ; mais que Dupré vienne, et qu'il lui parle bas, vous la verrez se lever de table, si c'est un mendiant qui attend. Que de fois nous sommes allées ensemble, en robe de soie, comme je suis là, courir les sentiers de la vallée, portant la soupe et le bouilli, des souliers, du linge, à des pauvres gens ! Que de fois j'ai vu, à l'église, les yeux des malheureux s'humecter de pleurs lorsque ma mère les regardait ! Allez ! elle a le droit d'être fière, et je l'ai été d'elle quelquefois.

VALENTIN

Tu regardes toujours ta larme céleste ; et moi aussi, mais dans tes yeux bleus.

CÉCILE.

Que le ciel est grand ! Que ce monde est heureux ! Que la nature est calme et bienfaisante !

VALENTIN.

Veux-tu aussi que je te fasse de la science et que je te parle astronomie ? Dis-moi, dans cette poussière de mondes, y en a-t-il un qui ne sache sa route, qui n'ait reçu sa mission avec la vie, et qui ne doive mourir en l'accomplissant ? Pourquoi ce ciel immense n'est-il pas immobile ? Dis-moi, s'il y a jamais eu un moment où tout fut créé, en vertu de quelle force ont-ils commencé à se mouvoir, ces mondes qui ne s'arrêteront jamais ?

CÉCILE.

Par l'éternelle pensée.

VALENTIN.

Par l'éternel amour. La main qui les suspend dans l'espace n'a écrit qu'un mot en lettres de feu. Ils vivent parce qu'ils se cherchent, et les soleils tomberaient en poussière si l'un d'entre eux cessait d'aimer.

CÉCILE.

Ah ! toute la vie est là !

VALENTIN.

Oui, toute la vie, — depuis l'Océan qui se soulève sous les pâles baisers de Diane jusqu'au scarabée qui s'endort jaloux dans sa fleur chérie. Demande aux forêts et aux pierres ce qu'elles diraient si elles pouvaient parler. Elles ont l'amour dans le cœur et ne peuvent l'exprimer. Je t'aime ! Voilà ce que je sais, ma chère ; voilà ce que cette fleur te dira, elle qui choisit dans le sein de la terre les sucs qui doivent la nourrir ; elle qui écarte et repousse les éléments impurs qui pourraient ternir sa fraîcheur ! Elle sait qu'il faut qu'elle soit belle au jour, et qu'elle meure dans sa robe de noce devant le soleil qui l'a créée. J'en sais moins qu'elle en astronomie ; donne-moi ta main, tu en sais plus en amour.

CÉCILE.

J'espère, du moins, que ma robe de noce ne sera pas mortellement belle. Il me semble qu'on rôde autour de nous.

VALENTIN.

Non, tout se tait. N'as-tu pas peur ? Es-tu venue ici sans trembler ?

CÉCILE.

Pourquoi? De quoi aurais-je peur? Est-ce de vous ou de la nuit?

VALENTIN.

Pourquoi pas de moi? Qui te rassure? Je suis jeune, tu es belle, et nous sommes seuls.

CÉCILE.

Eh bien! Quel mal y a-t-il à cela?

VALENTIN.

C'est vrai, il n'y a aucun mal; écoute-moi et laisse-moi me mettre à genoux.

CÉCILE.

Qu'avez-vous donc? vous frissonnez.

VALENTIN.

Je frissonne de crainte et de joie, car je vais t'ouvrir le fond de mon cœur. Je suis un fou de la plus méchante espèce, quoique, dans ce que je vais t'avouer, il n'y ait qu'à hausser les épaules. Je n'ai fait que jouer, boire et fumer depuis que j'ai mes dents de sagesse. Tu m'as dit que les romans te choquent; j'en ai beaucoup lu, et des plus mauvais. Il y en a un qu'on nomme *Clarisse Harlowe*; je te le donnerai à lire quand tu seras ma femme. Le héros aime une belle fille comme toi, ma chère, et il veut l'épouser, mais auparavant il veut l'éprouver. Il l'enlève et l'emmène à Londres; après quoi, comme elle résiste, Bedfort arrive... c'est-à-dire Tomlinson, un capitaine... je veux dire Morden... non, je me trompe... Enfin, pour abréger... Lovelace est un sot, et moi aussi, d'avoir voulu suivre son exemple... Dieu soit loué! tu ne m'as pas compris... je t'aime, je t'épouse : il n'y a de vrai au monde que de déraisonner d'amour.

Entrent Van Buck, l'abbé, et plusieurs domestiques qui les éclairent.

LA BARONNE.

Je ne crois pas un mot de ce que vous dites. Il est trop jeune pour une noirceur pareille.

VAN BUCK.

Hélas! Madame, c'est la vérité.

LA BARONNE.

Séduire ma fille! tromper une enfant! déshonorer une famille entière! Chanson! Je vous dis que c'est une sornette; on ne fait plus de ces choses-là. Tenez! les voilà qui s'embrassent. Bonsoir, mon gendre; où diable vous fourrez-vous?

L'ABBÉ.

Il est fâcheux que nos recherches soient couronnées d'un si tardif succès; toute la compagnie va être partie.

VAN BUCK.

Ah çà ! mon neveu, j'espère bien qu'avec votre sotte gageure...

VALENTIN.

Mon oncle, il ne faut jurer de rien, et encore moins défier personne.

FIN DE IL NE FAUT JURER DE RIEN

UN CAPRICE

COMÉDIE EN UN ACTE

PUBLIÉE EN 1837, REPRÉSENTÉE EN 1847

PERSONNAGES :

M. DE CHAVIGNY.
MATHILDE.
Mme DE LÉRY.

La scène se passe dans la chambre à coucher de Mathilde.

SCÈNE Ire

MATHILDE, seule, travaillant au filet.

Encore un point, et j'ai fini.
Elle sonne; un domestique entre.
Est-on venu de chez Janisset?

LE DOMESTIQUE.

Non, madame, pas encore.

MATHILDE.

C'est insupportable; qu'on y retourne; dépêchez-vous.
Le domestique sort.
J'aurais dû prendre les premiers glands venus; il est huit heures; il est à sa toilette; je suis sûre qu'il va venir ici avant que tout soit prêt. Ce sera encore un jour de retard.
Elle se lève.
Faire une bourse en cachette à son mari, cela passerait aux yeux de bien des gens pour un peu plus que romanesque. Après un an de mariage? Qu'est-ce que Mme de Léry, par exemple, en dirait si elle le savait? Et lui-même, qu'en pensera-t-il? Bon! il rira peut-être du mystère, mais il ne rira pas du cadeau. Pourquoi ce mystère, en effet? Je ne sais; il me semble que je n'aurais pas travaillé de si bon cœur devant lui; cela aurait eu l'air de lui dire : Voyez comme je pense à vous; cela ressemblerait à un reproche; tandis qu'en lui montrant mon petit travail fini, ce sera lui qui se dira que j'ai pensé à lui.

LE DOMESTIQUE, *rentrant.*

On apporte cela à Madame de chez le bijoutier.
Il donne un petit paquet à Mathilde.

MATHILDE.

Enfin !
Elle se rassoit.
Quand M. de Chavigny viendra, prévenez-moi.
Le domestique sort.
Nous allons donc, ma chère petite bourse, vous faire votre dernière toilette. Voyons si vous serez coquette avec ces glands-là ? Pas mal. Comment serez-vous reçue maintenant ? Direz-vous tout le plaisir qu'on a eu à vous faire, tout le soin qu'on a pris de votre petite personne ? On ne s'attend pas à vous, mademoiselle. On n'a voulu vous montrer que dans tous vos atours. Aurez-vous un baiser pour votre peine ?
Elle baise sa bourse et s'arrête.
Pauvre petite ! tu ne vaux pas grand'chose ; on ne te vendrait pas deux louis. Comment se fait-il qu'il me semble triste de me séparer de toi ? N'as-tu pas été commencée pour être finie le plus vite possible ? Ah ! tu as été commencée plus gaiement que je ne t'achève. Il n'y a pourtant que quinze jours de cela ; que quinze jours, est-ce possible ? Non, pas davantage ; et que de choses en quinze jours ! Arrivons-nous trop tard, petite ?... Pourquoi de telles idées ? On vient, je crois ; c'est lui ; il m'aime encore.

UN DOMESTIQUE, *entrant.*

Voilà monsieur le comte, madame.

MATHILDE.

Ah ! mon Dieu ! je n'ai mis qu'un gland et j'ai oublié l'autre. Sotte que je suis ! Je ne pourrai pas encore la lui donner aujourd'hui. Qu'il attende un instant, une minute, au salon ; vite, avant qu'il entre...

LE DOMESTIQUE.

Le voilà, Madame.
Il sort. Mathilde cache sa bourse

SCÈNE II.

MATHILDE, CHAVIGNY.

CHAVIGNY.

Bonsoir, ma chère ; est-ce que je vous dérange ?
Il s'assoit.

MATHILDE.

Moi, Henri ? quelle question !

CHAVIGNY.

Vous avez l'air troublé, préoccupé. J'oublie toujours, quand j'entre chez vous, que je suis votre mari ; et je pousse la porte trop vite.

UN CAPRICE. Page 543.

MATHILDE.

Il y a là un peu de méchanceté ; mais comme il y a aussi un peu d'amour, je ne vous embrasserai pas moins.
Elle l'embrasse.
Qu'est-ce que vous croyez donc être, monsieur, quand vous oubliez que vous êtes mon mari?

CHAVIGNY.

Ton amant, ma belle : est-ce que je me trompe?

MATHILDE.

Amant et ami, tu ne te trompes pas.
A part.
J'ai envie de lui donner la bourse comme elle est.

CHAVIGNY.

Quelle robe as-tu donc? Tu ne sors pas?

MATHILDE.

Non, je voulais..., j'espérais que peut-être...

CHAVIGNY.

Vous espériez?... Qu'est-ce que c'est donc?

MATHILDE.

Tu vas au bal ! tu es superbe.

CHAVIGNY.

Pas trop ; je ne sais si c'est ma faute ou celle du tailleur, mais je n'ai plus ma tournure du régiment.

MATHILDE.

Inconstant! vous ne pensez pas à moi en vous mirant dans cette glace.

CHAVIGNY.

Bah! à qui donc? Est-ce que je vais au bal pour danser? Je vous jure bien que c'est une corvée, et que je m'y traîne sans savoir pourquoi.

MATHILDE.

Eh bien! restez, je vous en supplie. Nous serons seuls, et je vous dirai...

CHAVIGNY.

Il me semble que ta pendule avance ; il ne peut être si tard.

MATHILDE.

On ne va pas au bal à cette heure-ci, quoi que puisse dire la pendule. Nous sortons de table il y a un instant.

CHAVIGNY.

J'ai dit d'atteler ; j'ai une visite à faire.

MATHILDE.

Ah ! c'est différent. Je... je ne savais pas... j'avais cru...

CHAVIGNY.

Eh bien ?

MATHILDE.

J'avais supposé..., d'après ce que tu disais... Mais la pendule va bien ; il n'est que huit heures. Accordez-moi un petit moment. J'ai une petite surprise à vous faire.

CHAVIGNY, se levant.

Vous savez, ma chère, que je vous laisse libre et que vous sortez quand il vous plaît. Vous trouverez juste que ce soit réciproque. Quelle surprise me destinez-vous ?

MATHILDE.

Rien ; je n'ai pas dit ce mot-là, je crois.

CHAVIGNY.

Je me trompe donc, j'avais cru l'entendre. Avez-vous là ces valses de Strauss ? Prêtez-les-moi, si vous n'en faites rien.

MATHILDE.

Les voilà ; les voulez-vous maintenant ?

CHAVIGNY.

Mais, oui, si cela ne vous gêne pas. On me les a demandées pour un ou deux jours. Je ne vous en priverai pas pour longtemps.

MATHILDE.

Est-ce pour Mme de Blainville ?

CHAVIGNY, prenant les valses.

Plaît-il ? ne parlez-vous pas de Mme de Blainville ?

MATHILDE.

Moi ! non. Je n'ai pas parlé d'elle.

CHAVIGNY.

Pour cette fois j'ai bien entendu.

Il se rassoit.

Qu'est-ce que vous dites de Mme de Blainville ?

MATHILDE.

Je pensais que mes valses étaient pour elle.

CHAVIGNY.

Et pourquoi pensiez-vous cela ?

MATHILDE.

Mais parce que... parce qu'elle les aime.

CHAVIGNY.

Oui, et moi aussi; et vous aussi, je crois. Il y en a une surtout; comment est-ce donc? Je l'ai oubliée... Comment dit-elle donc?

MATHILDE.

Je ne sais pas si je m'en souviendrai.
Elle se met au piano et joue.

CHAVIGNY.

C'est cela même! C'est charmant, divin, et vous la jouez comme un ange, ou, pour mieux dire, comme une vraie valseuse.

MATHILDE.

Est-ce aussi bien qu'elle, Henri?

CHAVIGNY.

Qui, elle? Mme de Blainville? Vous y tenez, à ce qu'il paraît.

MATHILDE.

Oh! pas beaucoup Si j'étais homme, ce n'est pas elle qui me tournerait la tête.

CHAVIGNY.

Et vous auriez raison, madame. Il ne faut jamais qu'un homme se laisse tourner la tête, ni par une femme ni par une valse.

MATHILDE.

Comptez-vous jouer ce soir, mon ami?

CHAVIGNY.

Eh! ma chère, quelle idée avez-vous? On joue, mais je ne compte pas jouer.

MATHILDE.

Avez-vous de l'or dans vos poches?

CHAVIGNY.

Peut-être bien. Est-ce que vous en voulez?

MATHILDE.

Moi, grand Dieu! que voulez-vous que j'en fasse?

CHAVIGNY.

Pourquoi pas? Si j'ouvre votre porte trop vite, je n'ouvre pas du moins vos tiroirs, et c'est peut-être un double tort que j'ai.

MATHILDE.

Vous mentez, monsieur, il n'y a pas longtemps que je me suis aperçue que vous les aviez ouverts, et vous me laissez beaucoup trop riche.

CHAVIGNY.

Non pas, ma chère, tant qu'il y aura des pauvres. Je sais quel usage vous faites de votre fortune, et je vous demande de me permettre de faire la charité par vos mains.

MATHILDE.

Cher Henri ! que tu es noble et bon ! Dis-moi un peu : te souviens-tu d'un jour où tu avais une petite dette à payer, et où tu te plaignais de n'avoir pas de bourse ?

CHAVIGNY.

Quand donc ? Ah ! c'est juste. Le fait est que quand on sort, c'est une chose insupportable de se fier à des poches qui ne tiennent à rien...

MATHILDE.

Aimerais-tu une bourse rouge avec un filet noir ?

CHAVIGNY.

Non, je n'aime pas le rouge. Parbleu ! tu me fais penser que j'ai justement là une bourse toute neuve d'hier ; c'est un cadeau. Qu'en pensez-vous ?

Il tire une bourse de sa poche.

Est-ce de bon goût ?

MATHILDE.

Voyons ; voulez-vous me la montrer ?

CHAVIGNY.

Tenez.

Il la lui donne ; elle la regarde, puis la lui rend.

MATHILDE.

C'est très joli. De quelle couleur est-elle ?

CHAVIGNY, riant.

De quelle couleur ? La question est excellente.

MATHILDE.

Je me trompe... Je veux dire... Qui est-ce qui vous l'a donnée ?

CHAVIGNY.

Ah ! c'est trop plaisant ! sur mon honneur ! vos distractions sont adorables.

UN DOMESTIQUE, annonçant.

Madame de Léry !

MATHILDE.

J'ai défendu ma porte en bas.

CHAVIGNY.

Non, non, qu'elle entre. Pourquoi ne pas recevoir ?

MATHILDE.

Eh bien ! enfin, monsieur, cette bourse, peut-on savoir le nom de l'auteur ?

SCÈNE III

MATHILDE, CHAVIGNY, MADAME DE LÉRY, en toilette de bal.

CHAVIGNY.

Venez, madame, venez, je vous en prie ; on n'arrive pas plus à propos. Mathilde vient de me faire une étourderie qui, en vérité, vaut son pesant d'or. Figurez-vous que je lui montre cette bourse...

MADAME DE LÉRY.

Tiens ! c'est assez gentil. Voyons donc.

CHAVIGNY.

Je lui montre cette bourse ; elle la regarde, la tâte, la retourne, et, en me la rendant, savez-vous ce qu'elle me dit ? Elle me demande de quelle couleur elle est !

MADAME DE LÉRY.

Eh bien ! elle est bleue.

CHAVIGNY.

Eh oui ! elle est bleue... c'est bien certain... et c'est précisément le plaisant de l'affaire... Imaginez-vous qu'on le demande ?

MADAME DE LÉRY.

C'est parfait. Bonsoir, chère Mathilde ; venez-vous ce soir à l'ambassade ?

MATHILDE.

Non, je compte rester.

CHAVIGNY.

Mais vous ne riez pas de mon histoire ?

MADAME DE LÉRY.

Mais si. Et qui est-ce qui a fait cette bourse ? Ah ! je la reconnais, c'est Mme de Blainville. Comment ! vraiment vous ne bougez pas ?

CHAVIGNY, brusquement.

A quoi la reconnaissez-vous, s'il vous plaît ?

MADAME DE LÉRY.

A ce qu'elle est bleue. Je l'ai vue traîner pendant des siècles ; on a mis sept ans à la faire, et vous jugez si pendant ce temps-là elle a changé de destination. Elle a appartenu en idée à trois personnes de ma connaissance. C'est un trésor que vous avez là, monsieur de Chavigny ; c'est un vrai héritage que vous avez fait.

CHAVIGNY.

On dirait qu'il n'y a qu'une bourse au monde.

MADAME DE LÉRY.

Non, mais il n'y a qu'une bourse bleue. D'abord, moi, le bleu m'est odieux ; ça ne veut rien dire, c'est une couleur bête. Je ne peux pas me tromper sur une chose pareille ; il suffit que je l'aie vue une fois. Autant j'adore le lilas, autant je déteste le bleu.

MATHILDE.

C'est la couleur de la constance.

MADAME DE LÉRY.

Bah ! c'est la couleur des perruquiers. Je ne viens qu'en passant, vous voyez, je suis en grand uniforme ; il faut arriver de bonne heure dans ce pays-là ; c'est une cohue à se casser le cou. Pourquoi donc n'y venez-vous pas ? Je n'y manquerais pas pour un monde.

MATHILDE.

Je n'y ai pas pensé, et il est trop tard à présent.

MADAME DE LÉRY.

Laissez donc, vous avez tout le temps. Tenez, chère, je vais sonner. Demandez une robe. Nous mettrons M. de Chavigny à la porte avec son petit meuble. Je vous coiffe, je vous pose deux brins de fleurettes, et je vous enlève dans ma voiture. Allons, voilà une affaire bâclée.

MATHILDE.

Pas pour ce soir ; je reste, décidément.

MADAME DE LÉRY.

Décidément ! est-ce un parti pris ? Monsieur de Chavigny, emmenez donc Mathilde.

CHAVIGNY, sèchement.

Je ne me mêle des affaires de personne.

MADAME DE LÉRY.

Oh ! oh ! vous aimez le bleu, à ce qu'il paraît. Eh bien ! écoutez, savez-vous ce que je vais faire ? Donnez-moi du thé, je vais rester ici.

MATHILDE.

Que vous êtes gentille, chère Ernestine ! Non, je ne veux pas priver le bal de sa reine. Allez me faire un tour de valse, et revenez à onze heures, si vous y pensez ; nous causerons seules au coin du feu, puisque M. de Chavigny nous abandonne.

CHAVIGNY.

Moi ? pas du tout ; je ne sais si je sortirai.

MADAME DE LÉRY.

Eh bien ! c'est convenu, je vous quitte. A propos, vous savez mes malheurs : j'ai été volée comme dans un bois.

MATHILDE.

Volée ! qu'est-ce que vous voulez dire ?

MADAME DE LÉRY.

Quatre robes, ma chère, quatre amours de robes qui me venaient de Londres, perdues à la douane. Si vous les aviez vues, c'est à en pleurer ; il y en avait une perse et une puce ; on ne fera jamais rien de pareil.

MATHILDE.

Je vous plains bien sincèrement. On vous les a donc confisquées ?

MADAME DE LÉRY.

Pas du tout. Si ce n'était que cela, je crierais tant qu'on me les rendrait, car c'est un meurtre. Me voilà nue pour cet été. Imaginez qu'ils m'ont lardé mes robes ; ils ont fourré leur sonde je ne sais par où dans ma caisse ; ils m'ont fait des trous à y mettre un doigt. Voilà ce qu'on m'apporte hier à déjeuner.

CHAVIGNY.

Il n'y en avait pas de bleue, par hasard ?

MADAME DE LÉRY.

Non, monsieur, pas la moindre. Adieu, belle ; je ne fais qu'une apparition. J'en suis, je crois, à ma douzième grippe de l'hiver ; je vais attraper ma treizième. Aussitôt fait, j'accours, et me plonge dans vos fauteuils. Nous causerons douane, chiffons, pas vrai ? Non, je suis toute triste, nous ferons du sentiment. Enfin, n'importe ! Bonsoir, monsieur de l'azur... Si vous me reconduisez, je ne reviens pas.

Elle sort.

SCÈNE IV

CHAVIGNY, MATHILDE.

CHAVIGNY.

Quel cerveau fêlé que cette femme ! Vous choisissez bien vos amies.

MATHILDE.

C'est vous qui avez voulu qu'elle montât.

CHAVIGNY.

Je parierais que vous croyez que c'est Mme de Blainville qui a fait ma bourse.

MATHILDE.

Non, puisque vous dites le contraire.

Un Caprice. Page 348.

CHAVIGNY.

Je suis sûr que vous le croyez.

MATHILDE.

Et pourquoi en êtes-vous sûr?

CHAVIGNY.

Parce que je connais votre caractère : Mme de Léry est votre oracle ; c'est une idée qui n'a pas le sens commun.

MATHILDE.

Voilà un beau compliment que je ne mérite guère.

CHAVIGNY.

Oh! mon Dieu, si ; et j'aimerais tout autant vous voir franche là-dessus que dissimulée.

MATHILDE.

Mais si je ne le crois pas, je ne puis feindre de le croire pour vous paraître sincère.

CHAVIGNY.

Je vous dis que vous le croyez ; c'est écrit sur votre visage.

MATHILDE.

S'il faut le dire pour vous satisfaire, eh bien! j'y consens ; je le crois.

CHAVIGNY.

Vous le croyez? et quand cela serait vrai, quel mal y aurait-il?

MATHILDE.

Aucun, et par cette raison je ne vois pas pourquoi vous le nieriez.

CHAVIGNY.

Je ne le nie pas ; c'est elle qui l'a faite.

Il se lève.

Bonsoir ; je reviendrai peut-être tout à l'heure prendre le thé avec votre amie.

MATHILDE.

Henri, ne me quittez pas ainsi.

CHAVIGNY.

Qu'appelez-vous *ainsi?* Sommes-nous fâchés? Je ne vois là rien que de très simple : on me fait une bourse, et je la porte ; vous me demandez qui, et je vous le dis. Rien ne ressemble moins à une querelle.

MATHILDE.

Et si je vous demandais cette bourse, m'en feriez-vous cadeau?

CHAVIGNY.

Peut-être ; à quoi vous servirait-elle?

MATHILDE.

Il n'importe ; je vous la demande.

CHAVIGNY.

Ce n'est pas pour la porter, je suppose? Je veux savoir ce que vous en feriez.

MATHILDE.

C'est pour la porter.

CHAVIGNY.

Quelle plaisanterie ! Vous porteriez une bourse faite par Mme de Blainville ?

MATHILDE.

Pourquoi non ? Vous la portez bien.

CHAVIGNY.

La belle raison ! je ne suis pas femme.

MATHILDE.

Eh bien! si je ne m'en sers pas, je la jetterai au feu.

CHAVIGNY.

Ah! ah! vous voilà donc enfin sincère. Eh bien ! très sincèrement aussi, je la garderai, si vous le permettez.

MATHILDE.

Vous en êtes libre, assurément ; mais je vous avoue qu'il m'est cruel de penser que tout le monde sait qui vous l'a faite, et que vous allez la montrer partout.

CHAVIGNY.

La montrer ! Ne dirait-on pas que c'est un trophée !

MATHILDE.

Écoutez-moi, je vous en prie, et laissez-moi votre main dans les miennes.

Elle l'embrasse.

M'aimez-vous, Henri ? répondez.

CHAVIGNY.

Je vous aime, et je vous écoute.

MATHILDE.

Je vous jure que je ne suis pas jalouse ; mais si vous me donnez cette bourse de bonne amitié, je vous remercierai de tout mon cœur. C'est un petit échange que je vous propose, et je crois, j'espère du moins, que vous ne trouverez pas que vous y perdez.

CHAVIGNY.

Voyons votre échange ; qu'est-ce que c'est ?

MATHILDE.

Je vais vous le dire, si vous y tenez ; mais si vous me donniez la bourse auparavant, sur parole, vous me rendriez bien heureuse.

CHAVIGNY.

Je ne donne rien sur parole.

MATHILDE.

Voyons, Henri, je vous en prie.

CHAVIGNY.

Non.

MATHILDE.

Eh bien! je t'en supplie à genoux.

CHAVIGNY.

Levez-vous, Mathilde, je vous en conjure à mon tour ; vous savez que je n'aime pas ces manières-là. Je ne peux pas souffrir qu'on s'abaisse, et je le comprends moins ici que jamais. C'est trop insister sur un enfantillage ; si vous l'exigiez sérieusement, je jetterais cette bourse au feu moi-même, et je n'aurais que faire d'échange pour cela. Allons, levez-vous, et n'en parlons plus. Adieu ; à ce soir ; je reviendrai.

Il sort.

SCÈNE V.
MATHILDE, seule

Puisque ce n'est pas celle-là, ce sera donc l'autre que je brûlerai.

Elle va à son secrétaire et en tire la bourse qu'elle a faite.

Pauvre petite, je te baisais tout à l'heure ; et te souviens-tu de ce que je te disais? Nous arrivons trop tard, tu le vois. Il ne veut pas de toi, et ne veut plus de moi.

Elle s'approche de la cheminée.

Qu'on est folle de faire des rêves! ils ne se réalisent jamais. Pourquoi cet attrait, ce charme invincible qui nous fait caresser une idée? Pourquoi tant de plaisir à la suivre, à l'exécuter en secret? A quoi bon tout cela? A pleurer ensuite. Que demande donc l'impitoyable hasard? Quelles précautions, quelles prières faut-il donc pour mener à bien le souhait le plus simple, la plus chétive espérance? Vous avez bien dit, monsieur le comte, j'insiste sur un enfantillage, mais il m'était doux d'y insister ; et vous, si fier ou si infidèle, il ne vous eût pas coûté beaucoup de vous prêter à cet enfantillage. Ah! il ne m'aime plus, il ne m'aime plus. Il vous aime, madame de Blainville!

Elle pleure.

Allons! il n'y faut plus penser. Jetons au feu ce hochet d'enfant qui n'a pas su arriver assez vite; si je le lui avais donné ce soir, il l'aurait peut-être perdu demain. Ah! sans nul doute, il l'aurait fait! il laisserait ma bourse traîner sur la table, je ne sais où, dans ses rebuts, tandis que l'autre le suivra partout, tandis qu'en jouant, à l'heure qu'il est, il la tire avec orgueil; je le vois l'étaler sur le tapis, et faire résonner l'or qu'elle renferme. Malheureuse! je suis jalouse; il me manquait cela pour me faire haïr!

Elle va jeter sa bourse au feu, et s'arrête.

Mais qu'as-tu fait! Pourquoi te détruire, triste ouvrage de mes mains? Il n'y a pas de ta faute; tu attendais, tu espérais aussi! Tes fraîches couleurs n'ont point pâli durant cet entretien cruel; tu me plais, je sens que je t'aime; dans ce petit réseau fragile, il y a quinze jours de ma vie; ah! non, non, la main qui t'a faite ne te tuera pas; je veux te conserver, je veux t'achever; tu seras pour moi une relique, je te porterai sur mon cœur; tu m'y feras en même temps du bien et du mal; tu me rappelleras mon amour pour lui, son oubli, ses caprices; et qui sait? cachée à cette place, il reviendra peut-être t'y chercher.

Elle s'assoit et attache le gland qui manquait.

SCÈNE VI

MATHILDE, MADAME DE LÉRY.

MADAME DE LÉRY, *derrière la scène*

Personne nulle part! qu'est-ce que cela veut dire? on entre ici comme dans un moulin.

Elle ouvre la porte et crie en riant

Madame de Léry!

Elle entre. Mathilde se lève.

Rebonsoir, chère; pas de domestiques chez vous; je cours partout pour trouver quelqu'un. Ah! je suis rompue!

Elle s'assoit.

MATHILDE.

Débarrassez-vous de vos fourrures.

MADAME DE LÉRY.

Tout à l'heure; je suis gelée. Aimez-vous ce renard-là? on dit que c'est de la martre d'Éthiopie, je ne sais quoi; c'est M. de Léry qui me l'a apporté de Hollande. Moi, je trouve cela laid, franchement : je le porterai trois fois, par politesse, et puis je le donnerai à Ursule.

MATHILDE.

Une femme de chambre ne peut pas mettre cela.

MADAME DE LÉRY.

C'est vrai ; je m'en ferai un petit tapis.

MATHILDE.

Eh bien! ce bal était-il beau?

MADAME DE LÉRY.

Ah! mon Dieu, ce bal ! mais je n'en viens pas. Vous ne croiriez jamais ce qui m'arrive.

MATHILDE.

Vous n'y êtes donc pas allée?

MADAME DE LÉRY.

Si fait, j'y suis allée, mais je n'y suis pas entrée. C'est à mourir de rire. Figurez-vous une queue..., une queue...

Elle éclate de rire.

Ces choses-là vous font-elles peur, à vous?

MATHILDE.

Mais oui ; je n'aime pas les embarras de voitures.

MADAME DE LÉRY.

C'est désolant quand on est seule. J'avais beau crier au cocher d'avancer, il ne bougeait pas ; j'étais d'une colère ! j'avais envie de monter sur le siège ; je vous réponds bien que j'aurais coupé leur queue. Mais c'est si bête d'être là, en toilette, vis-à-vis d'un carreau mouillé ; car, avec cela, il pleut à verse. Je me suis divertie une demi-heure à voir patauger les passants, et puis j'ai dit de retourner. Voilà mon bal. — Ce feu me fait un plaisir! je me sens renaître.

Elle ôte sa fourrure. Mathilde sonne, et un domestique entre.

MATHILDE.

Le thé.

Le domestique sort.

MADAME DE LÉRY.

M. de Chavigny est donc parti?

MATHILDE.

Oui ; je pense qu'il va à ce bal, et il sera plus obstiné que vous.

MADAME DE LÉRY.

Je crois qu'il ne m'aime guère, soit dit entre nous.

MATHILDE.

Vous vous trompez, je vous assure ; il m'a dit cent fois qu'à ses yeux vous étiez une des plus jolies femmes de Paris.

MADAME DE LÉRY.

Vraiment? c'est très poli de sa part ; mais je le mérite, car je le trouve fort bien. Voulez-vous me prêter une épingle?

MATHILDE.

Vous en avez à côté de vous.

MADAME DE LÉRY.

Cette Palmire vous fait des robes, on ne se sent pas des épaules ; on croit toujours que tout va tomber. Est-ce elle qui vous fait ces manches-là ?

MATHILDE.

Oui.

MADAME DE LÉRY.

Très jolies, très bien, très jolies. Décidément il n'y a que les manches plates ; mais j'ai été longtemps à m'y faire ; et puis je trouve qu'il ne faut pas être trop grasse pour les porter, parce que sans cela on a l'air d'une cigale, avec un gros corps et de petites pattes.

MATHILDE.

J'aime assez la comparaison.

On apporte le thé.

MADAME DE LÉRY.

N'est-ce pas ? Regardez Mlle Saint-Ange. Il ne faut pourtant pas être trop maigre non plus, parce qu'alors il ne reste plus rien. On se récrie sur la marquise d'Ermont ; moi, je trouve qu'elle a l'air d'une potence. C'est une belle tête, si vous voulez, mais c'est une madone au bout d'un bâton.

MATHILDE, riant.

Voulez-vous que je vous serve, ma chère ?

MADAME DE LÉRY.

Rien que de l'eau chaude, avec un soupçon de thé et un nuage de lait.

MATHILDE, versant le thé.

Allez-vous demain chez Mme d'Égly ? Je vous prendrai, si vous voulez.

MADAME DE LÉRY.

Ah ! madame d'Égly ! en voilà une autre ! avec sa frisure et ses jambes, elle me fait l'effet de ces balais pour épousseter les araignées.

Elle boit.

Mais, certainement, j'irai demain. Non, je ne peux pas ; je vais au concert.

MATHILDE.

Il est vrai qu'elle est un peu drôle.

MADAME DE LÉRY.

Regardez-moi donc, je vous en prie.

MATHILDE.

Pourquoi ?

MADAME DE LÉRY.

Regardez-moi en face, là, franchement.

MATHILDE.

Que me trouvez-vous d'extraordinaire?

MADAME DE LÉRY.

Eh! certainement, vous avez les yeux rouges; vous venez de pleurer, c'est clair comme le jour. Qu'est-ce qui se passe donc, ma chère Mathilde?

MATHILDE.

Rien, je vous jure. Que voulez-vous qu'il se passe?

MADAME DE LÉRY.

Je n'en sais rien, mais vous venez de pleurer; je vous dérange, je m'en vais.

MATHILDE.

Au contraire, je vous supplie de rester.

MADAME DE LÉRY.

Est-ce bien franc? Je reste, si vous voulez; mais vous me direz vos peines.

Mathilde secoue la tête.

Non? Alors je m'en vais, car vous comprenez que du moment que je ne suis bonne à rien, je ne peux que nuire involontairement.

MATHILDE.

Restez, votre présence m'est précieuse, votre esprit m'amuse, et s'il était vrai que j'eusse quelque souci, votre gaieté le chasserait.

MADAME DE LÉRY.

Tenez, je vous aime. Vous me croyez peut-être légère; personne n'est si sérieux que moi pour les choses sérieuses. Je ne comprends pas qu'on joue avec le cœur, et c'est pour cela que j'ai l'air d'en manquer. Je sais ce que c'est que de souffrir, on me l'a appris bien jeune encore. Je sais aussi ce que c'est que de dire ses chagrins. Si ce qui vous afflige peut se confier, parlez hardiment : ce n'est pas la curiosité qui me pousse.

MATHILDE.

Je vous crois bonne, et surtout très sincère; mais dispensez-moi de vous obéir.

MADAME DE LÉRY.

Ah, mon Dieu! j'y suis! c'est la bourse bleue. J'ai fait une sottise affreuse en nommant Mme de Blainville. J'y ai pensé en vous quittant; est-ce que M. de Chavigny lui fait la cour?

Mathilde se lève, ne pouvant répondre, se détourne et porte son mouchoir à ses yeux.

MADAME DE LÉRY.

Est-il possible?

Un long silence. Mathilde se promène quelque temps, puis va s'asseoir à l'autre bout de la chambre. Mme de Léry semble réfléchir. Elle se lève et s'approche de Mathilde; celle-ci lui tend la main.

ŒUVRES D'ALFRED DE MUSSET

Un Caprice. Page 560.

Bibl. Charpentier. LIV. 202.

MADAME DE LÉRY.

Vous savez, ma chère, que les dentistes vous disent de crier quand ils vous font mal. Moi, je vous dis : Pleurez! pleurez! Douces ou amères, les larmes soulagent toujours.

MATHILDE.

Ah! mon Dieu!

MADAME DE LÉRY.

Mais c'est incroyable, une chose pareille! On ne peut pas aimer Mme de Blainville; c'est une coquette à moitié perdue, qui n'a ni esprit ni beauté. Elle ne vaut pas votre petit doigt; on ne quitte pas un ange pour un diable.

MATHILDE, sanglotant.

Je suis sûre qu'il l'aime, j'en suis sûre.

MADAME DE LÉRY.

Non, mon enfant, ça ne se peut pas; c'est un caprice, une fantaisie. Je connais M. de Chavigny plus qu'il ne pense; il est méchant, mais il n'est pas mauvais. Il aura agi par boutade; avez-vous pleuré devant lui?

MATHILDE.

Oh! non, jamais!

MADAME DE LÉRY.

Vous avez bien fait; il ne m'étonnerait pas qu'il en fût bien aise.

MATHILDE.

Bien aise? bien aise de me voir pleurer?

MADAME DE LÉRY.

Eh! mon Dieu, oui. J'ai vingt-cinq ans d'hier, mais je sais ce qui en est sur bien des choses. Comment tout cela est-il venu?

MATHILDE.

Mais... je ne sais...

MADAME DE LÉRY.

Parlez. Avez-vous peur de moi? je vais vous rassurer tout de suite; si, pour vous mettre à votre aise, il faut m'engager de mon côté, je vais vous prouver que j'ai confiance en vous et vous forcer à l'avoir en moi; est-ce nécessaire? je le ferai. Qu'est-ce qu'il vous plaît de savoir sur mon compte?

MATHILDE.

Vous êtes ma meilleure amie; je vous dirai tout, je me fie à vous. Il ne s'agit de rien de bien grave; mais j'ai une folle tête qui m'entraîne. J'avais fait à M. de Chavigny une petite bourse en cachette que je comptais lui offrir aujourd'hui; depuis quinze jours, je le vois à peine; il passe ses journées chez Mme de Blainville. Lui offrir ce petit cadeau, c'était lui faire un doux reproche de son absence et lui montrer qu'il me laissait seule. Au moment où j'allais lui donner ma bourse, il a tiré l'autre.

MADAME DE LÉRY.

Il n'y a pas là de quoi pleurer.

MATHILDE.

Oh! si, il y a de quoi pleurer, car j'ai fait une grande folie; je lui ai demandé l'autre bourse.

MADAME DE LÉRY.

Aïe! ce n'est pas diplomatique.

MATHILDE.

Non, Ernestine, et il m'a refusée... Et alors... Ah! j'ai honte...

MADAME DE LÉRY.

Eh bien?

MATHILDE.

Eh bien! je l'ai demandée à genoux. Je voulais qu'il me fît ce petit sacrifice, et je lui aurais donné ma bourse en échange de la sienne. Je l'ai prié... je l'ai supplié...

MADAME DE LÉRY.

Et il n'en a rien fait; cela va sans dire. Pauvre innocente! il n'est pas digne de vous.

MATHILDE.

Ah! malgré tout, je ne le croirai jamais!

MADAME DE LÉRY.

Vous avez raison, je m'exprime mal. Il est digne de vous et vous aime, mais il est homme, et orgueilleux. Quelle pitié! Et où est donc votre bourse?

MATHILDE.

La voilà ici sur la table.

MADAME DE LÉRY, prenant la bourse.

Cette bourse-là? Eh bien! ma chère, elle est quatre fois plus jolie que la sienne. D'abord elle n'est pas bleue, ensuite elle est charmante. Prêtez-la-moi, je me charge bien de la lui faire trouver de son goût.

MATHILDE.

Tâchez. Vous me rendrez la vie.

MADAME DE LÉRY.

En être là après un an de mariage, c'est inouï. Il faut qu'il y ait de la sorcellerie là dedans. Cette Blainville, avec son indigo, je la déteste des pieds à la tête. Elle a les yeux battus jusqu'au menton. Mathilde, voulez-vous faire une chose? Il ne nous en coûte rien d'essayer. Votre mari viendra-t-il ce soir?

MATHILDE.

Je n en sais rien, mais il me l'a dit.

MADAME DE LÉRY.

Comment étiez-vous quand il est sorti?

MATHILDE.

Ah! j'étais bien triste, et lui bien sévère.

MADAME DE LÉRY.

Il viendra. Avez-vous du courage? Quand j'ai une idée, je vous en avertis, il faut que je me saisisse au vol; je me connais, je réussirai.

MATHILDE.

Ordonnez donc, je me soumets.

MADAME DE LÉRY.

Passez dans ce cabinet, habillez-vous à la hâte et jetez-vous dans ma voiture. Je ne veux pas vous envoyer au bal, mais il faut qu'en rentrant vous ayez l'air d'y être allée. Vous vous ferez mener où vous voudrez, aux Invalides ou à la Bastille; ce ne sera peut-être pas trop divertissant, mais vous serez aussi bien là qu'ici pour ne pas dormir. Est-ce convenu? Maintenant prenez votre bourse, et enveloppez-la dans ce papier, je vais mettre l'adresse. Bien, voilà qui est fait. Au coin de la rue, vous ferez arrêter; vous direz à mon groom d'apporter ici ce petit paquet, de le remettre au premier domestique qu'il rencontrera, et de s'en aller sans autre explication.

MATHILDE.

Dites-moi du moins ce que vous voulez faire.

MADAME DE LÉRY.

Ce que je veux faire, enfant, est impossible à dire, et je vais voir si c'est possible à faire. Une fois pour toutes, vous fiez-vous à moi?

MATHILDE.

Oui, tout au monde pour l'amour de lui.

MADAME DE LÉRY.

Allons, preste! Voilà une voiture.

MATHILDE.

C'est lui; j'entends sa voix dans la cour.

MADAME DE LÉRY.

Sauvez-vous! Y a-t-il un escalier dérobé par là?

MATHILDE.

Oui, heureusement. Mais je ne suis pas coiffée, comment croira-t-on à ce bal?

MADAME DE LÉRY, ôtant la guirlande qu'elle a sur la tête et la donnant à Mathilde.

Tenez, vous arrangerez cela en route.

Mathilde sort.

SCÈNE VII

MADAME DE LÉRY, seule.

A genoux! une telle femme à genoux! Et ce monsieur-là qui la refuse! Une femme de vingt ans, belle comme un ange et fidèle comme un lévrier! Pauvre enfant, qui demande en grâce qu'on daigne accepter une bourse faite par elle, en échange d'un cadeau de Mᵐᵉ de Blainville! Mais quel abîme est donc le cœur de l'homme! Ah, ma foi! nous valons mieux qu'eux.

Elle s'assoit et prend une brochure sur la table. Un instant après, on frappe à la porte.

Entrez.

SCÈNE VIII

MADAME DE LÉRY, CHAVIGNY.

MADAME DE LÉRY, lisant d'un air distrait.

Bonsoir, comte. Voulez-vous du thé?

CHAVIGNY.

Je vous rends grâces, je n'en prends jamais.

Il s'assoit et regarde autour de lui.

MADAME DE LÉRY.

Était-il amusant, ce bal?

CHAVIGNY.

Comment cela? N'y étiez-vous pas?

MADAME DE LÉRY.

Voilà une question qui n'est pas galante. Non, je n'y étais pas; mais j'y ai envoyé Mathilde, que vos regards semblent chercher

CHAVIGNY.

Vous plaisantez, à ce que je vois?

MADAME DE LÉRY.

Plaît-il? je vous demande pardon, je tiens un article d'une *Revue* qui m'intéresse beaucoup.

Un silence. Chavigny, inquiet, se lève et se promène.

CHAVIGNY.

Est-ce que vraiment Mathilde est à ce bal ?

MADAME DE LÉRY.

Mais oui ; vous voyez que je l'attends.

CHAVIGNY.

C'est singulier ; elle ne voulait pas sortir lorsque vous le lui avez proposé.

MADAME DE LÉRY.

Apparemment qu'elle a changé d'idée.

CHAVIGNY.

Pourquoi n'y est-elle pas allée avec vous ?

MADAME DE LÉRY.

Parce que je ne m'en suis plus souciée.

CHAVIGNY.

Elle s'est donc passée de voiture ?

MADAME DE LÉRY.

Non, je lui ai prêté la mienne. Avez-vous lu ça, monsieur de Chavigny ?

CHAVIGNY.

Quoi ?

MADAME DE LÉRY.

C'est la *Revue des Deux-Mondes ;* un article très joli de Mme Sand sur les orangs-outangs.

CHAVIGNY.

Sur les ?...

MADAME DE LÉRY.

Sur les orangs-outangs. Ah ! je me trompe, ce n'est pas d'elle, c'est celui d'à côté ; c'est très amusant.

CHAVIGNY.

Je ne comprends rien à cette idée d'aller au bal sans m'en prévenir. J'aurais pu du moins la ramener.

MADAME DE LÉRY.

Aimez-vous les romans de Mme Sand ?

CHAVIGNY.

Non, pas du tout. Mais si elle y est, comment se fait-il que je ne l'aie pas trouvée ?

MADAME DE LÉRY.

Quoi ? la *Revue* ? Elle était là-dessus.

CHAVIGNY.

Vous moquez-vous de moi, madame?

MADAME DE LÉRY.

Peut-être ; c'est selon à propos de quoi.

CHAVIGNY.

C'est de ma femme que je vous parle.

MADAME DE LÉRY.

Est-ce que vous me l'avez donnée à garder ?

CHAVIGNY.

Vous avez raison ; je suis très ridicule ; je vais de ce pas la chercher.

MADAME DE LÉRY.

Bah ! vous allez tomber dans la queue.

CHAVIGNY.

C'est vrai ; je ferai aussi bien d'attendre, et j'attendrai.
Il s'approche du feu et s'assoit.

MADAME DE LÉRY, quittant sa lecture.

Savez-vous, monsieur de Chavigny, que vous m'étonnez beaucoup ? Je croyais vous avoir entendu dire que vous laissiez Mathilde parfaitement libre, et qu'elle allait où bon lui semblait.

CHAVIGNY.

Certainement ; vous en voyez la preuve.

MADAME DE LÉRY.

Pas tant ; vous avez l'air furieux.

CHAVIGNY.

Moi ? par exemple ! pas le moins du monde.

MADAME DE LÉRY.

Vous ne tenez pas sur votre fauteuil. Je vous croyais un tout autre homme, je l'avoue, et pour parler sérieusement, je n'aurais pas prêté ma voiture à Mathilde si j'avais su ce qui en est.

CHAVIGNY.

Mais je vous assure que je le trouve tout simple, et je vous remercie de l'avoir fait.

MADAME DE LÉRY.

Non, non, vous ne me remerciez pas ; je vous assure, moi, que vous êtes fâché. A vous dire vrai, je crois que, si elle est sortie, c'était un peu pour vous rejoindre.

CHAVIGNY.

J'aime beaucoup cela ! Que ne m'accompagnait-elle ?

MADAME DE LÉRY.

Eh oui! c'est ce que je lui ai dit. Mais voilà comme nous sommes, nous autres : nous ne voulons pas, et puis nous voulons. Décidément, vous ne prenez pas de thé ?

CHAVIGNY.

Non, il me fait mal.

MADAME DE LÉRY.

Eh bien ! donnez-m'en.

CHAVIGNY.

Plaît-il, madame ?

MADAME DE LÉRY.

Donnez-m'en.

Chavigny se lève et remplit une tasse qu'il offre à Mme de Léry.

MADAME DE LÉRY.

C'est bon ; mettez ça là. Avons-nous un ministère ce soir ?

CHAVIGNY.

Je n'en sais rien.

MADAME DE LÉRY.

Ce sont de drôles d'auberges que ces ministères. On y entre et on en sort sans savoir pourquoi ; c'est une procession de marionnettes.

CHAVIGNY.

Prenez donc ce thé à votre tour ; il est déjà à moitié froid.

MADAME DE LÉRY.

Vous n'y avez pas mis assez de sucre. Mettez-m'en un ou deux morceaux.

CHAVIGNY.

Comme vous voudrez ; il ne vaudra rien.

MADAME DE LÉRY.

Bien ; maintenant, encore un peu de lait.

CHAVIGNY.

Êtes-vous satisfaite ?

MADAME DE LÉRY.

Une goutte d'eau chaude à présent. Est-ce fait ? Donnez-moi la tasse.

CHAVIGNY, *lui présentant la tasse.*

La voilà ; mais il ne vaudra rien.

MADAME DE LÉRY.

Vous croyez ? En êtes-vous sûr ?

CHAVIGNY.

Il n'y a pas le moindre doute.

Un Caprice. — Page 567.

MADAME DE LÉRY.

Et pourquoi ne vaudra-t-il rien ?

CHAVIGNY.

Parce qu'il est froid et trop sucré.

MADAME DE LÉRY.

Eh bien ! s'il ne vaut rien, ce thé, jetez-le.

Chavigny est debout, tenant la tasse; Mme de Léry le regarde en riant.

MADAME DE LÉRY.

Ah, mon Dieu ! que vous m'amusez ! Je n'ai jamais rien vu de si maussade.

CHAVIGNY, impatienté, vide la tasse dans le feu, puis il se promène à grands pas, et dit avec humeur :

Ma foi, c'est vrai, je ne suis qu'un sot.

MADAME DE LÉRY.

Je ne vous avais jamais vu jaloux, mais vous l'êtes comme un Othello.

CHAVIGNY.

Pas le moins du monde; je ne peux pas souffrir qu'on se gêne, ni qu'on gêne les autres en rien. Comment voulez-vous que je sois jaloux ?

MADAME DE LÉRY.

Par amour-propre, comme tous les maris.

CHAVIGNY.

Bah ! propos de femme. On dit : « Jaloux par amour-propre, » parce que c'est une phrase toute faite, comme on dit : « Votre très humble serviteur. » Le monde est bien sévère pour ces pauvres maris.

MADAME DE LÉRY.

Pas tant que pour ces pauvres femmes.

CHAVIGNY.

Oh, mon Dieu, si. Tout est relatif. Peut-on permettre aux femmes de vivre sur le même pied que nous ? C'est une absurdité qui saute aux yeux. Il y a mille choses très graves pour elles, qui n'ont aucune importance pour un homme.

MADAME DE LÉRY.

Oui, les caprices, par exemple.

CHAVIGNY.

Pourquoi pas ? Eh bien ! oui, les caprices. Il est certain qu'un homme peut en avoir, et qu'une femme...

MADAME DE LÉRY.

En a quelquefois. Est-ce que vous croyez qu'une robe est un talisman qui en préserve ?

CHAVIGNY.

C'est une barrière qui doit les arrêter.

MADAME DE LÉRY.

A moins que ce ne soit un voile qui les couvre. J'entends marcher. C'est Mathilde qui rentre.

CHAVIGNY.

Oh! que non; il n'est pas minuit.

Un domestique entre, et remet un petit paquet à M. de Chavigny.

CHAVIGNY.

Qu'est-ce que c'est? Que me veut-on?

LE DOMESTIQUE.

On vient d'apporter cela pour monsieur le comte.

Il sort. Chavigny défait le paquet, qui renferme la bourse de Mathilde.

MADAME DE LÉRY.

Est-ce encore un cadeau qui vous arrive! A cette heure-ci, c'est un peu fort.

CHAVIGNY.

Que diable est-ce que ça veut dire? Hé! François, hé! qui est-ce qui a apporté ce paquet?

LE DOMESTIQUE, rentrant.

Monsieur?

CHAVIGNY.

Qui est-ce qui a apporté ce paquet?

LE DOMESTIQUE.

Monsieur, c'est le portier qui vient de monter.

CHAVIGNY.

Il n'y a rien avec? pas de lettre?

LE DOMESTIQUE.

Non, monsieur.

CHAVIGNY.

Est-ce qu'il avait ça depuis longtemps, ce portier?

LE DOMESTIQUE.

Non, monsieur; on vient de le lui remettre.

CHAVIGNY.

Qui le lui a remis?

LE DOMESTIQUE.

Monsieur, il ne sait pas.

CHAVIGNY.

Il ne sait pas! Perdez-vous la tête? Est-ce un homme ou une femme?

LE DOMESTIQUE.

C'est un domestique en livrée, mais il ne le connaît pas.

CHAVIGNY.

Est-ce qu'il est en bas ce domestique ?

LE DOMESTIQUE.

Non, Monsieur ; il est parti sur-le-champ.

CHAVIGNY.

Il n'a rien dit ?

LE DOMESTIQUE.

Non, Monsieur.

CHAVIGNY.

C'est bon.

Le domestique sort.

MADAME DE LÉRY.

J'espère qu'on vous gâte, monsieur de Chavigny. Si vous laissez tomber votre argent, ce ne sera pas la faute de ces dames.

CHAVIGNY.

Je veux être pendu si j'y comprends rien.

MADAME DE LÉRY.

Laissez donc ! vous faites l'enfant.

CHAVIGNY.

Non ; je vous donne ma parole d'honneur que je ne devine pas. Ce ne peut être qu'une méprise.

MADAME DE LÉRY.

Est-ce que l'adresse n'est pas dessus ?

CHAVIGNY.

Ma foi ! si, vous avez raison. C'est singulier ; je connais l'écriture.

MADAME DE LÉRY.

Peut-on voir ?

CHAVIGNY.

C'est peut-être une indiscrétion à moi de vous la montrer ; mais tant pis pour qui s'y expose. Tenez. J'ai certainement vu cette écriture-là quelque part.

MADAME DE LÉRY.

Et moi aussi très certainement.

CHAVIGNY.

Attendez donc... Non, je me trompe. Est-ce en bâtarde ou en coulée ?

MADAME DE LÉRY.

Fi donc ! c'est une anglaise pur sang. Regardez-moi comme ces lettres-là sont fines ! Oh ! la dame est bien élevée.

CHAVIGNY.

Vous avez l'air de la reconnaître.

MADAME DE LÉRY, avec une confusion feinte.

Moi! pas du tout.
Chavigny, étonné, la regarde, puis continue à se promener.

MADAME DE LÉRY.

Où en étions-nous donc de notre conversation? — Eh! mais il me semble que nous parlions caprice. Ce petit poulet rouge arrive à propos.

CHAVIGNY.

Vous êtes dans le secret, convenez-en.

MADAME DE LÉRY.

Il y a des gens qui ne savent rien faire; si j'étais de vous, j'aurais déjà deviné.

CHAVIGNY.

Voyons! soyez franche; dites-moi qui c'est.

MADAME DE LÉRY.

Je croirais assez que c'est Mme de Blainville.

CHAVIGNY.

Vous êtes impitoyable, madame; savez-vous bien que nous nous brouillerons!

MADAME DE LÉRY.

Je l'espère bien, mais pas cette fois-ci.

CHAVIGNY.

Vous ne voulez pas m'aider à trouver l'énigme?

MADAME DE LÉRY.

Belle occupation! Laissez donc cela; on dirait que vous n'y êtes pas fait. Vous ruminerez lorsque vous serez couché, quand ce ne serait que par politesse.

CHAVIGNY.

Il n'y a donc plus de thé? J'ai envie d'en prendre.

MADAME DE LÉRY.

Je vais vous en faire; dites donc que je ne suis pas bonne!
Un silence.

CHAVIGNY, se promenant toujours.

Plus je cherche, moins je trouve.

MADAME DE LÉRY.

Ah çà! dites donc, est-ce un parti pris de ne penser qu'à cette bourse? Je vais vous laisser à vos rêveries.

CHAVIGNY.

C'est qu'en vérité je tombe des nues.

MADAME DE LÉRY.

Je vous dis que c'est Mme de Blainville. Elle a réfléchi sur la couleur de sa bourse, et elle vous en envoie une autre par repentir. Ou mieux encore : elle veut vous tenter, et voir si vous porterez celle-ci ou la sienne.

CHAVIGNY.

Je porterai celle-ci sans aucun doute. C'est le seul moyen de savoir qui l'a faite.

MADAME DE LÉRY.

Je ne comprends pas; c'est trop profond pour moi.

CHAVIGNY.

Je suppose que la personne qui me l'a envoyée me la voie demain entre les mains; croyez-vous que je m'y tromperais?

MADAME DE LÉRY, éclatant de rire.

Ah! c'est trop fort; je n'y tiens pas.

CHAVIGNY.

Est-ce que ce serait vous, par hasard?

Un silence.

MADAME DE LÉRY.

Voilà votre thé, fait de ma blanche main, et il sera meilleur que celui que vous m'avez fabriqué tout à l'heure. Mais finissez donc de me regarder. Est-ce que vous me prenez pour une lettre anonyme?

CHAVIGNY.

C'est vous, c'est quelque plaisanterie. Il y a un complot là-dessous.

MADAME DE LÉRY.

C'est un petit complot assez bien tricoté.

CHAVIGNY.

Avouez donc que vous en êtes.

MADAME DE LÉRY.

Non.

CHAVIGNY.

Je vous en prie.

MADAME LÉRY.

Pas davantage.

CHAVIGNY.

Je vous en supplie.

MADAME DE LÉRY.

Demandez-le à genoux, je vous le dirai.

CHAVIGNY.

A genoux? tant que vous voudrez.

MADAME DE LÉRY.

Allons! voyons!

CHAVIGNY.

Sérieusement?

Il se met à genoux en riant devant Mme de Léry.

MADAME DE LÉRY, sèchement.

J'aime cette posture, elle vous va à merveille; mais je vous conseille de vous relever, afin de ne pas trop m'attendrir.

CHAVIGNY, se relevant.

Ainsi, vous ne direz rien, n'est-ce pas?

MADAME DE LÉRY.

Avez-vous là votre bourse bleue?

CHAVIGNY.

Je n'en sais rien, je crois que oui.

MADAME DE LÉRY.

Je crois que oui aussi. Donnez-la-moi, je vous dirai qui a fait l'autre.

CHAVIGNY.

Vous le savez donc?

MADAME DE LÉRY.

Oui, je le sais.

CHAVIGNY.

Est-ce une femme?

MADAME DE LÉRY.

A moins que ce ne soit un homme, je ne vois pas...

CHAVIGNY.

Je veux dire : est-ce une jolie femme?

MADAME DE LÉRY.

C'est une femme qui, à vos yeux, passe pour une des plus jolies femmes de Paris.

CHAVIGNY.

Brune ou blonde?

MADAME DE LÉRY.

Bleue.

CHAVIGNY.

Par quelle lettre commence son nom?

MADAME DE LÉRY.

Vous ne voulez pas de mon marché? Donnez-moi la bourse de Mme de Blainville.

CHAVIGNY.

Est-elle petite ou grande?

MADAME DE LÉRY.

Donnez-moi la bourse.

CHAVIGNY.

Dites-moi seulement si elle a le pied petit.

MADAME DE LÉRY.

La bourse ou la vie!

CHAVIGNY.

Me direz-vous le nom si je vous donne la bourse?

MADAME DE LÉRY.

Oui.

CHAVIGNY, tirant la bourse bleue.

Votre parole d'honneur!

MADAME DE LÉRY.

Ma parole d'honneur.

CHAVIGNY semble hésiter; Mme de Léry tend la main, il la regarde attentivement. Tout à coup il s'assoit à côté d'elle et dit gaiement :

Parlons caprice. Vous convenez donc qu'une femme peut en avoir?

MADAME DE LÉRY.

Est-ce que vous en êtes à le demander?

CHAVIGNY.

Pas tout à fait; mais il peut arriver qu'un homme marié ait deux façons de parler, et, jusqu'à un certain point, deux façons d'agir.

MADAME DE LÉRY.

Eh bien! et ce marché, est-ce qu'il s'envole? je croyais qu'il était conclu.

CHAVIGNY.

Un homme marié n'en reste pas moins un homme; la bénédiction ne le métamorphose pas, mais elle l'oblige quelquefois à prendre un rôle et à en donner les répliques. Il ne s'agit que de savoir, dans ce monde, à qui les gens s'adressent quand ils vous parlent, si c'est au réel ou au convenu, à la personne ou au personnage.

Un Caprice.

MADAME DE LÉRY.

J'entends, c'est un choix qu'on peut faire; mais où s'y reconnaît le public?

CHAVIGNY.

Je ne crois pas que, pour un public d'esprit, ce soit long ni bien difficile.

MADAME DE LÉRY.

Vous renoncez donc à ce fameux nom? Allons! voyons! donnez-moi cette bourse.

CHAVIGNY.

Une femme d'esprit, par exemple (une femme d'esprit sait tant de choses!), ne doit pas se tromper, à ce que je crois, sur le vrai caractère des gens : elle doit bien voir au premier coup d'œil.

MADAME DE LÉRY.

Décidément vous gardez la bourse?

CHAVIGNY.

Il me semble que vous y tenez beaucoup. Une femme d'esprit, n'est-il pas vrai, madame, doit savoir faire la part du mari, et celle de l'homme par conséquent. Comment êtes-vous donc coiffée? Vous étiez tout en fleurs ce matin.

MADAME DE LÉRY.

Oui; ça me gênait, je me suis mise à mon aise. Ah! mon Dieu! mes cheveux sont défaits d'un côté.
Elle se lève et s'ajuste devant la glace.

CHAVIGNY.

Vous avez la plus jolie taille qu'on puisse voir. Une femme d'esprit comme vous...

MADAME DE LÉRY.

Une femme d'esprit comme moi se donne au diable quand elle a affaire à un homme d'esprit comme vous.

CHAVIGNY.

Qu'à cela ne tienne; je suis assez bon diable.

MADAME DE LÉRY.

Pas pour moi, du moins, à ce que je pense.

CHAVIGNY.

C'est qu'apparemment quelque autre me fait tort.

MADAME DE LÉRY.

Qu'est-ce que ce propos-là veut dire?

CHAVIGNY.

Il veut dire que, si je vous déplais, c'est que quelqu'un m'empêche de vous plaire.

MADAME DE LÉRY.

C'est modeste et poli ; mais vous vous trompez : personne ne me plaît, et je ne veux plaire à personne.

CHAVIGNY.

Avec votre âge et ces yeux-là, je vous en défie.

MADAME DE LÉRY.

C'est cependant la vérité pure.

CHAVIGNY.

Si je le croyais, vous me donneriez bien mauvaise opinion des hommes.

MADAME DE LÉRY.

Je vous le ferai croire bien aisément. J'ai une vanité qui ne veut pas de maître.

CHAVIGNY.

Ne peut-elle souffrir un serviteur ?

MADAME DE LÉRY.

Bah! serviteurs ou maîtres, vous n'êtes que des tyrans.

CHAVIGNY, se levant.

C'est assez vrai, et je vous avoue que là-dessus j'ai toujours détesté la conduite des hommes. Je ne sais d'où leur vient cette manie de s'imposer, qui ne sert qu'à se faire haïr.

MADAME DE LÉRY.

Est-ce votre opinion sincère?

CHAVIGNY.

Très sincère ; je ne conçois pas comment on peut se figurer que, parce qu'on a plu ce soir, on est en droit d'en abuser demain.

MADAME DE LÉRY.

C'est pourtant le chapitre premier de l'histoire universelle.

CHAVIGNY.

Oui, et si les hommes avaient le sens commun là-dessus, les femmes no seraient pas si prudentes.

MADAME DE LÉRY.

C'est possible ; les liaisons d'aujourd'hui sont des mariages, et, quand il s'agit d'un jour de noce, cela vaut la peine d'y penser.

CHAVIGNY.

Vous avez mille fois raison ; et, dites-moi, pourquoi en est-il ainsi? pourquoi tant de comédie et si peu de franchise? Une jolie femme qui se fie à un galant homme ne saurait-elle le distinguer? il n'y a pas que des sots sur la terre.

MADAME DE LÉRY.

C'est une question en pareille circonstance.

CHAVIGNY.

Mais je suppose que, par hasard, il se trouve un homme qui, sur ce point, ne soit pas de l'avis des sots ; et je suppose qu'une occasion se présente où l'on puisse être franc sans danger, sans arrière-pensée, sans crainte des indiscrétions.

Il lui prend la main.

Je suppose qu'on dise à une femme : Nous sommes seuls, vous êtes jeune et belle, et je fais de votre esprit et de votre cœur tout le cas qu'on en doit faire. Mille obstacles nous séparent, mille chagrins nous attendent si nous essayons de nous revoir demain. Votre fierté ne veut pas d'un joug, et votre prudence ne veut pas d'un lien ; vous n'avez à redouter ni l'un ni l'autre. On ne vous demande ni protestation, ni engagement, ni sacrifice, rien qu'un sourire de ces lèvres de rose et un regard de ces beaux yeux. Souriez pendant que cette porte est fermée : votre liberté est sur le seuil ; vous la retrouverez en quittant cette chambre ; ce qui s'offre à vous n'est pas le plaisir sans amour, c'est l'amour sans peine et sans amertume ; c'est le caprice, puisque nous en parlons, non l'aveugle caprice des sens, mais celui du cœur, qu'un moment fait naître et dont le souvenir est éternel.

MADAME DE LÉRY.

Vous me parliez de comédie ; mais il paraît qu'à l'occasion vous en joueriez d'assez dangereuses. J'ai quelque envie d'avoir un caprice, avant de répondre à ce discours-là. Il me semble que c'en est l'instant, puisque vous en plaidez la thèse. Avez-vous là un jeu de cartes ?

CHAVIGNY.

Oui, dans cette table ; qu'en voulez-vous faire ?

MADAME DE LÉRY.

Donnez-le-moi, j'ai ma fantaisie, et vous êtes forcé d'obéir si vous ne voulez vous contredire.

Elle prend une carte dans le jeu.

Allons, comte, dites rouge ou noir.

CHAVIGNY.

Voulez-vous me dire quel est l'enjeu?

MADAME DE LÉRY.

L'enjeu est une discrétion[1].

CHAVIGNY.

Soit. — J'appelle rouge.

MADAME DE LÉRY.

C'est le valet de pique; vous avez perdu. Donnez-moi cette bourse bleue.

CHAVIGNY.

De tout mon cœur; mais je garde la rouge, et, quoique sa couleur m'ait fait perdre, je ne le lui reprocherai jamais; car je sais aussi bien que vous quelle est la main qui me l'a faite.

MADAME DE LÉRY.

Est-elle petite ou grande, cette main?

CHAVIGNY.

Elle est charmante et douce comme le satin.

MADAME DE LÉRY.

Lui permettez-vous de satisfaire un petit mouvement de jalousie?

Elle jette au feu la bourse bleue.

CHAVIGNY.

Ernestine, je vous adore!

MADAME DE LÉRY *regarde brûler la bourse. Elle s'approche de Chavigny, et lui dit tendrement :*

Vous n'aimez donc plus Mme de Blainville?

CHAVIGNY.

Ah! grand Dieu! je ne l'ai jamais aimée.

MADAME DE LÉRY.

Ni moi non plus, monsieur de Chavigny.

CHAVIGNY.

Mais qui a pu vous dire que je pensais à cette femme-là? Ah! ce n'est pas elle à qui je demanderai jamais un instant de bonheur; ce n'est pas elle qui me le donnera!

MADAME DE LÉRY.

Ni moi non plus, monsieur de Chavigny. Vous venez de me faire un petit sacrifice, c'est très galant de votre part; mais je ne veux pas vous tromper : la bourse rouge n'est pas de ma façon.

CHAVIGNY.

Est-il possible? Qui est-ce donc qui l'a faite?

---

1. On appelle *discrétion* un pari dans lequel le perdant s'oblige à donner au gagnant ce que celui-ci lui demande, à sa discrétion.

(*Note de l'auteur.*)

MADAME DE LÉRY.

C'est une main plus belle que la mienne. Faites-moi la grâce de réfléchir une minute et de m'expliquer cette énigme à mon tour. Vous m'avez fait, en bon français, une déclaration très aimable; vous vous êtes mis à deux genoux par terre, et remarquez qu'il n'y a pas de tapis; je vous ai demandé votre bourse bleue, et vous me l'avez laissée brûler. Qui suis-je donc, dites-moi, pour mériter tout cela? Que me trouvez-vous de si extraordinaire? Je ne suis pas mal, c'est vrai; je suis jeune; il est certain que j'ai le pied petit. Mais enfin ce n'est pas si rare. Quand nous nous serons prouvé l'un à l'autre que je suis une coquette et vous un libertin, uniquement parce qu'il est minuit et que nous sommes en tête à tête, voilà un beau fait d'armes que nous aurons à écrire dans nos Mémoires! C'est pourtant là tout, n'est-ce pas? Et ce que vous m'accordez en riant, ce qui ne vous coûte pas même un regret, ce sacrifice insignifiant que vous faites à un caprice plus insignifiant encore, vous le refusez à la seule femme qui vous aime, à la seule femme que vous aimiez!

On entend le bruit d'une voiture.

CHAVIGNY.

Mais, madame, qui a pu vous instruire?

MADAME DE LÉRY.

Parlez plus bas, monsieur, la voilà qui rentre, et cette voiture vient me chercher. Je n'ai pas le temps de vous faire ma morale; vous êtes homme de cœur et votre cœur vous la fera. Si vous trouvez que Mathilde a les yeux rouges, essuyez-les avec cette petite bourse que ses larmes reconnaîtront, car c'est votre bonne, brave et fidèle femme qui a passé quinze jours à la faire. Adieu; vous m'en voudrez aujourd'hui, mais vous aurez demain quelque amitié pour moi, et croyez-moi, cela vaut mieux qu'un caprice. Mais s'il vous en faut un absolument, tenez, voilà Mathilde, vous en avez un beau à vous passer ce soir. Il vous en fera, j'espère, oublier un autre que personne au monde, pas même elle, ne saura jamais.

Mathilde entre, Mme de Léry va à sa rencontre et l'embrasse; M. de Chavigny les regarde, il s'approche d'elles, prend sur la tête de sa femme la guirlande de fleurs de Mme de Léry, et dit à celle-ci en la lui rendant :

Je vous demande pardon, madame, elle le saura, et je n'oublierai jamais qu'un jeune curé fait les meilleurs sermons.

FIN D'UN CAPRICE.

	Pages.
La Nuit vénitienne	3
André del Sarto	30
Les Caprices de Marianne	84
Fantasio	125
On ne badine pas avec l'amour	168
Barberine	224
Lorenzaccio	282

576   ŒUVRES D'ALFRED DE MUSSET

Le Chandelier. 420

Il ne faut jurer de rien. 479

Un Caprice. 535

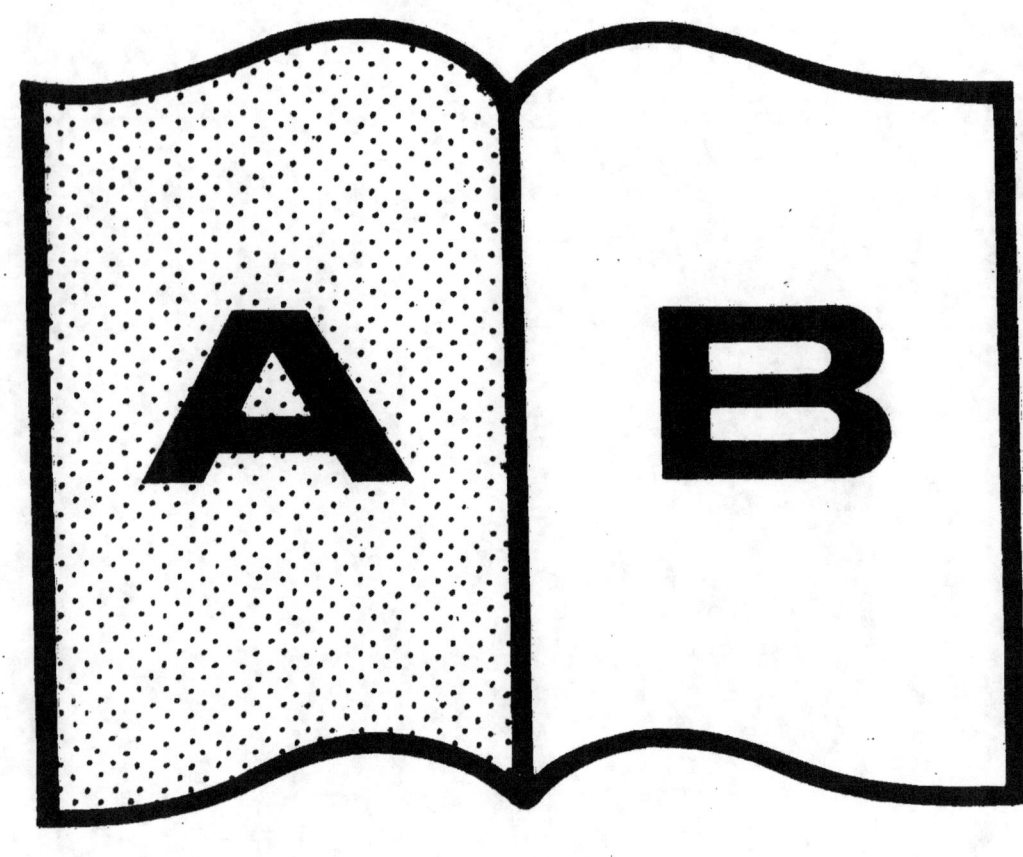

Contraste insuffisant

NF Z 43-120-14